U0516268

BLUE BOOK

智 库 成 果 出 版 与 传 播 平 台

广州蓝皮书

BLUE BOOK OF GUANGZHOU

广州金融发展报告

（2024）

ANNUAL REPORT ON FINANCIAL DEVELOPMENT OF

GUANGZHOU (2024)

组织编写 / 广州市社会科学院
主　　编 / 张跃国　杨再高
执行主编 / 陈旭佳　庄德栋

社会科学文献出版社
SOCIAL SCIENCES ACADEMIC PRESS (CHINA)

图书在版编目（CIP）数据

广州金融发展报告.2024／张跃国，杨再高主编；陈旭佳，庄德栋执行主编.--北京：社会科学文献出版社，2024.8.--（广州蓝皮书）.--ISBN 978-7-5228-4010-9

Ⅰ.F832.765.1

中国国家版本馆 CIP 数据核字第 2024H5J625 号

广州蓝皮书

广州金融发展报告（2024）

主　　编／张跃国　杨再高
执行主编／陈旭佳　庄德栋

出 版 人／冀祥德
组稿编辑／任文武
责任编辑／丁　凡
文稿编辑／赵亚汝
责任印制／王京美

出　　版／社会科学文献出版社·生态文明分社（010）59367143
　　　　　地址：北京市北三环中路甲 29 号院华龙大厦　邮编：100029
　　　　　网址：www.ssap.com.cn
发　　行／社会科学文献出版社（010）59367028
印　　装／天津千鹤文化传播有限公司

规　　格／开本：787mm×1092mm　1/16
　　　　　印张：24　字数：359 千字
版　　次／2024 年 8 月第 1 版　2024 年 8 月第 1 次印刷
书　　号／ISBN 978-7-5228-4010-9
定　　价／138.00 元

读者服务电话：4008918866

主要编撰者简介

张跃国 广州市社会科学院党组书记、院长、研究员，广州大学客座教授。研究方向为城市发展战略、创新发展、传统文化。曾任广州市委政策研究室副主任，多次主持或参与中共广州市委全会和党代会报告起草、广州市五年发展规划纲要研究编制、广州经济形势分析与预测研究、广州城市发展战略研究、广州对标世界银行评估标准全面优化营商环境研究、广州南沙新区发展战略研究和规划编制以及市委和市政府多项重大政策文件制定起草。

杨再高 经济学博士，广州市社会科学院副院长、研究员，获聘为广东省经济监测分析联席会议经济政策顾问、广州市人民政府决策咨询专家、广州市规划委员会委员、广州市优秀中青年哲学社会科学工作者、广州国家中心城市研究基地主任等。研究方向为区域经济学、城市经济学、区域与城市发展战略规划。出版《大珠三角区域经济一体化研究——基于空间均衡视角》《中心城市与区域合作发展理论和实践》等著作10部，在《经济地理》《南方经济》等刊物上公开发表论文近100篇，主持和参与课题100多项。曾获中国发展研究奖、广州市哲学社会科学优秀成果奖等奖项10项。

陈旭佳 经济学博士，广州市社会科学院财政金融研究所副所长（主持工作）、研究员，广州市高层次人才，羊城青年文化英才，广州市宣传思想文化优秀人才第二层次培养对象，广州市财政专家咨询委员会委员，广州优化税收营商环境实践研究中心专家顾问组委员。研究方向为城市战略、财政金融、产业经济。主持完成国家社会科学基金项目"效果均等标准下基本公共文化服务均等化制度设计研究"等国家、省部级课题4项。独立或以第一作者身份在《中国人口·资源与环境》（AMI权威期刊）等期刊发表论文40余篇，先后有5篇论文被人大复印报刊资料和国研网全文转载。近5年独立或以第一作者身份完成《以技术革命性突破为着力点，培育发展广州新质生产力新动能》等50余篇研究报告，均获得广东省委，广州市委、市政府主要领导肯定性批示，以及中央和国家机关部委、省部级政府部门采纳，相关研究成果获中央和国家机关部委表彰。

庄德栋　管理学博士，广州市社会科学院财政金融研究所副研究员。研究方向为绿色金融、科技金融。主持完成广州市哲学社会科学发展"十三五"规划项目2项，主持、参与各类课题40多项，在中国社会科学出版社出版《绿色金融发展及广州对策》等著作，发表理论文章10多篇，10多项研究成果获广东省委，广州市委、市政府主要领导肯定性批示，相关研究成果获第十二届金融图书"金羊奖"。

摘 要

金融是综合城市功能提升和资源配置的重要驱动力。国际经验表明，强大的金融资源配置能力，是一个城市全球金融枢纽和节点地位的集中体现。为更好地分析把握和科学判断引领型国家中心城市金融资源配置功能发展趋势，增强广州金融资源配置功能，广州市社会科学院编写了《广州金融发展报告（2024）》，旨在为社会各界提供增强金融资源配置功能、建设金融强市的前沿信息和决策依据。

本报告采用总分的形式进行篇章结构布局，其中总报告为编撰单位撰写，主要是跟踪研究2023年以来广州增强引领型国家中心城市金融资源配置功能的基本情况和研判2024年及未来广州增强引领型国家中心城市金融资源配置功能的趋势，提出相关的发展建议。专题报告分别设置金融产业篇、转型金融篇、金融开放篇、金融环境篇，旨在紧跟国家中心城市金融资源配置功能发展前沿，从多个层面反映广州金融高质量发展的状况。其中，金融产业篇呈现广州金融核心产业及行业的发展情况；转型金融篇从绿色金融发展的角度呈现广州金融赋能经济社会发展绿色化、低碳化的成效及热点；金融开放篇从推进与港澳金融规则衔接的角度呈现广州金融开放的形势，并提出相关建议；金融环境篇从营商环境、数据资产入表、数字人民币、金融监管等方面分析广州的金融发展环境，并提出优化建议。

第一部分为总报告，强调增强引领型国家中心城市金融资源配置功能是广州加快推动"二次创业"再出发、以新质生产力加快形成之进推动现代化产业体系实现新跃升的关键支撑。总报告以《广州增强引领型国家中心城市金融资源配置功能分析与展望》为题，回顾了 2023 年以来广州增强引领型国家中心城市金融资源配置功能的主要成效、重要进展，对 2024 年及未来一段时间广州增强引领型国家中心城市金融资源配置功能面临的新机遇与新环境做出分析，并对其趋势进行研判，提出广州增强引领型国家中心城市金融资源配置功能的对策建议。

第二部分为金融产业篇，收录了《广州推动国际科创金融创新中心建设对策研究》《中国证券机构服务网络空间特征及影响因素研究——兼论对广州的启示》《广州优化房地产信贷政策　加快构建发展新模式研究》《广州打造国内领先的普惠金融强市研究》《广州民间金融街的前世今生——历史脉络与文化特征》5 篇报告。前 4 篇报告从科创金融、证券机构空间特征、房地产发展新模式、普惠金融等角度，探讨了广州政府推动国际科创金融创新中心建设、提升证券机构对外联系水平、优化房地产信贷政策和打造国内领先的普惠金融强市等的趋势，并提出了相关建议。第 5 篇报告从民间金融的视角，分析了广州民间金融街的历史脉络及文化特征，并总结了相关启示。

第三部分为转型金融篇，收录了《南沙推动粤港澳大湾区碳市场建设的政策建议》《绿色金融助力广州制造业绿色低碳转型机理与对策研究》《新形势下广东氢能技术研发推广情况、融资需求及对策思考》《金融科技赋能了"降碳减污"协同发展吗？——基于我国 271 个地级市面板数据的实证》《新型储能产业发展展望、融资需求与金融支持对策》《财政金融支持绿色低碳技术研发应用的主要做法、存在问题和对策建议——以广东为例》6 篇报告。这些报告深入分析了粤港澳大湾区碳市场建设、绿色金融支持制造业绿色低碳转型、氢能技术研发、金融科技支持绿色低碳发展、新型储能产业发展、财政金融支持绿色低碳技术研发等热点问题，并提出了相关对策建议。

第四部分为金融开放篇，收录了《2023 年粤港澳大湾区经济金融形势分析、展望及建议》《金融支持粤港澳大湾区加快培育和发展新质生产力的主要困难及对策建议》《澳门金融发展趋势研判及穗澳金融合作进展与机遇分析》《"单一通行证"模式对粤港澳大湾区跨境金融合作的启示》《主要全球城市逆势而上巩固提升金融中心地位经验借鉴及对广州的启示》5 篇报告。这些报告以粤港澳大湾区为重点，探讨了大湾区经济金融形势、金融支持大湾区发展新质生产力、穗澳金融合作、欧盟"单一通行证"模式和主要全球城市巩固提升金融中心地位等方面的内容，提出了深化大湾区金融合作、加强金融市场互联互通、推动与港澳金融规则衔接等发展建议。

第五部分为金融环境篇，收录了《金融营商环境经验借鉴及未来广州进一步优化建议》《推进企业数据资产入表的战略意义、困难挑战与广州对策》《数据资产入表对我国央行货币政策调控的影响及建议》《基于数字人民币的农业价值链融资解决农户融资难理论机理与路径探讨》《广州市金融监管体制改革：历史逻辑、经验总结与前景展望》5 篇报告。这些报告探讨了广州金融营商环境优化、企业数据资产入表、基于数字人民币的农业价值链融资和金融监管体制改革等方面的内容，并提出了广州优化金融营商环境、完善数据资产化生态体系、加强数字时代央行货币政策调控、发挥数字人民币优势解决农户融资难问题及新时代健全金融监管体系等方面的对策建议。

关键词： 金融发展 金融产业 转型金融 金融开放 金融环境
广州

Abstract

Finance is an important driving force for comprehensive urban function upgrading and resource allocation. International experience shows that powerful financial resource allocation ability is a concentrated expression of a city's status as a global financial hub and node. In order to better analyze, grasp and scientifically judge the development trend of financial resource allocation function in leading national central cities, and enhance the financial resource allocation function in Guangzhou, Guangzhou Academy of Social Sciences has compiled *Annual Report on Financial Development of Guangzhou* (*2024*) aiming at providing cutting-edge information and decision-making reference for all sectors of society to enhance the function of financial resource allocation and build a strong financial city.

This report adopts the form of total score to lay out the chapter structure, in which the general report is written by the compiling unit, mainly to track and study the basic situation of strengthening the financial resource allocation function of leading national central cities in Guangzhou since 2023, judge the situation of financial resource allocation function of national central cities in 2024 and in the future, and put forward relevant development suggestions. The special report consists of financial industry, transitional finance, financial openness and financial environment, which aims to keep up with the development frontier of financial resource allocation function in national central cities and reflect the high-quality development of Guangzhou's finance from multiple levels. Among them, the chapter of financial industry presents the development of Guangzhou's financial core industries and industries; the chapter of transitional finance presents the achievements, progress and hot topics of green and low-carbon economic and social development in Guangzhou from the perspective of green financial development; the chapter of financial openness presents the situation analysis, prospect and suggestions of Guangzhou's financial opening from the perspective of promoting the convergence mechanism with Hong Kong and Macao financial rules; the chapter of financial environment analyzes and combs the progress and optimization suggestions of Guangzhou's financial development environment from the aspects of business environment, financial supervision, data assets entering the table and digital RMB.

The first part is the general report, emphasizing that strengthening the financial resource allocation function of leading national central cities is the key support for Guangzhou to accelerate the "second venture" and accelerate the formation of new quality productivity to promote the modern industrial system to achieve a new leap. The general report is entitled "Analysis and prospect of Guangzhou's function of Strengthening the allocation of financial resources in leading national central cities", which reviews the main achievements and important progress of Guangzhou in enhancing the financial resource allocation function of leading national central cities since 2023, analyzes the opportunities and challenges that Guangzhou faces in enhancing the financial resource allocation function of leading national central cities in 2024 and in the future, studies its situation and trends, and puts forward countermeasures and suggestions for Guangzhou to enhance the financial resource allocation function of leading national central cities.

The second part is financial industry, which includes five reports, "Countermeasures for Guangzhou to promote the construction of international science and technology innovation center" "Study on the spatial characteristics and influencing factors of the service network of China securities institutions-Also on the enlightenment to Guangzhou" "Research on optimizing real estate credit policy and accelerating the construction of new development mode in Guangzhou" "Research on building Guangzhou into a leading inclusive finance strong city in China" "Past lives in Guangzhou folk financial street—Historical context and cultural characteristics". The first four articles discussed the trends of Guangzhou in promoting the construction of an international science and technology innovation financial innovation center, improving the level of external contact of securities institutions, optimizing real estate credit policies and building a leading inclusive financial strong city in China from the perspectives of science and technology innovation finance, spatial characteristics of securities institutions, new models of real estate development, and inclusive finance, and put forward relevant suggestions. The fifth article analyzes the historical context and cultural characteristics of Guangzhou's private financial street from the perspective of private finance, and summarizes the relevant enlightenment.

The third part is transitional finance, which includes six reports, "Policy suggestions for Nansha to promote the construction of carbon market in Guangdong-Hong Kong-Macao Greater Bay Area" "Research on the mechanism and countermeasures of green financial assistance for green and low-carbon transformation of Guangzhou manufacturing industry" "Under the new situation, the R&D and promotion of hydrogen energy technology in Guangdong, financing needs and countermeasures" "Promotion, financing needs and countermeasures of hydrogen energy technology in Guangdong under the new situation" "Has financial technology enabled the coordinated development of ' carbon reduction and pollution reduction ' ? —An empirical study based on the panel data of 271 prefecture-level cities in China" "The main methods, existing problems and countermeasures of financial support for R&D and application of green and low-carbon technologies—Taking Guangdong as an example". These reports provide an in-depth analysis of hot issues such as the construction of the carbon market in the Guangdong-Hong Kong-Macao Greater Bay Area, green finance to support the green and low-carbon transformation of the manufacturing industry, hydrogen energy technology research and development, financial technology to support green and low-carbon development, the development of new energy storage industry, and financial support for green and low-carbon technology research and development, and put forward relevant countermeasures and suggestions.

The fourth part is financial openness, which includes five reports, "Analysis, prospect and suggestions of Guangdong-Hong Kong-Macao Greater Bay Area's economic and financial situation in 2023" "Main difficulties and countermeasures of financial support for Guangdong-Hong Kong-Macao Greater Bay Area to accelerate the cultivation and development of new quality productive forces" "Analysis of financial development trend in Macao and opportunities for financial cooperation between Guangzhou and Macao" "Enlightenment of 'single Pass' model to Guangdong-Hong Kong-Macao Greater Bay Area's cross-border financial cooperation" "Lessons from the experience of major global cities in consolidating and upgrading their status as financial centers and its enlightenment to Guangzhou". Focusing on Guangdong-Hong Kong-Macao Greater Bay Area, these reports discuss Greater Bay Area's economic and financial situation, financial support for Greater Bay Area's development of new quality productivity, financial cooperation between Guangzhou and Australia, the EU's "single pass" model and the experience of consolidating and upgrading financial centers in major global cities, and put forward development suggestions such as deepening Greater Bay Area's financial cooperation, strengthening the interconnection of financial markets, and promoting the convergence with Hong Kong and Macao's financial rules.

The fifth part is financial environment, which includes five reports, "Experience of financial business environment and suggestions for further optimization of Guangzhou in the future" "Strategic significance, difficulties, challenges and countermeasures of promoting enterprise data assets to enter the table" "The influence and suggestions of data assets entering the table on the monetary policy regulation of China's central bank" "Discussion on the theoretical mechanism and path of solving farmers' financing difficulties through agricultural value chain financing based on digital RMB" "Reform of Guangzhou's financial supervision system: historical logic, experience summary and prospect". These reports discuss the financial business environment in Guangzhou, the influence of data assets entering the table on enterprises and the central bank's monetary policy, the path of digital RMB to solve farmers' financing problems and the financial supervision system and mechanism, and put forward relevant countermeasures and suggestions such as optimizing the financial business environment in Guangzhou, strengthening the ecological system of data assets, strengthening the regulation of central bank's monetary policy in the digital era, giving full play to the advantages of digital RMB to solve farmers' financing difficulties and financial supervision in the new era.

Keywords: Financial Development; Financial Industry; Transitional Finance; Financial Openness; Financial Environment; Guangzhou

目 录 ⟩

I 总报告

II 金融产业篇

Ⅲ 转型金融篇

Ⅳ 金融开放篇

V 金融环境篇

皮书数据库阅读**使用指南**

CONTENTS ↖↘

I General Report

II   Chapter of Financial Industry

III   Chapter of Transitional Finance

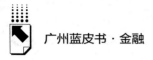
Ⅳ　Chapter of Financial Openness

V Chapter of Financial Environment

总报告

B.1

广州增强引领型国家中心城市
金融资源配置功能分析与展望*

广州市社会科学院课题组**

摘　要：　金融是综合城市功能提升和资源配置的重要驱动力。从底层逻辑看，金融资源配置功能的持续升级，是全球金融资源流量扩展导向下国家中心城市综合功能进入高级阶段的又一重要显性特征。2023年以来，广州坚决扛起建设引领型国家中心城市金融资源配置枢纽的使命担当，不断增强引领

---

　*　本报告为广州市哲学社会科学发展"十四五"规划课题"广州积极抢占人形机器人未来产业新赛道研究"（课题编号：2024GZYB86）阶段性研究成果。

　**　广州市社会科学院课题组：陈旭佳，经济学博士，广州市社会科学院财政金融研究所副所长（主持工作）、研究员，研究方向为城市战略、财政金融、产业经济；庄德栋，管理学博士，广州市社会科学院财政金融研究所副研究员，研究方向为绿色金融、科技金融；李雪琪，广州市社会科学院财政金融研究所副研究员，研究方向为资本市场；刘晓晗，经济学博士，广州市社会科学院财政金融研究所副研究员，研究方向为数据要素市场、数字经济、数字金融；林瑶鹏，管理学博士，广州市社会科学院博士后、副研究员，研究方向为资本市场与货币金融；刘松涛，管理学博士，广州市社会科学院财政金融研究所助理研究员，研究方向为普惠金融；闫志攀，广州市社会科学院财政金融研究所助理研究员，研究方向为金融理论与政策、全球价值链理论与政策。

型国家中心城市金融资源配置枢纽的核心竞争力和辐射带动能力，不断取得新进展、新成绩、新突破。展望 2024 年，广州存贷款余额有望继续保持较快增长速度，金融资源配置能力有望得到快速提升，以服务实体经济、全过程创新、大湾区建设为特征的现代金融体系持续完善，以制度集成创新为重点的金融开放体制加快形成，与国际接轨的金融营商环境将更加优化。奋进新征程，广州增强引领型国家中心城市金融资源配置功能，要深刻把握提升金融资源配置功能、服务引领型国家中心城市建设上新水平的时代要求与使命担当，牢牢掌握战略主动权，重点围绕深化自贸区跨境金融创新、推动金融赋能实体经济发展、优化金融服务科技创新生态、营造良好金融营商环境等方面，持续加大体制改革和金融创新力度，为广州加快推动"二次创业"再出发、以新质生产力加快形成之进推动现代化产业体系实现新跃升提供有力的金融支撑。

关键词： 引领型国家中心城市　金融资源配置功能　金融创新　金融开放金融营商环境　广州

一 引领型国家中心城市金融资源配置功能的内涵界定与底层逻辑

（一）金融资源配置功能：内涵界定、本质特征与内在要求

金融是综合城市功能提升和资源配置的重要驱动力。国际经验表明，强大的金融资源配置能力，是一个城市全球金融枢纽和节点地位的集中体现，既是一个城市强化金融资源集聚、辐射能力的重要保障，更是一个城市提升全球高端金融资源集聚浓度、链接强度和辐射广度的关键支撑，与综合城市功能之间互为因果、双向赋能，形成正向循环，是城市核心竞争力提升至关重要的影响因素之一。

　　纵观全球城市发展的逻辑，伴随着全球金融要素资源高度集聚以及产业链、贸易链、供应链、价值链的加速重构，掌握国际金融资源配置话语权的城市迅速崛起。以纽约、伦敦、东京、新加坡为代表的城市，依靠其强大的金融资源集聚和辐射功能，全面提升城市在全球金融网络体系中的连通性、可及性、交互性、集成性与创新性，控制着全球范围内的货币、资产、外汇等高端金融资源的集聚和流向。

　　从内涵界定上判断，所谓城市的"金融资源配置功能"，是指一个城市在全球金融网络体系中，将其他节点城市的高端金融资源吸引过来以后，通过建立多层次、多功能的金融市场体系，发展具有远期交易和远程辐射特征的离岸金融业务，掌握全球性金融市场的话语权和定价权，以及营造开放、宽松、自由的金融营商环境等，对所集聚的高端金融资源进行整合、链接、重构、创新，使其以新的金融要素质态重新融入全球金融网络体系中，如此循环往复，周而复始，并在这一过程中，加强与全球金融的一体化衔接，参与全球金融合作与竞争，增强对世界金融资源配置的聚合力、吸附力、影响力和控制力，从而推动综合城市功能实现整体跃升。对此，可以从以下三个方面进行理解。

　　1. 从底层逻辑看，金融资源配置功能的持续升级，是全球金融资源流量扩展导向下国家中心城市综合功能进入高级阶段的又一重要显性特征

　　在全球化和互联网时代，城市金融资源配置功能的作用更加凸显。纵观世界主要一线城市，无论是纽约、伦敦、巴黎、东京，还是新加坡、香港、迪拜、旧金山等，都是通过大规模金融资源流动，实现金融资源配置功能的跃升，这是一个城市金融资源要素置身于全球流动空间中发展起来的一种全新功能质态，既是一个城市核心功能持续进阶的显性特征，又是一个城市发展到高级阶段综合功能不断强化的集中表现。

　　从底层逻辑看，一个城市是否具有强大的金融资源配置能力，不仅仅取决于城市金融产业的规模和形态，也不仅仅决定于城市拥有的金融资源存量，其关键在于这个城市是否处于全球金融网络体系的主要节点上，是否具有大规模可供配置的金融资本流量，是否能承担起各种金融资源在全球金融

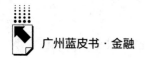

网络体系中的集聚与扩展。

代表国家参与国际合作与竞争的全球城市，负有连接世界和推动高端金融资源向外流动、配置的职责和使命，必须建设"信贷、债券、资本、外汇"全方位融合、达到世界先进水平的综合性金融资源配置枢纽，并通过资金融通、资本运作、资产交易、货币互换等金融活动的定价权、话语权，形成对全球经济、金融资本、资产价格等多领域的控制力和支配力，同时通过全球范围内的金融资源高效配置，推动城市综合功能跃升。

总之，以全球金融网络体系为重要依托的城市金融资源配置功能，不仅承载和体现着金融资源流动性的本质属性，而且是其在金融全球化、数字化、跨界化的时代背景下，所表现出来新的功能性特质。在这种底层逻辑制度框架下，基于全球金融网络体系的城市金融资源配置功能，更多地体现为对全球金融资源的解构、融合、嵌入、转化、再造与重塑，反映了在城市核心功能不断进阶、演化与重塑过程中，全球城市高质量发展需要内畅外联的现代金融支撑体系。

2. 从演进规律看，强大的金融资源配置能力，有助于国家中心城市实现从配置低端金融资源为主向配置高端战略性金融资源为主的重大历史性跨越

从全球城市发展的实践经验看，随着工业化的升级变迁和全球化的纵深发展，当前被誉为国际金融中心城市的纽约、伦敦、东京、香港、新加坡、法兰克福、旧金山、迪拜等全球城市，国际商贸中心往往是其前身。国际商贸中心密集的商贸活动，衍生出大量的资本与金融交易活动，通过物资流带动资金流，促进国际商贸中心城市向国际金融中心城市发展与演进，并在城市功能演化与发展的内在规律之中，实现由参与国际市场到运作国际市场、由集聚全球资源向配置全球资源、由配置低端资源为主向配置高端战略性资源为主的重大历史性转变或跨越。

进入 21 世纪以来，以纽约、伦敦、东京、芝加哥、洛杉矶、新加坡为代表的全球城市，推进实施"再工业化"战略，打造制造业发展新优势。当制造业发展到一定阶段时，一定区域范围内大、中、小不同等级的城市，会按照资源禀赋、比较优势和功能互补的原则，在制造业领域形成一条条相互支持、相互配合、相互依托的上下游产业链。在这一过程中，随着制造业部门规模的扩大，其对生产性服务业的需求也迅速增加，尤其是对以金融资本为代表的资金融通的需求显得尤为迫切，并渗透到制造业的前期产品研发、设计和中期管理以及后期物流、销售、售后服务、信息反馈等全链条过程，形成先进制造业与现代金融支撑体系相互协同、融合、渗透、支撑的新型工业化形态。

从全球城市兴衰演进历程和当今城市化发展的时代特点来看，只有当城市金融业嵌入全球产业体系链条中时，才会产生基于新型工业化发展需求的全球性金融资源配置问题。在这一过程中，城市的金融资源配置功能作为一个有机生命体，应当随着全球生产力革命、科技革命，以及新质生产力加速形成而升级变迁，自主调整其功能定位和金融资源配置模式，催生全球城市发展动力，促进全球城市发展迭代，并进一步使城市崛起为国际金融、资本和资产中心，最终成为国际金融决策与控制中心，实现内涵式与时俱进。

3. 从功能特征看，金融资源配置功能与国家中心城市发展的互动规律，本质上是为掌控与重塑全球价值链，谋求更大的金融发展主导权与话语权

作为全球城市，必须能够在全球范围内吸引各类资源集聚，包括科技、人才、资本、国际机构等高端战略性资源。其中，以金融资本为代表的高端战略性资源，无疑起到了关键的支撑性作用，是一个城市在全球化时代主动融入全球金融竞争格局中寻求发展机遇、获取竞争优势的重要依托。全球主要国际金融中心城市的发展经验表明，金融资源配置功能必然是全球城市最根本、最关键的能力，主要体现为以下三个方面。

一是资产价格决定功能。定价权是全球城市最重要的功能之一。大宗商品贸易的定价权、国际信贷和外汇市场的定价权，几乎都由纽约、伦敦、芝加哥、上海等全球城市来决定。例如，人民币离岸金融市场、国际人民币信贷定价取决于上海银行间同业拆放利率（Shibor）。此外，纽约华尔街金融机构推出的明晟指数、彭博巴克莱全球综合债券指数，则成为全球资产管理、基金公司配置股票和债券最为重要的参考标准之一。

二是财富增值和价值创造功能。作为全球城市，不应该仅仅成为金融要

素资源流通的集散中心，还应该对全球范围内流经的金融要素资源进行一定的集成创新，使金融要素资源在创新、整合、集聚、流通的过程中，实现金融资产的财富增值与价值创造，并且要在全球范围内吸引和配置更高端的金融要素资源，产生财富价值外溢效应。因此，作为全球城市必须抢占金融要素资源整合创新的价值链制高点，抓住金融交易规则制定、金融衍生品技术标准制定、产品设计研发等附加值高的产业环节。

三是资源辐射调配功能。作为全球城市，需要打造面向世界、链接全球的战略金融资源门户枢纽，为此必须拥有先进的金融资产交易体系，拥有包括银行、证券、基金、保险、期货、信托、外汇等在内的金融产品的现代化、立体型的交易设施和网络，同时也需要有遍布全球的国际金融机构，外资银行、券商、投资银行、基金公司等功能型跨国金融机构要相对集中，为金融要素资源在全球范围内的流动和配置创造良好条件。

（二）增强金融资源配置功能，为广州加快推动"二次创业"再出发、建设引领型国家中心城市夯基垒台、立柱架梁

2023年4月，习近平总书记亲临广东视察并发表重要讲话、作出一系列重要指示，明确要求广州要继续在高质量发展方面发挥领头羊和火车头作用，科学回答了广州推进中国式现代化建设的一系列重大理论和实践问题，深刻表明了党中央对广州实现高质量发展战略突破、推进路径的深入思考和高超谋略，为新时代新征程广州推动"二次创业"再出发指明了前进方向、提供了根本遵循，也为新形势下广州提升金融资源配置功能、服务引领型国家中心城市建设上新水平提供了战略标准和战术指导。①

在2023年10月30日召开的中央金融工作会议上，习近平总书记进一步总结新时代做好金融工作的规律性认识，首次提出"加快建设金融强国"，特别强调要"坚定不移走中国特色金融发展之路，推动我国金融高质

---

① 《广州：落实五大提升行动 推动"二次创业"再出发》，百度百家号"南方新闻网"，https：//baijiahao. baidu. com/s？ id＝1774807786909551761&wfr＝spider&for＝pc。

量发展",为新时代广州持之以恒科学谋划、着力推动金融强市建设再上新台阶指明了前进方向、提供了根本遵循,也为当前和今后一个时期广州坚持以引领型国家中心城市金融资源配置功能为牵引、努力在推动金融高质量发展上走在全省全国前列提供了行动方略、确立了全新坐标。习近平总书记的重要论断,为广州增强引领型国家中心城市金融资源配置功能提供了明确指引,为广州提升全球金融枢纽和节点地位注入了新的时代内涵,需要从理论与实践相结合角度进一步总结、归纳、概括与提炼,以新时代金融资源配置功能的创新理论指导新的发展实践。

当前,广州正围绕新征程上习近平总书记赋予广州的新使命新任务,大力推动高质量发展,探索中国式现代化广州之路。广州在面向2049年的城市发展战略愿景中,提出要打造引领型国家中心城市的宏伟目标。在此背景下,围绕广州打造引领型国家中心城市思路举措,锚定2049年发展愿景,深入开展广州增强引领型国家中心城市金融资源配置功能研究,探讨以更优的金融服务促进实体经济高质量发展,围绕广州现代化建设新征程进一步聚焦金融资源配置功能提升这一重大任务,以及以金融资源配置功能塑造发展新优势等方面开展系统的理论研究与实践探索,具有重大意义。

面向未来,广州必须以全球新一轮科技革命为契机,以新质生产力破解增长乏力的硬约束,以新质生产力转变金融资源要素驱动的传统路径,以新质生产力增强金融高质量发展的新活力,围绕产业需求加强关键技术攻关,充分发挥市场优势牵引科技成果转化,强化产业科技创新的金融支撑,开辟发展新领域新赛道,在推动新质生产力加快发展上取得新突破,不断塑造广州高质量发展新动能新优势。

对此,可以从以下四个方面进一步深化理解。

1.增强城市金融资源配置功能,是全面开启中国式现代化广州实践新篇章、奋力推动广州高质量发展走在全省全国前列的关键之举

习近平总书记在党的二十大报告中深刻论述了中国式现代化的丰富内涵、重要特征和本质要求,为全面建成社会主义现代化强国、实现第二个百年奋斗目标指明了方向、确立了行动指南。广州作为国家中心城市和广东省会城市，在全省和全国发展大局中负有重要责任，这就要求广州要深刻领悟以中国式现代化全面推进中华民族伟大复兴的使命任务，更好发挥引领型国家中心城市、粤港澳大湾区核心引擎作用，在中国式现代化新征程中率先探路前行，向世界展示中国式现代化美好图景。特别是在增强引领型国家中心城市的金融资源配置功能方面，广州要以共建粤港澳大湾区国际金融枢纽为"纲"，推进三地之间金融"软规则"对接，大幅提升广州国际金融枢纽能级，不断提升金融服务实体经济质效，构建和打造与中国式现代化城市范例相适应的金融资源配置功能，为广州加快推动"二次创业"再出发、以新质生产力加快形成之进推动现代化产业体系实现新跃升提供强有力的金融支撑与保障，这也是广州增强金融资源配置功能的责任与担当所在。

2. 增强城市金融资源配置功能，是广州牢记"国之大者"主动服务国家战略、勇担重责大任参与全球化竞争的重要支撑

放眼全球，面对急速变革的时代，世界正经历百年未有之大变局，国际经济、科技、文化、安全、政治等格局发生深刻调整，地缘冲突不断升级，世界进入动荡变革期。于城市而言，要在新一轮发展中抢得先机，需要思考其持久繁荣的战略支撑与现实基础，使城市能够提高应对未来风险的能力。

作为迈向全球城市的广州，理当而且必须肩负起代表国家参与全球城市竞争和合作的时代使命，特别是要抓住中国新一轮金融对外开放的契机，依托南沙自由贸易试验区改革创新和开放灵便的体制机制优势，加强与港澳资本市场的跨境监管合作，争取建设离岸金融试点，重点发展具有远期交易和远程辐射特征的离岸金融业务，循序渐进，首先建立内外分离型的离岸金融市场，逐步满足企业在转口贸易中的结算便利需求、境外套期保值需求和境外融资需求，打造粤港澳大湾区离岸金融试验区，向增强全球金融资源配置功能的目标坚定地迈进。

3. 增强城市金融资源配置功能，符合广州推动"二次创业"再出发、建设引领型国家中心城市的目标定位

广州是国家重要的中心城市、国际商贸中心和综合交通枢纽，是华南地区的政治、军事、经济、文化和科教中心。党的二十大以来，广州的经济社

会发展取得巨大成就，市场经济体制完善，新型工业化、信息化、城镇化以及开放型经济快速发展等推动广州对社会主义现代化建设的探索一直走在全省全国前列。

当前，广州已具备建设成为引领型国家中心城市的潜力，在面向2049的城市发展战略中，提出在高质量发展伟大实践中"先行一步"，锐意进取、拼搏实干、争当表率，加速完成由国家中心城市向引领型国家中心城市的新跨越。可以说，广州的现代化进程与推动"二次创业"再出发、建设引领型国家中心城市进程是基本一致的，要求广州必须以更加高端、高质、高新的金融体系激发城市经济活力与发展动力，必须以更强的城市金融影响力和更高的城市金融参与度增强金融资源配置功能，以更加绿色的发展方式提升城市金融可持续发展能力。在这一理念下，广州增强金融资源配置功能要符合广州推动"二次创业"再出发、建设引领型国家中心城市的新定位，这也是广州建设国际金融中心的应有之义。

4. 增强城市金融资源配置功能，是广州弘扬敢闯敢试改革精神、推动思想再解放改革再深入的现实需要

改革开放40多年来，广州牢记使命、敢闯敢试，以"杀出一条血路"的勇气，创造了诸多全国"第一"，如全国第一间水产品行栏货栈、第一家五星级宾馆、第一个商品房小区等。进入新时代，广州坚持用改革的办法解决前进中的问题，大胆试、大胆闯、自主改，形成了一大批可复制、可推广的经验。

在我国迈入新发展阶段的重大关口，迫切需要广州这种富有历史经验、影响力带动力较强的国家中心城市大胆突破、勇于创新、闯关探路，特别是在高标准建设广州期货交易所等高能级金融平台方面，要充分发挥国家级金融基础设施和平台作用，打造辐射粤港澳大湾区的商品金融综合服务平台，同时做大做强大宗商品交易平台、跨境贵金属交易市场、广东省珠宝玉石交易中心、广州钻石交易中心等要素交易平台，探索形成一套广州的"金融标准"，为国内众多城市提供可复制、可推广的经验。

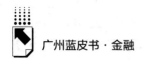

二 广州增强引领型国家中心城市金融资源配置功能的基础与优势

（一）金融发展对经济增长促进作用显著

金融是国家中心城市现代经济的核心和资源配置的枢纽，在支撑城市经济高质量发展上发挥着不可替代的作用，是新时代广州践行新发展理念、推动高质量发展的关键。在新的形势背景下，准确把握广州增强引领型国家中心城市金融资源配置功能的内涵要求、标志特征和趋势，深入推动广州金融高质量发展，对促进广州经济高质量发展、提升城市能级和核心竞争力，具有重要的现实意义。

关于金融发展与国家中心城市经济增长之间的关系，经典的城市发展理论认为，在发展的初级阶段，城市通过优化金融服务供给提高城市金融资源配置效率，从而促进城市的经济增长；城市发展到高级阶段，城市的经济增长会引致新的金融需求，反过来促进城市金融的发展。

为分析金融发展对广州经济增长的促进作用，根据研究数据的客观性、权威性和可获得性原则，本报告借鉴于凤艳（2011）、谢太峰和王子博（2009）等有关北京、上海等国家中心城市金融发展规模和效率①对城市经济增长影响的研究文献，采用时间序列研究方法，收集和整理2015年第一季度到2023年第四季度广州金融发展与经济增长相关指标的季度数据，包括广州地区生产总值（GDP）、本外币各项贷款余额（Loan）、存贷比（LDR）②和金融相关率（FIR）③等，分析广州金融发展与经济增长之间的短期和长期均衡关系，数据来源于广州市统计局网站。2015~2023年广州地

---

① 本报告借鉴有关金融发展与经济增长关系的实证研究，采用贷款余额、存贷比和金融相关率三个指标来简单指代金融发展规模和效率。

② 存贷比是指广州地区本外币各项存款余额与各项贷款余额之比，是衡量地区金融机构把储蓄转化为贷款的效率。

③ 金融相关率是指广州地区本外币各项存款余额与各项贷款余额之和除以广州GDP，是衡量地区金融发展规模的重要指标。

区生产总值（取对数）、本外币各项贷款余额（取对数）、存贷比和金融相关率季度数据如图 1 所示。

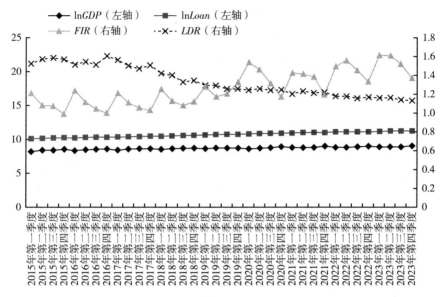

图 1　2015~2023 年广州地区生产总值（取对数）、本外币各项贷款余额（取对数）、存贷比和金融相关率季度数据

在研究方法上，本报告采用了向量误差修正模型（VEC）和脉冲响应方法进行计量分析。实证研究结果表明，广州金融发展与经济增长之间存在显著的 Granger 因果关系。从短期看，本外币各项贷款余额增长 1%，会拉动广州地区生产总值增长 0.82%；存贷比提升 1%，会促进广州地区生产总值增长 0.43%；金融相关率提升 1%，会推动广州地区生产总值增长 0.05%。从长期看，本外币各项贷款余额增长 1%，会拉动广州地区生产总值增长 1.03%；存贷比提升 1%，会促进广州地区生产总值增长 0.52%；金融相关率提升 1%，会推动广州地区生产总值增长 0.06%。脉冲响应分析结果表明，受到冲击后，除金融相关率（FIR）呈现不同起伏模式外，存贷比（LDR）、广州地区生产总值（lnGDP）、本外币各项贷款余额（lnLoan）所受影响甚小。

1. 广州金融发展与经济增长的因果关系分析

首先，本报告对 lnGDP、ΔlnGDP（对广州地区生产总值季度数据取对

数后进行一阶差分）、ln$Loan$、Δln$Loan$（对本外币各项贷款余额季度数据取
对数后进行一阶差分）、LDR、ΔLDR（对存贷比季度数据进行一阶差分）、
FIR、ΔFIR（对金融相关率季度数据进行一阶差分）进行单位根检验，结果
显示 ΔlnGDP、Δln$Loan$、ΔLDR、ΔFIR 均不包含单位根（见表1），为平稳
序列。可见，原始序列是一阶单整序列。

表1　变量单位根检验

变量	Dickey-Fuller 检验		Phillips-Perron 检验	
	Z(t)	p 值	Z(t)	p 值
lnGDP	−2.203	0.2053	−1.911	0.3270
ΔlnGDP	−7.708	0.0000	−12.615	0.0000
ln$Loan$	−0.511	0.8898	−0.523	0.8874
Δln$Loan$	−5.979	0.0000	−5.975	0.0000
LDR	−0.545	0.8829	−0.302	0.9252
ΔLDR	−8.642	0.0000	−8.912	0.0000
FIR	−2.409	0.1392	−2.078	0.2535
ΔFIR	−7.053	0.0000	−10.517	0.0000

注：单位根检验利用 Stata 软件。

其次，为进一步分析与判断 lnGDP 与 ln$Loan$、LDR、FIR 之间是否存在
长期均衡关系，本报告采用 Johansen 协整检验方法进行检验，实证研究结果
显示广州地区生产总值与本外币各项贷款余额、存贷比和金融相关率之间存
在显著的协整关系（见表2）。

表2　协整检验

协整向量的个数	特征值	迹统计量	5%临界值
0	—	61.8592	47.21
至多1个	0.66647	26.7222*	29.68
至多2个	0.44037	8.1470	15.41
至多3个	0.21958	0.2133	3.76
至多4个	0.00664	—	—

注：* 表示结果在5%的水平下显著。

再次，为进一步分析 lnGDP 与 lnLoan、LDR、FIR 之间是否存在 Granger 因果关系，对这些变量进行 Granger 因果关系检验，表 3 结果显示它们之间存在显著的 Granger 因果关系。

表 3　Granger 因果关系检验

Equation	Excluded	chi2	df	Prob>chi2
lnGDP	lnLoan	31.684	4	0.000
lnGDP	LDR	21.041	4	0.000
lnGDP	FIR	21.396	4	0.000
lnGDP	All	62.452	12	0.000
lnLoan	lnGDP	9.9551	4	0.041
lnLoan	LDR	5.4204	4	0.247
lnLoan	FIR	8.7332	4	0.068
lnLoan	All	43.0500	12	0.000
LDR	lnGDP	17.248	4	0.002
LDR	lnLoan	4.886	4	0.299
LDR	FIR	12.942	4	0.012
LDR	All	71.900	12	0.000
FIR	lnGDP	14.342	4	0.006
FIR	lnLoan	21.412	4	0.000
FIR	LDR	14.192	4	0.007
FIR	All	56.198	12	0.000

从次，为进一步考察 lnGDP 与 lnLoan、LDR、FIR 之间是否存在长期波动关系，本报告对 lnGDP 与 lnLoan、LDR、FIR 做回归分析，得到 lnGDP 与 lnLoan、LDR、FIR 之间的长期关系式，如公式（1）所示。其中，本外币各项贷款余额、存贷比与经济增长之间存在正向作用关系，表明贷款增加、储蓄转化为贷款效率提高等对广州经济增长具有促进作用；而金融相关率与经济增长之间也存在正向作用关系，说明金融规模扩大也促进了广州的经济增长。从长期关系式可以得出，长期内如果本外币各项贷款余额增长 1%，广州地区生产总值增长 1.03%；如果存贷比提升 1%，广州地区生产总值增长 0.52%；如果金融相关率提升 1%，广州地区生产总值增长 0.06%。

$$lnGDP = 1.03lnLoan + 0.52LDR + 0.06FIR - 2.08 \qquad (1)$$

最后，为深入分析一个季度的本外币各项贷款余额、存贷比和金融相关率对广州地区生产总值的短期冲击反应，通过 Johansen 的 MLE 方法构建并估计向量误差修正模型，得出 $\ln GDP$ 与 $\ln Loan$、LDR、FIR 之间的短期关系式，即短期内本外币各项贷款余额增长 1%，会拉动广州地区生产总值增长 0.82%；存贷比提升 1%，会促进广州地区生产总值增长 0.43%；金融相关率提升 1%，会拉动广州地区生产总值增长 0.05%，具体如公式（2）所示。

$$\Delta\ln GDP = 0.82\Delta\ln Loan + 0.43\Delta LDR + 0.05\Delta FIR + 0.005 \qquad (2)$$

2. 广州金融发展与经济增长的脉冲响应分析

基于脉冲响应的研究方法[①]，本报告对 $\ln GDP$ 与 $\ln Loan$、LDR、FIR 进行脉冲响应分析，结果如图 2 所示。

第一行展示了金融相关率（FIR）受到一个单位标准差的冲击对 VAR 系统造成的影响，其结论是：金融相关率（FIR）呈"上升—下降—上升—下降"的趋势，在 7 个季度后此影响逐渐衰退；存贷比（LDR）、广州地区生产总值（$\ln GDP$）和本外币各项贷款余额（$\ln Loan$）受到该冲击的影响甚微。

第二行展示了存贷比（LDR）受到一个单位标准差的冲击对 VAR 系统造成的影响，其结论是：金融相关率（FIR）呈"下降—上升—下降—上升"的趋势，在 8 个季度之后该影响消失；存贷比（LDR）、广州地区生产总值（$\ln GDP$）和本外币各项贷款余额（$\ln Loan$）受到该冲击的影响甚微。

第三行展示了广州地区生产总值（$\ln GDP$）受到一个单位标准差的冲击对 VAR 系统造成的影响，其结论是：金融相关率（FIR）呈"上升—下降—上升—下降"的趋势，在 8 个季度后该影响仍存在；存贷比（LDR）、广州地区生产总值（$\ln GDP$）和本外币各项贷款余额（$\ln Loan$）受到该冲击的影响很小。

第四行展示了本外币各项贷款余额（$\ln Loan$）受到一个单位标准差的冲击对 VAR 系统造成的影响，其结论是：金融相关率（FIR）呈"下降—上升—下降—上升"的趋势，在 8 个季度之后该影响仍存在；存贷比（LDR）、

---

① 即通过对随机误差项施加 1 个标准差的冲击，分析其对内生变量当期和未来一段时期产生的影响。

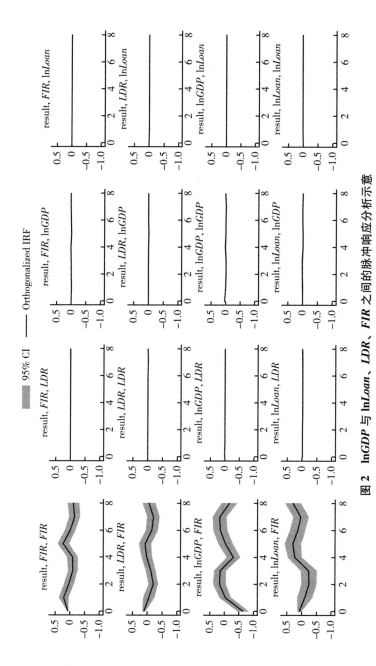

图 2 ln*GDP* 与 ln*Loan*、*LDR*、*FIR* 之间的脉冲响应分析示意

注：图中每一行都表示同种冲击对不同变量造成的影响，每一列都表示不同冲击对同一变量造成的影响；横坐标表示滞后阶数，纵坐标表示变量的变化率，实线表示脉冲响应函数，实线两侧灰色区域为 95% 置信区间。

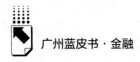
广州地区生产总值（lnGDP）和本外币各项贷款余额（lnLoan）受到该冲击的影响甚微。

（二）金融业快速发展成为全市支柱产业

近年来，广州坚决扛起建设引领型国家中心城市金融资源配置枢纽的使命担当，以构建现代化金融服务体系为目标，以加快金融资源布局优化和结构调整为重点，大力推动共建粤港澳大湾区国际金融枢纽，全力建设"三中心、一标杆、一高地"，不断增强引领型国家中心城市金融资源配置枢纽的核心竞争力和辐射带动能力，持续加大对半导体与集成电路、智能装备与机器人、生物医药与健康、新能源汽车、低空经济、商业航天等战略性新兴产业的金融支持，推动金融资源向更底层技术、更前沿技术、开源性技术、颠覆性技术等领域前移，赋能高新科技企业加强原创技术攻关、掌握关键核心技术、对接未来产业需求、加快场景示范应用，为实体经济高质量发展注入源源不断的金融"活水"。

作为国家中心城市，广州的金融业实力位居全国城市前列，同时金融业也是广州重要的支柱产业之一。2024 年 3 月，英国 Z/Yen 集团和中国（深圳）综合开发研究院联合发布了《第 35 期全球金融中心指数》（GFCI 35），排名显示广州居全球第 29 位，综合得分为 715 分，在中国内地城市排行中位于上海、深圳、北京之后，位列第 4。广州国际金融影响力不断提高，为加快推动"二次创业"再出发、培育发展新质生产力提供了有力的金融支撑。

1. 金融业成为支撑广州经济增长的主要行业之一

近些年，广州金融业规模迅速扩大，实力迅速增强。2023 年，广州金融业增加值达到 2736.74 亿元（见图 3），占全省、全国比重分别为 22.04%、2.72%[①]；横向比较看，广州金融业增加值虽低于北京（8663.1 亿元）、上海（8646.86 亿元）、深圳（5253.48 亿元）等城市，但高于重庆

---

① 根据《2023 年广州市国民经济和社会发展统计公报》、《2023 年广东省国民经济和社会发展统计公报》和《2023 年国民经济和社会发展统计公报》数据整理所得。

(2590.89 亿元)、成都（2555.6 亿元）、杭州（2490 亿元）、天津（2249.8 亿元）等城市，规模居全国城市第四名，稳居全国城市第一梯队①；从增速看，2023 年，广州金融业增加值同比增长 7.5%，增速高于北京（6.7%）、上海（5.2%）、深圳（5.8%）、天津（6.0%）、重庆（5.2%）等城市，居"北上广深津渝"六大城市第一名；从金融业对经济增长贡献看，广州金融业增加值占全市地区生产总值比重为 9.02%，拉动 GDP 增长 0.7 个百分点②，为全市第四大支柱产业和第五大税源产业③，以高质量金融服务支持广州经济社会发展不断开创新篇章。

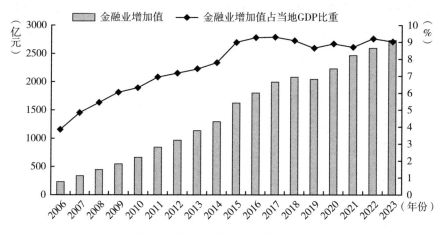

图 3　2006～2023 年广州金融业增加值及其占比

资料来源：金融业增加值数据来源于 2007～2023 年《广州统计年鉴》以及《2023 年广州市国民经济和社会发展统计公报》，金融业增加值占当地 GDP 比重根据相关数据计算得到。

2. 银证保及新兴金融业态加快发展

一是银行存贷规模及其增速全国领先。截至 2023 年底，广州地区金融机

---

① 根据《2023 年广州市国民经济和社会发展统计公报》以及各城市 2023 年统计公报数据整理所得。

② 《一图读懂｜广州金融业 2023 年成绩单》，南方号 "289 财经热点"，https：//static.nfapp. southcn.com/content/202402/19/c8613434.html。

③ 《全力做好"五篇大文章"　加快建设金融强市　奋力谱写广州金融高质量发展新篇章　广州市高质量发展大会金融分会场会议召开》，中共广州市委金融委员会办公室网站，http：//jrjgj.gz.gov.cn/gzdt/content/post_ 9502567.html。

构本外币各项存、贷款余额分别为 86638.33 亿元、76674.23 亿元（见图 4），占全省比重分别为 24.20%、28.23%，占全国比重分别为 2.93%、3.17%[①]；横向比较看，广州地区金融机构本外币各项存、贷款余额，虽低于北京（246430 亿元、110835.5 亿元）、上海（204429.29 亿元、111766.72 亿元）、深圳（133350.52 亿元、92140.89 亿元）等城市，但高于杭州（77589 亿元、68642 亿元）、成都（58074 亿元、60498 亿元）、重庆（53562.75 亿元、56730.17 亿元）、天津（44520.56 亿元、44765.03 亿元）等城市，存、贷款余额规模均居全国第四名[②]；从增速看，2023 年，广州地区金融机构本外币各项存、贷款余额分别同比增长 7.6% 和 10.5%，贷款余额增速高于上海（7.3%）、深圳（8.3%）、重庆（9.8%）、天津（5.1%）等城市[③]，居"北上广深津渝"六大城市第二名。

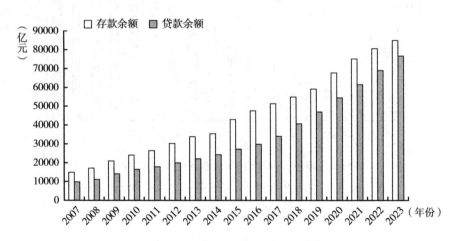

图 4　2007~2023 年广州地区金融机构本外币存、贷款余额

资料来源：《广州统计年鉴（2023）》以及广州市统计局网站。

---

① 根据《2023 年广州市国民经济和社会发展统计公报》、《2023 年广东省国民经济和社会发展统计公报》和《2023 年国民经济和社会发展统计公报》数据整理所得。

② 根据《2023 年广州市国民经济和社会发展统计公报》以及各城市 2023 年统计公报数据整理所得。

③ 根据《2023 年广州市国民经济和社会发展统计公报》以及各城市 2023 年统计公报数据整理所得。

二是保险业收入居国内前列。截至 2023 年末，全市拥有保险法人机构 5 家，市场主体 111 家。① 2023 年，全市保费收入 1741.85 亿元（见图 5），首次突破 1700 亿元，占全省、全国比重分别为 26.57%、3.40%②，同比增长 12.8%，比 2010 年增加了 4.13 倍，近年来保持高增速；横向比较看，广州保费收入虽低于北京（3204.7 亿元）、上海（2470.74 亿元）等城市，但高于深圳（1719.56 亿元）、杭州（1220 亿元）、成都（1194.5 亿元）、重庆（1055.76 亿元）等城市，规模居全国城市第三名③。总体而言，广州保险行业的发展，不仅提升了金融业核心竞争力，也进一步提升了金融服务实体经济的质效。截至 2023 年底，全市保险资金在穗投资余额累计近 1 万亿元④，推动保险向高质量发展聚焦用力，有力支持广州经济转型和产业升级。

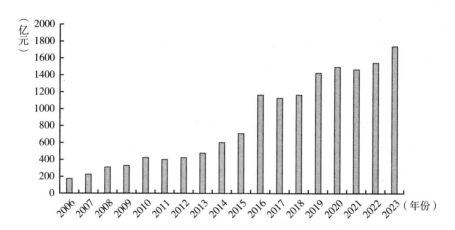

图 5　2006~2023 年广州市原保险保费收入

资料来源：《广州统计年鉴（2023）》以及广州市地方金融管理局。

---

① 根据《2023 年广州市国民经济和社会发展统计公报》数据整理所得。
② 根据《2023 年广州市国民经济和社会发展统计公报》、《2023 年广东省国民经济和社会发展统计公报》和《2023 年国民经济和社会发展统计公报》数据整理所得。
③ 根据《2023 年广州市国民经济和社会发展统计公报》以及各城市 2023 年统计公报数据整理所得。
④ 《一图读懂丨广州金融业 2023 年成绩单》，南方号"289 财经热点"，https://static.nfapp.southcn.com/content/202402/19/c8613434.html。

三是证券业基础扎实。截至2023年底，广州有证券公司5家，占全省比重为17.24%；证券公司分支机构353家，占全省比重为21.18%；代理股票交易额282733.00亿元，占全省比重为44.35%；实现营业收入176.61亿元，净利润76.76亿元。① 证券业服务经济社会发展能力显著提升，2023年广州直接融资超过300家次，融资额合计2700亿元，同比增长约12%。② 2023年8月，首家券商资管子公司万联证券资产管理（广东）有限公司正式开业。广州积极推动中信证券、万联证券等申报证券类创新业务牌照和资格。

四是期货业发展势头持续向好。随着广州期货交易所的设立、运营，广州期货业发展走上快车道。2023年7月，广州期货交易所上市碳酸锂期货期权，从研发到上市不足一年，在全国范围内开创期货品种上市"广州速度"。截至2023年底，广州期货交易所已上市的工业硅、碳酸锂期货期权累计成交量约6500万手，成交额超6万亿元，为企业套期保值和机构价值投资提供了较好的市场基础。随着广州期货交易所设立和运营，与期货交易及资产配置相关的金融机构积极落户广州。截至2023年底，广州共有期货公司（含分支机构）98家，其中期货法人机构7家③，地区总部55家，其他分支机构36家。④ 服务实体经济能力不断提升，积极推广"保险+期货"项目，通过开展基差交易、仓单服务、场外衍生品业务等风险管理业务帮助实体企业解决采购成本上涨、供销不畅、融资困难等问题。

五是数字人民币应用场景逐步拓展。近年来，广州以数字人民币试点为契机，积极谋划数字人民币与广州数字经济产业的深度融合运用，按照政府引导、银行主推、企业和社会公众共同参与的试点工作思路，打造数字人民

---

① 《2023年广州市国民经济和社会发展统计公报》，广州市统计局网站，http://tjj.gz.gov.cn/stats_newtjyw/tjsj/tjgb/qstjgb/content/post_9567759.html。
② 《一图了解2023广州资本市场&数字金融》，中共广州市委金融委员会办公室网站，http://jrjgj.gz.gov.cn/zxgz/zbsc/content/post_9491751.html。
③ 7家期货法人机构分别是广发期货、广州金控期货、广州期货、华泰期货、长城期货、摩根大通期货以及中州期货。
④ 《2023年广州推动期货市场发展工作成效明显》，中共广州市委金融委员会办公室网站，http://jrjgj.gz.gov.cn/zxgz/zbsc/content/post_9438472.html。

币试点"广州模式",形成可复制可推广的成功经验,有效促进普惠民生和带动消费,全面提升广州数字经济创新发展能级。截至 2023 年底,数字人民币各种应用场景已在食、住、行、游、购、娱、医、税、公积金等 9 类民生领域及 14 类特定领域落地,累计开立个人钱包 1070 万个,落地支持数字人民币支付商户门店 99 万个。① 首批 11 个获得广州市数字人民币应用示范的场景涵盖商圈消费、岭南餐饮、酒店住宿、看病就医、文化旅游、综合园区、补贴发放、硬钱包应用等,具有较强的代表性和示范作用,涉及"线上+线下"多个数字人民币支付生态领域。

3. 资本市场服务实体经济能力持续增强

企业上市融资畅通的背后,是广州做深做精企业上市服务的有力体现。近年来,广州切实把推动企业上市作为增强金融服务实体经济能力、推动经济增长的重要抓手,出台并落实广州企业上市"领头羊"行动计划,积极辅助战略性新兴产业链主企业和关键核心技术企业上市,有效推动科创企业与金融资本实现有效对接,打通企业上市融资的"最后一公里",助力企业提高资本运作水平和投融资对接效率,全市上市企业涌现多个"行业第一股"。广州资本市场助力战略性新兴产业新赛道领跑,为广州打造具有全球影响力的创新策源地、培育新质生产力提供强有力的资本支持。

截至 2024 年 4 月,广州共有 234 家境内外上市公司,累计募资近 7000亿元,合计市值约 3 万亿元,其中 A 股上市公司 157 家,总市值约 1.73 万亿元。② 2023 年 1 月到 2024 年 4 月,广州新增 18 家优质企业赴境内外证券交易所上市。③ 其中,境内 A 股上市 12 家,香港主板上市 4 家,包括广合

① 《一图读懂丨广州金融业 2023 年成绩单》,南方号"289 财经热点",https://static.nfapp. southcn.com/content/202402/19/c8613434.html。

② 《广州市地方金融监督管理局企业上市和数字人民币工作案例入选广州机关党建服务保障高质量发展百优案例》,中共广州市委金融委员会办公室网站,http://jrjgj.gz.gov.cn/zxgz/zbsc/content/post_ 9491505.html。

③ 2023 年,广州市新增上市企业数量为 15 家,数据来源于《一图了解 2023 广州资本市场 & 数字金融》,中共广州市委金融委员会办公室网站,http://jrjgj.gz.gov.cn/zxgz/zbsc/content/post_ 9491751.html;截至 2024 年 4 月底,广州市 2024 年新增上市企业 3 家,数据来源于 WIND 数据库。合计 18 家。

科技、永兴股份、广钢气体、中旭未来、多浦乐、佛朗斯股份等一批优质的本地企业。金融资本精准赋能高新科技企业上市融资取得新突破,助力企业上市"加速跑"呈现新亮点。2023年1月到2024年4月,广州新增境内A股和香港主板上市企业情况如表4所示。

表4　2023年1月到2024年4月广州新增境内A股和香港主板上市企业一览

单位:亿元

序号	证券简称	企业名称	上市时间	上市板块	公司市值
1	凌玮科技	广州凌玮科技股份有限公司	2023年2月8日	创业板	28.42
2	慧智微-U	广州慧智微电子股份有限公司	2023年5月16日	科创板	45.25
3	蜂助手	蜂助手股份有限公司	2023年5月17日	创业板	47.18
4	新莱福	广州新莱福新材料股份有限公司	2023年6月6日	创业板	34.53
5	安凯微	广州安凯微电子股份有限公司	2023年6月27日	科创板	31.44
6	广钢气体	广州广钢气体能源股份有限公司	2023年8月15日	科创板	134.31
7	多浦乐	广州多浦乐电子科技股份有限公司	2023年8月28日	创业板	29.27
8	视声智能	广州视声智能股份有限公司	2023年9月1日	北交所	7.60
9	润本股份	润本生物技术股份有限公司	2023年10月17日	主板	75.38
10	永兴股份	广州环投永兴集团股份有限公司	2024年1月18日	主板	135.81
11	芭薇股份	广东芭薇生物科技股份有限公司	2024年3月29日	北交所	9.93
12	广合科技	广州广合科技股份有限公司	2024年4月2日	主板	218.24
13	药师帮	药师帮股份有限公司	2023年6月28日	香港主板	51.91
14	中旭未来	广州中旭未来科技有限公司	2023年9月28日	香港主板	119.81
15	佛朗斯股份	广州佛朗斯股份有限公司	2023年11月10日	香港主板	50.81
16	升辉清洁	升辉清洁集团控股有限公司	2023年12月5日	香港主板	3.97
合计					1023.86

注:公司市值截至2024年4月30日,查询时间为2024年5月17日;香港主板上市企业市值,均已按照2024年4月30日当天港元兑人民币汇率中间价折算为人民币。

资料来源:根据WIND数据库查询数据整理所得。

4.国有资本深度赋能"硬科技"成效显著

一是助力重大产业项目落地取得新突破。推动国有资本向前瞻性未来产业集中，是广州"硬科技"重大产业项目加速落地的关键支撑。近年来，广州围绕全市战略性新兴产业重大部署，坚持将优化国有资本布局和结构作为重大政治责任和重要战略任务，立足"硬科技"重大产业项目战略投资的功能定位，放大国有资本的集聚效应，以投促引、以投促产、以投促创，推动粤芯半导体、中科宇航、越海集成、山河智能、鼎汉技术、TCL 华星光电 T9、孚能电池等"硬科技"重大产业项目落实落地，为广州在"产业第一、制造业立市"的战略版图上增添多笔重量级国有资本投资，也为广州积极抢占"硬科技"新赛道提供强有力的国有资本支撑。

二是助力超级独角兽企业挖掘培育实现新跨越。助力创新型"硬科技"企业向独角兽企业蜕变，离不开广州国有资本的深度赋能。近年来，广州国资国企重点围绕加快培育创新型独角兽企业，坚持"战略投资为主、直接投资为主"目标导向，实施"硬科技"培育行动，设立总规模 2000 亿元的产投、创投母基金，聚焦人工智能、航空航天、智能制造、新能源、新材料、生物技术、信息技术等"硬科技"新赛道，重点遴选一批有潜力有基础的初创期"硬科技"企业，通过直接投资和基金投资"双轮驱动"，全力培育孵化一批未来独角兽企业和科技领军企业，更好发挥国有资本的投向引领作用和乘数放大效应，持续为"硬科技"独角兽企业注入源源不断的"资本活水"，取得显著成效。根据胡润研究院发布的《2024 全球独角兽榜》，广州有 24 家企业上榜，数量位居全球城市第 9，创下历史新高。[①] 其中，由广州产投集团投资的广汽埃安、致景科技、粤芯半导体、巨湾技研、中科宇航、如祺出行、云舟生物 7 家"硬科技"独角兽企业入选榜单。此外，广州城投集团旗下广州基金子公司科金控股、城发基金、新兴基金参与投资并成功入选榜单的广州本土企业，包括小马智行、文远知行、树根互

---

① 《广州"独角兽"数量全球城市第九》，广州市科技局网站，http：//kjj. gz. gov. cn/xwlb/yw/content/post_ 9600766. html。

联、立景创新、极飞科技等 7 家"硬科技"独角兽企业。广州市属、区属投资机构投资本地全球独角兽企业的情况如表 5 所示。

表 5 广州市属、区属投资机构支持本地全球独角兽企业情况

单位：亿元

序号	企业名称	公司估值	行业	全球排名	部分广州市属、区属投资机构
1	广汽埃安	995	新能源汽车	25	广州产投、广州基金、广州科金控股、越秀产业基金、穗开投资、番禺产投
2	小马智行	460	人工智能	119	广州基金
3	文远知行	355	人工智能	158	广州基金
4	致景科技	210	电子商务	322	广州产投
5	粤芯半导体	160	半导体	482	广州产投、广州基金、广州金控、科学城集团、广汽资本、越秀产业基金
6	树根互联	155	工业互联网	495	广州基金
7	立景创新	155	人工智能	495	广州基金、广州金控、穗开投资、广州开发区产业基金
8	奥动新能源	130	软件服务	647	广州金控
9	钱大妈	130	食品饮料	647	广州基金、广州金控
10	巨湾技研	110	新能源	761	广州产投、广州基金、广州金控、穗开投资、广汽资本
11	中科宇航	100	航天	850	广州产投、广州基金、广州金控、越秀产业基金
12	乐禾食品	85	食品饮料	980	广州基金、广州金控
13	简爱	85	食品饮料	980	广州金控
14	中芯种业	85	农业科技	980	广州基金
15	如祺出行	71	共享经济	1124	广州产投、广州基金、广州金控、穗开投资
16	极飞科技	71	机器人	1124	广州基金、广州金控、越秀产业基金
17	云舟生物	71	生物科技	1124	广州产投、广州基金、广州金控、穗开投资、越秀产业基金

资料来源：根据广州产投、广州城投、广州金控、越秀产业基金、广州开发区产业基金、科学城（广州）集团等公司官方网页以及企查查、天眼查等平台查询资料整理所得。

三是助力科技企业孵化器创新发展获得新提升。如何加快探索超前孵化新范式，始终考验着广州国有资本运营孵化器的专业运作能力。近年来，广州重点支持孵化器联合国有资本共同设立专业的早期孵化基金，探索"科技经费+股权投资"接续支持机制，耐心孵化"硬科技"项目，实现"硬科技"项目投后管理与孵化加速的深度融合，为广州加快形成与科技创新体系、"硬科技"发展体系密切结合的创业孵化体系提供重要支撑，取得显著成效。例如，广州产投旗下科金集团运营的广州国际企业孵化器园区企业云舟生物，依托广州产投、科金集团产业投资基金群，于 2023 年 5 月成功晋升为广州市第一家生物医药科技领域的全球独角兽企业，于 2024 年 4 月正式进入胡润研究院发布的《2024 全球独角兽榜》。

5. 金融业开放发展取得显著成效

打通资本要素跨境流动渠道，粤港澳大湾区跨境理财和资产管理中心建设稳步推进，截至 2023 年底，全市已签署 21 个跨境理财和资管相关项目，达成意向合作金额超过 2000 亿元。① 跨境金融创新不断深化，广州自由贸易区南沙新区片区获得跨境贸易投资高水平开放试点，截至 2023 年底，试点措施已落地 13 项，累计交易金额达 260 亿美元，率先落地资本项目外汇登记下放银行办理试点政策。跨境资本双向流动日益顺畅，推进 QDLP② 境外投资试点和 QFLP③ 境内投资试点工作，截至 2023 年底，已通过 QDLP 试点项目审批额度 20 亿元，QFLP 试点项目审批额度超 200 亿元，2 个 QDLP、2 个 QFLP 试点项目正式落地。④ 作为全国首单成功交割的券商私募子 QDLP 基金，万联天泽 QDLP 顺利完成跨境投资，标志着广州"双 Q"试点工作取得新突破。截至 2024 年 3 月底，南沙区获批 QFLP、QDLP 试点资格的基金管理企业有 11 家，获批额度累计超过 240 亿元，全国首个券商私募 QDLP 基金境外

---

① 《2024 年广州市政府工作报告》，广州市人民政府网站，https：//www.gz.gov.cn/zwgk/zjgb/zfgzbg/content/post_ 9462719. html。
② QDLP 为"合格境内有限合伙人"简称。
③ QFLP 为"合格境外有限合伙人"简称。
④ 《一图读懂 | 广州金融业 2023 年成绩单》，南方号"289 财经热点"，https：//static. nfapp. southcn. com/content/202402/19/c8613434. html。

投资、全省最大规模 QFLP 基金落地南沙。① 跨境特色金融合作不断深化，科创金融、绿色金融等跨境发展持续推进，开放创新持续深化，国际金融交流持续深入，举办国际金融论坛（IFF）全球年会、中国风险投资论坛、中国（广州）国际金融交易·博览会等重要金融主题活动，彰显广州金融国际化新形象。

6. 绿色金融赋能成效显著

广州全力推进绿色金融改革创新试验区建设，在全国六省（区）九地绿色金融改革创新试验区建设成效评价中，连续 4 年位列综合排名第一。南沙新区获批全国首批气候投融资试点，设立全国首家气候支行。广州银行、广州农商银行参与大湾区首批法人金融机构环境信息披露试点。截至 2023 年末，广州绿色贷款余额首次突破 1 万亿元，占全省绿色贷款余额 33.93%，居全省第一位，同比增长 34.36%②，为全市绿色产业和项目提供有力支撑。据广州市绿色金融协会不完全统计，截至 2023 年末，广州地区累计发行各类境内人民币绿色债券 1820.72 亿元，同比增长 28.64%，累计发行绿色债券超 190 只，同比增长 49.24%。其中，累计发行的境外美元绿色债券为 15.4 亿美元、境外人民币绿色债券为 18.7 亿元；各类人民币绿色债券余额为 1259.01 亿元。③ 截至 2023 年底，广州碳排放权交易中心累计成交碳排放配额 2.24 亿吨，金额为 63.68 亿元，成交量和成交金额均居全国 8 个区域碳市场试点首位。④ 另外，广州通过上线企业碳账户，发布全国首份标准化企业碳信用报告，积极推进"碳账户+碳信用+碳融资"体系建设。

---

① 《南沙区 2024 年度 QFLP 和 QDLP 跨境投资试点工作推进会议顺利召开》，广州南沙经济技术开发区国有资产监督管理局网站，http://www.gzns.gov.cn/gznsjr/gkmlpt/content/9/9571/mpost_ 9571737. html#10252。

② 《一图读懂丨广州金融业 2023 年成绩单》，南方号"289 财经热点"，https：//static.nfapp.southcn.com/content/202402/19/c8613434.html。

③ 《广州市绿色金融协会：2023 年广州地区绿债发行增长 28.64%》，百度百家号"金融界"，https：//baijiahao.baidu.com/s? id=1790145489420127601&wfr=spider&for=pc。

④ 《2023 年度广州金融十大新闻》，中共广州市委金融委员会办公室网站，http://jrjgj.gz.gov.cn/gzdt/content/post_ 9573604. html。

7. 金融基础设施建设高水平推进

近些年，广州大力推进金融基础设施建设，为进一步增强金融实力奠定了良好基础。2023 年，广州期货交易所成功上市碳酸锂期货期权，截至2023 年底，广州期货交易所已上市的工业硅、碳酸锂期货期权累计成交量约 6500 万手，成交额超 6 万亿元。[①] 广州碳排放权交易中心作为全国首批七个碳排放权交易试点之一，交易规模持续领先全国。广东股权交易中心作为广东省（深圳市除外）唯一合法的区域性股权市场运营机构，业务总体规模、规范程度、市场影响力等走在全国前列，获得"区块链+股权市场"国家创新应用试点资格，启动股权投资和创业投资基金份额转让试点，正进一步加强"科技创新专板""专精特新板""乡村振兴板"三大特色板块建设。广州航运交易所是华南地区首家、国内第三家航运交易所，正抓紧建设航运交易中心、航运大数据中心、港航资讯中心和航运经济运行监测中心，逐步建成华南地区最大船舶资产交易服务平台，对推动数据资产流通和价值实现、助力数字经济高质量发展具有重大意义。

8. 金融平台空间布局日益完善

近年来，广州致力于实现金融业集聚发展。一方面，以天河中央商务区和广州国际金融城为核心，金融业集聚发展取得明显成效。天河中央商务区是成熟平台，第三产业 GDP 比重超 90%，形成了以金融服务、总部经济、商务服务、数字服务为主导的现代服务业体系。商务区服务业门类齐全，集聚了大量金融机构，以及广州市主要人力资源机构、四大会计师事务所、五大地产行、市十大律所；经济开放度高，有 55 家外国领事机构、世界 500强项目机构超过 250 个、港澳投资企业超过 1300 家。广州国际金融城是开发中的增量平台，将被打造成为以数字金融、数字贸易、数字创意为主导的产业融合发展区。另一方面，将南沙打造成为立足湾区、协同港澳、面向世界的重大战略性平台，以明珠湾为核心大力推动金融业与港澳互联互通、协

[①] 《一图读懂｜广州金融业 2023 年成绩单》，南方号"289 财经热点"，https：//static.nfapp. southcn. com/content/202402/19/c8613434. html。

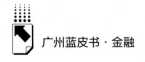

同发展成为主要任务。未来，将进一步促进金融业在明珠湾集聚，争取将其发展成为广州金融业核心区之一。

三 广州增强引领型国家中心城市金融资源配置功能面临的新机遇、新环境

（一）全球经济复苏不确定性增强，跨国金融治理体系持续深化变革

在全球城市的崛起路径上，国际政治局势动荡，地缘政治矛盾尖锐复杂，冷战思维复燃。俄乌冲突加剧了国际环境的不确定性和复杂性，为捍卫西方优势与美国霸权，北约"复活"并向外拓展，以美国为首组建"五眼联盟""四国机制""AUKUS"等，全面布局围堵、遏制中国。世界经济格局发展变化，全球经济形势复杂多变。亚太地区经济崛起和技术持续革新，新兴国家在全球经济版图中的地位在上升过程中遭遇挫折。受俄乌冲突以及地缘政治局势等因素影响，全球经济复苏不及预期，贸易增长放缓，供应链受到影响，全球面临滞胀风险。新兴经济体和发展中国家面临经济增长放缓、债务负担沉重、货币贬值等风险。政治、经济格局的变化以及面临的不确定性导致国际金融市场波动加剧、国际金融治理体系持续深化变革和国际货币体系加速嬗变。

在这种形势下，广州增强引领型国家中心城市金融资源配置功能，在新一轮跨国金融治理体系变革中抢得先机，需要找准定位，需要战略定力，更需要进行深刻反思，吸取教训。广州要更加准确地把握增强引领型国家中心城市金融资源配置功能的新情况、新动向、新趋势、新问题，准确识别时与势、危与机、利与弊，找准增强引领型国家中心城市金融资源配置功能的战略支撑与现实基础，在严峻的国内外形势下实现更为高远的目标，在战胜风险挑战中助力金融高质量发展不断向前推进。

（二）人民币国际化进程不断加速，国际金融中心发展格局酝酿深刻变动

当前，世界经济重心加速东移，以中国为代表的新兴经济体影响力和国

际地位迅速提升。受经济地位变化影响，多极化的国际金融体系加快发展，以中国为代表的亚太地区逐渐成为国际金融发展的中心。中国以及亚太地区城市在全球金融地位的快速上升，极大改变了国际金融中心发展格局。随着中国经济在全球影响力的增强，经营主体对人民币使用的内生需求加速增长。中国稳慎扎实推进人民币国际化，人民币融资货币功能显著提升，离岸人民币市场交易更加活跃。环球银行金融电信协会（Swift）发布的交易数据显示，涉及人民币的国际贸易比例在 2024 年 4 月升至 4.7%，人民币成为继美元、欧元和英镑之后的全球第四大支付货币，人民币在国际的使用率升至新高。2023 年，中国提出加快建设金融强国战略目标，进一步推动金融高水平对外开放。面向未来，随着全球经济重心加速东移，亚太地区在全球金融体系中的地位及影响力进一步提升和人民币国际化持续推进，将为广州增强金融资源配置功能提供良好的发展契机。

（三）金融与科技深度融合，成为新一轮全球金融资源配置和竞争的焦点

一座城市在全球范围内拥有持久竞争力的秘诀永远是创新。在全球城市体系中，"科技+金融"型的新兴全球城市正加速崛起。科技创新与制度创新、管理创新、商业模式创新、业态创新和文化创新相结合，推动城市发展方式向依靠持续的知识积累、技术进步和劳动力素质提升转变，促进城市经济向形态更高级、分工更精细、结构更合理的阶段演进。未来，全球新一轮科技革命将加速演进，以智能、绿色、泛在为特征的群体性技术革命将引发国际产业分工重大调整，颠覆性技术不断涌现，引致全球创新版图加速重构。显然，人类社会正处在一个大发展大变革大调整时代，这为金融业加快发展提供了科技支撑，驱动金融业加速变革，助力金融业加快向数字化、网络化、智能化转型，使金融服务更加高效、普惠与安全。金融科技的发展极大地改变了全球金融版图。在 2024 年 3 月英国智库 Z/Yen 发布的《第 35 期全球金融中心指数》中，金融中心指数排名前五的城市同时也是金融科技领域排名前五的城市。无论未来城市如何定位，"科技+金融"的发展模式

都已成为主要全球城市崛起与发展的"标配",美国的城市抓住了这一机遇,如洛杉矶、波士顿、旧金山等,不仅是全球科技创新中心,也是国际特色金融中心,中国的上海、北京、深圳等城市的成长也都是遵循上述模式。像广州这样的后起型全球城市必须高度关注这一新动向、新趋势。

在这种形势下,广州增强引领型国家中心城市金融资源配置功能,要善于抢抓金融科技变革机遇,推动科技与金融紧密结合,促进风险投资和私募股权投资机构集聚发展,深度打通资本与科技创新、产业升级间的通道,建立健全科技金融服务体系,打造国际风投创投中心,增强金融科技实力,提升金融创新能力,不断推动金融资源配置功能的能级提升。

(四)规则制度建设成为国家之间金融竞争力的重要来源

金融是资源整合的黏合剂,是国家竞争的重要力量。金融交易的本质是契约交易,内含完善的规则制度。金融强国意味着国家拥有良好而稳定的信用。完善的规则制度是一个国家金融竞争力赖以形成的基石,也是一个国家金融竞争力的重要来源。资本最终会选择制度高地,风险则会留在制度洼地,大国竞争的决胜点就是制度(吴晓求,2015)。制定一个基于现代市场经济原则的制度体系,以发挥制度的引领作用,是金融强国的基本特征和根本要求。欧美等发达金融市场的强大在于对契约精神的坚守和规则制度的完善。中国人民银行也提出,将稳步扩大金融市场规则、规制、管理、标准等制度型开放,加快建设中国特色现代金融市场体系,推动中国金融市场高质量发展,助力加快建设金融强国。这深刻体现了建设金融强国的核心是建设高质量规则制度。

在这种形势下,广州增强引领型国家中心城市金融资源配置功能,要善于抓住新一轮金融对外开放契机,持续完善与国际接轨的金融市场规则制度。

(五)绿色金融和转型金融成为国际金融中心建设的关键节点

当前,积极应对全球气候变化和推动绿色低碳发展已成广泛共识。为促进经济社会发展绿色低碳转型，各国正在大力推动绿色金融和转型金融发展。绿色金融和转型金融已经成为伦敦等国际金融中心新增长点。为推动绿色债券进一步发展，伦敦证券交易所专门设立"可持续债券市场"（Sustainable Bond Market，SBM）板块，使伦敦证券交易所成为全球推出绿色债券板块的主要交易所。作为全球绿色金融领域的领导者，欧盟通过实施一揽子政策以及行动计划，逐步构建起欧盟版的绿色金融体系，如推出《欧盟可持续金融分类法》、设立欧洲绿色债券标准以及加强非财务可持续信息披露等，以期从政策驱动、绩效评估、信息披露、目标设置以及减排效率等方面持续推进绿色金融发展。中国始终是绿色金融发展的重要倡导者和引领者。目前，中国绿色金融体系呈现出多元化发展态势，绿色信贷、绿色债券、绿色基金、绿色保险、碳金融等创新产品层出不穷，中国已成为全球最大的绿色金融市场之一。截至 2023 年末，中国本外币绿色贷款余额为 30.08 万亿元，位列世界第一；中国境内外绿色债券存量规模约为 3.62 万亿元，位列世界第二。[1]

在这种形势下，广州增强引领型国家中心城市金融资源配置功能，要着力推动国家绿色金融改革创新试验区建设，抢占未来绿色经济、生态经济和绿色金融发展主动权和领先权，致力集聚全球绿色金融机构和绿色金融交易平台，积极发展碳资产、碳基金等新兴业务，鼓励发展绿色金融，建立绿色、低碳、循环金融体系，打造国际绿色金融中心。

四　广州增强引领型国家中心城市金融资源配置功能的趋势研判

（一）存款贷款有望继续保持较快增长速度

基于数据的可获得性，本报告对广州地区本外币各项存款贷款的增长前景进行预测。采用 R 语言基于 STL（Seasonal and Trend Decomposition Using

---

[1] 《2023 年金融机构贷款投向统计报告》《2023 年中国绿色债券年报》。

Loess）时间序列分析方法对2016~2023年广州地区本外币各项存款余额和各项贷款余额月度数据进行分析，并预测其在2024年的数值（见图6和图7）。在过去7年间，广州地区本外币各项存款余额和各项贷款余额呈现一定的波动性，但总体呈现上升发展的趋势（见图8和图9）。整体上看，未来一段时期内，广州金融支持实体经济高质量发展将实现新跃升，更加有力有效，本外币各项存款余额和各项贷款余额将继续保持较快增长态势。

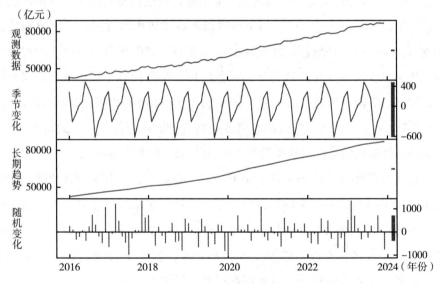

图6　2016~2024年广州地区本外币各项存款余额月度数据分解示意

资料来源：广州市统计局网站。

表6和表7分别显示了2024年1~12月广州地区本外币各项存款余额和各项贷款余额在80%置信区间和95%置信区间的预测数据。基于预测数据，对2024年12个月的数据进行加总，计算得出2024年广州地区本外币各项存款余额落在区间［1006617.94，1068614.49］的可能性是80%，落在区间［990208.43，1085023.98］的可能性是95%。广州地区本外币各项贷款余额有80%的可能性落在区间［903906.14，948992.80］，有95%的可能性落在区间［891972.41，960926.52］。结合广州金融业发展态势，预计2024

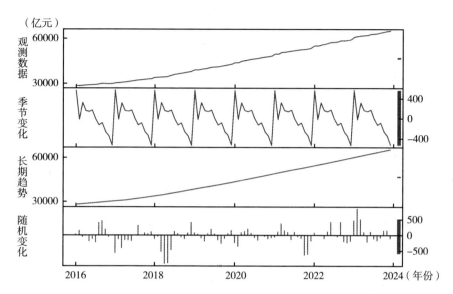

图7 2016~2024年广州地区本外币各项贷款余额月度数据分解示意

资料来源：广州市统计局网站。

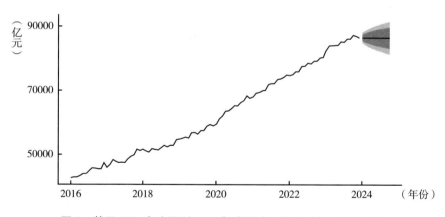

图8 基于 STL 方法预测 2024 年广州地区本外币各项存款余额

资料来源：广州市统计局网站。

年广州地区本外币各项存款余额和各项贷款余额继续保持两位数增长，增长速度为 10% 左右，规模总量分别有望突破 10 万亿和 9 万亿。

广州市统计局网站公布的 2024 年 1~4 月广州地区本外币各项存款和贷

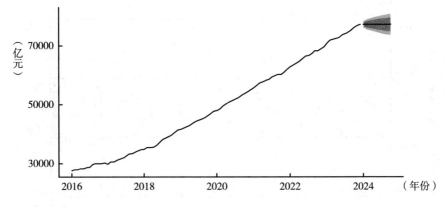

图 9　基于 STL 方法预测 2024 年广州地区本外币各项贷款余额

资料来源：广州市统计局网站。

款余额的实际发生值（见表 8），大部分落在表 6 和表 7 所显示的 95%置信区间的预测范围之内，表明本报告的预测模型具有较好的预测效果，可以采用该模型进行预测。

表 6　2024 年 1~12 月广州地区本外币各项存款余额预测

单位：亿元

月份	均值预测点	80%置信区间		95%置信区间	
		下限	上限	下限	上限
1	86468.02	85408.21	87527.82	84847.18	88088.85
2	86468.02	84969.23	87966.81	84175.81	88760.22
3	86468.02	84632.38	88303.66	83660.65	89275.38
4	86468.02	84348.41	88587.63	83226.35	89709.69
5	86468.02	84098.22	88837.82	82843.72	90092.31
6	86468.02	83872.03	89064.00	82497.80	90438.23
7	86468.02	83664.03	89272.00	82179.69	90756.34
8	86468.02	83470.43	89465.60	81883.61	91052.43
9	86468.02	83288.60	89647.44	81605.52	91330.52
10	86468.02	83116.62	89819.42	81342.49	91593.54
11	86468.02	82953.04	89983.00	81092.32	91843.72
12	86468.02	82796.74	90139.29	80853.29	92082.75

资料来源：课题组通过模型预测。

表7　2024年1~12月广州地区本外币各项贷款余额预测

单位：亿元

月份	均值预测点	80%置信区间		95%置信区间	
		下限	上限	下限	上限
1	77204.12	76433.38	77974.86	76025.38	78382.87
2	77204.12	76114.13	78294.11	75537.13	78871.12
3	77204.12	75869.16	78539.08	75162.48	79245.76
4	77204.12	75662.65	78745.60	74846.64	79561.61
5	77204.12	75480.70	78927.55	74568.37	79839.87
6	77204.12	75316.21	79092.04	74316.80	80091.44
7	77204.12	75164.94	79243.30	74085.46	80322.78
8	77204.12	75024.15	79384.10	73870.13	80538.11
9	77204.12	74891.91	79516.34	73667.89	80740.35
10	77204.12	74766.83	79641.41	73476.61	80931.63
11	77204.12	74647.87	79760.37	73294.68	81113.57
12	77204.12	74534.21	79874.04	73120.84	81287.41

资料来源：课题组通过模型预测。

表8　2024年1~4月广州地区本外币各项存贷款余额

单位：亿元

月份	广州地区本外币各项存款余额	广州地区本外币各项贷款余额
1	86638.35	76674.23
2	88490.47	78648.19
3	89785.02	79097.54
4	89590.30	79454.49

资料来源：广州市统计局网站。

（二）金融资源配置能力有望得到快速提升

目前，广州金融服务实体经济发展体系日益完善，金融资源配置核心功能不断增强。金融机构实力持续增强，更多高能级金融机构集聚广州，金融服务水平和辐射效能持续提升。金融市场产品更加丰富，包括绿色金融、科创金融、跨境理财、供应链金融等在内的新兴金融创新产品层出不穷。金融市场和金融基础设施体系更加完备,广州期货交易所、广州碳排放权交易所(中心)、广东股权交易中心、广州数据交易所等金融基础设施逐步健全,平台金融交易功能逐步提升。金融开放更加凸显,持续深化大湾区金融市场互联互通,国内外交流合作持续扩大。全面强化机构监管、行为监管、功能监管、穿透式监管、持续监管,金融风险防范体系更加健全。面向未来,依托强大金融机构和金融基础交易平台,广州金融市场配置效率将进一步得到提升,金融资源配置功能有望得到快速提升。

(三)以服务实体经济为支撑的现代金融服务体系持续完善

广州紧抓重大战略机遇,着力构建以服务实体经济为支撑的现代金融服务体系,全面推动金融业实现跨越式创新发展。2023 年 6 月,广州印发《完善广州现代金融服务体系实施方案》,提出推动金融市场主体实现质的有效提升和量的合理增长发展目标,到 2025 年,银行业总资产达 10 万亿元,年保费规模达 1800 亿元,培育发展 6 家以上市场规模和竞争力居同行业前列的证券、基金、期货业法人金融机构,打造 1~2 个全国性的金融交易平台,各类地方金融组织达 4000 家以上。面向未来,广州锚定建设金融强市目标,不断优化金融营商环境,完善现代金融服务体系,推动金融市场主体全面发展,持续推动银证保期基、金融交易平台和地方金融组织发展壮大,增强金融服务实体经济质效。

(四)以服务全过程创新为特征的科创金融生态逐步形成

当前,各地都在加快抢占科技创新和产业发展的制高点,广州也在全力打造全球创新高地和科技创新强市,持续推进科创金融服务水平提升,鼓励金融企业设立科技金融事业部、专营机构,加快引进一批港澳地区知名天使投资基金、风险投资基金、创业投资基金等私募基金投资机构,逐步形成覆盖风险投资、并购重组、战略投资等全产业链和以服务全过程创新为特征的科创金融服务生态,以更好地服务科技研究及关键核心技术攻关企业,加快建设国际风投创投之都。持续做优做强科技金融产品、业务、服务和品牌,提升科技保险服务能力，推动科技创新再贷款政策、高新技术企业信用贷款融资试点落地，鼓励探索投贷联动、投保联动等创新模式，为科创企业提供综合金融解决方案。出台《关于新时期进一步促进科技金融与产业融合发展的实施意见》等专项政策，推进科技、金融与产业融合发展。强化科技金融供给，设立了目标规模 50 亿元的广州科技成果产业化引导基金，充分发挥母基金作用，推动子基金"投早""投小""投科技"。截至 2023 年 5 月初，科创母基金完成了 7 批次子基金遴选，与 24 家合作机构完成子基金组建，实缴规模合计 206.82 亿元。[1] 发挥科技信贷作用，截至 2023 年 5 月初，共为 1.09 万家企业提供授信金额 1329.97 亿元，发放贷款 784.09 亿元。[2] 2023 年初，由广州产投集团发起设立的 500 亿元广州创新投资母基金正式揭牌成立，2023 年 9 月与 7 家子基金签约，开始实际投资。面向未来，广州将稳步推进科创金融要素集聚高地建设，探索建设科创金融体制机制创新试验区、知识产权金融创新引领区、科创金融服务先行区，以科创金融创新为主线，以服务实体经济为出发点和落脚点，不断深化金融供给侧结构性改革，发挥市场在资源配置中的决定性作用，完善金融支持科技创新体系。

（五）以服务大湾区建设为目标的金融市场互联互通水平持续提升

广州高起点谋划共建粤港澳大湾区国际金融枢纽，持续推进大湾区金融规则、机构和产品互联互通，聚焦大湾区重点金融机构，着力拉长、增粗、补强产业链。全力推动粤港澳大湾区国际商业银行、港澳保险售后服务中心等重大项目和平台设立。成功引进澳门大丰银行广州分行，未来将建设成为立足广州、辐射粤港澳大湾区的具有高度影响力的外资银行，助力金融支持粤港澳大湾区建设措施落地落实。以南沙为重点支持建设高水平对外开放门户，大力推动跨境贸易投资高水平开放试点政策落地实施。赋能行业商会协

---

① 《广州高新技术企业数量创新高 科创水平迈入全球"第一方阵"》，百度百家号"中国新闻网"，https：//baijiahao.baidu.com/s？id=1765601999640510070&wfr=spider&for=pc。
② 《广州高新技术企业数量创新高 科创水平迈入全球"第一方阵"》，百度百家号"中国新闻网"，https：//baijiahao.baidu.com/s？id=1765601999640510070&wfr=spider&for=pc。

会，打造粤港澳大湾区保险协同发展工程。依托"三会一中心"（广东省保险行业协会、广东省保险中介行业协会、广东保险学会，上海保交所南方中心），不断强化保险业区域总部龙头集聚效应，推动包括友邦保险、中英人寿、北京人寿等在内的 31 家保险公司区域总部积极落户，保险业集群初具规模。2024 年 1 月，出台《南沙深化面向世界的粤港澳全面合作条例》，支持南沙深化面向世界的粤港澳全面合作，促进粤港澳三地金融市场互联互通。面向未来，广州将进一步推动粤港澳大湾区国际金融枢纽核心引擎建设，围绕大湾区金融市场互联互通，在金融规则对接、金融机构互设、金融产品互认等方面继续推动更高水平制度型开放，促进国内国际金融资源供给结构不断优化和无缝对接，助力加快大湾区金融市场融合发展步伐。

（六）以制度集成创新为重点的金融开放体制加快形成

广州正处于粤港澳大湾区建设、《广州南沙深化面向世界的粤港澳全面合作总体方案》（简称《南沙方案》）实施等利好叠加的历史机遇期，将在更高起点、更高层次、更高目标上推进金融改革开放，继续在金融高质量发展方面发挥领头羊和火车头作用。《南沙方案》明确要求南沙扩大与港澳的金融开放合作。2020 年 5 月，《关于金融支持粤港澳大湾区建设的意见》正式发布，国家从全国层面积极部署大湾区扩大金融业对外开放，深化内地与港澳金融合作等，支持大湾区建设。2020 年 9 月，广州市地方金融监督管理局印发《关于贯彻落实金融支持粤港澳大湾区建设意见的行动方案》，围绕扩大金融业对外开放等六个方面提出了 66 条具体措施。2023 年 5 月，广州市人民政府办公厅印发《推动广州金融开放创新实施方案》，提出建设粤港澳大湾区重要金融平台，加快建设粤港澳大湾区跨境理财和资管中心，支持在南沙设立粤港澳大湾区保险服务中心，支持符合条件的（特别是港澳地区）金融机构依法申请设立证券公司、期货公司、基金公司等持牌金融机构；促进跨境投资便利化，拓展自由贸易（FT）账户体系功能和应用；大力推进与港澳合作发展特色金融。面向未来，广州将抢抓重大战略机遇，大力推进全局性的重大金融改革，以制度集成创新为重点不断深化金融对外开放，推动金融业在服务高质量发展和"一带一路"广阔市场中实现可持续发展。

（七）与国际接轨的金融营商环境将更加优化

广州积极构建与国际接轨的金融营商环境，围绕"产业第一、制造业立市"战略推动金融服务下沉，持续深化产融对接，拓宽企业融资渠道，提高金融服务实体经济的质效。推动金融资源更好地对接服务中小企业，出台《广州市普惠贷款风险补偿机制管理办法（修订）》，探索"普惠机制+保险共保体"政银保合作分险新模式，优化普惠机制运行管理。实施企业上市"领头羊"品牌工程，2023年新增15家优质企业上市。促进区域性股权市场发挥功能，营造风投创投良好发展环境，广东股权投资和创业投资基金份额转让试点于广州市黄埔区正式落地。推进合格境内有限合伙人（QDLP）和合格境外有限合伙人（QFLP）试点工作，实现了双"Q"试点双落地。出台《关于推动广州地方金融组织高质量发展的实施意见》，促进市内地方金融组织健康可持续发展，增强其服务实体经济能力。构建"1+N"政策体系，引导金融资源支持重大战略、重点领域，助力实体经济高质量发展。以南沙自贸区作为金融开放窗口，持续推动金融规则制度创新，推进大湾区金融市场互联互通，提升与国际金融规则接轨水平，不断增强聚集国际金融资源和要素能力。面向未来，对标全球最高标准、最高水平，广州将继续增强金融重点领域和薄弱环节的服务能力，提升金融服务便利水平，增强中外金融机构聚集发展吸引力，提高金融资源配置效率，为实体经济高质量发展营造良好的金融营商环境。

五　广州增强引领型国家中心城市金融资源配置功能的思路与对策

在2024年1月召开的省部级主要领导干部推动金融高质量发展专题研讨班开班式上，习近平总书记提出了"提高我国金融资源配置效率和能力，增强国际竞争力和规则影响力"的重要论断,深刻阐明了金融资源配置功能如何增强国际竞争力和规则影响力,与党的二十大精神和总书记对金融工作的一系列重要指示批示精神一脉相承,是习近平新时代中国特色社会主义思想在金融领域的集中表述和高度概括,具有很强的政治性、理论性、针对性、指导性,为新时代广州提升金融资源配置功能、服务引领型国家中心城市建设上新水平提供了根本遵循与行动指南。

广州作为粤港澳大湾区的核心引擎城市,为了更好地发挥在区域乃至全国、全球的金融影响力和辐射带动作用,必须深刻把握坚持金融高质量发展这个新时代的硬道理,坚持提高金融资源配置效率和提升金融资本运作效益相结合,聚焦金融体制机制创新,加快改革攻坚步伐,以增强引领型国家中心城市金融资源配置功能为出发点,以提升高端金融资源集聚浓度、链接强度和辐射广度为主攻方向,以强化金融资源集聚、辐射能力为重要抓手,进一步发挥金融资源配置功能带动社会投资、引领产业发展、培育市场需求、促进企业成长等作用,更好发挥"排头兵、领头羊、火车头"作用,在扛起"进"的任务中增强金融资源配置功能,以金融资源配置功能持续提升之进推动金融强市建设实现新跃升,为广州加快推动"二次创业"再出发、培育发展新质生产力构建起坚实底座和强大基石。

(一)深化自贸区跨境金融创新,加强穗港澳金融市场互联互通

1. 以南沙为平台进一步扩大金融开放

贯彻落实《南沙方案》要求,深化南沙与港澳金融业协同合作,探索在南沙推广制定鼓励设立外商独资或合资金融机构的政策,力争将南沙打造成为粤港澳大湾区乃至国内银行业对外开放的重要平台,助力港澳更好融入祖国内地,打造以南沙为主阵地的粤港澳大湾区国际金融枢纽核心引擎。推动进一步扩大金融业对外开放各项政策落地实施,加快放宽对银行、证券、保险、基金、期货等金融机构外资持股比例限制等,放宽外资金融机构设立限制,扩大外资金融机构在穗业务范围,以吸引更多外资金融机构落户广州。支持在南沙设立粤港澳大湾区保险服务中心,为在大湾区居住或者工作且合

法持有港澳保单的客户提供售后服务。放大《财富》全球论坛、国际金融论坛等全球性平台效应，积极拓宽与国际金融市场合作领域，吸引国际优质资源，鼓励和支持国际金融机构在穗设立分支机构，大力吸引外资金融机构在穗设立功能性乃至全球性总部，积极吸引国际性、区域性多边金融组织入驻，加强与伦敦、纽约、香港等城市的金融合作。支持在穗金融机构走出去，支持兼并收购境内外金融保险法人机构。利用"一带一路"国际金融平台拓宽项目投融资渠道，争取亚投行、丝路基金等在广州设立办事处。

2. 创新跨境人民币业务，助力人民币国际化

充分发挥南沙自贸区开展跨境贸易投资高水平开放试点政策优势，加快推动跨境人民币业务创新发展，优化业务流程，鼓励市场主体在国际贸易过程中使用人民币结算，支持"跨境理财通"扩大试点覆盖范围和进行业务扩容，鼓励境外特别是港澳居民到内地开展财富管理，提升跨境理财便利度。支持 FT 账户体系建设，为市场主体提供包括结算、汇兑、融资等在内的一站式服务，提高企业利用境内外"两个市场、两种资源"的便利性和稳定性。围绕"食、住、行、游、购、娱、医"等重点领域，拓展数字人民币跨境运用场景，提升人民币跨境使用便利度。进一步推进人民币国际化，联合港澳积极推进人民币走出去。逐步扩大大湾区内人民币跨境使用规模和范围，积极推进 QDLP 试点，及时总结经验，在此基础上进一步扩大试点规模；推进与港澳合作设立人民币海外投贷基金，募集内地、港澳地区及海外机构和个人的人民币资金，为企业"走出去"开展投资、并购提供投融资服务。

3. 进一步推动大湾区金融市场互联互通，提升内外金融资源配置能力

加强与港澳金融市场的互联互通，深化与港澳金融市场和金融基础设施的规则衔接、机制对接。拓展港澳与内地进行跨境投资的空间和渠道，针对合格境外有限合伙人（QFLP）的设立、外汇登记、资金募集等环节持续优化政策，推动合伙企业在设立、投资、退出等环节更加便利化，进一步畅通境外资金入境渠道。依托新兴产业、成长型企业优势，积极探索港澳私募股权基金、创投基金等直接投资新路径，鼓励设立 S 基金（二手份额转让基金）。促进粤港澳大湾区跨境贸易和投融资便利化。进一步优化制度设计，

鼓励产品创新，降低投资门槛，不断扩大跨境理财通规模，提升操作便利性。积极推进完善账户管理体系，提升境外机构人民币银行结算账户（人民币 NRA 账户）使用便利性，拓展自由贸易账户功能。加快人工智能、云计算、物联网、区块链、大数据、边缘计算等新技术在金融服务、金融基础设施建设和金融监管中的应用。

4. 强化广州期货交易所与港澳资本市场的合作，提升风险管理中心能级

充分利用广州期货交易所平台优势，加强与港澳、国际知名期货公司合作，引导其在穗参股或新设合资、独资期货经营机构，促进期货市场发展。加强与境外交易所特别是港交所之间的交流合作，积极推进结算价授权、交叉挂牌等多模式合作。努力提高共建"一带一路"国家的企业参与期货交易的便捷性和灵活性，在沿线国家设立交割库，引入标准仓单并实行保税交割等，打造共建"一带一路"的重要平台。

5. 深化与港澳特色金融的跨境合作，提升跨境投融资便利性

就绿色金融标准、绿色项目认定、绿色金融产品创新发行等加强与港澳的交流合作，推进国家绿色金融改革创新试验区建设，与港澳建立金融支持绿色产业项目融资的对接机制，支持在绿色低碳循环发展项目领域发行跨境绿色债券融资，探索推动与港澳合作开展碳资产抵押贷款等业务。加快民生领域跨境合作，推动教育、医疗、住房、保险等跨境投融资便利化，促进跨境民生金融加速发展。探索解决数据跨境转移等涉及国家安全的重点领域跨境转移问题；大力推进融资租赁、商业保理等地方金融业态的跨境合作。

（二）推动金融赋能实体经济发展，夯实现代化建设硬实力、硬支撑

1. 瞄准"四化"推动新型工业化，打造特色链式金融服务模式

顺应制造业数字化、网络化、智能化、绿色化（"四化"）发展方向，发挥综合金融服务优势，完善产品供给体系，打造具有地方特色的全产业链式金融服务模式。瞄准新一代信息技术、智能与新能源汽车、生物医药与健康等战略性、先导性产业，以及量子科技、低轨卫星、类脑智能、Sora 人工

智能模型、人形机器人、硅基光电子、eVTOL动力系统、天然气水合物、纳米科技等未来产业，增加信贷资源投放和风投创投资本投入。支持银行业金融机构向制造业薄弱环节合理让利，降低融资成本提升产业发展效益。以"领头羊"行动持续助力优质企业利用多层次资本市场实现高质量发展。

2.以国资牵引链主、龙头企业和重大项目为契机，创新城市投融资新模式

围绕服务"产业第一、制造业立市"战略，聚焦沿链聚合，积极拓展产业链延伸招商，利用机构黏性，精准吸引被投资企业入穗展业，以点带链、以链带面，实现"招一家金融机构、引一批客户企业"的良性发展机制。围绕重点产业链，母基金将招引投资项目作为遴选合作基金的重要前提和考量因素，坚持"项目先行、基金后合作"原则，始终把管理机构项目储备、项目招引能力作为合作谈判的核心要素。借鉴合肥"产业+资本"全链条的产业投融资模式，通过国有投资平台撬动战略投资者跟进参与，以龙头企业和重大项目为重点进行投资入股，并通过资本市场定向增发、企业回购等方式实现有序退出，形成国有资本引领、重点产业项目落地、股权有序退出、循环再投资的产业运作模式。

3.加快全国性与区域性金融基础设施建设

基于国家赋予广州金融的战略使命，争取国家在本地建设更多金融基础设施，设立更多金融发展重要平台。高标准建设广州期货交易所，支持期货产品创新，重点围绕绿色发展、粤港澳大湾区建设和"一带一路"倡议等主题研发产品，不断丰富产品体系。支持上海证券交易所南方中心、深圳证券交易所广州服务基地、全国中小企业股份转让系统北京证券交易所华南基地、上海保险交易所南方总部等全国性交易平台在穗机构发展，争取更多全国性交易平台来穗设立区域总部。支持地方交易场所进一步做强，推动广东股权交易中心、广东联合产权交易中心、广东金融资产交易中心、广州钻石交易中心等进一步发展，提升影响力。加大在碳金融等绿色低碳领域新设相关基础设施平台研究力度，争取国家支持在粤港澳大湾区新设碳排放权交易所，促进粤港澳大湾区碳排放权交易市场国际化发展。争取广州数据交易所成为国家级数据交易所。发挥供应链金融良好基础优势，搭建本地供应链金融综合服务平台，争取国家支持在本地设立供应链金融国家级平台，促进供应链金融更好地服务中小微企业以及实体经济。

4. 加快境内外优质金融机构和专业服务机构聚集

大力争取集聚更多的优质金融机构、专业服务机构。加快推进设立粤港澳大湾区国际商业银行，推动更多外资银行在穗设立境内法人银行总部。支持符合条件的外资银行地区法人机构依法依规在穗新设独资或合资理财公司，以及各类专营机构，如成立小企业金融服务中心、信用卡中心、票据中心、资金运营中心等。支持在穗法人证券机构进一步做强，通过引进战略投资者、增资扩股、在境内外上市融资等方式增强实力。支持在穗公募基金管理机构进一步增强投资研发实力，支持合格境外有限合伙人（QFLP）、合格境内有限合伙人（QDLP）等加快发展，吸引来穗新设私募基金管理人。引导、支持在穗保险法人机构增强资本实力，支持新设保险法人机构。充分发挥广州期货交易所的带动作用，吸引期货公司落户广州，支持本地法人期货公司增强资本实力，引导期货公司参与设立大宗商品期货交割库，延伸期货产业链条。强化行业协会和自律组织体系建设，引进或设立审计、律师、会计、咨询、增信、托管、评估、认证、登记、信息研究等有经营特色的专业中介机构，构建特色化中介服务体系，推动中介服务行业高质量发展。以南沙明珠湾、国际金融城为核心，大力推动金融业空间集聚。完善、优化落户（扩资）奖励、补贴以及人才奖励等激励措施，切实促进各类金融基础设施及金融机构集聚发展。

（三）优化金融服务科技创新生态，前瞻布局"硬科技"产业新赛道

1. 优化国有资本支持"硬科技"创新方式

探索将新兴产业发展引导基金、工业转型升级发展基金、工业和信息化发展基金等产业发展引导类基金纳入统一管理框架，创新政府引导基金运营与投资决策机制，支持政府引导基金或母基金参股比例30%以下

（含）的子基金，在有法律授权和收益约定的前提下，可不派驻董事、不设一票否决权，进一步提升政府引导基金市场化、专业化水平。支持广州国有资本投资、运营公司积极揭榜国家发展改革委、科技部科技成果转化"先投后股"改革试点，在成果转化初期以国有资本方式，支持高新科技企业创新成果从实验室走向生产线"二次开发"，待被投资企业完成市场股权融资或发展良好后，将投入的国有资本转换为股权，并在企业成长一段时间后，再按照"适当收益"原则执行股权退出，充分发挥国有资本在试点中的引导功能，提升国有资本对"硬科技"项目的支持效率。按照"谋划一批、储备一批、投资一批、落地一批"的思路，谋划和储备创投机构投资备选项目，推动形成"硬科技"投资备选项目库，对入库项目实行动态调整的分级、分类管理模式，及时更新项目信息，不断充实储备项目。

2. 构建完善私募股权投资服务体系

增设"硬科技"市场化创投基金、投促基金、产业基金、并购基金、二手份额基金等股权投资基金，重点支持产业主题突出、项目储备优质、内外资源丰富的子基金管理人，探索在合伙人注册地、收益分配比例、市场监管、投资决策等方面稳妥有序地放宽政策条件，吸引更多优秀合伙人与各类社会资本在广州集聚发展。持续发挥国有投资运营公司作用，支持风投创投机构向广州各政府部门、各区推荐国内外优质"硬科技"项目，引导风投创投机构投早投小投科技，并做好项目对接和服务工作，重点支持一批成长性好、竞争力强的"硬科技"创新型企业快速成长。鼓励股权投资机构利用广东股权交易中心、新三板以及上交所、深交所、北交所等拓展基金退出渠道，畅通退出路径。大力发展并购基金，并通过发展多层次债券市场等为并购基金提供融资支持。瞄准高端产业人才、金融人才，加快人才引进，推动基金管理团队人才结构多元化。积极完善优化监管方式和策略，推动私募基金健康平稳发展。制定支持股权投资发展的政策措施，促进天使投资、风险投资、股权投资发展，建设有国际影响力的风投创投中心。

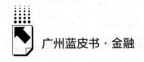

3. 提高"硬科技"国有资本专业化运作能力

学习上海、深圳、合肥等地先进经验,将"硬科技"领域的政府产业引导基金交由更专业、更有优势的基金管理公司或团队进行运作,立足全球遴选具有国际视野、拥有丰富经验的优秀专业机构对其子基金进行管理,以市场标准开展投资,以市场业绩判断成效。支持"硬科技"国资创投机构通过加强自身发展、并购、合作等方式做大做强,充分利用国资创投机构的资本、管理、技术、渠道等优势,探索设立新兴产业发展基金、产业转型升级基金、碳中和基金、工业互联网基金等产业发展基金,并支持具备条件的国有风投创投企业开展混合所有制改革试点。引进国内知名的"硬科技"领域早期投资机构、创业投资机构、私募股权投资机构、风险投资机构,在广州设立地区总部或具有总部功能的相关机构,重点引进中国创投委、清科集团、投中集团、融资中国、中国证券报、证券时报等权威机构近三年发布的相关行业或综合排名中前50名的股权投资基金有限合伙人、基金投资机构。

4. 增强多层次资本市场服务"硬科技"创新能力

建立健全新兴产业企业与香港交易所等机构的对接机制,推动一批新兴产业企业赴港上市。实施科技企业"全链条培育计划",完善上市后备科创企业资源库。支持科创企业股改,引导各区政府优化企业改制挂牌上市资助模式,全力协助企业解决股改、挂牌和上市过程中的项目审批、资产转让、税费减免以及产权确认等问题,加强与证券监管部门的沟通联络。吸引集聚境内外优质专业服务机构,督促专业服务机构勤勉尽责。支持会计、法律、资产评估、咨询等相关中介机构参与广州"硬科技"创投运营工作,通过加强业务协同、整合等方式提升"硬科技"国资中介服务水平,对有实际服务成果的,给予适当奖励。探索推动广州股权交易中心与上海证券交易所科创板合作,建立"先挂牌,后上市"的上市培育对接机制,对主动在区域性股权市场挂牌的企业,给予同等条件下科创板、创业板上市优先审核资格。由市政府牵头,打造"上市公司+私募股权投资(PE)"的并购模式,推动广州上市企业沿产业链进行企业收购、兼并重组以及专业化整合,推动优质"硬科技"企业纳入再融资、并购重组等"豁免、快速审核"通道,进一步简化以促进行业整合、结构转型和产业升级为目标的再融资和并购重组审批流程。加快发展知识产权证券化产品，进一步深化知识产权运用和保护综合改革试验。

5. 持续提升科技信贷服务质效

大力支持设立科技专营机构，鼓励在管理机制、资金来源、风险定价、不良容忍等方面进行创新，实行"投贷联动+认股选择权+直接股权投资"的服务模式，创新开发科技快速贷、孵化贷、万户贷、投贷宝、科技含权贷、科技补贴贷、科技履约贷、上市贷等科创金融专属信贷产品。强化数字技术赋能，加强金融科技应用，不断提升金融数据治理水平。加强"硬科技"企业票据融资工具创新。支持"硬科技"专精特新企业发行中小企业集合票据、中小企业私募债，以及在银行间债券市场发行短期融资券、中期票据等债务融资工具，探索在全市范围内建立统一的征信平台、资信评估平台、资产经营平台和咨询服务平台，全面提高"硬科技"企业发债能力。加大对金融机构"硬科技"信贷的引导力度。支持"硬科技"信贷专营机构、"硬科技"保险公司等金融机构创新发展，鼓励国有银行、担保机构围绕"硬科技"企业创新成果转化设计专门的信贷产品，引导金融机构创新"硬科技"企业融资产品，推广产业链融资、股权质押融资等新型融资产品，开展"硬科技"企业信用贷款融资试点。设立供应链金融服务平台，建立动产融资风险补偿机制，优化政策性小额贷款保证保险机制，鼓励银行开展特许经营权、知识产权等无形资产质押贷款业务。加大对企业项目建设、生产经营贷款贴息支持力度，引导银行扩大对科技企业、中小微企业和"三农"的贷款规模。

6. 创新国有资本运营"尽职免责"容错机制

对国有资本运营"尽职免责"的范围界定、工作流程进行详细规定，明确"尽职免责"的类别及标准，给出程序合规性要求，划定免责底线，让国有资本敢投、能投、愿投。持续推进"硬科技"国有资本运营"一业一策、一企一策"考核。在国有资本赋能"硬科技"新赛道方面，对"募、投、管、退"全流程进行定性与定量相结合的考核，学习深圳、合肥的先进经验，合理设定"硬科技"国有资本投资风险容忍度，按照天使投资、风险投资最高分别为80%和40%的投资损失允许率，对国有资本整体收益进行绩效评价、审计评估。对已尽职履行的投资决策，因不可抗力、政策变动等因素造成的投资损失，给予免责或从轻、减轻定责，并制定相应的实施细则，对种子期投资、天使投资、风险投资等偏早期风险投资，不再对单个项目的盈亏进行考核，而是建立从企业创业初期孵化，到成长期、瞪羚期企业支持的一整套风险管理和绩效考核标准，充分激发国资创投机构的主观能动性。

（四）营造良好金融营商环境

1.建设市场化、法治化、国际化金融营商环境

以建设市场化、法治化、国际化一流营商环境为目标，不断优化金融营商环境，增强金融资源配置枢纽市场信心，激发市场活力。优化政策措施，特别是要对标先进地区的扶持力度，充分用好用足金融发展专项资金，吸引金融机构落户，鼓励金融机构做大做强。统筹市、区扶持政策，重点区要不断完善本区支持金融市场主体发展政策。坚持市场化原则，妥善处理好市场与政府边界问题，完善地方法人金融机构资本金补充长效机制。完善特色金融发展激励举措，引导金融市场主体提升自身发展水平与质量。

2.培育引进高层次金融人才

持续做好金融人才工作，加快集聚高端金融人才，为金融高质量发展提供智力支撑。加强与头部风投创投机构合作，通过与北京、上海、深圳、苏州、合肥等城市国资创投机构进行交流和委托培养等方式，培养一批具备管理和运营能力的金融高端人才。

3.争取更多税收优惠政策支持

加强同国家税务总局、省税务局沟通衔接，根据资本运营"募、投、管、退"各个环节特点，对国资创投机构、私募股权投资机构、私募基金管理人，从投入到退出这段时期给予企业所得税和个人所得税抵扣税收优惠。

4. 创新资本招商模式

举办具有行业影响力的创投论坛、行业峰会、创新创业大赛，邀请国内知名的国资创投机构、私募股权投资机构、私募基金管理人等参加，搭建企业与投资机构的对接平台，开辟资本招商新路径。

5. 推进地方金融监管体制改革

加强对政府投资的监督管理、风险预警及处置工作，进一步建立健全各母基金、子基金体系在设立、投资、退出、监管等环节的规章制度。完善地方金融风险监测防控平台，创新信息监测与资金监控模式。健全适应资本投资特点的宽市场准入、重事中事后监管的体制机制，优化商事登记流程，建立私募基金综合研判机制，在风险可控前提下，畅通风投创投机构落户渠道。

参考文献

广州市地方金融监督管理局编《2023 广州金融发展形势与展望》，广州出版社，2023。

李显波：《从阿姆斯特丹、伦敦和纽约金融业发展看顶级国际金融中心建设一般规律》，《科学发展》2021 年第 11 期。

陆磊：《中国的区域金融中心模式：市场选择与金融创新——兼论广州—深圳金融中心布局》，《南方金融》2009 年第 6 期。

上海市人民政府发展研究中心：《上海推进金融高质量发展研究》，格致出版社、上海人民出版社，2021。

孙国茂、范跃进：《金融中心的本质、功能与路径选择》，《管理世界》2013 年第 11 期。

王志强、孙刚：《中国金融发展规模、结构、效率与经济增长关系的经验分析》，《管理世界》2003 年第 7 期。

魏尚进、李清娟等：《从浦江到世界——建设国际金融中心：上海的国际比较》，格致出版社、上海人民出版社，2020。

吴晓求：《深化改革 扩大开放 促进中国证券市场的健康发展》，《中国人大》2015 年第 1 期。

谢太峰、王子博：《区域金融发展与区域经济增长——对北京、上海两地区域金融

发展与区域经济增长关系进行比较》,《金融论坛》2009 年第 3 期。

杨伟中、余剑、李康:《金融资源配置、技术进步与经济高质量发展》,《金融研究》2020 年第 12 期。

于凤艳:《上海金融发展与经济增长关系的实证研究》,《区域金融研究》2011 年第 7 期。

曾康霖:《试论我国金融资源的配置》,《金融研究》2005 年第 4 期。

周宇、高洪民、姚大庆等:《G20 与全球金融治理——兼论对上海国际金融中心的影响》,上海社会科学院出版社,2019。

金融产业篇

B.2

广州推动国际科创金融创新
中心建设对策研究

林瑶鹏 蔡进兵 黄名欣*

摘 要： 中央金融工作会议要求做好"科技金融"等五篇大文章，不断提高金融服务科技创新发展的针对性，为更多科技创新型企业提供全生命周期的多元化融资支持，积极助力新型工业化建设。广州市大力促进金融与科技深度融合发展，引导基金联动社会资本支持创新取得积极成效，同时存在私募基金市场总体规模有待扩大、私募股权投资活跃度和投资力度有待提升、资本市场服务科创能力有待强化等问题，建议广州进一步引导金融活水支持技术创新、战略性新兴产业发展等领域，增强多层次资本市场服务科技创新能力，推动知识产权融资创新发展，全力打造国际科创金融创新中心。

关键词： 科创金融 私募股权 金融科技 知识产权融资

---

* 林瑶鹏，管理学博士，广州市社会科学院博士后、副研究员，研究方向为资本市场与货币金融；蔡进兵，管理学博士，广州市社会科学院科研处处长、研究员，研究方向为产业金融与产业经济；黄名欣，澳门城市大学商学院硕士研究生，研究方向为企业创新。

科创金融作为新一代技术变革的关键推动因素，对科技创新的促进作用体现在多个方面，包括提供资金支持、分散创新风险、缩短创新周期等。广州做好"科技金融"大文章，积极推动金融服务与科技创新的深度融合，构建基于创新规律的融资体系，为科创企业提供全生命周期的多元化接力式金融服务，确保科技型企业在不同发展阶段都能获得更加高效、便捷的金融支持，提升科创企业融资的可得性和便利度，进一步激发科技创新的活力。

一　广州大力推动科创金融发展

（一）私募基金多环节发力集聚创新资本

私募基金在"募、投、管、退"多环节发力，对广州科技企业增加直接融资渠道、促进创业资本形成发挥重要作用。一是募资端私募资本持续集聚，拓展广州科技企业融资渠道。根据清科 PEDATA MAX 的数据，2019~2024 年 3 月，广州新增备案基金 1129 只，基金规模达到 6656.06 亿元，新增基金管理人 184 家，管理资本量达到 1400.7 亿元。二是投资端持续加大力度支持广州科技企业的融资活动。2019~2024 年 3 月，广州私募股权投资市场共有投资事件 2458 起，投资总额达到 3525.11 亿元。广州私募股权投资主要集中在企业种子期和初创期，在已披露的投资事件中 A 轮投资、B 轮投资、天使轮投资、种子轮投资案例数分别达到 621 起、285 起、253 起、35 起，占到总投资数量的 70%。三是管理端持续优化管理体系，更好提升投资广州科技企业能力。私募股权基金正在逐步实现管理架构集团化转型，推进规范化发展，建立健全管理、监督和评估机制，实现资源整合和优化利用，提高私募基金投资科技企业的效率。四是退出端为广州科技公司上市引路护航。2019~2024 年 3 月，广州私募股权投资市场发生退出事件 827 起，IPO 退出方式达到 493 起，退出金额达到 633.81 亿元。广州上市企业的VC/PE 渗透率逐年提升，近两年分别达到 84.21%、75%。[①]

---

① 根据 PEDATA MAX 数据整理得出，数据查询日期为 2024 年 4 月 28 日。

（二）引导基金联动社会资本支持创新

充分发挥财政资金对社会资本的引导作用，财政资金、国有资本通过引导基金发挥领投和放大功能，吸引各类社会资本参与投资新兴产业，为社会资本提供更多元化、更高效的投资渠道，推动广州市的科技创新和产业升级。截至 2023 年底，广州科创母基金已完成对 25 只子基金的实缴出资，子基金实缴总额逾 214 亿元，母基金实际出资超过 22 亿元，放大倍数接近 9 倍。在投资项目方面，已投资 302 个项目，投资金额总计超过 144 亿元，其中投资广州项目 130 个，投资金额超过 53 亿元。此外，母基金直投基金已投资 9 个项目，投资金额达到 9800 万元。[①] 打造具有鲜明广州特色的产业投资基金集群，广州金控首创国内市区两级合作模式，设立区级政府投资基金，形成"一区一基金"的战略格局。2023 年，广州持续发力设立引导基金推动现代化产业体系建设，设立规模为 500 亿元的广州创新投资母基金，与社会资本联合投早、投小、投科技、投创新。截至 2023 年 9 月，与粤港澳大湾区协同创新研究院、粤港澳大湾区国家技术创新中心等 7 家机构签订合作协议。

（三）金融机构加大对科创企业支持力度

金融机构不断加大对制造业、战略性新兴产业等重点领域支持力度。2023 年，广州市金融业增加值为 2736.74 亿元，同比增长 7.5%，增速居"北上广深津渝"六大城市第一位，金融业支柱地位不断凸显，为广州做好"科技金融"大文章创新赋能、开拓新局。广州各项金融指标再上新台阶，全市高技术产业、战略性新兴产业贷款增速分别为各项贷款增速的 2 倍和 5 倍，全市企业综合融资成本稳中有降，2023 年末新发放企业贷款和普惠小微贷款加

---

① 《广州 3 万亿 GDP 背后的科创动力：国家级科研力量显身手，科创母基金下场做 VC》，百度百家号"金融界"，https://baijiahao.baidu.com/s? id = 1789065026472424962&wfr = spider&for = pc。

权平均利率分别较 2022 年下降了 31 个基点和 35 个基点。[①] 不断探索风险补偿体系,设立科创信贷风险资金池,建立健全科技信贷风险分担补偿模式,推动商业银行创新科技金融服务。截至 2023 年底,广州市科技型中小企业信贷风险损失补偿资金池在 28 家合作银行的协同支持下运作 8 年,放款金额累计突破 1000 亿元。[②]

二 广州科创金融发展仍有很大提升空间

(一)私募基金市场总体规模有待扩大

广州私募股权基金业发展与北京、上海、深圳的差距较为悬殊。截至 2024 年 3 月,基金管理人累计数量仅为深圳的 21.55%,基金总量仅为深圳的 32.66%。融资规模方面,广州也与北京、上海、深圳有着一定的差距。2019~2024 年 3 月,私募股权基金融资案例数和融资金额仅分别为北京、上海、深圳的 24.84%、28.93%、36.35% 和 21.97%、26.43%、48.68%。[③]

(二)私募股权投资活跃度和投资力度有待提升

在投资规模上,广州投资案例数、投资金额都与北京、上海、深圳有着较大的差距。2019~2024 年 3 月,投资案例数分别只有北京、上海、深圳的 46.69%、50.58%、29.61%,投资总规模分别只有北京、上海、深圳的 29.49%、49.56%、41.3%。天使投资和种子投资是创新领域最基础、最关键的环节,促使科创项目实现"从 0 到 1"的跃升。天使投资率和种子投资率的高低意味着大批具有先导性、战略性的科技项目是否能在初创期即获得

---

① 《广州向上丨产业科技互促双强,科技金融"双向奔赴"!这场大会锚定广州未来产业科技的"含金量"》,搜狐网,https://roll.sohu.com/a/759785908_121255906。
② 《累计放款超千亿元!广州科技信贷资金池写好科技金融大文章》,南方号"广州创新",https://static.nfapp.southcn.com/content/202402/04/c8574668.html。
③ 根据 PEDATA MAX 数据整理得出,数据查询日期为 2024 年 4 月 28 日。

最宝贵的初始投资。2019～2024 年 3 月，广州投资轮次为天使轮和种子轮的投资案例数为 288 起，投资金额为 70.11 亿元。而北京、上海、深圳投资轮次为天使轮和种子轮的投资案例数和投资金额分别为 1484 起、1114 起、1059 起和 783.84 亿元、400.64 亿元、176.12 亿元，广州初创阶段的投资活跃度远低于第一梯队的北京、上海、深圳。①

（三）资本市场服务科创能力有待强化

广州上市公司的数量近些年实现了持续快速增长，但与北京、上海、深圳相比仍存在较大差距，多层次资本市场助力新兴产业发展深度不够。截至 2024 年 3 月 31 日，广州有上市公司 156 家，与北京（475 家）、上海（443 家）、深圳（421 家）相比还有较大差距，上市公司总市值分别只有北京、上海、深圳的 7.6%、24.68%、21.4%。广州科创板上市公司只有 18 家，市值分别只有北京、上海、深圳的 11.62%、8.47%、22.58%，创业板上市公司只有 45 家，市值分别只有北京、上海、深圳的 17.47%、25.67%、12.8%。② 资本市场对广州经济高质量发展的支撑还存在明显短板。

三 广州努力作为打造国际科创金融创新中心

下一阶段，广州应紧紧围绕"产业第一、制造业立市"战略部署，进一步优化科创金融服务体系，使金融资源最大限度地与科技资源、科技创新对接，积极引导"金融活水"配置技术创新、战略性新兴产业发展等领域。

（一）优化国有资金支持科技创新方式

1. 充分发挥财政资金引导作用

持续发挥母基金的放大效应，引进专业的市场化投资管理队伍，引进

---

① 根据 PEDATA MAX 数据整理得出，数据查询日期为 2024 年 4 月 28 日。
② 根据 WIND 数据整理得出，数据查询日期为 2024 年 4 月 28 日。

"负面清单"管理模式,以市场为导向提升运营效益。加强与风险投资基金和科技创新投资基金的合作,增加民间资本对政府引导基金的投入;探索优化吸引外资参与投资的方式和路径;构建科学合理的绩效评估体系,对激励约束、容错机制和业绩评估等方面进行优化。推进政府资金的事先承诺退出制度,优化拓宽民间资本的退出渠道。推出财政、税务、政策等方面的配套措施,推动政府引导基金支持科技创新逐渐由"择优型"转向"普惠型",并进一步健全事前、事后监督机制。

2. 进一步发挥政府性融资担保作用

进一步建立健全科创企业政府性融资担保和再担保市场,支持政府性融资担保业务增量扩面,深化与国家融资担保基金的合作,实施融资担保降费奖补政策,加大创业创新主体支持力度,降低融资担保收费水平。推进政府性融资担保机构数字化管理平台建设及运用,鼓励政府性融资担保机构常态化开展"进园区、进企业"助企专项行动,加强人才队伍建设等。打造以政府性融资担保机构为核心的科创金融示范基地,重点针对区域内高新企业、瞪羚企业、隐形冠军、专精特新等科技型企业,通过专利技术、专业人才、研发团队、科研基地等技术类资产的综合评估、赋值增信,切实提高金融服务科技创新质效。

3. 积极开展政府采购合同融资新模式

按照国际规则,建立政府采购支持创新政策体系。扩大政府采购创新产品范围,支持科技型中小企业利用政府采购合同开展线上融资。加强政府采购合同融资的政策指引和技术支持,推进政府采购合同线上融资信息服务平台建设,创新政府采购合同融资与履约保函服务,推广"财政+银行+担保+信用"政府采购合同融资模式。支持金融机构开展"政采贷"融资服务,鼓励其建立绿色通道,简化贷款审批流程,加强贷后监管。

（二）构建完善私募股权投资服务体系

1. 强化政策扶持加快创投风投聚集发展

一是以黄埔区、南沙区为主,打造在国内外具有一定影响力的"标志性"创投风投集聚区。二是支持设立天使母基金，扩大天使母基金规模，完善市、区两级早期创投奖励和风险补偿机制，引导社会资本投向天使类项目。三是建立健全创投引导基金持续投入机制，持续加大对创业投资引导基金、天使投资引导基金等的财政投入力度，落实创业投资企业和天使投资个人税收政策。四是建立健全适应创投行业特点的国资管理和考核办法。优化政府创业投资引导基金和天使投资母基金运作机制，鼓励国有创投企业内部实施有效的管理人员约束激励机制，将投资效益与管理人员的约束激励相结合；鼓励国有创投企业探索创新混合所有制模式。

2. 拓展募资渠道大力吸引长期资金投资私募股权基金

鼓励保险公司参与股权投资机构的出资。推动股权投资机构与银行、证券、保险等金融机构开展业务协同，积极开展"投-贷""投-债""投-保"联动等创新模式开发。支持证券公司、期货公司和基金公司通过成立子公司开展股权投资。鼓励本土企业年金等长期资金通过私募股权基金参与权益投资，并进一步探索养老基金投资私募股权基金的路径。

3. 完善退出渠道助推广州私募股权交易市场建设

鼓励股权投资机构利用广东股权交易中心、新三板以及上交所、深交所、北交所等拓展基金退出渠道，畅通退出路径。探索设立私募股权二级市场基金，丰富私募基金二手交易场景，打造多元化新型产品，大力促进私募基金二手份额转让。大力发展并购基金，并通过发展多层次债券市场等为并购基金提供融资支持。

4. 引导管理机构提升运营水平提高服务投资项目能力

积极引导私募股权基金加强对投资对象的尽职调查和分析预测，建立多元化和便利化的公共关系途径，与法律机构、会计机构、审计机构、知识产权服务机构等第三方专业机构进行紧密的合作，提高自身专业化服务水平。积极引入行业高端人才，培育产业和金融交叉的专业人才，实现投资基金经理队伍的专业化和多样化发展。探索激励政策，鼓励优秀创业者、企业管理者从事基金的管理运营工作。

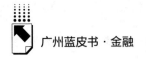

（三）增强多层次资本市场服务科技创新能力

1. 加大力度推动科创企业境内上市

实施科技企业"全链条培育计划"，提高精准服务水平，推动科技型企业上市。支持科创企业股改，引导各区政府优化科创企业改制挂牌上市资助模式。按照便利企业上市的原则，建立绿色通道，依法依规办理科创企业改制挂牌上市中的各种事项。提升专业机构能力，促进企业上市规范发展。支持会计、法律、信用评级、资产评估等专业服务机构加强自身建设，提高服务能力，强化信息披露，严把企业上市质量关，协助做好上市辅导及整改规范。鼓励制定相关扶持政策，吸引集聚境内外优质专业服务机构。研究建立科学合理的服务质量评价机制，督促专业服务机构勤勉尽责。

2. 大力扶持科技企业赴境外资本市场上市

积极强化与境外证券交易所的联系机制，定期举办赴境外上市培训活动，普及境外资本市场的上市要求和规范发展的相关法律规定，优化企业赴境外上市服务机制和监管机制，辅导广州战略主导产业和新兴产业相关企业根据自身条件合理合规规划上市路径。

3. 充分发挥多层次资本市场功能促进科技企业加快发展

充分利用资本市场"层层递进"的市场结构和全市场注册制契机，积极打通不同成长阶段、不同类型的科技型中小企业通过新三板、北交所、主板上市的通道。打造一二级市场联动、场内场外交易联动的全链条支撑体系，畅通多层次资本市场之间的互联互通。研究推出可转债，进一步畅通公募基金等长期资金入市渠道。加强与新三板的沟通合作，提升新三板华南基地的服务能力。

4. 支持广东股权交易中心创新发展

积极打造服务科技创新型中小企业全生命周期投融资需求的创新服务平台，开创技术创新、青年创业、绿色环保等专项特色服务。建立科技企业上市后备数据库，联合证券交易所共建优质科技企业上市协调工作机制，推进除上市公司和新三板挂牌企业以外的创新企业到广东股权交易中心进行股份（股权）集中登记托管。

（四）持续提升科技信贷服务质效

1.鼓励设立科技专营机构提升服务质效

大力支持设立科技专营机构，鼓励在管理机制、资金来源、风险定价、不良容忍等方面进行创新。鼓励科技专营机构为客户提供综合化、多元化服务，充分调动和整合基金、保险、投贷联动、证券等各类金融工具，支持科技型企业通过投贷联动、夹层融资、知识产权融资等创新融资方式进行融资。

2.创新和丰富科创金融专属产品

聚焦为科创企业全生命周期提供金融综合服务，不断创新科创金融专属产品。一是面向初创型、成长型的科技型企业，开展"投贷联动+认股选择权+直接股权投资"的服务模式，助推科技型企业快速发展。二是通过搭建科技型企业培育工程库，积极开发科技快速贷、孵化贷、万户贷、投贷宝、科技含权贷、科技补贴贷、科技履约贷、上市贷等科创金融专属信贷产品，以满足科技型企业多维度需求和不同成长阶段的融资需求。

3.建立健全数据信息平台共享机制

突破金企信息不对称瓶颈，加快推进科技信用信息共享共用平台和科创金融综合服务平台建设，全面归集涉及科技创新企业的工商、税务、司法、海关等大数据平台信息，不断提升金融数据治理水平，为数据赋能、强化金融科技应用提供有效支持。建立科创金融数字化动态化标识管理机制，实施差异化经营和风险策略，探索建立差异化考核机制，为区域科创企业提供专业化科创金融服务。

（五）大力促进科技保险创新发展

1.构建多层级科技保险专营体系

鼓励保险公司在各分支机构中建立独立经营、独立管理、独立核算、独立考核的科技保险专营机构或专营部门。吸引专业能力强、市场认可度高的保险中介、保险精算、风险管理及评估等相关机构落地广州，建立科技保险

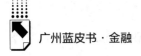

全产业链式服务网络，提升科技保险服务质效。加大投入力度，推行多层级科技保险风险补偿和保费补贴政策，对开展科技保险业务的保险机构按实际赔付科技保险保单金额的一定比例给予风险补偿，对科技型企业按实际支付科技保险费用的一定比例给予保费补贴。

2.鼓励保险机构创新科技保险产品

针对科技创新型企业，深入挖掘其多元化保险需求，专项研发科技保险产品，通过贷款保证保险、首台（套）重大技术装备保险、重点新材料首批次应用保险、首版次软件保险及知识产权保险等多种创新产品，全面覆盖企业在技术研发、生产运营、市场推广及成果转化等运营环节的风险。着力推进专利全流程保险产品的开发，探索商标保险等新型保险业务，构建完善的知识产权保险产品体系，有效降低科技企业创新风险。

3.拓宽保险资金创投渠道

引导保险机构遵循法律法规，创新投资科创类投资基金。引导保险资金依法合规参与科技型企业的并购重组、混合所有制改革，参与政府引导基金投融资改革，参与市场化天使投资基金、风险投资基金、科技创新产业投资基金、产业引导基金等，以服务科技创新型企业在全生命周期的各个阶段的融资需求。

（六）推动金融科技赋能科创金融高质量发展

1.建设一流的金融科技创新应用生态

推进金融机构数字化和智能化转型升级，推动金融机构和金融科技领先企业合作建立金融科技联合研究中心，在金融云平台构建、金融交易、金融风险防控、金融数据智能、产业金融服务、移动智能终端等方面进行深度合作，搭建行业金融科技开发测试平台，开展金融科技在金融各领域的研发和应用工作，引导共享金融科技产业研究成果，提供公共技术和信息服务。

2.大力推动资本市场数字化建设

探讨以人工智能与大数据作为基础技术，推动资本市场深化数字化转型，提高对市场主体数据的采集、清洗、分析处理能力，促进资本市场交易、结算、清算等环节更加自动化、智能化与高效化。引导金融科技子公司引入先进人工智能技术改进现有资本市场的业务模式、产品模式和组织模式，探索智能投顾、智能合规审核、智能化合约、服务请求移动化等创新业务。鼓励证券、基金等金融机构加快开展大数据应用，积极开发基于大数据技术的新产品和新业务。完善大数据标准规范和法规制度，强化安全管理和防护，保障数据安全。积极引进大型金融科技企业和平台，吸引大型金融科技企业在广州设立高等级的金融科技分支机构。

（七）协同大湾区资本市场支持科技创新

1. 提升大湾区多层次资本市场支持科创能力

推进私募股权投资基金跨境投资试点，吸引境外股权投资类企业来穗集聚发展。继续推进合格境外有限合伙人（QFLP）业务，允许港澳机构投资者通过 QFLP 投资在穗私募股权基金和创业投资企业（基金），支持种子期、初创期科创企业发展。鼓励港澳基金管理人积极设立 S 基金，提升广州私募股权二级市场交易活跃度。引导内地私募股权投资基金积极进行境外投资，推动合格境内有限合伙人（QDLP）开展试点，积累试点经验并持续优化。同时，支持粤港澳大湾区证券基金期货法人机构积极申请人民币合格境外机构投资者（RQFII）、合格境外机构投资者（QFII）或合格境内机构投资者（QDII）资格。

鼓励在穗企业赴港澳发行境外人民币债券吸引境外投资，引导企业开展跨境双向投融资活动，为在穗企业海外并购提供相关信息和平台服务，吸引港澳地区企业到穗开展投资和并购活动。积极尝试跨境资本项目改革，推动跨境贸易投资更加便利化。

积极与港澳开展会计、审计、法律、税务等金融中介服务领域的专业资格互认，允许金融中介服务机构提供跨境服务。提高两地金融市场的互认互信程度，并给予优质上市公司更多中介选择，帮助其完成上市。

2. 推动穗港澳资本市场协同支持科创发展

发挥香港金融市场深度较大、品种丰富以及广州本地证券总部机构众多的优势，推出创新型金融产品。加快发展金融科技，搭建大湾区信息共享平台，共享金融数据。建立大湾区金融监管工作协同机制，加强跨城市、跨领域的地方金融监管合作，加强非法金融活动监测和信息共享，建立案件会商、案情互通的工作机制，完善大湾区金融纠纷调解合作机制，严防金融风险在不同城市、不同地方金融业态蔓延或转移，共同维护大湾区金融稳定健康发展。

（八）推动知识产权融资创新发展

1.打造知识产权交易平台，规范知识产权交易

完善知识产权交易市场，打造会员制知识产权交易平台，争取与国家知识产权局、国家版权局的数据库联通，优化获取知识产权的权利归属、许可使用及潜在纠纷的信息途径，为知识产权评估提供依据。加大力度规范知识产权服务机构建设，提升中介服务机构专业水平。

2.完善知识产权评估体系，纠偏科创企业价值

完善面向全社会、覆盖各类知识产权的评估指引，在国家知识产权局现有的"专利价值分析指标体系"基础上，针对商标、著作权等知识产权，扩展完善相关价值分析指标体系，并根据业务发展不断更新，为知识产权评估提供规范的统一操作流程和标准。与大湾区港澳地区合作，广泛吸取境外发展经验，构建具有中国特色同时又与国际标准接轨的知识产权评估指标体系。

3.创新知识产权收储制度，推动高新技术资产化

积极推动知识产权收储制度研究，建立专利技术储备池，吸收各类创新主体的知识产权成果，寻找合适的对象以许可、二次研发、共同投资等方式共同推动专利转化，并最终释放专利价值获得回报。引导金融机构围绕知识产权等无形资产，开展资产收储、运营许可、供需匹配及投融资等创新服务。

参考文献

霍学文：《做好科技金融大文章 打造专精特新第一行》，《银行家》2024 年第 3 期。

李俊霞、温小霓：《中国科技金融资源配置效率与影响因素关系研究》，《中国软科学》2019 年第 1 期。

陆岷峰：《科技与资本的融合：构筑高效的数字科创金融生态网络》，《南都学坛》2024 年第 2 期。

王剑、王文姝：《构建商业银行科创金融生态圈》，《中国金融》2024 年第 6 期。

杨东：《监管科技：金融科技的监管挑战与维度建构》，《中国社会科学》2018 年第 5 期。

张明喜、魏世杰、朱欣乐：《科技金融：从概念到理论体系构建》，《中国软科学》2018 年第 4 期。

张然：《科技创新引领科创金融新篇章》，《现代商业银行》2024 年第 3 期。

周立波：《关于科技金融支持科技型中小企业的思考——基于商业银行助力金融强国建设的视角》，《西南金融》2024 年第 2 期。

B.3
中国证券机构服务网络空间特征及影响因素研究

——兼论对广州的启示

王芹娟　邹小华　王俊*

摘　要：　完善证券机构服务网络对于壮大城市资本市场、助力经济社会高质量发展有着重要意义。本报告基于 2023 年国内证券公司总部及其分支机构网络数据，通过构建网络分析模型和多元回归模型，对国内证券机构服务网络空间特征及其影响因素进行了研究，在此基础上着重分析了广州证券机构服务网络在国内的地位及联系特征，并提出进一步提升的对策建议。结果表明，中国证券机构在加速增长的同时呈现显著的空间极化特征。国内证券机构服务网络呈现以深沪京及国内其他中心城市为核心节点的核心性特征，以及以长三角和珠三角等地区为重点发育区的区域性特征。广州的对外辐射以及内部联系较强，对外联系重点体现在对华南地区的辐射以及与国内主要中心城市的联系上。未来，广州可进一步提升证券机构的规模与影响力，提升证券机构对外联系水平，推动证券机构精准引导战略性产业集群资本运作，强化证券机构发展的人才支撑，营造良好的金融营商环境，推动证券机构服务高质量发展。

关键词：　金融地理　证券机构　服务网络

---

　*　王芹娟，广东省省情调查研究中心助理研究员，研究方向为城市发展战略、营商环境；邹小华，博士，广州市社会科学院区域发展研究所副研究员，研究方向为产业空间布局与区域发展；王俊，云南大学滇池学院理工学院本科生，研究方向为数据科学与大数据技术。

金融活动和金融市场空间特征研究，一直以来都是金融地理和经济地理领域关注的重要议题。20 世纪 80 年代以来，全球经济的金融化和金融的证券化成为全球金融市场发展的一个重要趋势。以直接融资为主要特征的证券市场因其对经济和产业发展所发挥的重要支撑作用，在全球金融市场中的重要性不断提升。我国的证券市场发展相对较晚，20 世纪 90 年代初，上海证券交易所和深圳证券交易所的成立，标志着中国证券市场发展进入新时期，1998 年股票发行核准制实施后，中国证券市场发展进入快速扩张期。截至 2024 年 3 月底，中国 A 股上市公司数量已达 5371 家，总市值超过 78 万亿元人民币。① 国家"十四五"规划提出，要构建金融有效支持实体经济的体制机制，提高直接融资比重，这意味着未来证券市场在中国金融体系以及经济发展中的重要性将进一步提升。

长期以来，对金融机构空间特征的研究主要集中在以商业银行为代表的传统金融行业，对于投资银行性质的证券业关注相对较少。在信息化时代，因特网带来的跨空间流动便利性，使得区域性因素对证券机构网点选址的影响有所弱化，但地理空间要素仍是影响证券机构空间布局的重要因素，如我国证券市场规模总体由东向西递减，同时呈块状和非连续分布的特征。证券公司作为中国资本市场运行的主要中介服务机构，同时也是重要参与者，在融资方式和运营上与银行等其他金融机构存在较大的差别，因此其空间特征以及影响因素也存在一定的差别。研究城市证券机构对外联系网络结构，对于城市明确自身投资服务特征以及在国内投资服务网络中的地位，从而进一步优化投资服务资源结构与配置，有着重要的参考价值。

广州作为我国华南地区的重要金融中心，以银行业为主的传统金融业较为发达，而包括证券行业在内的资本市场发展相对较弱，与上海、北京和深圳存在一定差距，也与广州自身的经济体量以及市场规模不相符。进一步提升广州证券机构服务网络联系水平，对于广州发展壮大自身资本市场，助力经济社会高质量发展有着重要意义。本报告在对 2023 年中国证券机构服务

---

① 万得（Wind）数据库，查询时间为 2024 年 4 月 3 日。

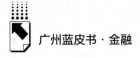

网络空间特征及影响因素进行分析的基础上，重点探究广州在其中的地位以及对外联系特征，并就广州证券机构发展及对外联系优化提出相应的对策建议。

一　数据来源与研究方法

（一）数据来源

本报告中涉及的证券公司及其分支机构数据来自中国证券监督管理委员会官方网站公布的各省区市以及计划单列市辖区内证券公司名录①。利用企查查企业信息查询网站，获取所有证券公司、分公司以及营业部的成立年份、所在城市等信息。在此基础上对数据进行筛选，截至 2023 年 12 月，全国共有 140 家证券公司在中国境内 339 个城市设立了 12615 家分支机构，包括 2091 家分公司和 10524 家营业部。通过对所有证券公司及其分支机构的类型进行梳理与分类，大致可以将其划分为 5 个等级，第一个等级为证券公司总部，第二个等级为证券公司的子公司或区域分公司，第三个等级为证券公司省级分公司或在计划单列市的分公司，第四个等级为地级市分公司，第五个等级为城市内部分公司或营业部。为区分不同等级证券机构的重要性，对各等级机构进行赋分，根据等级高低分别赋 5~1 分。

（二）研究方法

1.城市对的联系强度

证券机构不同于银行、保险等类型的金融机构，虽然其分支机构等级划分明显，但总部、分公司以及营业部之间相对独立，均可以开展经营业务，仅在上下级机构之间存在一定的管理关系，因此对其分支机构网络的评价无

---

① "辖区公司名录"，中国证券监督管理委员会网站，http://www.csrc.gov.cn/csrc/c100125/common_list_gd.shtml。

法利用对扁平化分支机构网络进行分析的连锁网络模型。本报告对证券机构分支机构网络的评价仅考虑上下级分支机构之间的联系。如 a 城市的证券机构在 b 城市设立了分支机构，则视为产生了从 $a{\rightarrow}b$ 的网络联系，将 a 与 b 之间所有联系值求和，得到 $a{\rightarrow}b$ 的联系强度：

$$C_{a{\rightarrow}b} = \sum_j v_{aj} \times v_{bj} \tag{1}$$

式（1）中，$C_{a{\rightarrow}b}$ 代表 $a{\rightarrow}b$ 城市对的联系强度；j 代表总部或高一级分支机构位于 a 城市，并在 b 城市设立分支机构的证券公司，当 $a=b$ 时，则表示该联系属于城市内部联系。v_{aj} 和 v_{bj} 分别表示 j 证券公司在城市 a 和城市 b 设立的分支机构得分。

2. 城市服务度

将某城市与服务网络中所有城市的联系强度求和得到该城市的服务度：

$$C_a = \sum_b^n C_{a{\rightarrow}b} + C_{b{\rightarrow}a} \tag{2}$$

式（2）中，C_a 代表 a 城市的网络联系度，b 为与 a 城市存在分支机构联系的城市，n 为与 a 城市产生服务联系的城市总数，$C_{a{\rightarrow}b}$ 为 $a{\rightarrow}b$ 城市对的联系强度。

3. 多元回归模型

本报告通过构建多元回归模型，对国内证券机构服务网络空间特征的影响因素进行分析。多元回归是一种常用的统计分析方法，主要用于研究多个自变量与一个连续因变量之间的关系，通过对观测数据进行拟合，估计出最佳的回归系数，从而建立一个能够准确预测因变量的模型。模型公式如下：

$$y = \beta_0 + \beta_1 x_1 + \beta_2 x_2 + \cdots + \beta_m x_m + \varepsilon \tag{3}$$

式（3）中，y 是因变量；x_1，x_2，$\cdots$，x_m 是自变量；β_1，β_2，$\cdots$，β_m 为回归系数；ε 为模型的随机误差。

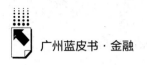
二 广州证券机构服务网络的地位与联系特征

(一)广州高级别证券机构数量有限,营业部分布集中

从证券机构的空间分布来看,不同类型证券机构均呈现较明显的集聚特征。其中,证券公司总部的集聚特征最为显著,2023年,排名前20位城市的总部数量占全国所有证券公司数量的81.43%,分公司数量占全国总量的62.22%,营业部数量占全国总量的45.64%。从具体城市分布来看,上海不论是总部还是分公司和营业部,均居国内首位。深圳的总部和分公司数量仅次于上海,居全国第二位,但营业部数量少于北京,居第三位。北京的总部和分公司数量则居第三位。2023年广州拥有证券公司3家,居国内第六位;拥有证券公司分公司65家,居国内第七位;但在证券营业部方面,广州以298家居国内第四位(见表1)。可见,广州虽然高等级的证券经营机构数量有限,但基层营业机构数量排名较为靠前,一定程度上反映了广州本地证券市场的繁荣。

表1 国内主要城市证券机构分布情况

单位:家

排名	总部		分公司		营业部	
	城市	数量	城市	数量	城市	数量
1	上海	31	上海	149	上海	805
2	深圳	22	深圳	126	北京	538
3	北京	18	北京	113	深圳	470
4	杭州	5	杭州	71	广州	298
5	成都	4	武汉	70	杭州	273
6	广州	3	成都	68	成都	224
7	福州	3	广州	65	苏州	219
8	西安	3	南京	65	重庆	208
9	长沙	3	济南	64	武汉	202
10	沈阳	2	长沙	57	宁波	174

续表

排名	总部		分公司		营业部	
	城市	数量	城市	数量	城市	数量
11	贵阳	2	西安	56	南京	161
12	海口	2	郑州	55	无锡	161
13	合肥	2	重庆	52	天津	148
14	呼和浩特	2	海口	44	西安	148
15	昆明	2	天津	44	福州	142
16	拉萨	2	合肥	43	长沙	139
17	南昌	2	福州	42	青岛	129
18	南京	2	南昌	40	佛山	128
19	青岛	2	青岛	39	绍兴	122
20	厦门	2	沈阳	38	郑州	114

资料来源：作者计算得出。

（二）广州总体联系度位居全国第四，对外辐射与内部联系较强

从各城市证券机构服务网络联系度分布来看，深圳的总联系度居国内城市首位，比排在第二位的上海高出 20.28%，其对外联系的优势主要体现在出度联系上，出度联系比排在第二位的上海高出 36.94%。上海虽然总联系度和出度都低于深圳，但入度在所有城市中最高。北京的总联系度、出度以及入度均居第三位。广州的总联系度和出度均位居全国第四，入度排名相对靠后，仅排在全国第 12 位。可见，广州作为省会城市，证券机构对外联系更多发挥对外辐射功能，对外吸引功能相对较弱。从各城市内部联系来看，上海的内部联系度高居首位，是北京的 1.44 倍，这也体现了其强大的需求市场对本地证券机构发展的拉动作用。北京和深圳的内部联系度分列第二和第三位，且差别较小。广州的内部联系度居全国第四位，仅为上海的 28.49% 和深圳的 40.93%，还存在较大差距（见表 2）。

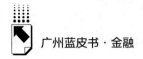

表 2　国内主要城市证券机构服务网络联系度

排名	对外联系				内部联系	
	城市	总联系度	出度	入度	城市	联系度
1	深圳	6905	5546	1359	上海	2661
2	上海	5741	4050	1691	北京	1849
3	北京	4485	3015	1470	深圳	1852
4	广州	3343	2371	972	广州	758
5	杭州	3229	2047	1182	杭州	659
6	南京	3065	2083	982	重庆	614
7	成都	2686	1546	1140	成都	614
8	西安	2704	1754	950	武汉	593
9	长沙	2651	1628	1023	苏州	439
10	武汉	2485	1467	1018	西安	407
11	福州	2386	1616	770	南京	378
12	济南	2221	1224	997	天津	344
13	南昌	2119	1388	731	长沙	350
14	合肥	2009	1221	788	宁波	329
15	郑州	1798	786	1012	青岛	297
16	昆明	1605	919	686	南昌	277
17	沈阳	1550	805	745	福州	273
18	青岛	1540	843	697	郑州	228
19	重庆	1442	410	1032	合肥	227
20	海口	1283	598	685	沈阳	223

资料来源：作者计算得出。

（三）深沪京占据全国网络核心，广州对外联系区域性强

从城市间联系特征来看，国内核心城市之间的联系以及主要区域内部联系构成了国内证券机构联系的骨干网络。其中，深圳、上海和北京是国内证券机构联系的最主要发出中心。在联系值排名前 40 位的国内城市对中，由深圳、上海和北京发出的联系数量分别为 18 条、4 条和 4 条，且以全国性联系为主。杭州、南京对外发出的联系虽然也分别有 8 条和 4 条，但其联系对象以区域内城市为主。从联系的区域性来看，长三角和珠三角的区域证券

机构服务网络发展水平最高。上海、南京、苏州、杭州、台州、绍兴、无锡、金华、温州等长三角城市之间的联系，以及广州、深圳、佛山等珠三角城市之间的联系，均位居前列（见表3）。

表3　证券机构服务网络主要城市对的联系

排名	城市对	联系值	排名	城市对	联系值
1	南京→苏州	321	21	杭州→金华	204
2	杭州→台州	251	22	杭州→温州	200
3	深圳→北京	250	23	上海→深圳	200
4	杭州→绍兴	246	24	深圳→成都	195
5	南京→无锡	246	25	深圳→杭州	190
6	上海→北京	245	26	深圳→南京	185
7	深圳→上海	245	27	北京→深圳	180
8	北京→上海	235	28	深圳→天津	175
9	广州→佛山	226	29	深圳→西安	175
10	深圳→广州	218	30	深圳→长沙	175
11	南京→苏州	321	31	杭州→金华	204
12	杭州→台州	251	32	杭州→温州	200
13	深圳→北京	250	33	上海→深圳	200
14	杭州→绍兴	246	34	深圳→成都	195
15	南京→无锡	246	35	深圳→杭州	190
16	上海→北京	245	36	深圳→南京	185
17	深圳→上海	245	37	北京→深圳	180
18	北京→上海	235	38	深圳→天津	175
19	广州→佛山	226	39	深圳→西安	175
20	深圳→广州	218	40	深圳→长沙	175

资料来源：作者计算得出。

（四）广州与华南地区城市以及全国中心城市联系显著

广州的证券机构对外辐射对象主要为以广东省内城市为主的华南地区城市。其中，广州指向佛山的联系值达到223；指向东莞、中山、珠海和江门的联系值也都超过了100。此外，武汉、长沙等中南地区城市，以及海口、南宁等华南地区城市，也是广州对外辐射的重要对象。但广州指向深圳的联系值仅为53，这体现了深圳本地强大的证券机构服务能力导致的对外地服务机构的排斥。从广州对外部证券机构的吸引来看，深圳是广州对外联系的最大来源，上海和北京次之。其他来源城市主要为国内的省会城市或计划单列市（见表4）。

表4 广州与国内城市证券机构联系分布特征

排名	城市对	联系值	城市对	联系值
1	广州→佛山	223	深圳→广州	218
2	广州→东莞	130	上海→广州	135
3	广州→中山	112	北京→广州	90
4	广州→珠海	108	西安→广州	35
5	广州→江门	103	长沙→广州	35
6	广州→惠州	94	福州→广州	30
7	广州→湛江	78	贵阳→广州	30
8	广州→汕头	67	合肥→广州	30
9	广州→深圳	53	成都→广州	20
10	广州→武汉	50	杭州→广州	20
11	广州→揭阳	49	南昌→广州	20
12	广州→肇庆	49	南京→广州	20
13	广州→海口	45	郑州→广州	20
14	广州→长沙	45	桂林→广州	15
15	广州→昆明	43	哈尔滨→广州	15
16	广州→杭州	40	呼和浩特→广州	15
17	广州→上海	40	济南→广州	15
18	广州→重庆	40	昆明→广州	15
19	广州→梅州	39	拉萨→广州	15
20	广州→南宁	37	青岛→广州	15

资料来源：作者计算得出。

三 证券机构服务网络空间特征影响因素分析

（一）变量选取

为探究国内证券机构服务网络空间特征的影响因素，本报告以2023年全国339个城市为研究样本，构建多元回归模型，对2023年中国证券机构服务网络空间特征的影响因素进行分析。因变量选择计算得出的城市总联系度（Y1）和外部联系度（Y2），分别对结果进行拟合。自变量选取方面，主要考虑城市人口规模、经济发展、金融市场潜力以及行政等级等因素对证券营业部空间布局的影响。城市经济发展水平越高、人口规模越大、居民财富越多，表明其潜在市场规模越大，越有可能吸引证券营业部的布局。引入城市常住人口总量来表示城市人口规模。选取城市人均 GDP 和第三产业增加值占 GDP 比重表示城市经济发展水平。引入城市金融机构存款余额和城镇在岗职工平均工资表征城市居民财富规模。证券公司是投资型金融中介机构，居民和企业都是其服务的对象，居民收入越高，表明该地区证券市场的潜力越大。引入城市规模以上工业企业数量表示区域内企业对证券机构的潜在业务需求，企业数量越多、投资额越大，表明其资金需求量越大，对证券机构服务的需求量也越大。居民受教育水平越高，越倾向于进入证券市场进行投资，并推动地方证券市场繁荣，引入城市每万人在校大学生数量，用于表征城市人口受教育水平。我国城市行政等级对经济发展存在重要影响，对证券机构联系的拓展也不例外，引入城市是否为省会城市、直辖市或计划单列市，用于表征城市行政等级。影响因素变量类别及选取指标的表征意义与数据来源见表 5。

表 5　影响因素变量类别及选取指标的表征意义与数据来源

变量	标号	指标解释	数据来源	指标影响
总联系度	$Y1$	城市内外部联系总和	本报告数据分析后得出	
外部联系度	$Y2$	城市参与网络外部连接程度	本报告数据分析后得出	
人均 GDP	$X1$	城市人均 GDP	《中国城市统计年鉴 2022》	+
平均工资	$X2$	城镇在岗职工平均工资	《中国城市统计年鉴 2022》	+
第三产业比重	$X3$	第三产业增加值占 GDP 比重	《中国城市统计年鉴 2022》	+
常住人口	$X4$	城市常住人口	《中国城市统计年鉴 2022》	+
是否为省会城市	$X5$	城市是否为省会城市、直辖市或计划单列市	《中国城市统计年鉴 2022》	+
每万人大学生数	$X6$	城市每万人在校大学生数量	《中国城市统计年鉴 2022》	+
金融机构存款余额	$X7$	城市金融机构存款余额	《中国城市统计年鉴 2022》	+
规模以上工业企业数	$X8$	城市规模以上工业企业数量	《中国城市统计年鉴 2022》	+

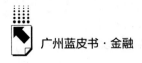

（二）回归结果

使用 SPSS 26 软件进行多元回归分析，被解释变量为 Y1 时拟合模型的调整后 R^2 为 0.889，为 Y2 时拟合模型的调整后 R^2 为 0.869，两个模型的 p 值均为 0.000，拟合效果良好，且未发现多重共线性问题，回归结果见表 6。

表 6 回归结果

变量	回归系数	
	总联系度（Y1）	外部联系度（Y2）
人均 GDP（X1）	−0.002	−0.014
平均工资（X2）	−0.020	−0.002
第三产业比重（X3）	−0.096	−0.015
常住人口（X4）	0.335 ***	−0.092 **
是否为省会城市（X5）	0.055 ***	0.394 ***
每万人大学生数（X6）	0.719 **	0.083 ***
金融机构存款余额（X7）	0.112 ***	0.625 ***
规模以上工业企业数（X8）	−0.002 ***	0.125 ***

注：** 、*** 分别代表在 5%、1% 的水平下显著。

根据回归结果，常住人口对总联系度影响显著为正，但对外部联系度的影响显著为负，说明城市人口规模对证券服务联系，特别是城市内部分支机构联系的强化有着显著的促进作用。城市人口规模越大，对证券业务的潜在需求也越大，越能刺激本地证券机构的发展；另外，本地证券机构的壮大也意味着相对外来证券机构竞争力的增强，因此会在一定程度上对外地证券机构服务网络扩展产生抑制作用。

是否为省会城市对城市总联系度和外部联系度都存在显著的正向影响，并且对外部联系度的影响系数更大，表明证券机构更倾向于在行政等级更高的城市进行扩展。直辖市、省会城市以及计划单列市不仅经济发展程度更高、市场潜力更大，同时拥有更高的证券监督管理职能。如中国证券监督管理委员会位于北京，并且在各省区市和计划单列市均设有监管局，作为其派出机构，对其辖区内的证券公司以及相关机构进行监督管理。而将分支机构布局在相关管理机构所在的省、自治区行政中心以及直辖市和计划单列市，对于证券机构开展经营活动也至关重要。

金融机构存款余额对城市总联系度和外部联系度均存在显著的正向影响，表明证券机构的本地分支机构扩展和外地分支机构扩展均会重点考虑城市的市场潜力。证券机构作为投资中介机构和资本市场的直接参与者，经营行为具有显著的市场导向特征，因此，市场潜力越大越能够吸引证券机构扩展。证券公司集聚的中心城市机构扩张往往选择内部扩张，或者向其他中心城市扩张。而对于一些中小城市的证券公司，由于其本地市场规模有限，很大程度上会选择对外扩张，而市场潜力大的城市往往成为其对外扩张的首选地。

每万人大学生数对城市总联系度以及外部联系度均存在显著的正向影响。更高比例的受高等教育人口意味着城市人口对投资行为的接受程度较高，从而能够促进证券市场发展，支持更多证券机构开展业务。另外，更多的受高等教育人口也能为证券机构提供更多的人才供应，在专业人才方面为证券机构的扩展提供有力支撑。

规模以上工业企业数对总联系度和外部联系度的影响也较为显著，其中对总联系度的影响显著为负，但影响系数较小，仅为-0.002；对外部联系度的影响则显著为正。我国证券行业的主要使命就是服务实体经济，帮助有实力的工业企业上市，助力其更大规模和更高质量发展。从影响来看，国内证券机构分支机构扩展过程中，在城市外部扩展会在较大程度上考虑跟随规模以上工业企业布局，但在城市内部的扩展过程中，这一特征并不明显。

四 结论与建议

（一）实证研究结论

随着我国社会主义市场经济的进一步发展，国民经济的证券化水平不断提高，国内证券服务市场持续扩张，与之相伴的是证券公司分支机构的不断扩展和壮大，并进一步推动我国资产的证券化和经济的高质量发展。本报告通过构建网络分析模型，在对国内证券机构服务网络的空间特征进行研究的基础上，重点分析了广州在国内服务网络中的地位及其对外联系特征，同时对证券机构服务网络空间特征的影响因素进行了分析。

我国证券机构空间分布的极化和分异特征明显，各类型机构高度集中于上海、北京、深圳等中心城市。广州的高级别证券机构数量有限，营业部的分布较为集中。全国证券机构服务网络表现出显著的核心性与区域性特征，深圳、上海与北京占据全国网络的核心，展现出较强对外辐射能力，同时外部联系的吸引能力以及内部联系均处于领先水平；广州的联系则以区域性和城市内部联系为主。证券机构服务网络在全国性中心城市联系构成的核心网络基础上，以长三角和珠三角等区域为引领，形成了区域性联系网络。广州的对外辐射范围主要集中在以珠三角核心区为主的广东省内，同时对华南、西南以及中南地区也具备一定的辐射能力。对外联系则主要集中在国内主要的中心城市。当前国内证券机构服务网络空间特征主要受城市人口规模、城市经济发展、城市金融市场潜力、城市行政等级等因素影响。其中，城市人口规模更多影响城市证券机构服务网络的内部扩张，城市经济发展水平对证券机构服务网络的影响并不明显，这也说明我国证券机构服务网络与实体经济的空间协同还有待进一步加强。

（二）对广州的启示与建议

广州作为我国重要的金融中心，经济基础好，市场潜力大，金融市场发展水平较高。证券行业的壮大以及融资能力的提升，能够为广州加快实现制造业立市、推进服务业高端化专业化、培育一流企业提供有力支撑。虽然目前广州证券行业发展水平与拥有我国三大证券交易所的上海、深圳以及北京无法媲美，但广州可以利用自身特征和优势，进一步扩大金融对外开放，提升证券机构规模，加强对外联系，重点聚焦战略性产业集群资本运作以及金融营商环境优化等，加快建设金融强市，以资本市场高质量发展助力中国式现代化建设。

1. 提升证券机构规模与影响力

加大对证券机构等证券法人发展的支持力度，支持证券机构通过引入战略投资者、增资扩股、在境内外上市融资等方式增强资本实力，持续提升本土法人证券公司的竞争力。鼓励境内外证券公司来广州设立地区总部，进一步壮大广州证券机构规模。加强对证券机构的监督与管理，提升证券机构经营的合规水平以及风险管理水平，不断提升广州证券机构的服务水平与影响力。

2. 提升证券机构对外联系水平

支持广发证券等本土重点证券机构进一步拓展全国以及海外分支机构，提高证券机构各项业务的服务能力，提升证券机构对外辐射的广度与深度。以广州期货交易所为核心，加强全国性以及区域性金融市场交易平台建设，加快广州期货交易产业链的完善，吸引内地及港澳与期货交易及资产配置相关的金融机构落户广州，以平台建设提升对证券机构的集聚水平。提升证券行业对外开放水平，吸引境外证券机构来穗设立经营机构以及全国与区域性分支机构。进一步提升对国内证券机构的引进力度，吸引更多国内证券机构在穗设立区域性分公司或子公司，拓展广州证券机构的全国性服务网络。

3. 推动证券机构精准引导战略性产业集群资本运作

优化城市内部证券机构布局，引导证券机构在战略性产业集聚区设立科技金融专营机构。探索开展知识产权证券化等新兴融资模式，通过资本运作推动战略性产业集群发展，进一步壮大本地资本市场。鼓励券商加强内部的投行、投资、资管、研究等各项业务的整合与协同，结合新三板、北交所、科创板等多层次资本市场特点，重点加强对优质企业的培育，为企业提供全生命周期的资本市场服务。提升证券公司在债券市场、股票市场、创业投资等方面的服务力度与水平，通过开展私募基金投资和直接投资，引导社会资本投早、投小、投科技，培育壮大科技型企业，将实验室成果转化为现实生产力。

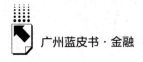

4. 强化证券机构发展的人才支撑

进一步完善针对证券类金融人才特别是高端人才的服务体系。通过搭建证券人才交流合作平台，提升证券人才在行业内部的流动性。强化证券人才培养，通过与省内外知名财经以及金融类高校、院所联合培养等方式，培养更多服务广州证券行业的专业人才，进一步充实广州证券行业高质量发展的人才蓄水池。充分利用广州高层次金融人才政策，吸引更多国内外证券行业的高端管理人才、专业人才等来穗工作、生活，努力将广州打造为华南证券人才高地。

5. 营造良好的金融营商环境

强化证券市场投资者合法权益的法治保障，持续优化证券市场投融资环境。进一步强化中小投资者合法权益保护，加大行政监管力度，创新多元解纷体系。强化证券公司与执法部门协同稽查执法和信息沟通机制，充分利用证券公司提供的侵害投资者合法权益的违法违规行为相关信息，切实保护好投资者，不断优化制度体系，严格落实投资者适当性制度，利用科学技术和创新手段不断提高投资者教育工作成效，协同外部机构维护投资者的合法权益。进一步加强对中小投资者的普法宣传，提升中小投资者运用司法手段保护自身合法权益的意识。

参考文献

陈文凯、李观英：《证券营业部的发展：现状·困境与对策》，《南方金融》2002年第6期。

陈晔、马晔华：《金融证券化趋势及我国金融证券化的发展分析》，《技术经济与管理研究》2002年第2期。

胡恒松：《新形势下证券公司投资银行业务转型发展研究》，《管理现代化》2015年第4期。

黄建欢、王良健：《因特网、网点空间布局和区域因素影响证券公司效率的机理》，《地理研究》2011年第11期。

潘峰华、徐晓红、夏亚博等：《境外金融地理学研究进展及启示》，《地理科学进展》

2014 年第 9 期。

田霖、金雪军：《金融地理学视角下的证券市场投资潜力分析》，《世界地理研究》2004 年第 1 期。

吴晓求：《深化改革 扩大开放 促进中国证券市场的健康发展》，《中国人大》2015 年第 1 期。

张泽、刘梦彬、唐子来：《证券资本流动视角下上海市与国内其他城市关联网络的行业特征》，《上海城市规划》2019 年第 2 期。

赵金丽、盛彦文、张璐璐等：《基于细分行业的中国城市群金融网络演化》，《地理学报》2019 年第 4 期。

B.4
广州优化房地产信贷政策
加快构建发展新模式研究

郭柃沂　沈勇涛*

摘　要： 房地产市场供求关系发生重大变化背景下，广州积极因城施策，持续完善房地产的调控政策，确保房地产融资协调机制得到有效实施并取得显著成效，进而推动房地产市场平稳、健康、有序发展，但仍存在房地产开发投资意愿不足、市场供应收缩、总体需求不足等问题。本报告通过构建包含房地产供需关系和信贷约束的动态随机一般均衡（DSGE）模型，使用2011~2023年广州市地区生产总值季度数据和广州市商品住宅销售价格指数月度数据，定量分析优化调整房地产政策对广州经济的影响。结果显示，房地产信贷政策和需求因素是影响广州房地产市场最重要的两类因素。通过模拟仿真分析广州市未来房地产政策的不同优化调整情形，如首付比例变动、信贷政策调整等，对房地产市场的影响，提出对策建议。建议广州综合考虑更加宽松的信贷利率政策、降低首付比例、房地产需求刺激政策等政策组合的效果，因时制宜地实施宏观政策，使政策效果最优，进一步推动房地产市场的健康发展。

关键词： 房地产市场　动态随机一般均衡模型　广州

---

* 郭柃沂，经济学博士，深圳市自然资源和不动产评估发展研究中心助理研究员，研究方向为房地产评估、财政政策；沈勇涛，经济学博士，广州市社会科学院科技创新研究所副研究员，研究方向为产业经济、科技创新。

习近平总书记指出："人民群众对实现住有所居充满期待，我们必须下更大决心、花更大气力解决好住房发展中存在的各种问题。"① 目前，我国房地产市场供求关系发生重大变化，房地产行业处于调整期，2023 年中央经济工作会议明确提出，积极稳妥化解房地产风险，一视同仁满足不同所有制房地产企业的合理融资需求，促进房地产市场平稳健康发展；完善相关基础性制度，加快构建房地产发展新模式；促进金融与房地产良性循环，牢牢守住不发生系统性金融风险底线。2023 年 2 月，央行召开金融市场工作会议，强调"动态监测分析房地产市场边际变化，因城施策实施好差别化住房信贷政策"；2023 年 6 月，下调 5 年期以上贷款市场报价利率（LPR）10个基点；2024 年 2 月，再次下调 5 年期以上贷款市场报价利率 25 个基点至3.95%，为单次最大降息。2024 年 1 月，住房城乡建设部召开城市房地产融资协调机制部署会议，会上强调要坚持因城施策、精准施策、一城一策的原则，灵活运用政策工具箱，充分赋予各城市在房地产调控方面的自主权。这意味着各城市可以根据自身实际情况，因地制宜地调整和优化房地产政策，以确保房地产市场的稳定和健康发展。2024 年 3 月，国务院常务会议指出，房地产产业链条长、涉及面广，事关人民群众切身利益，事关经济社会发展大局。2023 年以来，各地因城施策优化房地产调控，落实保交楼、降低房贷利率等一系列举措，守住了不发生系统性风险的底线。要进一步优化房地产政策，持续抓好保交楼、保民生、保稳定工作，进一步推动城市房地产融资协调机制落地见效，系统谋划相关支持政策，有效激发潜在需求，加大高品质住房供给。要紧密适应新型城镇化的发展趋势，并灵活应对房地产市场供求关系的变化，加快完善"市场+保障"的住房供应体系，改革商品房相关基础性制度，着力构建房地产发展新模式。因此，广州调整优化房地产政策具有重要意义，是贯彻落实中共中央、国务院关于房地产发展新模式指示和安排的现实举措。

---

① 《加快推进住房保障和供应体系建设（2013 年 10 月 29 日）》，旗帜网，http://www. qizhiwang. org. cn/n1/2020/0820/c433582-31829807. html。

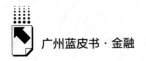

一 广州市房地产市场概况

（一）现行房地产调控政策情况

为了优化房地产政策，广州持续抓好保交楼、保民生、保稳定工作，推动城市房地产融资协调机制落地见效，系统谋划相关支持政策，有效激发潜在需求，加大高品质住房供给，促进房地产市场平稳健康发展。广州市现行房地产政策见表1。

表1　广州市现行房地产政策

限购政策				
限购区域	广州户籍		非广州户籍	
	已婚家庭	成年单身、离异或丧偶	已婚家庭、成年单身、离异或丧偶	购房条件（社保/个税）
对于越秀、海珠、荔湾、天河、白云（不含江高镇、太和镇、人和镇、钟落潭镇）、南沙等限购区域，购买建筑面积120平方米以上的住房，将不受限购政策的限制	限购2套（含受赠）	限购1套（含受赠）	限购1套（含受赠）	2年社保或个税

限贷政策					
是否认房认贷	商业性贷款首付比例		公积金贷款首付比例		贷款利率
	首套	二套	首套	二套	首套	二套
认房不认贷	家庭名下无房、无贷款记录或有贷款记录但已结清或外地有在供房贷的首付比例不低于30%	家庭名下有1套房，无房贷记录的或有房贷记录已结清，首付比例不低于30%；有房贷在供的，首付比例不低于40%	首付比例20%	无房贷记录或房贷记录已结清，最低首付比例为30%；有未结清住房贷款的，最低首付比例为40%	4.45%	5.05%

续表

限售政策			
限售		财税调节	
个人	企业	个人增值税免征年限	
取得不动产证≥2年方可转让	取得不动产证≥3年方可转让	将越秀、海珠、荔湾、天河、白云、黄埔、番禺、南沙、增城等区个人销售住房增值税征免年限由5年调整为2年	

房地产融资协调机制	
优化广州市的房地产市场环境,建立房地产融资协调机制,搭建一个政府、银行与企业间的有效沟通平台。通过这一平台,积极推动房地产开发企业与金融机构之间的精准对接,确保能够精准识别并提出具备融资潜力的房地产项目名单。在此过程中,秉持公平、公正的原则,一视同仁地满足不同所有制房地产企业的合理融资需求,以促进整个房地产市场的平稳健康发展	公布两批房地产融资协调机制项目清单

一是优化调整限购、限贷、限售和限价政策。2023年8月,广州发布"认房不认贷"政策,成为首个发布此政策的一线城市。9月,发布限购优化政策,解除了番禺、黄埔、花都三区和白云区北部四镇的限购条件,并将个人销售住房增值税征免年限由5年调整为2年。10月,广州宣布探索房票安置政策机制,目的在于解决城中村改造过程中遇到的难题,提高工作效率。11月,广州发布住房公积金"认房不认贷"政策。2024年1月,广州市发布《关于进一步优化我市房地产市场平稳健康发展政策措施的通知》,在限购区域进一步支持刚性和改善性住房需求,对于购买建筑面积超过120平方米的住房,不再纳入限购范围,并提出"租一买一"和"卖一买一"等相关措施,同时对商服类物业不再限售。2024年3月,广州部分银行进一步优化住房贷款利率定价,针对目前广州有1套住房且贷款未结清的情况,购买建筑面积120平方米以上住房,如家庭将自有住房长租或挂牌出售的,购买住房时相应核减家庭住房套数。

二是精准支持房地产项目合理融资需求。2024年1月发布的《关于进一步优化我市房地产市场平稳健康发展政策措施的通知》明确提出,建立广州市房地产融资协调机制,搭建政银企沟通平台,推动房地产开发企业和金融机构精准对接。截至 2024 年 3 月，已经有两批次的房地产项目名单被公布，这些项目将享有融资支持。

（二）房地产市场面临的挑战

1. 房地产开发投资意愿仍显不足

广州市统计局数据显示，2023 年广州市房地产开发投资同比下降 8.7%，略低于全国（-9.6%）、全省（-10%）平均降幅，但相较于北京（0.4%）、上海（18.2%）、深圳（10.6%）等其他一线城市，市房地产开发投资动力稍显不足，呈现出一定的下降趋势。2023 年 2~12 月，广州市房地产开发投资同比增速一直为负（见图 1）。在房地产施工面积方面，2023 年 1~12 月，广州市的房地产开发施工总面积为 12739.37 万平方米，同比下降 1.6%。具体来看，商品住宅的施工面积较大，为 7377.82 万平方米，相较去年同期降幅为 2.5%。而在竣工面积方面，房地产的整体竣工面积较 2022 年有所缩水，下降了 32.8%，为 908.36 万平方米。其中，商品住宅的竣工面积更是显著减少，下降了 44.2%，仅为 475.01 万平方米。这些数据反映了当前广州市房地产市场的施工和竣工面积，呈现出一定的下降趋势。房地产开发企业在推进项目施工方面面临着一定挑战，同时面临着竣工进度放缓等问题。

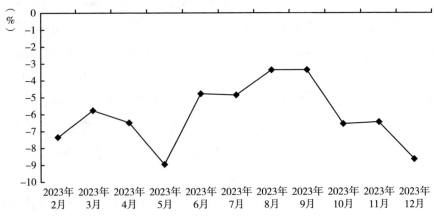

图 1 广州市房地产开发投资同比增速

资料来源：广州市统计局。

综上所述，2023年广州市房地产开发投资、施工及竣工面积等均呈现不同程度的下滑态势，这可能与市场需求减少、开发企业资金链紧张等多重因素相关。

2. 房地产供应整体呈收缩态势

自2023年4月起，广州市房地产上市面积呈现出下降趋势，如图2所示，从2023年4月的117.3万平方米下降到2024年2月的8.74万平方米，下降约92.5%。2023年10月至2024年2月，房地产上市面积大部分低于20万平方米，尽管在2024年3月有所回升，但仍远低于2023年同期水平。因此，广州市房地产市场的供应端仍面临一定的压力。需要警惕的是，房地产供应的进一步收缩，影响了市场的供需平衡，还可能会导致购房者对市场的信心下降，进一步影响房地产市场的稳定和健康发展。

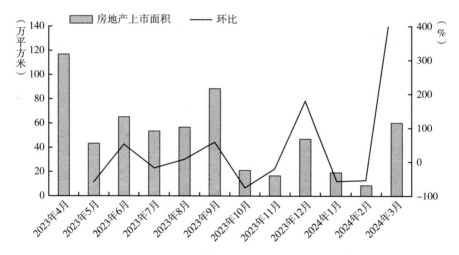

图2　广州市房地产上市面积和环比增速

资料来源：中指云网站，https://www.cih-index.com/。

3. 房地产总体需求不足

2023年3月到2024年3月的数据表明，广州市房地产市场成交面积整体呈现下降趋势（见图3）。2023年3月，成交面积为179.19万平方米，处于近期内成交量的顶峰。随后几个月，成交面积下降，2023 年 4 月下降至 81.88 万平方米，2023 年 7 月和 8 月进一步降至 50.75 万平方米和 50.42 万平方米。然而，2023 年 9 月，市场有所回暖，成交面积上升至 69.77 万平方米，同年 10 月保持在 71.84 万平方米。2023 年 11 月稍有下降，成交面积为 58.5 万平方米，但到 2023 年 12 月，又回升至 66.73 万平方米，显示出市场的部分复苏，这可能与优化调整限购、限贷等政策相关。

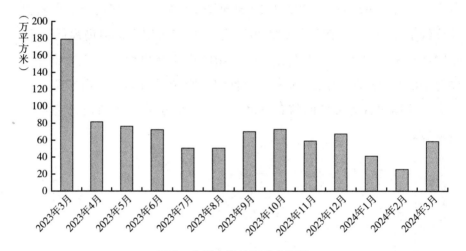

图 3　广州市房地产成交面积

资料来源：中指云网站，https：//www.cih-index.com/。

2024 年，房地产市场成交面积又呈现出新的下滑趋势。2024 年 1 月，成交面积降至 41.56 万平方米，到 2024 年 2 月进一步下降至 25.77 万平方米，达到近一年来的最低点。2024 年 3 月，略有回升，成交面积上升至 58.46 万平方米，但仍然低于前一年同期水平。

总体来看，广州市房地产市场成交面积在 2023 年中呈现出显著的波动性和整体下降的趋势，2024 年 3 月略有回升。房地产总体需求不足，可能受到经济因素、政策调控以及市场信心变化的影响。

4. 商品住宅销售价格环比降幅持续收窄

根据国家统计局发布的关于 70 个大中城市商品住宅销售价格变动的数

据，广州市的商品住宅销售价格指数在环比方面呈现出持续的降幅收窄趋势。特别是在新房方面，进入2023年初，广州市新建商品住宅的销售价格指数呈现短期波动。2023年1~2月，价格指数从99.8上升到100.3，年初房价有所反弹。2023年3~5月，价格指数在100.1到100.2之间波动，房价在此期间相对稳定，仅有微小的变化。从2023年6月开始，价格指数持续下降，从99.9降至2023年12月的99.0，2023年末价格指数比年初下降了0.8个百分点。但进入2024年后，价格指数略有回升，稳定在99.2左右（见图4）。整体来看，从2023年下半年开始，广州市新建商品住宅销售价格指数呈现下滑趋势，一定程度上反映出市场需求减少或者供应过剩情况。而到2024年初，尽管价格指数仍然低于100，房价相较于基准月仍处于下滑状态，但环比降幅总体收窄，叠加各种利好政策，房价指标趋于稳定的大趋势将继续保持。

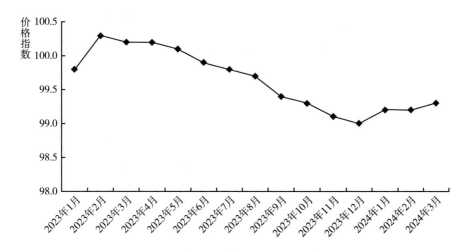

图4 新建商品住宅销售价格指数

资料来源：国家统计局。

二手住宅销售价格指数的走势与新建商品住宅销售价格指数基本一致，2023年1~2月，价格指数从99.8上升到100.5，二手住宅价格有所上升；2023年3~4月，价格指数稳定在100.3左右；2023年5~12月，价格指数整体下降，特别是在 2023 年 7 月和 12 月，下降幅度相对较大，这段时间内，二手住宅价格下降趋势较为明显；2024 年 1~3 月，价格指数有所回升，回升幅度有限，市场仍不稳定（见图 5）。整体而言，二手住宅市场仍然面临着一定的下行压力，底部徘徊的状态尚未解除。

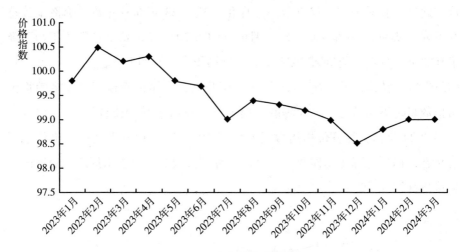

图 5 二手住宅销售价格指数

资料来源：国家统计局。

二 不同房地产政策对广州市房价影响的模拟分析

（一）定量分析模型

利用动态随机一般均衡（DSGE）模型来研究房地产政策调整的动态经济效应是目前学术界、国际机构和政府使用的最前沿、最主流的方法之一。为此，本报告构建包含房地产供需关系和信贷约束的 DSGE 模型来定量分析广州市房地产政策优化对广州经济的影响。

DSGE 模型由家庭部门、一般商品部门、房地产部门和政策部门组成（见图 6）。这个模型包含广州的房地产特征，即房地产开发企业和建筑企业，以及政策部门对房地产供给和需求的调控措施，从而使得模型可以较好地分析广州市房地产政策优化的影响。

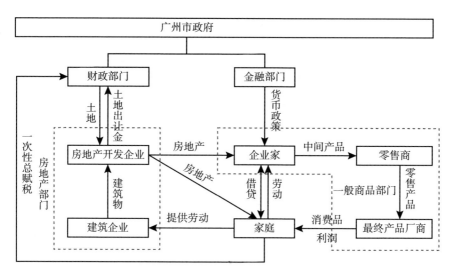

图6　房地产模型传导机制

1. **房地产开发企业**

房地产开发企业在完全竞争的市场上运营。代表性房地产开发企业主要是提供房屋产品和服务H_t，它会购入土地，通过一系列的土地平整和修复形成房地产开发用地，然后购买建筑企业修建的建筑物，最终向房地产市场供给房屋产品和服务。这一过程的生产函数可以表示为：

$$H_t = A_t^h L_t^\alpha S_t^{1-\alpha} \tag{1}$$

其中，H_t表示t期开发的房地产项目，即提供的房屋产品和服务；A_t^h表示房地产开发企业的全要素生产率，遵循一阶自回归过程；L_t表示投入的土地要素；S_t表示投入的建筑物；α表示土地成本份额。

2. **建筑企业**

建筑企业使用从最终产品市场购进的建筑材料K_t^c，并雇用建筑工人来建造房屋，其中建筑工人由耐心家庭的建筑工人$N_t^{c'}$和无耐心家庭的建筑

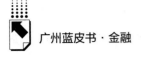

工人$N_t^{c''}$组成，用I_t^c来表示建筑企业建造的房屋，采用柯布-道格拉斯生产函数来表示：

$$I_t^c = A_t^c (K_t^c)^{1-\alpha_c'-\alpha_c''} (N_t^{c'})^{\alpha_c'} (N_t^{c''})^{\alpha_c''} \tag{2}$$

其中，A_t^c表示建筑企业的全要素生产率，其演化遵循一阶自回归过程。α_c'和α_c''分别表示耐心家庭建筑工人和无耐心家庭建筑工人的收入份额。建筑物会折旧，折旧率为δ^c，建筑物存量的演化方程为：

$$S_{t+1} = I_t^c + (1-\delta^c)S_t \tag{3}$$

3. 企业家

企业家提供资本K_t，雇用耐心家庭的劳动$N_t^{w'}$和无耐心家庭的劳动$N_t^{w''}$，投入房屋产品和服务h_{t-1}^w来生产中间产品$Y_{w,t}$，假设其生产技术是规模报酬不变的，生产函数为：

$$Y_{w,t} = A_t K_t^\mu (h_{t-1}^w)^\nu (N_t^{w'})^{\alpha_w(1-\mu-\nu)} (N_t^{w''})^{(1-\alpha_w)(1-\mu-\nu)} \tag{4}$$

其中，A_t为中间产品的全要素生产率，遵循一阶自回归过程，μ表示资本收入份额，ν表示房屋财富份额，α_w表示耐心家庭劳动与无耐心家庭劳动之间的替代弹性。

企业家通过借款平滑其消费，借款融资以房屋产品和服务的预期价值作抵押，即抵押约束为：

$$R_t b_t^w \leq m E_t q_{t+1} h_t^w \pi_{t+1} \tag{5}$$

其中，$q_{t+1} h_t^w$表示企业家持有房地产的预期价值，它是企业家当前借款的抵押品；m是抵押率，也被称为"贷款价值比"，$m \in (0,1)$。企业家的抵押约束表明，当期的实际借款额不能超过房地产未来价值的贴现值。如果企业家违约，债权人能得到$(1-m)q_{t+1}h_t^w$的补偿。因此，企业家最多只能借到$m E_t q_{t+1} h_t^w \pi_{t+1}/R_t$。$m$越大，融资约束越松。其他经济主体的方程与标准的 DSGE 模型一致。

根据中国社会发展和广州市经济数据校准模型的结构参数，基于 2011~

2023 年广州市地区生产总值季度数据和广州市商品住宅销售价格指数月度数据，利用国际前沿的贝叶斯估计技术来估计模型的冲击系数和方差，进而用模型的理论数据来拟合广州市地区生产总值和房价指数，最终定量分析广州市房地产政策优化对房地产市场的影响。在模型参数给定的情况下，利用 Matlab 和 Dynare 软件平台计算首付比例变动、信贷政策调整等情形下的房地产相关变量的稳态水平和脉冲响应。DSGE 模型的房价指数与广州市房价指数的拟合程度见图 7。

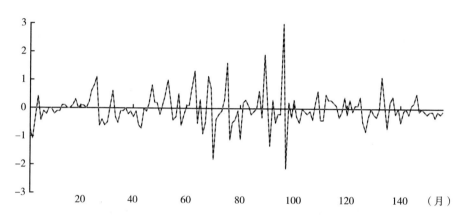

图 7 DSGE 模型的房价指数（虚线）与广州市房价指数（灰色实线）的拟合程度

（二）首付比例为30%时，各宏观因素对广州市房价作用效果

表 2 展示了在当前广州市房地产市场中，将贷款首付比例设定为 30%时，各宏观因素对广州市房价波动的影响程度。根据五种主要宏观因素对广州房价波动影响的对比结果可知，房地产部门和建筑部门的供给因素对广州房价波动的影响相对较为微弱，贡献率分别为 0.04% 和 0.03%。数据表明，尽管房地产部门和建筑部门是房地产市场的重要组成部分，但这两个部门的直接供给变动对广州市房价总体波动的直接影响较为有限。

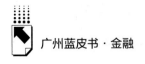

表2　广州市宏观因素冲击的非条件方差分解结果

单位：%

变量	首付比例为30%
信贷政策冲击	52.41
房地产需求冲击	34.49
技术冲击	13.04
房地产部门供给冲击	0.04
建筑部门供给冲击	0.03

技术冲击作为宏观经济的一种供给因素，在推动房地产市场发展方面发挥着重要作用。结果显示，技术冲击对广州市房价波动产生了较为显著的影响，贡献率达到了13.04%。这种影响可能源自技术创新和效率提升导致房地产项目建设成本变化和经济增长速度调整，从而在一定程度上影响了房价的波动。

信贷政策冲击对广州市房价波动的影响效应最大，高达52.41%，反映出信贷政策在调控房地产市场、稳定房价方面的重要作用。信贷条件的放松或收紧可能直接影响购房者的购房能力和意愿，进而对房价产生显著影响。

房地产需求因素，如投资者预期、居民购买力等，对房价波动的影响较大，影响效应为34.49%。当购房需求增加时，房价往往随之上涨，尤其是在供应不足的情形下；反之，当购房需求减少时，房价则可能面临下行压力。

综上所述，广州市房地产市场房价波动受到多种宏观因素的影响，各宏观因素对房价波动的影响程度呈现出明显的差异。其中，信贷政策冲击和房地产需求冲击影响最为显著，而房地产部门和建筑部门的供给冲击以及技术冲击的影响则相对较小。

图8呈现了各种宏观因素对广州2011～2023年月度房价指数波动的贡献率分解。纵轴表示广州房价指数每月的实际波动幅度，横轴表示2011～2023年共156个月的时间跨度。从图8中可以明显看出，长期以来，货币当局实施的信贷政策对广州房价波动的影响最大，信贷政策的松紧直接影响

购房者的资金成本和购买能力，以及投资者的决策，因此其变动往往能够迅速反映到房价上，成为影响房价波动的关键因素。

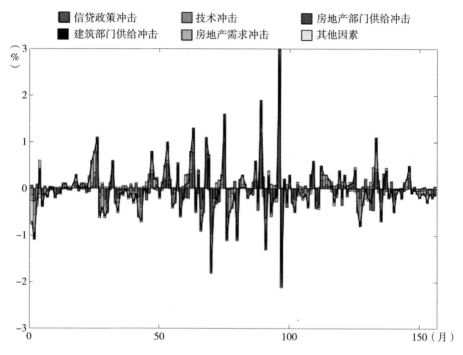

图8　广州市宏观因素冲击的长期方差分解结果

　　除信贷政策之外，技术因素和房地产需求因素也在不同时期成为影响广州房价波动的次要因素。技术因素通过影响房地产项目的建设成本和质量，间接作用于房价；而房地产需求因素则涵盖人口增长、家庭收入的变化以及消费者信息等方面，直接反映了市场的购房意愿和能力，从而能引发房价波动。

　　从分析结果来看，除了货币当局的信贷政策外，房地产需求因素在当前对广州市房价有着越来越重要的影响。主要原因在于，随着经济的发展、人口结构的变化以及居民消费行为的转变，购房需求呈现出多样化的特点，特别是在一些热门区域和优质楼盘中，需求旺盛往往能够推动房价的上涨。

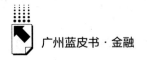

（三）广州市房地产政策优化的不同情形下，房地产政策模拟仿真分析

根据分析可知，房地产信贷政策和需求因素是影响广州市房地产市场最重要的两类因素。因此，下面对广州市房地产政策的不同优化调整情形进行模拟仿真分析。

1. 情形一：房贷基准利率下调25个基点

如果广州市实行更为宽松的房贷政策，例如在当前房贷基准利率的基础上下调 25 个基点，广州市的房地产市场会发生如图 9 所示的变化。图 9 中实线表示当前正在执行的房贷基准利率，虚线表示在当前基准水平上进行 25 个基点下调后的房贷利率。

从图 9 中可以明显看出，房贷基准利率下调 25 个基点后，广州市房价立即回升 4% 左右。房价的快速反弹主要是由于房贷利率下调直接降低了购房者的贷款成本，减轻了购房负担，刺激了一部分潜在购房者的购房需求，吸引原本观望的购房者入市，提高了房地产市场活跃度。

房地产行业的供给量可能因利润下调而略有下降，但需求侧的变化更为显著。在需求侧中，一般家庭和企业对房地产的需求量均呈现增长趋势，分别提升 11% 和 5%，低利率吸引更多的家庭和企业进入市场。然而，富裕家庭的房地产需求量出现 16% 的下降，可能的原因在于其对投资回报率更为敏感，低利率环境中资金的其他投资渠道可能更有吸引力。尽管富裕家庭的需求有所下降，但由于一般家庭和企业的房地产需求量占比较大，为一般家庭和企业提供更为优惠的贷款条件，提升了其购房积极性，因此宽松的房贷政策有效刺激了整体房地产市场需求。随着市场需求增加，开发企业可能会开发新的房地产项目，逐渐增加供给，从而平衡供需关系，促进房地产市场平稳健康发展。

2. 情形二：降低普通住宅首付比例，从现有的30%下调至20%

如果广州市普通住宅首付比例下调至 20%，广州市房地产市场的变化如图 10 所示。从图 10 中可以看出，房贷利率下调相同的幅度时，相较于首付比例为三成，首付比例为两成对房价的企稳回升效果更大。这表明较

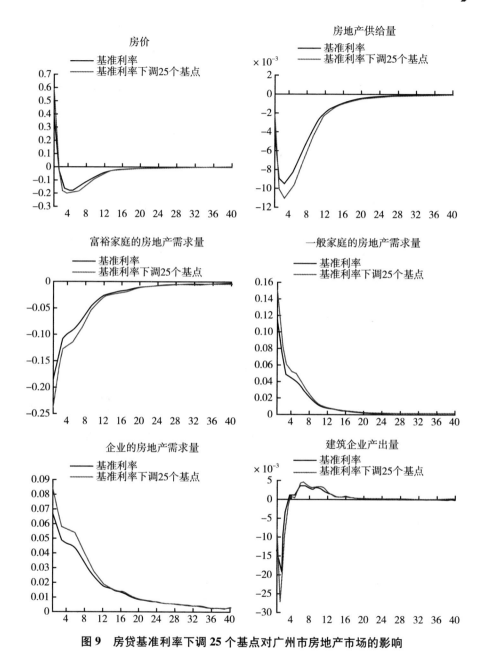

图 9　房贷基准利率下调 25 个基点对广州市房地产市场的影响

低的首付要求降低了买房门槛，在一定程度上刺激了买房需求，提高了购房者的购买意愿和能力，从而推动了房价的回升。

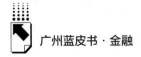
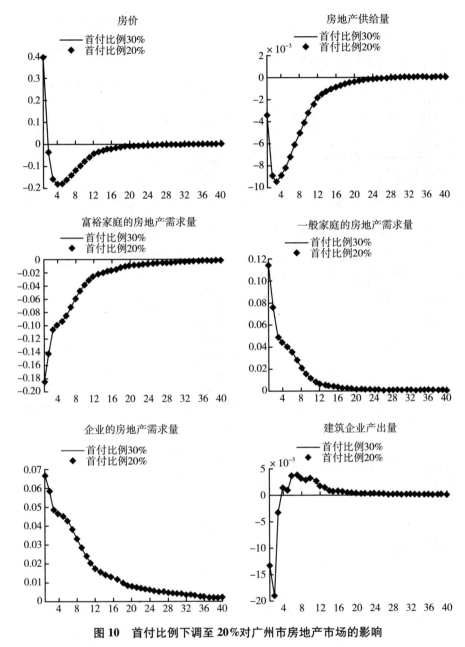

图10 首付比例下调至20%对广州市房地产市场的影响

在首付比例为两成的情形下，房地产供给侧的下调幅度相对较小。可能是因为市场预期的改善和需求的增加促使开发商更积极地投入市场。尽管富裕家庭对房地产的需求量有所降低，但一般家庭的房地产需求量却显著提升，主要是由于更低的首付比例使得更多中低收入家庭有能力进入房地产市场。

3. 情形三：其他房地产需求刺激政策

如果广州市未来实施一系列的房地产需求刺激政策，如提升社会预期等，模型的模拟仿真结果显示，广州市的房价会企稳回升 30% 左右。同时，房地产部门的供给预计增加 2% 左右，建筑部门的产出可能会提升 7% 左右（见图 11）。这种增长不仅反映了市场对房价上涨预期的响应，也显示了建筑行业对市场需求增加的积极反应。

虽然富裕家庭和企业对房地产的需求量有所减少，但由于一般家庭对房地产的需求量大幅提升，整体房地产需求得到了显著改善。因此，调整信贷政策、首付比例、房地产需求政策，可以有效激活房地产市场的消费需求，促进市场的整体稳定和健康发展。

三　广州市优化房地产政策的建议

根据上文的分析，广州市政府在制定宏观政策调控房地产市场时，宜综合考虑更加宽松的信贷政策、降低首付比例、房地产需求刺激政策等政策组合的效果，因时制宜地实施宏观政策，从而使政策效果达到最优。因此，基于已有的房地产调控政策，广州市还可以从以下五方面来优化房地产政策。

（一）促进租购并举

加大对住房租赁市场的支持力度，鼓励开发商和房地产企业积极转向租赁型房地产开发，增加租赁房源的供应量，满足不同收入层次的居住需求。具体措施包括以下几个。一是提供租赁补贴。政府可以通过设立专项资金，对符合条件的房东提供租金补贴，降低租金成本，活跃租赁市场。二是加大公共租赁住房的建设力度。增加公租房的供应量，优化公租房的分配机制，

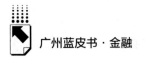

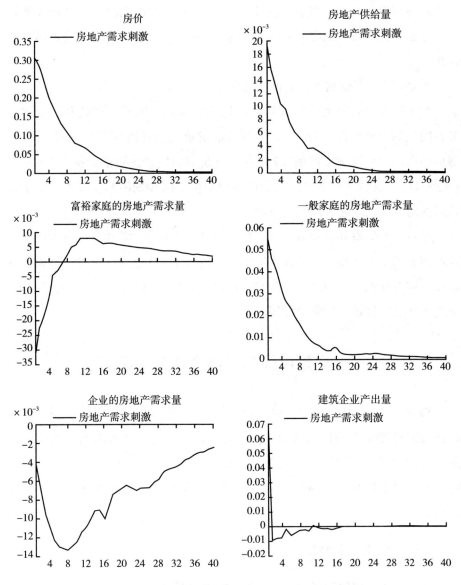

图11 房地产需求刺激对广州市房地产市场的影响

确保低收入家庭能够公平地获得廉租房源，满足其基本居住需求。三是保租房筹建方式多元化。如企事业单位可以利用自有闲置土地进行建设，同时，产业园区内的配套用地、非居住用途的存量土地也可用于建设等，将盘活存量作为筹建的主要方式。四是鼓励企业租房。鼓励企事业单位和高校积极为员工提供租房补贴或提供廉租房源，解决人才住房问题。

（二）加强土地供应管理

优化土地供应机制，提高土地供应的效率和质量，保障房地产市场可持续发展。具体措施包括以下几个方面。一是定期发布土地供应计划。制定明确的年度供地计划，提前公布土地供应信息，提高土地市场透明度，稳定市场预期。二是鼓励土地整合利用。通过土地置换、土地整理等方式提高土地利用效率，减少资源浪费，提高建设效率，增加土地供应量。三是探索引入多元化供地方式，如土地托管、土地流转等，拓展土地供应渠道，丰富土地供应来源，激活存量土地资源。此外，还可优化土地竞拍规则、优化规划审批管理流程等。

（三）优化购房政策

调整优化购房政策，提高购房者的购房能力和购房便利性。具体措施包括以下几个方面。一是调整限购政策。根据市场需求和房价情况，适时调整限购政策的实施标准和范围，保持限购政策的针对性和有效性，维护房地产市场的稳定。二是完善购房补贴政策。特别是针对低收入家庭和首次购房者，可以通过提供直接补贴或贷款补贴等方式，降低其购房压力，鼓励其购买住房。此外，还可以简化购房流程，缩短办理时间。

（四）加强市场监管

加大对房地产市场的监管力度，严厉打击违规行为，维护市场秩序和公平竞争环境。具体措施包括以下几个方面。一是建立健全市场监管体系。加大对房地产开发企业、中介机构和交易行为的监管力度，防止市场操纵和不公平交易。二是加强房地产市场信息公开。及时发布市场动态和政策变化，提高市场透明度，减少信息不对称现象。三是严厉打击违规行为。加大对价格虚高、捂盘惜售、违规销售等违法违规行为的打击力度。加大执法力度，提高违法成本，确保市场健康发展。

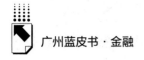

（五）推动房地产业转型升级

鼓励房地产企业加强科技创新，推动房地产业转型升级。具体措施包括以下几个方面。一是政策扶持创新型企业。通过财政奖补、税收优惠等方式，鼓励企业进行技术创新和产业升级，推动房地产业向更高质量、更可持续的方向发展。二是鼓励绿色建筑和智能建筑发展。通过推广节能减排技术、应用智能化管理系统等方式，提高建筑能源利用率和环境友好性，推动房地产业绿色转型。

参考文献

陈昆亭、龚六堂：《粘滞价格模型以及对中国经济的数值模拟——对基本 RBC 模型的改进》，《数量经济技术经济研究》2006 年第 8 期。

方意、张瀚文、荆中博：《"双支柱"框架下中国式宏观审慎政策有效性评估》，《经济学》（季刊）2022 年第 5 期。

华昱：《预期冲击、房地产部门波动与货币政策》，《当代经济科学》2018 年第 2 期。

黄飞鸣、晏文真：《货币政策不确定性会影响商业银行资产证券化吗》，《当代财经》2023 年第 9 期。

B.5
广州打造国内领先的普惠金融强市研究

罗炜琳　刘松涛*

摘　要：　普惠金融是中国特色现代金融体系的重要有机组成部分，在弥合城乡区域差距与居民贫富分化等领域大有可为。近年来，广州富有岭南特色、凸显广州特点的普惠金融发展成效明显，多层次广覆盖的普惠金融体系基本成形，普惠金融产品和服务不断丰富，普惠金融政策支持高效发力，金融消费者权益保护力度明显加大，但也面临支持微型企业和个体经营者力度有待加强、民生领域金融服务广度深度有待拓展、"三农"领域金融服务仍不完善、普惠金融风险防范仍需加强的短板。展望未来，建议广州优化普惠金融服务支持中小微企业发展，践行金融为民初心提高民生领域金融服务水平，加大"三农"领域金融支持助推"百千万工程"建设，做好新市民金融服务助力新市民融入城市，坚持守正创新筑牢金融创新风险防范堤坝，打造国内领先的普惠金融强市，为广州继续走在高质量发展前列提供强有力的普惠金融支撑。

关键词：　普惠金融强市　中小微企业　"三农"　广州

2023年10月召开的中央金融工作会议首次提出加快建设金融强国，明确要求做好普惠金融大文章，为金融更好地服务高质量发展指明方向。普惠金融是中国特色现代金融体系的重要有机组成部分，集中体现了我国社会主义金融事业以人民为中心的价值取向。广州长期高度重视普惠金融工作，通

---

* 罗炜琳，金融学硕士，中国人民银行龙岩市分行中级经济师，研究方向为普惠金融；刘松涛，管理学博士，广州市社会科学院财政金融研究所助理研究员，研究方向为普惠金融。

过建立普惠贷款风险补偿机制、构建政府性融资担保体系等方式,大力发展普惠金融,逐步探索出一条富有岭南特色、凸显广州特点的普惠金融发展之路。展望未来,广州应逐步破解普惠金融发展过程中面临的短板和挑战,以更优服务、更好产品、更低成本、更高效率推动普惠金融高质量发展,打造国内领先的普惠金融强市,为做好普惠金融大文章贡献更多广州力量。

一 当前国内普惠金融发展趋势与面临挑战

(一)发展趋势

1. 金融服务量扩价降,有力支撑重点领域

近年来,在监管部门和商业银行、证券机构、保险公司等各市场主体的共同推动下,我国普惠金融发展取得积极成效,金融服务覆盖面、可得性、满意度不断提升,金融服务价格持续下降,普惠金融在支持经济社会发展、助力打赢脱贫攻坚战、补齐民生领域短板等重点领域发挥了积极作用。国家金融监督管理总局发布的数据显示,截至2023年末,我国普惠型小微企业贷款余额超过29万亿元,同比增长23%,增速连续三年超过20%,贷款利率也持续下降。全年新发放普惠型小微企业贷款平均利率为4.78%,处于历史相对低位,利率降幅大于企业贷款利率整体降幅。同时,保险机构持续扩大营业中断险等业务覆盖面,创新推出普惠性质的商业养老险和商业医疗险,持续发挥保险业务风险缓释作用。证券、债券、期货和基金对"三农"、小微的支持力度也不断加大。

2. 金融可得性持续提升,长尾客群获益明显

受经营导向影响与科技手段制约,传统正规金融更倾向于"锦上添花",较难做到"雪中送炭",典型表现即金融资源主要集中于国有企业、大中型企业、高净值客群等传统优质客户,而小微企业、民营企业、个体工商户、农村居民、新市民等长尾客群较难接触正规金融服务,往往只能转而以较高的成本去获取非正规金融服务,金融资源在不同客群之间分配高度不

均，金融"活水"未能润泽市场上数量众多的长尾客群。普惠金融的出现有力改变了这一局面，显著提升了前述提及的长尾客群的金融可得性。在经营理念和业务技术上，普惠金融通过践行以广覆盖和低价格为核心的普惠经营导向，充分运用金融科技创新产品服务、简化业务流程、提高风控能力，较好地解决了传统金融在服务小微客户时面临的成本高、效率低、覆盖面窄的问题，为长期处于金融资源获取边缘的长尾客群获得金融服务提供了更大可能。

3. 金融与科技深度融合，产品服务更加高效

在信息革命深度演进的大环境下，普惠金融与信息技术的融合日益紧密，数字普惠金融应运而生。数字普惠金融泛指依托信息科技的普惠金融产品和服务。传统普惠金融产品和服务通过与大数据、人工智能、物联网等信息科技的融合，实现了普惠金融数字化，数字普惠金融在不断迭代中取得了飞速发展，移动支付、手机银行、线上贷款等涵盖支付、账户管理、信贷的数字普惠金融业务市场占有率不断提升。从用户体验与服务精准度上看，数字普惠金融提供"7×24 小时"全天候快速响应以及定制化精准服务，相较于传统普惠金融优势明显，已被广泛应用于消费金融、产业金融、供应链金融等诸多细分金融业务领域，让更多客户，特别是农村居民、小微企业等金融边缘群体得以实现更加便捷高效的生产生活，同时也提升了市场活力，促进了经济社会发展。

（二）面临挑战

普惠金融在客户触达、业务模式、风险管理、技术运用等环节虽同传统金融存在一定差异，但归根结底，普惠金融仍然属于金融服务。因此，金融服务所蕴含的风险，在普惠金融身上同样也存在。与此同时，尽管数字技术的出现在一定程度上有助于化解传统金融面临的某些风险，如信息不对称与道德风险等，但还有不少金融风险并不会因数字技术的融合而完全消解，而且伴随着传统普惠金融产品和服务数字化程度逐步提升，各类过去未出现的新风险形态也在逐步暴露。例如，伴随着信息科技与传统普惠金融产品和服

务融合程度的日益加深，金融与科技这两个原本风险关联性较低的领域不可避免地出现日益复杂的风险交织，风险的跨领域、跨行业传播更为频繁且更加迅速，金融风险的隐蔽性和危害性也会有所增强，传统风险防控措施的有效性可能会下降。同时，不容忽视的是，数字普惠金融的广覆盖也意味着其具有典型的"涉众性"特点，风险所影响的客户数目庞大，这导致风险可能从经济金融领域蔓延至社会领域，影响社会秩序稳定。此外，同数字普惠金融相关的监管风险、数据安全风险、技术应用风险、"数字鸿沟"风险等也值得高度警惕。

二 广州普惠金融发展成效与短板

（一）广州普惠金融发展成效

1. 多层次广覆盖的普惠金融体系基本成形

广州积极深化普惠金融领域体制机制改革，优化金融机构、产品和市场体系，加强政策协同保障，补齐基础设施和制度短板，提升人民群众金融服务获得感，推动普惠金融在服务实体经济、助力高质量发展等方面发挥积极作用。一是推动银行发挥普惠金融主体作用。鼓励开发性政策性银行驻广州分支机构在普惠金融领域加强与其他银行业金融机构合作，利用开发性贷款、专项贷款等政策性金融工具，进一步发挥其对小微企业和涉农企业的支持作用。支持大中型银行驻广州分支机构继续推进普惠金融专营机制建设，设立普惠金融事业部或专职开展普惠金融业务的部门及中心的，鼓励其在单列信贷计划、授信尽职免责、内部考核激励、内部资金优惠等方面对普惠金融重点领域服务实施差异化激励。引导广州农商银行、广州银行等地方法人金融机构聚焦主责主业，回归服务实体经济本源，根据自身定位提供便捷易得的普惠金融服务。支持在穗商业银行优化农村地区布局，扩大农村地区服务网点覆盖面。二是鼓励多层次资本市场提供普惠金融服务。加强对小微企业的培育辅导，引导小微企业聚焦主业，健全财务制度，守法诚信经营，提升信用水平，支持其利用境内外多层次资本市场加快发展，鼓励创新型、成长型小微企业到全国股份转让系统（新三板）、广东股权交易中心挂牌。加大上市资源培育力度，筛选优质小微企业列入拟上市挂牌企业库，搭建风险投资机构与入库企业对接平台，引导证券期货经营机构服务中小企业。三是发挥保险公司普惠金融保障功能。引导保险公司探索建立普惠金融专营机制，完善普惠保险业务管理制度。进一步完善"政府+银行+保险"模式，按照权责均衡、互利共赢的原则，构建合理的风险共担和利益分配机制，扩大政策性小额贷款保证保险覆盖面，降低小微企业融资成本。推动将三农、科技、绿色等更多领域的财政补贴逐步转化为保险保费补贴，实现"以保代补"，支持企业发展。

2. 普惠金融产品和服务不断丰富

商业银行是普惠金融主力军，在推动普惠金融发展中扮演着"中流砥柱"的角色。广州辖内商业银行深入践行普惠金融政策，除了加强普惠金融"五个专门"机制建设以外，还通过多种方式聚焦普惠金融，在数字普惠金融、农村普惠金融等方面进行积极探索。一方面，通过精准发力，推动普惠金融与区域发展"同频共振"。广州辖内金融机构重点瞄准小微企业、个体工商户、农村居民、新市民、低收入居民等长尾客群，结合广州经济发展重点以及长尾客群的就业创业、日常生活、养老教育等需求，动态优化授信门槛、授信额度、利率水平等相关政策，并配合白名单客户管理、专项授信额度支持、绿色通道办理等措施，全力实现普惠金融政策效应最大化，有力实现了对"百千万工程"、乡村振兴、民营企业、绿色金融等重点领域的金融支持，确保了普惠金融"活水"直达真正有需要的领域，有力地支持了广州地方经济发展。另一方面，打通线上线下，以科技手段推动普惠金融高质量发展。广州辖内金融机构强化数字引领、数据赋能，做活线上、做专线下，精准滴灌金融"活水"，构建专业化、多元化、智慧化普惠服务体系，形成"抵押+担保+信用"智慧风控体系，推动普惠金融产品和服务"小额化、标准化、零售化"，普惠金融发展驶入"快车道"。

3. 普惠金融政策支持高效发力

广州持续发挥政策导向作用，精准导流金融"活水"灌溉重点领域和薄弱环节，加快补齐小微企业、民营经济、"三农"等金融服务短板，全面提升普惠金融政策精准度和有效性，推动更多金融"活水"流向小微、民营、"三农"等薄弱环节，促进中小微企业融资增量、扩面。一是进一步完善普惠金融风险补偿机制、市场化转贷机制及政府性融资担保体系，深化政府性融资担保体系建设，完善绩效评价机制，强化正向激励，完善涉农贷款、小微企业贷款风险补偿机制，促进形成成本可负担、商业可持续的普惠金融长效发展机制。二是持续加大对"粤信融""信易贷""中小融"等线上融资对接平台支持力度，围绕"数据挖掘信用""信用赋能金融""金融普惠大众"的思路，全面整合企业信用信息，深度挖掘数据价值，准确刻画小微企业信用状况，以此助力中小微企业贷款发放，推动融资成本下行和"首贷率"提升。三是依托中征应收账款融资服务平台等国家金融基础设施，加强对政府采购信息的挖掘应用，推进政府采购合同融资产品创新，促进线上应收账款融资和"政采贷"业务开展，降低融资利率，有效满足供应商个性化金融服务需求，为广大中小微企业提供更优惠更便利的融资服务。

4.金融消费者权益保护力度明显加大

广州是我国金融消费最活跃的地区之一，金融业务形态多元多样，消费者金融行为也在深度重塑。广州金融监管部门深入践行金融为民初心，持续完善金融消费者权益保护机制，不断加大金融消费者权益保护力度。一是跨部门协作提升保护效力，重点完善金融消费者权益保护协作机制。由中国人民银行广东省分行牵头，联合广州市地方金融管理局、法院等部门，整合金融消费者权益保护功能，建立起一套较为完善的跨部门金融消费者权益保护协作机制。二是重视"软监管"和"硬监管"的结合，逐步构建起一套"软硬结合"的金融监管体系。除常见的投诉率等金融消保指标考核等"硬监管"措施之外，还通过建立差异化的金融消保评估机制等"软监管"手段，发挥对金融机构的柔性监管和行为引导作用，"双管齐下"增强监管效能。三是推动金融纠纷多元化解机制高效运作。建设一站式金融纠纷化解机制，大力使用数字化调解手段，全面提升金融消费纠纷调解效率。四是提升人民群众金融素养和风险防范意识。深入开展"'3·15'金融消费者权益日""金融知识进校园、进厂区、进社区"等形式多样的金融消保宣传活动，重点关注"一老一少"群体，构建金融素养提升和金融健康守护长效机制。

（二）广州普惠金融发展短板

1. 普惠金融支持微型企业和个体经营者力度有待加强

微型企业和个体经营者是经济体系的毛细血管，提供了大量就业岗位，是经济体系最基础也最不可或缺的部分。同时，微型企业和个体经营者也是内生发展动力较小、抗风险能力较弱的市场主体，金融支持有助于其做大做强，增强抵御风险的能力。当前，普惠金融对广州微型企业和个体经营者的支持力度不足。以广州制衣业为例，广州作为全国最大的制衣基地，拥有规模庞大的与制衣产业相关的微型企业和个体经营者，相当数量的以城中村家庭小作坊为代表的个体经营户没有进行工商注册登记，这部分没有进行工商注册登记的个体经营户难以从正规金融机构获取金融资源。

2. 民生领域金融服务广度深度有待拓展

新市民是一座城市的新生血液，也是推动城市发展的重要力量。新市民在融入新城市之初不可避免地面临一些生活工作上的困难，金融支持在改善新市民"衣食住行"方面发挥着重要作用，能够帮助其住有所居、业有所成。当前，普惠金融对广州新市民的支持力度不足。广州作为超大城市，对求学、就业和创业人员的吸引力突出，新市民流入量长期位居全国前列。但从现实情况来看，大量新市民由于初到广州，尚未能留下一定数量的、能够体现其资信且被金融机构获取的"数字足迹"，加之更是缺乏符合金融机构要求的合规抵押物和担保人，使得其无法进入金融机构的信用评级系统，难以获取包括信用卡、消费贷等在内的小微信贷服务。此外，由于新市民金融服务需求呈现"小而散"的特点，金融机构或受限于技术手段，或被成本收益制约，往往难以有效满足大量新市民"小而散"的金融服务需求。

3. "三农"领域金融服务仍不完善

农业农村现代化事关弥合城乡发展差距、推动区域协调发展与实现高质量发展全局。农业农村现代化涉及多个领域，需要信贷资金支持，金融"活水"在推动农业农村现代化过程中发挥着重要作用。当前，普惠金融对广州"三农"领域的支持力度不足。广州虽是一线城市，但内部城乡区域的经济发展水平差异较大，城乡居民的贫富差距也较为明显，区域分化和收入分化现象突出。一方面，普惠金融支持广州农业现代化水平提升力度有待增强。广州农业仍面临优质、多样、特色的农产品生产尚不能满足市场消费需求，农业产业链短，科技创新转化能力不强，农业经营主体发展存在不平衡、不充分等问题，普惠金融在支持特色农产品生产流通、农业产业链延链补链强链、农业技术攻关等方面的力度仍有待加强。另一方面，普惠金融支持广州乡村建设力度有待增强。当前广州城乡基础设施和公共服务差距依然较大，农村整体面貌与建设粤港澳大湾区、打造世界级城市群的战略要求不相适应。在高质量发展背景下，广州加快乡村建设的要求更加迫切，普惠金融在农村供水、供电、供气、交通、网络等基础设施建设以及农村污染治理、乡村自然资源转化等方面的支持力度仍有待加强。

4. 普惠金融风险防范仍需加强

数字技术与普惠金融的融合诞生了新的风险形态，这为金融风险防控带来了全新的挑战。广州在推动普惠金融发展过程中，需要提高对数字普惠金融风险的警惕程度并做好相应防范。一是金融风险不可疏忽。尽管数字普惠金融的出现显著提高了传统普惠金融体系运行效率，有力提升了长尾客群的金融可得性，显著促进了经济社会发展，但不容忽视的是，数字普惠金融的本质仍旧是金融，其与生俱来的金融属性意味着金融风险依然存在。二是技术风险需要警惕。与传统金融相比，数字普惠金融最典型的特点就在于融合了信息技术，这意味着数字普惠金融高度依赖信息科技。但对于数量众多的中小金融机构而言，往往面临科技实力难以支撑和满足数字普惠金融发展需要的处境，由此产生的技术风险需要警惕。三是信息使用风险值得关注。通过集成金融消费者的个人信息、日常生产生活等海量数据，数字普惠金融实现了金融产品和服务个性化定制，但由此带来的客户信息使用以及隐私保护问题也日益受到关注，金融机构应如何在法律法规许可的范围内收集和使用客户信息，并做好客户隐私保护，值得监管部门关注。四是普惠金融乱象需要严打。近年来，在金融强监管政策下，金融乱象得到有力遏制，但伴随着数字普惠金融发展，打着数字普惠金融旗号的非法金融行为屡禁不止，这些非法金融行为往往瞄准金融素养较低的低收入人群、老年人，既给群众带来了财产损失，也扰乱了金融市场秩序，需要保持打击高压态势。

三　广州打造国内领先的普惠金融强市对策建议

（一）优化普惠金融服务，支持中小微企业发展

持续推动稳经济一揽子政策措施有效落地实施，用好普惠小微贷款支持工具、再贷款再贴现等政策，引导金融资源更多配置到普惠领域，推动降低小微企业融资成本。不断提升金融机构服务小微企业能力，建立健全敢贷愿贷能贷会贷长效机制，合理稳定普惠小微贷款存量，扩大增量，提升信用贷款和首贷户比重。强化对产业链供应链的金融支持，助力稳链保链强链，支持供应链小微企业通过中征应收账款融资服务平台、动产融资统一登记公示系统有效开展融资。加强金融纾困政策与财税、产业等政策的协调联动，鼓励结合实际分类解决不同行业、不同领域的小微企业面临的实际困难，支持因地制宜开展走访和融资对接，提供差异化、多元化的金融服务。

（二）践行金融为民初心，提高民生领域金融服务水平

用心用情做好民生领域金融服务，推动金融服务进一步下沉，综合运用线上线下全渠道优势，持续拓宽基础金融服务覆盖面，为新市民、银发族等重点客群提供与其风险程度和承受能力相匹配的普惠金融产品和服务，帮助更多的弱势群众获取正规金融服务。加快完善老年人金融服务体系，依据老年人日常消费、医疗保健、子女照料等需求，积极推进金融产品、触达渠道、服务流程等的适老化改造，合理提升老年人金融参与度，注重弥合"数字鸿沟"。持续增强对新市民、城镇低收入人群的金融服务，推动新市

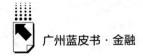

民金融服务落实落细，提升其对金融产品和服务的认知能力和使用效能，增强普惠信贷可得性，发展普惠型人身保险，开展普惠型财富管理服务，更好满足居民在衣食住行领域的金融需求。

（三）加强"三农"领域金融支持，助推"百千万工程"建设

聚焦"百县千镇万村高质量发展工程"目标任务，以普惠金融"户户通"为主要抓手，结合各区产业发展规划，突出重点领域和主攻方向，全方位赋能"百千万工程"，推动城乡区域协调发展。聚焦"城镇化"，助力农村更美，支持乡村生态环境提升、乡村产业升级、乡村公共服务优化项目。聚焦"产业化"，助力农业更强，支持以传统工商业为主向一二三产业协同发展转变，加强与农业龙头企业、农民专业合作社、家庭农场等新型农业经营主体的合作，支持农业全产业链发展。聚焦"市民化"，助力农民更富，支持农民创业致富，进城买房，满足农民金融资产保值增值需求。聚焦"特色化"，助力山区发展更快，加强基础设施补短板、山海协作飞地、优势资源转化等领域金融服务，推进"绿水青山"向"金山银山"转化，创新金融产品和服务，把信贷资源优先投向乡村振兴和实体经济领域，引导金融"活水"下沉村镇，促进城乡区域协调发展、厚植绿美广东，为乡村振兴提供更多更有力的金融支撑。

（四）做好新市民金融服务，助力新市民融入城市

聚焦广州规模庞大的新市民群体，引导国有银行、股份制银行、地方银行、中小商业银行、保险公司以及金融科技企业深入挖掘新市民在工作、住房、教育等方面的金融需求，通过在城市社区设立"金融综合服务体"、在乡村社区设立"金融服务站"等形式，打造"普惠金融+社区金融+生活体验"生态圈，根据社区居民家庭经济状况、个人收入情况、投资偏好和消费能力，为其提供储蓄、融资信贷、投资理财、人寿与财产保险、保管箱、税务汇兑和咨询等金融服务，确保社区居民有机会积累个人和家庭财富。同时，推进社区领域内的在线教育、数字图书馆、智慧医疗等公共服务资源普

及应用，提供日常生活缴费、网上购物、支付结算、征信查询等服务，为社区低收入群众、老年人、残障人士等重点客群提升生活便利度创造条件，为千家万户提供"接地气、暖人心、一家亲"的社区金融服务，构建"数字普惠金融+衣食住行基本公共服务"服务圈，提升新市民获得感和幸福感。

（五）坚持守正创新，筑牢金融创新风险防范堤坝

在推进普惠金融发展过程中，要重视优化金融监管体制机制，强化防范化解金融风险能力。通过持续深化金融监管改革，把握好推进普惠金融发展和防范化解金融风险的动态平衡，持续提升普惠金融从业人员的职业操守，重点防范化解中小银行风险，健全金融风险预防、预警、处置、问责体系，坚决守住不发生系统性金融风险的底线。强化金融消费者教育和保护，全方位提升消费者风险意识、诚信意识、法治意识，严肃查处侵害金融消费者权益的违法违规行为，切实保护金融消费者长远利益和根本利益。

参考文献

黄益平、黄卓：《中国的数字金融发展：现在与未来》，《经济学》（季刊）2018年第4期。

焦瑾璞：《我国普惠金融现状及未来发展》，《金融电子化》2014年第11期。

陆岷峰、徐博欢：《普惠金融：发展现状、风险特征与管理研究》，《当代经济管理》2019年第3期。

盛守一：《中国普惠金融监管博弈与监管效应研究》，博士学位论文，吉林大学，2023。

姚勤：《数字普惠金融对实体经济发展的影响研究》，硕士学位论文，兰州财经大学，2023。

Dev, S. M., "Financial Inclusion: Issues and Challenges," *Economic and Political Weekly* (2006): 4310-4313.

Ozili, P. K., "Financial Inclusion Research Around the World: A Review," *Forum for Social Economics* 50 (2021): 451-479.

B.6

广州民间金融街的前世今生[*]

——历史脉络与文化特征

杨永炎^{**}

摘　要： 广州民间金融街历史悠久，独具成行成市、功能互补、独立团结的岭南特色，历经数百年变迁，在历史长河中孕育出的金融文化，滋养着本地金融土壤，为民间金融稳健发展厚植底蕴，增强广州经济韧性，夯实实体经济基底。本报告描述的广州民间金融街，既是历史上真实存在的金融街区，也是新时代全国首创的、已成为全国先进示范单位的金融街。这条街是历史与现实交融开出的时代之花，是千年商都迸发的新活力，是国家改革开放继续深入强化的前沿地。历史选择了广州，国家选择了广州，未来必将是全世界选择广州。

关键词： 民间金融　票号　银号　银行　广州

金融业的出现，是商品经济发达的重要表现，是市场经济活跃的显性指标。只有在商品经济充分发展之地，才会诞生金融。明清时期我国商品经济发达，广州在清代逐渐成为我国对外贸易中心，自此开启了独特的金融业演变之路，成行成市的商业传统，造就了五条金融街。正是基于这样

---

  * 本报告为广州市社会科学院青年课题"广州市文物建筑标牌研究：问题与对策"（课题编号：24QN008）、广州市哲学社会科学"十四五"规划 2024 年度共建课题"社交媒体视角下广州文物保护单位标牌研究：存在问题与解决对策"（2024GZGJ245）阶段性研究成果。

** 杨永炎，教育学博士，中国社会科学院近代史研究所与广州市社会科学院中国史博士后，广州市社会科学院历史研究所助理研究员，研究方向为近代广州工商业史。

的传统底蕴，2012 年广州民间金融街在曾经的长堤大马路上建成开市，呼应历史，顺应时代，昭示着广州民间金融重焕荣光，象征着国家金融繁荣富强。

一 山西票号林立的濠畔街

宋代以后，广州城南地区逐渐形成繁华的商业区，此处人口稠密，船舶密布，商人和各类货物汇聚，繁荣的商业景象跃然纸上。明代以后，生产力水平进一步提升，商品经济更为发达，以濠畔街、高第街、卖麻街为中心的商业街区，商民密集如云，八方财货积聚满市，既是广东省商贸最为发达之所，也是两广税钱之源。其中，濠畔街的繁荣景象比同时期的秦淮有过之而无不及（黄佛颐，1994）。尤其到了清中期的 1757 年（乾隆二十二年），粤海关成为中国唯一对接欧美和东南亚各国的通商口岸。自此之后，国内从事海外贸易的商民纷至沓来，落脚濠畔街，置地开业，相继兴建浙绍会馆、山陕会馆、湖广会馆、金陵会馆、四川会馆等，实力雄厚，气势恢宏。正是在这种垄断贸易制度基础上，极大的商业需求催生了金融行业。

（一）山西票号汇聚广州

最先占据广州金融行业的是山西票号。从票号始祖日昇昌于 1843 年在广州设立开始，先后共有至少 15 家山西票号在穗营业，分为三帮，包括：平遥帮的日昇昌、蔚泰厚、蔚盛长、新泰厚、协同庆、百川通、谦吉升、蔚长厚、云丰泰、松盛长；祁县帮的大德通、元丰玖、大德恒；太谷帮的志成信、协成乾。其中，平遥帮进入广东时间较早，但太谷帮在粤势力相对而言较为雄厚。这些"票号一名票庄，又名汇号或汇兑庄，在广州市则称之为'西号'或'西客'，营此业者除少数浙江、河北人外，大抵为山西人，故又通称曰'山西票号'"（区季鸾，1932）。它们的营业场所就设在濠畔街西段，行业会馆则设在山陕会馆之内。据说这些票号气派非凡，大块银砖摆

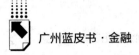

在柜面，每当碎银称重时重量不足，店员便锤敲银砖补足银碎。银砖成色十足，且摆出大小银锭（即俗称的元宝），成为票号信誉极佳的象征，因此客户络绎不绝，业务越做越大，与本地传统金融势力并驾齐驱（冼剑民、杨承舜，2005；周智武，2006；区季鸾，1932；龚伯洪，1999）。

（二）山西票号经营业务

在广州的山西票号是一种较为特殊的金融机构，其本质是进行国内跨省汇兑，以官款汇兑为主，以商业汇兑为辅，部分涉及对外贸易汇兑，兼营存放款业务。

1. 官款汇兑

官款汇兑指的是替广东地方政府汇兑上缴给朝廷的饷银。这项业务起源于朝廷面临内乱时对现金的急切需求。19 世纪 50 年代，战争不仅破坏了社会秩序，而且阻断了南北交通，使各地上缴饷银发生极大不便，导致朝廷没有资金可供调用。在此紧急情境之下，皇帝责令两广总督不论通过何种办法，务必迅速上缴急需的款项。山西票号因为信用极佳、资金雄厚、汇兑便捷，加上本地其他传统金融机构根本无力承担，所以被广东政府选定作为汇兑饷银的机构。以百川通、日昇昌、蔚泰厚、蔚长厚、新泰厚、元丰玖、协同庆、谦吉升为代表的票号不负所托，承担了汇兑粤海关和广东省上缴朝廷的饷银的大宗业务，而且做得有声有色。据统计，1881~1894 年，平均每年汇兑饷银超过 15 万两（冼剑民、杨承舜，2005）。

2. 商业汇兑

商业汇兑指的是商户之间的汇兑业务，分票汇、信汇和电汇三种。其中票汇是最常用的汇兑方式；信汇主要是与票号经常有业务往来的大商户使用，手续费相对低廉；电汇是较晚随着中国电报通信业的兴起而发展起来的，受技术限制，业务范围相对而言较小。山西票号最早开始做的就是商业汇兑业务，起源于远距离商贸业的兴旺发达，有了票号，商人不再需要携带巨款长途跋涉，且有安全性高和便捷性强的保障，因此成为较为主流的金融行为。晚清时期，广州依然是重要的对外贸易城市，巨大的业务量需要大量资金融通才能顺利完成，因此山西票号在此如鱼得水，带动了广州和国内其他城市商贸的兴旺，活跃了货币资金流通，顺应了广州商贸发展之势，也促进了金融行业的进一步发展。

3. *存放款业务*

存放款业务指的是吸收存款和发放贷款两项业务。吸收的存款分为活期和定期两种，不计利息或利息极低。主要是广东政府和粤海关的公款，以及部分高官富豪的私款。发放的贷款分长期和短期两种，主要对象是官员、钱庄和大商人等，借款人只需立借据，不用抵押财物。正是基于巨大的存放款业务量，山西票号为广东政府、粤海关和官员解决了财政拮据、税收短绌、支大于收和按期上缴饷银等重大财政问题。此外，这里的票号还发行银两票，"广州的票号发行的有银票！银票和上海的庄票一样，很有信用可以辗转流通，对于广州金融界利益很大。票号的银票可以流通，银号的银票不能流通，这是广州市场的奇怪现象"（中国人民银行山西省分行、山西财经学院《山西票号史料》编写组，黄鉴晖，2002）。这正说明了票号的社会信用极高，不仅能当作直接支付手段，而且被人积蓄起来不兑现以期保值增值。"西号曾执广州金融业的牛耳，创汇兑交纳之先，还发凭单支票，作白银保值，市面也乐于使用，称为'银纸'，这也是后来广州人叫钞票为'银纸'的来源。"（龚伯洪，1999）

富甲一方的山西票号将濠畔街炒热之后，引得其他金融机构相继在此开办。譬如官方开办的广东官银钱局（1904 年）、交通银行粤行（1908 年）。但由于发生严重挤兑风潮以及外资银行的竞争，山西票号也逐渐关张歇业，最后消失无踪影。濠畔街自此繁华不再，没落冷清。虽然如此，另一条街的金融地位崛起，使广州民间金融衍生出本地元素，并与广州本地工商业发展息息相关。

二 本地银号密布的打铜街

钱庄和银号合并称作银钱业，是中国传统金融业。北方与华南地区称银号，长江流域与上海称钱庄。广州的银号历史最早可追溯至1675年的行会组织忠信堂。这些银号的主要业务为放款和揭项。其经营者多为广东本地顺德人和四邑（台山、新会、开平、恩平）归侨，前者经营此项业务时间最早且长，地位高、资本厚，放款对象多为广州地区较为发达的企业；后者入行时间晚、资本较少，但经营方式较为接近现代银行模式（张晓辉，2004）。其数量在清代，1769年有36家，1873年有68家，1903年有120家；在民国时期，1930年有477家，1932年有540家，1933年有460家左右，1934年有261家，1936年有80家，1937年有137家（李荣清，2006，2007）。由此可知，银号的繁盛自清末始，在20世纪30年代初达到顶峰，这恰好是广州工商业最繁荣的黄金时期。而抗日战争不仅打断了广州本土工商业的发展，而且埋葬了银号的生命。

（一）本地银行集聚打铜街

近代广州银号最为集中之地就是打铜街。顾名思义，打铜街是一条专门生产铜器的行业街道，形成于清朝道光年间。这一时期，恰好是第一次鸦片战争爆发的前后时期，鸦片贸易导致的大量白银外流造成银根紧缩，进而产生了"银荒"问题。这一严重问题引发的实际后果就是，银贵钱贱。换句话说，当时日常所用的制钱（铜制）越来越不值钱，将其熔化得到纯铜，比直接用纯银购买纯铜更为划算，所出售产品利润更高，因此在高额利润驱动下，打铜店罔顾清政府严禁"毁钱还铜"的禁令，私自熔化制钱出售纯铜制品，由此获得丰厚利润。此种违法行为必然遭到官方取缔，因此仿佛一夜间打铜店突然消失，以倾铸白银为业的银号随即进入，使打铜街摇身一变成为远近闻名的金融街。

这些银号的初始资本并不丰厚，随着经济发展，到1932年发展到巅峰，全行业资本总额约有毫洋1亿元，同时期广州的外国银行资本总额约为2.5亿元，本国银行资本总额约为1.3亿元（李荣清，2007）。可以说，本地起家的传统金融组织与外传而入的新式金融组织形成对立之势。但是，真正对广州本地工商业融资起到重要作用的只有银号，因此有所谓银钱业为广州

"百业之首"的说法。为何如此？一是在广州的外国银行主要业务为吸收存款、抵押贷款、支持该国洋行在中国的经济活动、供给广东造币厂生银和发行货币，目的是支持该国在华工商企业通融资金和从事非经济活动，几乎没有直接向广州本地工商企业发放贷款。虽然外国银行对广州经济发展产生了影响，但并未直接促进广州工商业的发展，甚至在一定程度上通过金融手段产生了阻碍作用。二是在广州的本国银行（包含华侨资本银行）主要业务为房地产投资和外汇买卖，尤其在广州房地产投资金额巨大，可这两项业务同广州本地工商企业发展并未产生紧密联系。据统计，要是按 1932 年在广州的本国银行资本总额 1.3 亿元算，它们直接或间接给本地工商企业放款的金额在 1000 万元至 2000 万元之间。与此同时，按 1932 年银号资金总额 1 亿元算，据不完全统计，银号给本地工商企业放款至少 3400 万元，还不包括规模小的银号所放贷款（李荣清，2007）。

（二）本地银号促进工商企业发展

本地银号之所以能与本地工商企业有紧密联系，主要有五个方面的原因。一是满足商人贷款心理需求。当时的商人认为借贷是不体面的融资行为，要是还得质押抵押物，那等于既失了面子，又失了商号信誉。新式银行均需抵押物才放贷，而银号凭借信用放贷，无须抵押物，因此深受本地商人喜欢。二是不限营业时间。这也是同当时工商业经营习惯相匹配的，不管商人出于什么理由什么时间到银号办理业务，都能得到亲切专业的接待。而银行设定了营业时间，其他时间概不办理。三是经营规则有弹性。这体现在银号会根据银根之松紧、商户对贷款资金使用情况以及同商户私人感情来确定和调整利率。同时，就算是定期存款，也能在随存随取的基础上酌情付给顾客日息。而且，因为凭信用放贷，并不在意贷款金额，对中小规模的商户很友好，这是银行做不到的。四是贷款手续办理便捷。银号往往会设"行街"一职，专门负责查探行情和商行经营状况，凭借"行街"介绍以及商户签下的借款票据，即可发放贷款，多少不等。而银行手续烦琐，且通常需要富商或银行职员担保才会发放贷款，使得众多中小规模的商户只好找银号贷款。

五是经营成本低，且收益良好。银号运营只需维持简单的办公场所开支，以及支付职员较低的工资，因此运营成本相对银行而言较低。同时，因广州是传统商业城市，工业并不发达，商业规模一般较小，所需贷款相对较少，银行考虑到收益效率通常不会给中小规模的商户放贷，但对银号而言其贷款利润已经非常可观。反过来，广州数量庞大的中小规模的工商企业，为提供小额贷款的银号创造了生存和发展的土壤，二者相辅相成，相得益彰。

但很可惜，银号天生资本薄弱的性质，决定了其无法抵御较大的政治经济波动。到20世纪30年代中期后，战争、世界经济危机和经营管理不善等问题，导致银号陆续关张，消失在热闹非凡的打铜街，"叮当筛银声"再也听不见了。

三　外国银行聚集的沙面

随着两次鸦片战争的爆发，越来越多的外国企业凭借不平等条约进入中国，其中就包括新式金融组织——银行。1845年，英国的丽如银行在广州设立分行，是外国银行陆续进驻广州的开始。但在此后的二三十年间，西式银行并未崭露头角，大部分诸如国际汇兑、资金周转等金融业务仍由洋行操办，譬如宝顺洋行、怡和洋行、旗昌洋行等。但随着第一次工业革命带来的变革持续深入与加强，工业资本主义释放巨大的金融需求，为银行的壮大与扩张奠定了基础。按1845年丽如银行广州分行成立时间算起，到1952年所有外国银行退出中国为止，先后共有18家外国银行在广州创办：丽如银行、汇隆银行、呵加剌银行、有利银行、麦加利银行、利升银行、汇丰银行、大英银行、法兰西银行、东方汇理银行、中法实业银行、德华银行、横滨正金银行、台湾银行、华南银行、花旗银行、大通银行、友华银行。其中有12家集中在沙面。

（一）外国银行入驻沙面

沙面是在第二次鸦片战争结束后成为英国和法国租界的，大量外国企业进驻此岛营业，是外国资本汇集处，也是外国银行聚集地。按照时间顺序，先后有 12 家外资银行在此建楼办公：渣打银行（英国，1857 年；即麦加利银行）、香港上海银行（英国，1880 年；即汇丰银行）、法兰西银行（法国，时间不详，在 1860~1894 年）、东方汇理银行（法国，1890 年）、德华银行（德国，1890 年）、横滨正金银行（日本，1893 年）、万国宝通银行（美国，1907 年；后改组成为花旗银行）、台湾银行（日本，1907 年）、中法实业银行（法国，1913 年）、友华银行（美国，1919 年）、华南银行（日本，1919 年）、大英银行（英国，1920 年后）。除华南银行、友华银行和大英银行在广州经营时间较短，其他银行经营时间均较长，且实力雄厚。

这些银行开办的先后顺序，可以反映出各国金融实力以及其背后的国家实力在广州此消彼长的过程。英国的银行凭借两次鸦片战争，率先入驻广州，尤以香港上海银行引领广州金融走向；法国的银行是在第二次鸦片战争后进入广州的，以东方汇理银行为核心；德国的银行是在其本国统一后加入在华竞争行列的；日本的银行则是在中日甲午战争前后凭借不平等条约进入广州，并且在广州沦陷时期垄断广州金融界，以台湾银行为核心；美国的银行入驻广州是在 20 世纪初，正是美国逐渐成为世界强国的时期。

（二）外国银行业务特点

具体而言，渣打银行主要经营存款、放款、汇兑等业务，同时发行钞票在广州流通；香港上海银行主要经营存款、放款、国际汇兑等业务，同时发行货币，是最为成功的英国银行；法兰西银行是法国向远东地区扩张金融势力的第一家商业银行，主要经营存款、贷款业务，为其本国工商企业服务；东方汇理银行主要经营进出口押汇、外汇买卖、人寿保险及一般银行业务，实力极为雄厚；德华银行主要办理德国对华贸易的一切业务；横滨正金银行主要办理存款、汇兑、贴现、贷款、有价证券买卖、黄金买卖等业务，甚至推行军用票；万国宝通银行主要办理一般银行业务并发行钞票；台湾银行主要办理港币、双毫、日金存款，抵押放款，并发行纸币，通过各种放款左右广东政局和财政经济；中法实业银行主要办理中、英、美、法各种货币的活

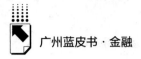

期与定期存款，以及抵押和信用贷款、外汇买卖、国际汇兑等业务；友华银行专营国际汇兑；华南银行主要经营存款、贷款和国际汇兑等业务；大英银行主要经营储蓄、贷款、汇兑等业务。

此外，还有一些公司和机构在沙面从事金融业务：边尔佛素火险燕梳公司（英国，20世纪初），经营火险业务；三井洋行火险燕梳公司广州分公司（日本，20世纪初），经营火险与水险业务；鲁麟洋行火险燕梳公司广州分公司（德国，20世纪初），经营火险业务；礼和洋行火险燕梳公司广州分公司（德国，20世纪初），经营火险业务；万国储蓄会广州分会（法国，1912年），经营有奖储蓄，吸收小额存款，投资股票、外汇、公债、房地产等；打哗地亚洋行广州分行（英国，1923年），经营票据、金银、证券、股票及一般经纪业务。[①]

由于这些银行主要是为其所属国家的工商企业保驾护航，作为拓展以广州为枢纽的华南市场的金融工具，本质上是与广州本地金融机构和工商企业争利的，而且它们基本上与本地工商企业没有业务往来，甚至会利用不平等条约阻碍本地工商企业发展。因此，尽管它们客观上传入了现代金融制度、发行了各种货币、培养了现代金融从业人员，但始终代表着一种殖民性质的金融扩张行为。

四　华资银行荟萃的太平南路

当广州本地银行和外国银行各自在独立空间与广州经济产生紧密联系时，许多华资银行同样在想办法在广州拓展市场。依然是受成行成市的商业传统影响，1918年广州市政公所大刀阔斧地拆城墙、修马路，将西边城墙拆毁，以太平门为界，北边建成丰宁路，南边建成太平南路。这条路与长堤相连，形成一个T形道路结构，南端沿珠江向西就是沙面。正是因为这种得天独厚的地理位置以及是新开辟的地皮，国有资本、华侨资本、国民资本

---

① 民国时期还有数十家保险公司在沙面营业（广东省地方史志编纂委员会，1999）。

才纷纷入场。据统计，民国时期广州 37 家华资商业银行中有 15 家在太平南路创办；19 家外省籍商业银行中有 12 家把总行设在此处；尤其在抗日战争胜利后，新增 12 家华资银行中有 9 家在此创办（蒙启宙，2020）；广州解放后，还有一批银行复业，成为公私合营银行。

（一）抗日战争爆发前的华资银行

具体而言，在抗日战争全面爆发之前创办的银行有以下几个。①嘉华储蓄银行，创办于 1923 年，投资房地产业的嘉南堂和南华公司，联合广州梧州桂南堂和桂林西南堂出资，主要经营抵押放款、汇兑等业务。②香港国民商业储蓄银行广州分行，1924 年创办，主要经营一般银行业务、信托业务，以储蓄为主，抗日战争爆发后停办。③广东信托有限公司广州分公司，1932 年创办，广州沦陷时期迁往香港，1947 年在原址复业，1949 年迁往长堤，主要经营往来存款、储蓄存款、产业及货品抵押贷款、有价证券买卖、国内外汇兑、信托、海陆工程、公私建筑修建。④中国农民银行广州分行（粤行），1936 年创办，主要承办广东全省农村金融业务，如存款、农业贷款、工商业贷款、汇兑、土地金融、信托等业务。抗战胜利后于 1945 年 9 月在嘉华堂复业。1949 年广州解放后被广州市人民政府接收，清理结束。⑤新华信托储蓄银行广州分行，1937 年创办，广州沦陷时期迁往香港，1946 年在原址复业，主要经营存款、放款、汇款、信托、储蓄等业务，1952 年与其他银行合组为合营银行广州分行。⑥大中储蓄银行，是大中置业有限公司的附属机构，资本由该公司提供，专营储蓄、按揭等业务。由于该公司前期置业过多，银根紧缺，影响该行信用与营业状况，该行于 1933 年歇业。⑦中国国货银行广州分行，于抗战前创办，抗战时停业，抗战胜利后复业，主要经营存款、放款、汇兑等业务。

（二）抗日战争胜利后的华资银行

抗日战争胜利后创办的银行有以下几个。①聚兴诚银行广州分行，1946 年创办，主要经营存款、放款、汇兑、结汇、信托等业务。1951 年改造成为公私合营银行，1952年与其他合营银行一起合并为合营银行广州分行。②和成银行广州分行，1946年创办，主要经营存款、放款、汇兑、押汇等业务。广州解放前夕停业，广州解放后复业。1951年改造成为公私合营银行，1952年与其他合营银行合并为合营银行广州分行。③四川美丰银行广州分行，1946年创办，主要经营存款、放款、汇兑业务。④正和银行广州分行，1947年创办，主要经营存款、放款和汇款等业务。⑤重庆商业银行广州分行，1948年创办，主要经营存款、放款、汇款、押汇等业务。广州解放前夕停业。

在附近的十三行路，还有几家重要的银行。①国华银行广州分行，1930年创办，广州沦陷时期迁往香港，抗战胜利后在原址复业，主要经营存款、放款、汇兑、储蓄、信托、保险、外汇等业务。1949年广州解放前夕停业，广州解放后复业。1951年改造成为公私合营银行，1952年与其他合营银行合并为合营银行广州分行。②上海商业储蓄银行广州分行，1931年创办，广州沦陷时期迁往香港，抗战胜利后在原址复业，主要经营存款、放款、汇兑等业务。③中央合作金库广东分库，1947年底创办，主要经营合作辅导、合作贷款、存款、质押放款、出口押汇、汇兑、信托、供销等业务，盈利可观。1949年底由广州市军事管制委员会接管。

除了商业银行，还有众多保险公司也在此开办，使太平南路成为一条综合性、专业性金融街。

受政局、经济危机、战争影响，这些原本能保持盈利的银行，在经营短短一些年后要么歇业，要么在广州解放后成为公私合营银行，成为新中国成立初期广州金融行业的重要支撑。

五　公私银行并立的长堤

19世纪末到20世纪初，由两广总督张之洞提出修筑的长堤历经数十年终于开辟修建成功，凭借极其优越的地理位置和新辟的空地皮，国有资本、华侨资本和国民资本纷纷入场，以雄厚的实力购买地皮占据最好的位置，并修筑了最豪华的办公大楼，至今都是广州的历史文化遗产，其中不少至今仍在使用。

虽然长堤开辟早在晚清时期已开始，但直到进入民国时期才陆陆续续有银行入驻。这一方面反映出银行是商品经济发展到一定程度的产物，另一方面反映出广州成为商业投资的热土。其中，既有经济的原因，也有政治的原因。

（一）华侨资本银行

就经济因素而言，先后有不少华侨资本开办银行。①商办广东银行广州分行（1915年），由陆蓬山汇集美洲华侨资金，连同港商李煜堂共同创办，总部在香港。1935年短暂停业，1936年冬复业。广州沦陷时期迁往香港，抗战胜利后迁回广州。主要经营存款、按揭、储蓄、汇兑、保管箱等业务，其中外汇、结汇、汇款业务居多；到1948年币制改革后，以侨汇、结汇、进口押款和对汉口与上海汇款为主要业务。②东亚银行广州分行，成立于1922年，总行在香港，为普通商业银行，投资者多为华侨，创办人为简东浦、李冠春、冯平山、周寿臣等人。广州沦陷时期迁往香港，抗战胜利后迁回广州。主要经营往来存款、定期存款、储蓄、分期储蓄、外汇存款、按揭、国内汇兑、提货保证、商务汇款、旅行汇信、国外汇兑等业务。由于该行经营得当，盈利非常高，为广州银行界翘楚。③兴中商业储蓄银行（1923年），由孙科与华侨筹资开办，为股份有限公司，主要经营存款、储蓄、代理收款、信托、抵押贷款、兑换现款、期票、贴现、各埠汇兑、礼券等业务。但因发起人孙科辞去广州市市长职务，主持业务的归国华侨对广州工商业情况并不熟悉，该银行的社会吸引力不佳，业务开展缓慢。④华侨联合银行广州分行，1946年创办，主要经营存款、放款、汇款等业务，以汇兑为主，专营上海、汕头、广州等三地汇兑业务。

（二）官办银行

就政治因素而言，先后有官办银行创办。①中国银行广东分行，1914

年成立，1919年改称广州支行，1924年被国民政府（广州）没收，1926年恢复广支行办事处，1929年以中国银行香港分行驻广州办事处名义正式营业，代香港分行办理国内汇兑、存款等业务。1935年改办事处为广州支行。②中央银行，1924年由孙中山创办，目的是巩固革命政权，发行纸币，称中央纸币。起初政局稳定，该行信用尚好，在1926年北伐战争开始后，中央银行提供军费，甚至挪用储备金，导致挤兑风潮。后来同样因为政局动荡导致挤兑风潮发生。由于1928年国民政府在上海创办中央银行，因此，广州的中央银行于1929年改组成为广东中央银行。广东中央银行很快因挤兑暂停营业。③广东省银行，1932年由广东中央银行改组而来，属于省立银行。主要经营机关存款、抵押贷款、纸币发行、收兑原广东中央银行发行的纸币等业务，收益较好。1949年后由广州市人民政府接收。④中央银行广州分行，1936年成立，主要经营货币发行、存款、放款、经理国库、票据交换、国债等业务，也办理广东省各行庄法定准备金缴存、生金银的收兑和配售业务。1949年广州解放后由广州市人民政府接收。⑤广州市立银行，1927年创办，原名为广州市市立银行，1932年改为广州市立银行。主要经营代理市库、存放款、汇兑、房地产经营、信托等业务。1949年广州解放后由广州市人民政府接收。

（三）国家资本与商业资本银行

还有一些国家资本和商业资本银行在此聚集。①华商银行广州分行，1918年创办，以储蓄存款为主要业务，1924年受总行牵连倒闭。②南方实业储蓄银行，1923年创办，为股份有限公司，主要经营存款、零星储蓄、放款、各埠汇兑、货物按仓、信托等业务，1936年歇业。③四联总处（中央银行、中国银行、交通银行、中国农民银行联合总办事处的简称）广州分处，1937年创办，主要经营业务管理、存款及利率管理、贷款管理、农贷业务管理、汇兑管理、调查统计等业务。④中国农工银行广州分行，1937年创办，抗战时期停业，抗战胜利后复业，主要经营存款、放款、汇兑等业务。⑤金城银行广州分行，1936年创办于广州拱日中路，1947年在长堤复业，主要经营存款、放款、汇兑、进出口结汇等业务。⑥邮政储金汇业局广州分局，1946 年创办，主要经营存款、汇兑、放款、寿险等业务。⑦中国实业银行广州分行，1946 年创办于西堤二马路，1948 年迁往太平南路营业，1949 年 8 月停业，主要经营存款、放款、汇兑、押汇等业务。广州解放后恢复营业，1951 年改造成为公私合营银行，1952 年与其他合营银行合并为合营银行广州分行。⑧贵州银行 1947 年在广州新堤设立办事机构。

六　结论与启示

2012 年，广州民间金融街正式启用，是国内首个为中小微企业和居民个人提供融资借贷服务的民间金融街，场地就设在长堤大马路，自建成后成功获评全国唯一的民间金融产业发展示范区、全省首批创新创业金融街试点区、全市首批互联网金融产业基地，逐步成为广州民间金融的"金字招牌"。十几年来为众多中小微企业和居民个人提供了巨大的金融支持，同时也创造了可观的经济效益，产生了良好的政治效应和社会效应。

回望广州民间金融街的前世今生，可以从近两百年的历史中找到独特的文化启示：①成行成市，造就规模效应；②营业时间灵活，解燃眉之急；③贷款手续便捷，减轻企业和个人负担；④信用担保，增强客户黏性；⑤因地制宜，提供政策便利。广州是千年商都，商业发达，但主要是中小微工商企业，因此政府要进一步解放思想、改革创新，进一步真抓实干、积极作为，让广州民间金融街在千年商都优越的经济基础上焕发出更强的生命力，进而促进实体经济稳步健康发展。

参考文献

龚伯洪：《商都广州》，广东省地图出版社，1999。

广东省地方史志编纂委员会编《广东省志·金融志》，广东人民出版社，1999。

黄佛颐撰《广州城坊志》，暨南大学出版社，1994。

李荣清：《民国前期广州银业与广州经济的发展》，《北京教育学院学报》2006 年第 4 期。

李荣清：《民国时期广州银业与地方经济（1912-1937）》，硕士学位论文，华南师范大学，2007。

蒙启宙：《对广州从省城到城市变迁的金融解读》，《广州城市职业学院学报》2020 年第 1 期。

区季鸾编著《广州之银业》，国立中山大学法学院经济调查处，1932。

冼剑民、杨承舞：《山西票号在广东》，《晋阳学刊》2005 年第 2 期。

张晓辉：《乱世中的稳健势力：民初广州的银钱业及其组织》，《暨南学报》（人文科学与社会科学版）2004 年第 6 期。

周智武：《近代广东金融业中的山西票号》，《科技信息》（学术研究）2006 年第 8 期。

中国人民银行山西省分行、山西财经学院《山西票号史料》编写组，黄鉴晖编《山西票号史料》（增订本），山西经济出版社，2002。

转型金融篇 ⟫

B.7
南沙推动粤港澳大湾区碳市场建设的政策建议

周小迤*

摘　要： 碳市场逐渐成为促进产业转型升级、实现"双碳"目标的重要抓手。立足大湾区开放的制度环境、良好的创新土壤、成熟的资本市场和巨大的融资需求，南沙服务粤港澳大湾区碳市场（以下简称"大湾区碳市场"）建设，具有良好的产业基础和制度优势。随着国内市场参与主体、交易机制、法律法规、监管机制等方面的优化完善，南沙可在现有碳金融基础平台的基础上，做好标准制定、碳核查、碳普惠等低碳经济支撑体系构建工作，协同港澳探索气候投融资模式和工具创新，助力大湾区碳市场发展。

关键词： 碳市场　气候投融资　南沙　粤港澳大湾区

---

* 周小迤，广州南沙创新制度研究中心研究员，研究方向为特色金融。

　　"双碳"目标驱动碳市场稳步发展,2005年以来,中国已成为全球最大的二氧化碳排放国,为实现"双碳"目标,中国碳减排工作压力与日俱增。碳交易市场(以下简称"碳市场")通过碳定价将环境保护与经济社会发展相结合,可同步解决资源环境、经济增长、绿色发展等层面上的失衡问题。2024年2月,国务院发布了基础性行政法规《碳排放权交易管理暂行条例》,不仅为国内碳市场运行管理提供了法律依据,也明确了碳市场对我国"双碳"目标达成的重要价值。粤港澳大湾区作为全国经济和改革发展前沿,区域碳市场发展基础良好,国家及省、市出台多项政策要求研究建设粤港澳大湾区碳排放权交易市场,2024年广州市高质量发展大会也提出要做好绿色金融大文章,推动绿色金融、转型金融和普惠金融衔接发展。南沙可协同广州碳排放权交易中心(以下简称"广碳所")、广州期货交易所、深圳排放权交易所、香港交易所等碳交易相关机构,积极推动大湾区碳市场建设,打造低碳经济生态系统,为南沙绿色高质量发展提供新动能。

一　碳市场的内涵和价值

　　碳市场是以碳排放配额①(以下简称"碳配额")和项目减排量等碳信用②为交易标的的市场,是减缓全球气候变化的重要工具。碳市场可分为强制碳市场和自愿碳市场,前者以碳配额为交易基础,是由控排企业、金融机构、中介机构或个人交易抵消单位(核证减排量)及其衍生品所形成的市场;后者以碳信用为交易基础,由没有强制减排任务的单位或个人自愿购

---

① 碳排放配额,又称CEA,是指政府部门根据环境容量先确定总的碳排放额度,然后按照一定的规则分配给重点排放单位(石化、化工、建材、钢铁、有色、造纸、电力、航空等重点行业单位)在规定时期内的碳排放额度。

② 碳信用,指通过国际组织、独立第三方机构或者政府确认的,一个地区或企业以提高能源使用效率、降低污染或减少开发等方式减少的碳排放量,是可以进入碳市场交易的排放计量单位。一般情况下,碳信用以减排项目的形式进行注册和减排量的签发。除了在碳税或碳排放权交易机制下抵消履约实体的排放外,碳信用还用于个人或组织在自愿减排市场的碳排放抵消。

买项目减排量以抵消碳足迹，从而实现自身碳中和所形成的市场。我国碳市场较欧美等发达国家，市场化和金融化程度较低，以强制碳市场（碳配额交易）为主，自愿碳市场（CCER①交易）为辅，拥有1个全国碳市场和9个地方碳市场。由于全球优势经济体积极完成碳中和目标，我国碳市场将逐步与国外碳市场衔接，推动碳金融②工具创新，提高市场主体参与度。

碳市场建设在对外贸易、绿色经济、区域协调发展、国家战略等方面具有较高的价值。

一是增强外贸综合竞争力。随着全球对碳中和目标逐步达成共识，碳市场作为促进节能降碳的重要政策工具，在全球范围内得到了广泛运用。对比欧美等先行发展碳市场的国家，我国碳市场发展尚处于起步阶段，虽已完成从碳市场试点到全国碳市场的建设，但在碳市场金融化与市场化建设方面，仍有较大成长空间。目前，国际贸易保护绿色壁垒逐渐提升，2024年1月1日起，航运业被纳入欧盟碳排放交易体系（EU ETS）③，所有抵达、离开欧盟和在欧盟区内运营的总载重5000吨以上的船舶，航运公司需按航程中温室气体排放量的一定比例④购买并缴纳一般性欧盟碳配额（EUA）。根据中国国际货运代理协会数据，假设EUA为90欧元，一艘航行在欧洲和亚洲之

---

① 国家核证自愿减排量（CCER），是指对我国境内可再生能源、林业碳汇、甲烷利用等项目的温室气体减排效果进行量化核证，并在国家自愿减排交易注册登记系统中登记的温室气体减排量，可在碳交易市场中抵扣碳配额。参与自愿减排交易的项目应采用经国家主管部门备案的方法学，并在国家主管部门备案和登记，且由经国家主管部门备案的审定机构审定。CCER作为强制碳市场的关键补充，在性质上更偏向强制碳交易市场中的抵消单位，其项目备案审批虽于2017年暂停，但2024年1月22日已重启。

② 碳金融是与碳排放权交易相关的金融活动，包括碳排放权、碳金融衍生品交易以及碳资管业务，涵盖碳信贷、碳债券、碳基金、碳回购、碳互换、碳期货期权、碳远期、碳保险、碳理财、碳币等金融产品。

③ 欧盟碳排放交易体系（EU ETS）是全球最具影响力的碳市场，在所有欧盟国家以及冰岛、列支敦士登和挪威运营。航运业纳入EU ETS过渡期为2024~2026年，2025年、2026年及2026年以后需按经核查排放量碳配额的40%、70%和100%缴纳。

④ 起点或终点在欧盟境外的航线，需按航程所产生的50%温室气体排放量缴纳碳配额。在欧盟区内运营的航线，按需按航程所产生的100%温室气体排放量缴纳碳配额。

间的集装箱船，2024 年将增加 81 万欧元碳税。① 2024 年 1 月 1 日，法国也推出新的电动汽车现金奖励措施，通过审查碳足迹的方式给每辆电动汽车打"环境分数"，这套新规则对生产过程大量使用燃煤发电，并以出口方式销售电动汽车的中国车企来说非常不利。欧盟碳边境调节机制（CBAM）自2023 年 10 月 1 日起步入过渡期试运行，欧盟进口商应按要求针对水泥、电力、化肥、钢铁、铝和氢 6 个行业相关产品的碳排放量提交进口货物信息的报告（CBAM 报告），但不必支付额外费用。2026 年 1 月 1 日正式运行后，欧盟进口商需提交 CBAM 报告及等价的 CBAM 证书。根据 SGS 数据，2022年我国出口欧盟的"CBAM 覆盖产品"总额达到 199.6 亿欧元，居全球首位。可以预见，未来我国高碳产业出口成本将逐渐增加，发展完善碳市场交易体系势在必行，拥有发达的碳市场和合理的碳价将有助于企业减少进出口贸易碳成本，提高国际竞争力。南沙港航运物流业发达、外贸进出口业务占广州市近三成，助推碳市场发展将有助于粤港澳大湾区对冲"碳关税"风险。

二是带动绿色经济相关产业发展。发展碳市场不仅能直接促进碳金融等碳市场交易相关产业发展，也能通过为绿色低碳项目提供低成本的资金，推动节能减排技术、碳捕存和利用技术等绿色低碳技术创新，促进数字技术与绿色低碳技术融合发展，构建更多绿色低碳技术应用新场景。南沙可用好国家气候投融资试点，推动产业数字化、智能化、绿色化、融合化，培育绿色发展新动能，为城市新质生产力提升和高质量发展打开新空间。

三是促进区域协调发展。构建区域碳市场有利于企业降低减排成本，通过市场优化配置资源，推动既定数量的碳排放权产出效益最大化，以达到减少产品碳足迹、降低碳交易壁垒的目的，由此促进区域内产业互助合作，共同推动产业链绿色转型，实现"双碳"背景下区域绿色高质量发展。

四是贯彻落实国家战略部署。南沙依托多重战略叠加优势，以广州期货

---

① 《2024 年国内外税费调整新规汇总！欧盟加征港口"碳税"...》，微信公众号"中货协"，https：//mp. weixin. qq. com/s/eIcvcg6IZXcXxs8Q9Fgldg。

交易所为抓手发展碳金融，协同港澳推动粤港澳大湾区碳市场建设，能有效贯彻落实《南沙条例》①《南沙方案》②《南沙意见》③ 对南沙打造"立足湾区、协同港澳、面向世界"的重大战略性平台，建立碳排放统计核算体系，探索气候投融资创新，发展特色金融的决策部署。

二 大湾区碳市场发展背景

（一）多重政策支持大湾区碳市场建设

粤港澳大湾区的碳排放权交易市场建设受到了从国家到省市层面的政策扶持与推动。中国人民银行等四部门联合发布的《关于金融支持粤港澳大湾区建设的意见》（银发〔2020〕95 号）以及其他相关政策文件，如生态环境部与广东省人民政府签订的《共建国际一流美丽湾区合作框架协议》、广东省人民政府发布的《广东省生态文明建设"十四五"规划》（粤府〔2021〕61 号）、广东省生态环境厅发布的《广东省碳交易支持碳达峰碳中和实施方案（2023—2030 年）》（粤环函〔2023〕440 号）、广州市人民政府办公厅发布的《广州市金融发展"十四五"规划》（穗府办〔2021〕9 号）等，提出研究建设粤港澳大湾区碳排放权交易市场。这些政策旨在促进粤港澳三地减碳机制市场化合作，加强与国际碳定价机制交流合作，并推动形成开放有序的碳市场体系。同时，基于广东碳市场的现有基础，政策还提出要探索大湾区碳排放核算、数据报告指南、核查指引等标准和制度体系，并适时开展碳配额分配方案研究。广州碳排放权交易中心作为重要平台，将发挥其在搭建粤港澳大湾区环境权益交易与金融服务平台方面的作用，开展碳排放交易外汇试点，吸引境内外投资者参与交易。此外，政策还

---

① 《南沙条例》指代《南沙深化面向世界的粤港澳全面合作条例》。
② 《南沙方案》指代《广州南沙深化面向世界的粤港澳全面合作总体方案》。
③ 《南沙意见》指代《国家发展改革委 商务部 市场监管总局关于支持广州南沙放宽市场准入与加强监管体制改革的意见》。

提出要依托广东省碳普惠经验，探索建立大湾区碳普惠机制，研究与国际接轨的高质量碳减排方法，以碳市场建设为突破口，推动排污权、用能权、城市矿产交易等领域的深入研究与探索。通过这些举措，粤港澳大湾区不仅能够在碳排放权交易领域取得突破，还能为全球碳减排和应对气候变化工作贡献力量。

（二）大湾区碳市场发展潜力巨大

根据世界资源研究所发布的《粤港澳大湾区深度减排路径和金融支持转型机遇》报告，按照"双碳"目标测算，预计大湾区峰值排放为4.8亿吨二氧化碳，若想在2060年前减少90%碳排放，需要在2030~2060年保持7.5%左右的减排速度，为实现以上碳减排目标，大约需要1.84万亿美元资金投入，约占2020~2060年累计国民生产总值的1%。

能源与交通创新中心（iCET）发布的《粤港澳大湾区交通净零碳排放路线图研究报告》显示，2020年大湾区交通整体碳排放量接近9000万吨，在现有政策手段支撑下，若考虑交通燃料上游排放（燃料周期碳排放），粤港澳大湾区全口径交通燃料周期碳排放不迟于2028年达峰，峰值碳排放接近1.6亿吨，若按照香港在2050年实现碳中和的要求，2050年大湾区全口径交通燃料周期碳排放较其峰值应下降80%以上。但是，即便在多种减排措施的加持下，2050年大湾区全口径交通燃料周期碳排放量仍处在2600万吨/年的水平，交通行业要在世纪中叶实现净零碳排放，仍需要借助碳市场购买草原、湿地、海洋等生态碳汇。若按2024年3月28日广碳所碳配额最低价格64元/吨推算，仅在交通碳中和领域，2050年大湾区2600万吨/年的碳排放量，即需在碳市场购买16.64亿元碳汇。

在"双碳"目标的推动下，大湾区所需碳减排量和资金量不容小觑，碳市场作为控制温室气体排放的政策工具，不仅在交易量价齐升和交易品类拓展方面有较大市场空间，也可有效支撑与碳市场挂钩的转型金融工具发展。

（三）大湾区现有碳市场发展情况

由于澳门尚未成立专门的碳交易机构，粤港澳大湾区现有三家碳交易机构（广碳所、深圳排放权交易所和香港交易所旗下的 Core Climate 平台）和一家碳期货交易机构（广州期货交易所）。

广州碳市场交易规模全国领先，影响力大，具有期现联动基础。广碳所是广东省政府唯一指定的碳排放配额有偿发放及交易平台，交易规模连续11年居全国地方试点碳市场第一，覆盖钢铁、石化、水泥、航空、造纸、陶瓷、交通、数据中心等八大行业，二级市场碳配额现货交易量居世界前列。根据广碳所公开数据，截至 2024 年 3 月 28 日，广东碳市场累计成交碳配额 2.25 亿吨，总成交金额 64.21 亿元。广州期货交易所（以下简称"广期所"）已上市工业硅和碳酸锂期货期权，初步构建起中国新能源期货体系。2023 年 12 月，国家发展改革委印发《粤港澳大湾区国际一流营商环境建设三年行动计划》（发改法规〔2023〕1650 号），明确提出推动广州期货交易所积极研发碳排放权、电力等绿色发展类期货产品。截至 2023 年底，广期所已上市的工业硅、碳酸锂期货期权累计成交额超 6 万亿元。[①]

深圳碳市场金融创新力强，流动率高。深圳排放权交易所（以下简称"深碳所"）负责深圳市行政区域内碳排放权统一交易，交易规模较小但较为活跃，覆盖工业、交通、通信互联网、公共建筑等 34 个行业。在业务创新方面，深碳所积极探索碳资产质押融资、境内外碳资产回购式融资、碳配额托管、碳债券以及碳基金等多种业务模式，是全国首个允许境外投资者参与交易的碳市场。根据深碳所公开数据，截至 2023 年底，深圳碳市场交易额达 2.52 亿元，同比增长 1.82%，累计交易额突破 23 亿元，碳市场流动率连续多年位居全国第一。[②]

[①] 《2023 年广州推动期货市场发展工作成效明显》，微信公众号"广州金融"，https：//mp. weixin. qq. com/s/Quz8N1sM5miqHfC7xlaC7A。

[②] 《奋楫者先，深圳碳市场勇毅前行结硕果》，微信公众号"深圳排放权交易所"，https：//mp. weixin. qq. com/s/kGBHzCeEwPNvp2sRJKMx7g。

香港碳市场发展领先，国际化程度高。2022 年，香港交易所推出香港自愿碳市场 Core Climate，为亚洲乃至全球提供自愿碳信用产品及工具交易平台，企业及投资者可以通过平台获取产品信息以及持有、交易、交收及注销全球各地经国际认证的碳项目（通过 VCS[①] 等标准验证）的碳信用产品，可将国内与国际的自愿碳市场（VCM）连接起来。根据香港交易所公开数据，截至 2023 年 11 月，Core Climate 共上线亚洲、南美洲和非洲的 40 个优质项目，涵盖林业、太阳能、风能和生物质能等多种计划，参与者数量已接近 70 个。[②]

但广州、深圳、香港三地碳市场交易规则差异较大，市场间相互分割，碳配额不能跨市交易、互认流通，碳市场间流动性不足。广碳所、深碳所为强制碳市场，市场化程度较低，主要服务广东省和深圳市强制减排企业碳配额交易，碳交易覆盖行业不全面。香港 Core Climate 平台主要服务自愿碳市场，市场化程度高，未设定服务行业类型，可交易全球碳信用产品，项目核算标准及行业类型与广深两地区别较大。

三 南沙推动大湾区碳市场建设的优势与挑战

（一）南沙推动大湾区碳市场建设的基础与优势

1. 大湾区碳市场相关合作不断深入

2020 年 9 月，广州、深圳、香港、澳门四地联合成立粤港澳大湾区绿色金融联盟，将探索覆盖大湾区的统一碳市场和建立碳市场跨境交易机制作为联盟主要工作任务之一。广碳所作为多项政策拟定的大湾区碳市场建设主阵地，已与香港交易所、澳门低碳发展协会达成合作，牵头港澳及内地金融

---

① VCS 全称 Verified Carbon Standard，是全球最大的自愿碳减排交易项目核证减排标准，被全球各地投资人认可。

② 《香港交易所观点 | 碳市场：用气候行动来连接资本与企业》，微信公众号"香港交易所脉搏/HKEx Pulse"，https://mp.weixin.qq.com/s/vXYsX7haxpDleShPonxXZw。

机构成立广州市粤港澳大湾区创新碳金融中心，探索广东碳市场与港澳互联互通，积极推动大湾区碳市场建设。2023年10月31日，香港交易所宣布与深圳排放权交易所签署合作备忘录，携手推动大湾区碳市场生态圈发展。根据合作备忘录，香港交易所与深圳排放权交易所将共建大湾区内的自愿碳市场。同时，在碳足迹标识认证、碳普惠平台建设等方面，深圳上线粤港澳大湾区碳足迹标识认证公共服务平台①，广东省碳普惠创新发展中心与澳门低碳发展协会签署《大湾区碳普惠平台建设框架合作协议》②，共同助力碳市场相关领域发展。

2.南沙碳市场相关基础设施建设不断完善

广州期货交易所、广州数据交易所、全球溯源中心正积极推进碳市场相关业务开展，国家碳计量中心（广东）已获批落户南沙。广州期货交易所正稳妥推进碳排放权期货市场建设，积极研发碳排放权、电力等绿色发展类期货产品，未来将与广州碳排放权交易中心形成期现联动。广州数据交易所在2023年底推出"企业碳账户"，将企业实时碳排放数据与公共数据相结合，支持碳资产管理、碳数据核查、碳交易、绿色金融等新业务高质量发展，服务碳市场体系构建。全球溯源中心积极探索碳足迹溯源体系建设，为商品碳排放的精准量化提供工具支撑，打造流通更便利的碳排放管理模式。国家碳计量中心（广东）将针对火力发电领域碳排放数据的精准性、追溯性和一致性等核心需求，开展碳计量关键技术的研发与支撑能力的构建，通过加强碳计量数据的收集、深度分析、科学评价及实际应用，构建具有差异性、多样性和专业性的碳计量公共服务平台。该中心的建成有助于推动广东省碳排放统计核算制度的统一与规范，为温室气体排放的"可量化、可报告、可核验"提供切实可行的解决方案。

---

① 2023年11月26日，深圳上线粤港澳大湾区碳足迹标识认证公共服务平台，为企业提供碳足迹申请、核算、第三方核查、报告、认证、证书及标识发放、过程监督的一体化、一站式管理服务。

② 2023年8月9日，广东省碳普惠创新发展中心与澳门低碳发展协会签署《大湾区碳普惠平台建设框架合作协议》，推动碳普惠机制在大湾区创新实践，共同研究推进澳门地区机构参与广东和粤港澳大湾区碳普惠发展。

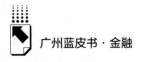

3. 南沙绿色金融产业发展持续向好

南沙获批国家首批气候投融资试点资格，是全国首个由"金融+生态"双部门牵头的气候投融资试点地区，南沙成功落地全国首家气候投融资特色银行支行，上线全国首家碳中和融资租赁服务平台，设立"气候投融资（南沙）国际交流中心""粤港澳大湾区气候投融资平台""广州南沙粤港澳大湾区气候投融资中心""大湾区（南沙）气候投融资联盟"，举办首届明珠湾国际气候投融资大会。同时，南沙已发布全国首份促进气候投融资发展的专项扶持政策文件①，并落地全国首个应对欧盟碳边境调节机制风险的"碳关税"保险产品，拥有南沙氢跑、合创汽车、巨湾技研等气候友好型产业项目，南沙绿色金融发展基础不断夯实完善，可有效支持大湾区碳市场建设。

4. 政策支持南沙在绿色发展领域先行先试

作为国家级新区、自贸试验区以及"立足湾区、协同港澳、面向世界的重大战略性平台"，南沙已在法律规则衔接、跨境金融等方面形成多项改革创新先行先试经验。在此基础上，2023年12月26日，国家发展改革委、商务部、市场监管总局联合发布《关于支持广州南沙放宽市场准入与加强监管体制改革的意见》，提出加快发展特色金融，推进绿色低碳高质量发展，探索建立与国际衔接的绿色金融标准、评估认证及规范体系，探索气候投融资模式和工具创新，研究建立碳排放统计核算、计量体系，探索与共建"一带一路"国家及欧盟碳排放相关标准互认机制，推动南沙在低碳领域形成首创性改革措施。

（二）南沙推动大湾区碳市场建设的形势与挑战

1. 粤港澳三地在经济制度、法律体系等方面存在较大差异

大湾区"9+2"城市群并存"两种制度、三种货币、三种法律制度"，

---

① 广州南沙开发区管委会办公室和广州市南沙区人民政府办公室印发的《广州南沙新区促进气候投融资发展若干措施》（穗南开管办规〔2023〕8号）。

同时粤港澳三地资本市场开放程度也存在差异，在推进大湾区碳市场建设过程中，南沙作为广州市辖区，跨区域政策协调难度较高，需得到上级有关部门支持。

2. 全球碳交易体系暂未形成统一标准

根据世界银行数据，截至 2023 年 4 月 1 日，全球已有 73 种碳税或碳排放交易体系[①]，但不同国家和地区的碳减排政策、法律法规、市场机制等存在显著差异，多个碳市场之间的连接和互操作性仍然不足。大湾区碳市场中香港交易所的 Core Climate 为自愿碳市场，可通过项目连接海外市场，但由于目前国际碳市场发展尚处于市场间规则衔接阶段，大湾区碳市场在构建符合全球碳市场的标准等方面仍面临较大挑战。

3. 南沙碳市场相关配套法规、标准、政策建设仍不完善

南沙未制定碳披露、碳足迹相关地方标准，现有低碳相关政策体系仍可优化提升。同时，广州市碳市场相关法律法规虽在制定中，但暂未发布。相较于深圳福田，南沙推动碳市场建设在发展环境构建上仍缺乏有利支持条件。

四　南沙推动大湾区碳市场建设的政策建议

（一）争取机构合作与试点工作，推动南沙融入大湾区碳市场建设

一是开展大湾区碳市场规则衔接前期研究。与粤港澳大湾区绿色金融联盟深度合作，建立常态化工作交流机制，对大湾区统一碳排放配额分配和交易体系、碳定价机制、碳排放核算体系、风险评估与监测机制等开展前瞻性研究。结合 CBAM、航运业纳入 EU ETS 等绿色贸易壁垒对大湾区现有产业的影响，研究探索粤港澳三地碳市场与国际碳市场互联互通的体制机制，有

---

① "State and Trends of Carbon Pricing 2023（English）"，World Bank Group，https：//documents. worldbank. org/en/publication/documents-reports/documentdetail/099805106052321586/idu0df4b 14850029d0403c0811b0f1575605c07a.

针对性开发相关碳金融产品，提高大湾区进出口企业应对国际碳关税挑战的能力。二是与港澳机构开展交流协作。与香港财库局、香港金管局、澳门国际投资协会等港澳机构建立常态化沟通与协作机制，在金融产品流通、碳普惠机制开发、碳核算标准编制等方面开展合作，共同研究推进大湾区碳市场建设。三是大力争取大湾区碳市场前期试点工作。凭借广州期货交易所、国家碳计量中心（广东）落户优势，争取省市级支持，推动南沙承接大湾区碳市场前期试点工作，为南沙参与大湾区碳市场建设奠定基础。四是积极引入国际组织和机构。通过国际金融论坛（IFF）、中国金融四十人论坛、香港科技大学（广州）等平台和机构影响力，积极引入可持续发展与碳认证相关国际组织、评级机构，推动完善大湾区碳市场标准体系，增强区域影响力。

（二）夯实碳市场交易基础，确保碳排放数据可得可靠

一是研究制定碳足迹核算标准。结合上海市《产品碳足迹核算通则》（DB31/T 1071—2017）、北京市《电子信息产品碳足迹核算指南》（DB11/T 1860—2021）等碳足迹国内标准及 PAS 2050、ISO 14067 等碳足迹国际标准，深圳市《创建粤港澳大湾区碳足迹标识认证 推动绿色低碳发展的工作方案（2023—2025）》，争取市级有关支持，与深圳合作开发碳足迹核算湾区标准，为产品碳足迹核算提供规范框架。二是鼓励生态环境部门开展年度碳市场核查工作，建立二氧化碳排放监测和报告机制，通过组织专家评审、第四方抽查和生态环境综合执法等方式，加强对重点碳排放单位、核查机构和其他相关机构的监督管理，确保碳排放数据真实、可信。三是鼓励区内单位开展环境信息披露。系统梳理北京、深圳、香港、新加坡等地具有领先性、代表性的环境及可持续信息披露标准文件，编制《南沙区企业环境信息披露指引》，为区内金融机构和生产企业做好环境信息披露提供具体流程与方法指导。

（三）加大金融产品创新力度，丰富大湾区碳市场交易工具

一是推动粤港澳合作开发跨境碳金融产品。建议与广碳所深度合作，依

托广碳所与香港交易所、澳门低碳发展协会的合作关系，积极开发适合港澳地区投资者的跨境碳金融产品，发挥粤港澳大湾区气候投融资中心的桥梁作用，引导境外投资者通过跨境碳金融产品，投资粤港澳大湾区气候投融资平台项目库内项目。利用广州期货交易所探索开发碳排放权等绿色低碳期货交易品种契机，研究开发适合大湾区交易的碳金融衍生产品，创新交易模式和交易品种，提高广东碳市场的流动性和交易积极性。二是开发绿色金融产品。聚焦绿色供应链融资、碳排放权质押贷款、绿色跨境人民币贷款等业务领域，针对跨境电商、港航物流、汽车制造、造纸等绿色发展重点行业，推出碳排放配额质押叠加保证保险融资业务、"绿色供应链融资+资管信托"产品组合。三是前瞻布局转型金融产品。鼓励区内金融机构为传统高碳排放行业（非绿色行业）企业绿色低碳转型，提供绿色、社会责任和可持续发展债券（GSS）以及可持续发展挂钩债券（SLB）等转型金融工具，推动高污染、高排放行业企业在绿色转型升级趋势下实现减污降碳软着陆。

（四）营造绿色发展环境，打造"产业+数字+金融+生态"高质量发展循环网络

一是积极推动碳市场相关地方立法工作。深度参与《广州市绿色金融条例》等地方立法工作，在碳期货、碳账户、碳普惠等方面创新规定，为金融机构和产业企业加强碳披露、参与碳金融提供法治保障。二是制定南沙"双碳"产业发展办法，参考《深圳市福田区支持双碳经济高质量发展若干措施》《广州市黄埔区 广州开发区 广州高新区促进绿色低碳发展办法》等政策文件，对企业节能减碳、碳减排技术研发、碳资产管理服务、减排量核证、碳普惠场景创建等事项给予专项扶持，推动产业、金融协同发展。三是建立绿色金融业务激励约束机制。将绿色信贷、绿色债券、绿色票据、碳减排支持工具等纳入对金融机构的绩效考核，对执行绿色金融政策不到位、相关业务不符合标准的金融机构，加大惩戒力度。四是打造环境信息共享平台。鼓励区内企业、组织将环境信息披露数据上传至环境信息共享平台，推动该平台与广州数据交易所、全球溯源中心、粤港澳大湾区气候投融资平台

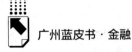

项目库共享企业碳排放信息，搭建碳排放智能监测和动态核算体系，将企业环境信息披露与数字化管理、气候投融资相结合，做到"谁披露""谁高效""谁获利"。五是研究制定城市碳普惠实施路径。建议参考《北京MaaS2.0工作方案》等城市碳普惠实施办法，通过"互联网+大数据+碳金融+交通/生活场景"方式，形成以减碳为核心的多维激励体系，增强民众碳减排意识，引导居民通过低碳行为获取积分，以换取各种优惠权益，构建可量化、有收益的绿色生活循环网络，促进城市低碳发展。

参考文献

《粤港澳大湾区深度减排路径和金融支持转型机遇》，世界资源研究所网站，https://wri.org.cn/research/Decarbonization-pathways-GBA。

《粤港澳大湾区交通净零碳排放路线图研究报告》，能源与交通创新中心网站，http://www.icet.org.cn/reports.asp? fid=20&mid=21。

B.8
绿色金融助力广州制造业绿色低碳
转型机理与对策研究*

林柳琳　林瑶鹏**

摘　要:　本报告在梳理绿色金融与制造业绿色低碳转型关系的基础上,结合广州制造业发展实际,分析了绿色金融赋能广州制造业绿色低碳转型的作用机理和面临的挑战,并提出了相关对策建议。报告指出,绿色金融通过创新金融工具引导社会资金投向绿色低碳产业,是制造业绿色低碳转型的重要支撑。近年来,广州制造业绿色低碳发展取得了积极进展,但在产业结构优化、绿色技术创新、绿色生产方式优化、基础设施建设等方面仍面临诸多挑战,同时还存在较大的绿色低碳发展资金缺口。广州可通过构建多层次绿色金融产品和服务体系、创新绿色金融激励约束机制、搭建绿色金融信息共享平台、加强绿色金融人才队伍建设等方式,有效破解制造业绿色低碳发展的资金瓶颈。未来,广州应创新体制机制、优化资源配置、防范化解风险、深化区域合作、优化营商环境、加快构建与制造业高质量发展相适应的绿色金融服务体系,助力加快建设绿色低碳发展先行示范区,为我国实现制造强国目标、推动经济社会发展全面绿色转型贡献力量。

关键词:　绿色金融　制造业　绿色低碳转型　高质量发展　广州

---

* 本文系 2023 年广东省党校(行政学院)系统哲学社会科学规划课题"加快推动广东制造业绿色高质量发展研究"阶段性成果。

** 林柳琳,中共广州市委党校习近平新时代中国特色社会主义思想研究中心副教授,研究方向为科技金融;林瑶鹏,管理学博士,广州市社会科学院财政金融研究所副研究员,研究方向为资本市场与货币金融。

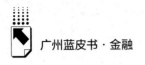

引　言

党的二十大报告指出，必须牢固树立和践行绿水青山就是金山银山的理念，站在人与自然和谐共生的高度谋划发展。制造业作为国民经济的重要基础产业，实现绿色低碳转型势在必行。2023年中央金融工作会议指出，要做好科技金融、绿色金融、普惠金融、养老金融、数字金融五篇大文章。绿色金融作为支持环境改善、应对气候变化、推动资源节约和高效利用的金融活动，在促进制造业绿色低碳发展中肩负着重要使命。

广州是我国重要的制造业基地，近年来大力推进制造业绿色低碳转型。在此过程中，积极发展绿色金融，创新绿色金融工具，引导更多金融资源流向绿色低碳项目，有力地支持了广州制造业绿色发展。本报告拟在梳理绿色金融与制造业绿色低碳转型关系的基础上，结合广州制造业发展实际，分析绿色金融赋能广州制造业绿色低碳发展的作用机理和面临的挑战，并提出促进绿色金融支持广州制造业绿色低碳发展的对策建议，以期为加快建设与广州制造业高质量发展相适应的绿色金融体系提供有益参考。

一　绿色金融是广州制造业绿色低碳转型的重要支撑

绿色金融是金融支持可持续发展、引导经济绿色转型的重要力量。创新绿色信贷、绿色债券、绿色股权投资、绿色保险等金融工具，引导社会资金投向节能环保、清洁能源、生态保护等绿色低碳产业，是助推经济发展方式绿色转型的关键举措。制造业绿色低碳转型离不开绿色金融的有力支持。

（一）从战略支撑来看，绿色金融是广州制造业绿色低碳转型的重要基石

1.绿色金融是制造业绿色低碳转型的资金保障

制造业实现绿色低碳转型需要投入大量资金。一方面要推动传统制造业

绿色改造，淘汰落后产能，升级绿色工艺和设备，发展节能环保等战略性新兴产业；另一方面要加强节能环保、新能源等领域技术创新。由于其具有投资风险大、回收期长等特点，仅依靠单一的间接融资难以满足庞大的资金需求，亟须通过丰富多样的绿色金融工具撬动更多社会资本。

绿色金融通过创新绿色信贷、绿色债券、绿色股权投资、绿色保险等产品，盘活存量资金，拓宽制造业绿色项目融资渠道。引导金融机构加大对制造业绿色低碳项目的信贷支持，发行绿色金融债券支持绿色制造，完善绿色产业基金等股权投资载体，为制造业绿色低碳发展提供长期、稳定的资金支持，破解资金瓶颈。

2. 绿色金融是制造业绿色低碳转型的风险保障

制造业绿色低碳转型是一个长期、复杂的系统工程，面临政策、市场、技术等方面的诸多风险和不确定性。如何有效管控风险，已成为制约制造业绿色低碳转型的突出问题。

绿色金融通过丰富的金融工具和手段，在风险分担与对冲上发挥独特作用。一是创新绿色保险产品，通过风险转移分散制造业绿色低碳项目面临的财产、责任等风险。二是发展碳金融，通过碳排放权抵押贷款等方式盘活企业碳资产，为企业低碳转型提供增信支持。三是加强环境风险分析，将环境因素纳入信用评级体系，引导金融机构加强对制造业绿色低碳项目的风险定价和管理。四是完善绿色金融风险投资和损失补偿机制，通过风险补偿、投资回报等，提升金融机构服务制造业绿色低碳转型的积极性。

3. 绿色金融可优化制造业绿色低碳转型的资源配置

实现制造业绿色低碳转型，必须优化资源配置，构建与绿色低碳转型相适应的现代化产业体系，不断提升制造业发展的质量和效益。绿色金融在引导资源配置、优化经济结构方面具有独特功能。通过构建涵盖环境信息披露、绿色信贷、绿色债券、绿色股权投资、绿色保险等的绿色金融政策体系，引导金融资源加大对绿色低碳项目的支持力度，撬动更多社会资本投向节能环保、清洁能源、绿色制造等产业，助力形成绿色低碳循环发展的产业格局。同时发挥价格杠杆作用，通过绿色信贷优惠利率、绿色债券发行利率、投资收益率等价格信号引导社会资源配置，促进形成绿色发展理念和行为。服务供给侧结构性改革，加快形成制造业内部绿色低碳发展新动能，促进制造业绿色化、高端化发展。

（二）从实践要求来看，绿色金融是广州制造业绿色低碳转型的关键之举

2023 年底召开的广州市委全会提出，要坚持以新质生产力加快形成之进，推动制造业升级，加快实现现代化产业体系新跃升。同时，要坚持以绿美广州生态建设之进，协同推进降碳、减污、扩绿、增长，加快实现城市绿色转型新跃升。2024 年 2 月召开的广州市高质量发展大会进一步指出，发展新质生产力必须摆脱传统经济增长方式、生产力发展路径，以科技创新驱动生产力向新的质量形态跃升，加快构建现代化产业体系。要深刻把握产业科技创新的演进逻辑，用好超大规模市场和丰富产业资源优势，推进产业科技深度融合、促进产业科技互促双强，加快产业深度转型升级，加速壮大数字生产力、智能生产力、绿色生产力。大会还提出，要全力做实产业第一、制造业立市，加速推进新型工业化，聚力做强智能网联与新能源汽车、新型显示、集成电路、生物医药等新兴产业。

2023 年 3 月，习近平总书记在参加十四届全国人大二次会议江苏代表团审议时强调，要因地制宜发展新质生产力。总书记指出，发展新质生产力不是忽视、放弃传统产业，要防止一哄而上、泡沫化，也不要搞一种模式。传统产业与新质生产力不是对立关系，关键是要用新技术改造提升传统产业，积极推进产业高端化、智能化、绿色化，统筹推进传统产业升级、新兴产业壮大、未来产业培育。发展新质生产力必须实事求是、因地制宜，紧密结合本地资源禀赋、产业基础、科研条件等。

从广州市两次重要会议精神和习近平总书记重要讲话来看，发展新质生产力，实现制造业绿色低碳转型，已成为新发展阶段推动高质量发展的关键抓手。作为超大城市和重要的工业基地，广州推动制造业绿色低碳转型，必须立足自身禀赋优势，大力发展新质生产力，加快推动产业绿色化、智能化发展。而金融作为现代经济的核心，在支持制造业绿色低碳转型、培育新质生产力方面具有不可替代的作用。

第一，绿色金融是支持制造业企业绿色技术创新的重要引擎。制造业绿色低碳转型的关键在于新技术创新及其产业化应用。而绿色技术从研发到规模化推广，需要大量持续的资金投入。以广州新材料产业为例，企业正在加大对石墨烯、纳米材料等新材料的研发投入，但创新周期长、风险高，内部资金难以持续支撑。创新绿色信贷、绿色债券、绿色股权投资等金融工具，可极大拓宽企业创新资金来源，为新材料等产业绿色技术创新注入活力。广州亟须加快构建面向制造业的绿色技术金融服务体系，通过政策、财税等手段，引导更多社会资金投向节能环保、清洁生产、新能源等领域，助力制造业企业加大绿色技术创新力度。

第二，绿色金融是支持传统制造业绿色改造的重要抓手。传统制造业企业绿色转型并非放弃传统产业，而是要通过智能化、数字化改造，实现节能减排、提质增效。这需要大规模设备更新和技术改造，资金投入巨大。以广州珠江啤酒为例，该企业正在加大数字化车间、智能物流等改造投入，以降低能耗、减少浪费，但单凭企业自身难以持续投入，迫切需要发挥绿色金融的资金撬动作用。因此，广州要创新绿色金融产品和服务，如专项绿色贷款、绿色资产证券化等，引导更多社会资本流向制造业智能化、绿色化改造，破解融资难题。

第三，绿色金融是助推绿色新兴产业集聚发展的重要力量。发展新能源、生物基材料等绿色产业，是广州培育新动能的战略方向，但当前这些产业面临技术不成熟、市场认可度低等困境，亟须政策性、引导性的绿色金融支持。以广州新能源汽车产业为例，近年来发展势头强劲，但整车及零部件企业面临资金短缺、创新能力不足等挑战。如何发挥政府产业基金的引导作用，整合银行、保险、证券等金融资源，通过股权投资、绿色供应链金融服务等方式全方位支持新能源汽车产业发展，是广州亟须解决的问题。

第四，绿色金融是制造业绿色低碳转型的风险管理利器。绿色低碳转型面临环境风险、技术商业化风险等诸多风险，不仅影响企业自身经营，也可能危及银行信贷资产质量。创新开发环境污染责任保险、绿色工程保险等风险管理工具，建立第三方环境风险评估体系，完善绿色金融风险定价、分担、补偿机制，是广州迫切需要推进的重点工作。以钢铁行业为例，企业减排改造面临诸多环境风险，如果能为企业投保专门保险产品，同时由第三方机构对风险进行识别评估，则有利于钢企主动防范并转移潜在风险，也有助于银行等金融机构精准评估相关信贷风险。

第五，绿色金融是构建制造业绿色低碳发展生态的"生态场景设计师"。绿色金融可通过创新绿色信贷、绿色债券、绿色股权投资、绿色保险等金融工具，有效引导社会资本流向绿色低碳领域，推动形成绿色技术研发、绿色产品生产、绿色消费等良性循环，构建起制造业绿色低碳发展的生态体系。广州要积极完善绿色金融政策体系，健全绿色金融标准，加强绿色金融基础设施建设，培育一批专业绿色金融服务机构，搭建绿色项目投融资对接平台，引导更多金融资源配置到节能环保、清洁能源、绿色制造等领域，加快构建与制造业绿色低碳发展相适应的金融生态圈。

总之，在"双碳"目标引领下，广州制造业绿色低碳转型已是大势所趋。绿色金融作为联结资金供给与绿色产业需求的桥梁纽带，在破解制造业绿色低碳发展的资金瓶颈、优化绿色资源配置、防范环境风险等方面具有不可替代的作用。广州要深入学习贯彻习近平总书记关于发展新质生产力的重要论述，立足广州实际，抢抓绿色金融发展机遇，强化金融创新赋能，健全绿色金融服务体系，推动形成绿色金融与绿色制造业融合发展、相互促进的良性循环。要加快建设与制造业高质量发展相适应的绿色金融生态，为广州加快建设全球绿色低碳发展高地，在新征程上走在全国前列、创造新的辉煌提供强大助力。

二 广州制造业绿色低碳发展的现状与需求

广州作为我国重要的制造业基地，近年来深入贯彻新发展理念，大力实施创新驱动发展战略，加快推进制造业绿色低碳转型，取得了积极进展。尽管在实现碳达峰、碳中和目标进程中仍面临诸多挑战，但广州仍坚定不移地推动工业绿色发展，为实现高质量发展奠定了坚实基础。

（一）广州制造业绿色低碳发展取得积极进展

1. 绿色低碳发展成效显著

"十三五"期间，广州市以年均 1.7% 的能源消费增长率，支撑了年均 6.0% 的地区生产总值增长率，单位地区生产总值能源消耗和二氧化碳排放分别累计下降 19.4% 和 31.9%，规模以上单位工业增加值能耗下降 21.8%。[①] 节能降耗、减污降碳、扩绿增效成为广州工业发展的鲜明特征。

这些成绩的取得，得益于广州市率先推行千家企业绿色行动，累计认定市级清洁生产企业 2096 家次，绿色制造名单数量居全国城市首位。2022 年，规上单位工业增加值能耗下降率达 3.8%。广州市通过引导企业采用绿色技术、推广绿色设计和绿色采购、采用先进适用的工艺技术与装备、建立资源回收利用机制、推动用能结构优化，打造了立白集团、广汽集团、索菲亚家居等一批绿色工厂。截至 2023 年 6 月，广州已打造国家级绿色工厂近 50 家（另有市级 15 家）、绿色工业园区 1 家、绿色设计产品 192 项（另有市级 2 项）、绿色供应链管理企业 7 家（另有市级 3 家）、工业产品绿色设计示范企业 8 家、绿色制造系统集成项目 5 个、绿色制造系统解决方案供应商 5 家、工业节能与绿色发展评价中心 7 家，成为绿色制造体系最齐备的城市之一。[②]

2. 产业结构不断优化升级

广州工业绿色发展的一大亮点，是产业结构绿色转型稳步推进，先进制造业高质量发展态势明显。广州市全面实施先进制造业强市战略，大力发展新一代信息技术、新能源汽车、绿色石化和新材料、生物医药等重点产业。

---

① 《解锁广州工业发展"绿色密码"》，新华网，http：//gd. news. cn/newscenter/2023-06/04/c_ 1129668043. htm。
② 《解锁广州工业发展"绿色密码"》，新华网，http：//gd. news. cn/newscenter/2023-06/04/c_ 1129668043. htm。

以新能源汽车为例，2022年广州汽车产量突破310万辆，创历史新高，连续四年居全国大中城市第一。其中，新能源汽车产量31万辆，同比增长120%，产能突破100万辆。广汽埃安新能源生产车间，涂装采用循环风技术，电池生产线实现能量高效回收，焊装主线实现100%自动化，节能减碳已成为生产"标配"。[①]

广州还注重发挥创新驱动作用，高新科技成为节能减排的"助燃剂"。日化行业一直被视为能耗大户，但立白集团研发出了业内首个"碳中和洗洁精"，产品全生命周期实现碳中和，带领消费者开启绿色低碳生活。截至2023年6月，立白集团产品配方中原料生物降解性超90%，139个产品荣获工信部绿色设计产品认定，占行业48.91%，数量居行业之首。[②]

3. 绿色制造体系日臻完善

为加快构建绿色制造体系，广州在全国率先建设市级绿色制造体系示范项目。按照《广州市绿色制造体系建设实施方案》，广州明确提出创建绿色工厂、开发绿色设计产品、创建绿色园区、构建绿色供应链以及绿色制造评价和服务体系。广州开发区、黄埔区积极践行绿色发展理念，依托广州市首个国家级绿色工业园区优势，大力推进绿色工厂建设。截至2024年1月，广州市黄埔区累计创建国家级绿色工厂29家、国家级绿色供应链管理企业8家、市级绿色工厂34家，推出绿色设计产品21种，成为全市唯一拥有完整绿色制造体系的辖区。其中，广州南洋电缆通过智能化管控提升能效，中一药业引进数字化连续生产线，实现中成药智能化包装，产能效率大幅提升。[③] 黄埔区还出台专项政策进行引导，对纳入国家绿色制造示范名单的工厂、园区、企业给予最高100万元奖励，对清洁生产企业给予最高15万元补贴。政策实施以来，惠及清洁生产企业103家，绿色制造示范名单企业

---

① 《解锁广州工业发展"绿色密码"》，新华网，http://gd.news.cn/newscenter/2023-06-04/c_1129668043.htm。

② 《解锁广州工业发展"绿色密码"》，新华网，http://gd.news.cn/newscenter/2023-06-04/c_1129668043.htm。

③ 《黄埔撑起广州"绿色制造"半壁江山》，百度百家号"南方Plus"，https://baijiahao.baidu.com/s?id=1788746619970333298&wfr=spider&for=pc。

26 家，兑现专项资金 3145 万元，有力推动了产业绿色低碳发展。[①]

4. 绿色发展持续深入推进

为全面推进工业绿色发展，广州发布了《广州市工业绿色发展——清洁生产白皮书（2022 年）》，首次梳理总结广州清洁生产成果，分析工业绿色高质量发展的成效和经验，阐述了全周期动态管理、专设机构促规范化发展、多渠道发动企业参与、穗港合作推动、差异化审核扩大覆盖面、"复审+碳审核"助力减污降碳等创新做法。白皮书还凝练了开发区、南沙、花都、从化及白云、番禺、增城等重点区域，以及汽车、电子信息、石化化工、机械装备、生物医药、食品、资源综合利用等重点行业的清洁生产典型案例，为广州市工业绿色发展提供了示范引领。

广州正通过推动"工业互联网+节能"综合服务平台发展，运用互联网、大数据等信息技术实现能源管理智能化，大力发展先进制造业、战略性新兴产业，倒逼传统产业加快转型升级，构筑精细、柔性、智能、绿色的新型制造体系。可以预见，在"双碳"目标的指引下，广州工业将加速向绿色化、智能化、高端化演进，为高质量发展注入澎湃动力，努力打造新时代绿色发展的典范。

（二）绿色金融赋能广州制造业绿色低碳转型面临的挑战与现实需求

当前，广州制造业绿色低碳转型正处于关键期，面临诸多挑战与机遇。广州要在推动制造业绿色发展、培育经济新动能等方面有所作为，就必须准确把握形势和环境，深入分析现实需求，找准金融支持制造业绿色低碳发展的着力点。

1. 广州制造业绿色低碳发展面临的挑战

尽管广州制造业绿色低碳转型取得积极进展，但对标国家碳达峰、碳中

---

① 《黄埔撑起广州"绿色制造"半壁江山》，百度百家号"南方 Plus"，https：//baijiahao. baidu. com/s？id＝1788746619970333298&wfr＝spider&for＝pc。

和战略部署,在推动制造业绿色低碳发展、培育经济发展新动能等方面仍存在不少短板和挑战。一是制造业结构亟待优化。重化工业在工业中占比仍然较高,战略性新兴产业比重有待进一步提升。高耗能行业和企业还占有较大比重,产业低碳化水平有待持续提高。二是绿色技术创新能力不足。绿色关键核心技术受制于人的局面尚未根本改变,绿色制造整体装备水平不高,基础零部件、元器件、软件等还需大量进口,产业链自主可控能力有待增强。三是绿色生产方式有待优化。部分企业绿色发展意识不强,清洁生产水平不高。工业固体废物、危险废物的减量化、资源化利用水平有待进一步提升。四是绿色低碳基础设施建设滞后。能源结构以化石能源为主,可再生能源利用率偏低。工业余热余压等二次能源利用不充分,工业园区集中供热比例不高。工业绿色低碳基础设施建设有待加强。

总的来看,广州制造业绿色低碳转型任务艰巨,挑战与机遇并存。一方面,广州要正视发展中国家和发达国家"两端挤压"的严峻形势,低成本要素优势逐步弱化,国际竞争日益激烈。绿色技术贸易壁垒不断强化,绿色标准、评价体系有待完善,绿色发展支撑体系亟须健全,全社会的绿色意识仍需进一步增强。另一方面,碳达峰、碳中和目标为制造业绿色低碳转型指明了方向,绿色低碳发展已成为大势所趋。下一步,广州要以实施制造强市战略、建设全球先进制造业基地为抓手,立足自身优势,把握绿色发展机遇,坚持高端化、智能化、绿色化发展方向,推动形成绿色制造产业体系。要加快绿色技术攻关,突破一批制约制造业绿色发展的关键核心技术,加强绿色工艺、装备的研发应用。要推动绿色制造试点示范,打造一批绿色工厂、绿色园区、绿色供应链,构建绿色制造体系。

2.广州制造业绿色低碳发展的现实需求

广州制造业要实现绿色低碳发展,必须加大投入力度,而目前面临的最突出问题是资金不足,主要体现在以下几个方面。一是绿色技术研发资金投入不足。绿色技术创新具有风险大、周期长等特点,企业研发投入动力不足。虽然政府设立了一些引导基金支持绿色技术创新,但基金规模有限,难以满足企业的实际需求。部分中小企业受制于资金实力,研发投入严重不足，创新能力较为薄弱。资金缺口制约了绿色技术的研发突破和产业化应用。二是节能改造和淘汰落后产能资金缺口大。推动传统产业绿色化改造和淘汰落后产能，需要大量资金来更新升级绿色工艺和装备。一些高耗能行业和企业受制于资金实力，难以进行全面的节能改造，能效水平提升缓慢。淘汰落后产能也面临较大的资金压力，企业自有资金难以满足，亟须社会资本参与，但当前吸引社会资本投入的激励机制还不健全。三是绿色低碳项目融资难度大。绿色低碳项目普遍存在投资规模大、建设周期长、收益回报期长等特点，项目融资成本高，风险较大。部分金融机构对绿色低碳项目的风险评估和定价能力不足，信贷门槛高，贷款审批严格，导致许多绿色低碳项目难以获得信贷支持。同时，针对绿色低碳项目的专项金融产品和服务偏少，缺乏多元化的融资渠道。四是绿色制造业发展中资本市场支持不足。目前，在境内外资本市场上市的广州绿色制造企业数量偏少，通过资本市场进行直接融资的规模有限。部分绿色制造企业尚未完全具备上市条件，融资渠道单一，亟须拓宽直接融资渠道。而且，绿色制造企业在融资过程中还面临环境信息披露不完善、绿色价值无法在资本市场中充分体现等问题，一定程度上影响了投资者的信心和投资意愿。

可见，绿色金融在支持广州制造业绿色低碳发展中肩负重要使命，必须发挥绿色金融的资金供给、风险管理、资源配置等功能，破解制约广州制造业绿色低碳转型的资金瓶颈，促进形成绿色低碳发展新动能。

三 绿色金融赋能广州制造业绿色低碳发展的机理分析

绿色金融是撬动社会资本投向绿色低碳领域的关键力量，通过丰富的金融工具和手段，在促进广州制造业绿色低碳发展中发挥着不可替代的作用（见图1）。

（一）构建多层次绿色金融产品和服务体系

适应广州制造业绿色低碳转型需求，必须加大金融产品和服务供给。一

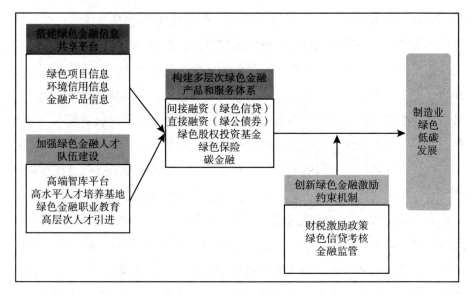

图1　绿色金融赋能广州制造业绿色低碳发展的机理框架

是加大绿色信贷投放力度。引导银行业金融机构重点支持节能环保、清洁生产、绿色制造等领域，创新推出"绿色贷"等专属信贷产品，提高资金使用效率。同时鼓励制造企业通过发行绿色公司债券等方式，拓展直接融资渠道。二是发展绿色股权投资工具。支持发起设立广州制造业绿色股权投资基金，吸引社会资本投资绿色制造项目。对接国家新设绿色产业基金，为广州绿色企业孵化提供股权融资支持。三是大力发展绿色保险。支持保险机构开发环境污染责任保险、绿色工程保险等创新产品，为广州绿色制造企业提供风险保障。鼓励在建设工程、新材料等领域开展环境污染第三者责任保险试点。四是推进碳金融创新。抓住全国统一碳市场的契机，在广州构建完善的碳排放权交易体系，支持制造企业通过现货和衍生品交易实现碳资产证券化，拓宽融资渠道。

（二）创新绿色金融激励约束机制

除了产品供给外，制度机制建设同样重要。一方面要完善财税激励政策。如通过财政贴息、风险补偿、奖励资金等方式，激励银行加大对绿色制造业的信贷倾斜；鼓励银行业金融机构发起设立地方绿色发展基金，进一步撬动社会资本。另一方面要加强监管。将绿色信贷业绩纳入宏观审慎评估体系（MPA），促进银行平衡经济效益和环境效益。建立绿色金融机构评分和考核激励机制，对表现突出的给予政策倾斜。同时加大对环境违法违规企业的金融制裁力度，增强银行的环境风险防范意识。

（三）搭建绿色金融信息共享平台

信息不对称长期制约着绿色金融发展，解决之道在于加强数据赋能。要依托制造业转型升级信息平台，构建绿色金融信息共享平台，打通项目与资金对接的"最后一公里"。具体包括：一是建设绿色项目库，加强低碳项目信息披露，为银行投融资提供项目储备；二是建立企业环境信用评价体系，将污染相关违法记录纳入银行征信系统；三是规范绿色金融产品信息披露，出台绿色债券存续期信息披露管理办法；四是培育绿色金融专业中介机构，为绿色项目提供评估咨询服务。

（四）加强绿色金融人才队伍建设

绿色金融是一个新兴领域，专业人才匮乏已成为制约其发展的突出短板。广州要加快绿色金融人才培养，为制造业绿色低碳发展提供有力的人才支撑。一是搭建高端智库平台。鼓励高校、科研院所设立绿色金融研究中心，开展绿色金融基础理论和应用实践研究。二是打造高水平人才培养基地。支持高校设立绿色金融相关专业，开设绿色金融课程，建设绿色金融实践教学基地。三是加强绿色金融职业教育。鼓励行业协会、金融机构等开展绿色金融相关培训，提升从业人员专业素质。四是引进和培养高层次人才。制订绿色金融人才引进计划，完善人才评价和激励机制，为广州制造业绿色低碳发展集聚一批复合型高端人才。

四 绿色金融助力广州制造业绿色低碳转型的对策建议

推动制造业绿色低碳转型是一项复杂的系统工程，需要政府、金融机构、企业等共同努力。广州要立足自身实际，因地制宜发展绿色金融，在服务制造业绿色低碳转型中找准切入点和突破口。要坚持市场化原则，充分发挥市场在资源配置中的决定性作用，更好发挥政府作用。要坚持开放合作，主动融入粤港澳大湾建设和"一带一路"建设，加强区域协同联动，在更大范围整合绿色金融资源。要坚持创新引领，加快绿色金融产品和服务创新，提升金融服务绿色发展的适应性、竞争力和普惠性。要坚持风险防控，建立健全绿色金融风险监测预警、防控化解机制，守住不发生系统性区域性金融风险的底线。

（一）创新体制机制，完善绿色金融政策体系

适应广州制造业绿色低碳转型需求，进一步健全绿色金融政策体系势在必行。一是要制定出台专门的绿色金融发展指导意见。针对广州实际，明确重点领域、主要任务和具体措施，并将其纳入广州发展总体规划，与制造业绿色低碳转型相衔接。二是要建立绿色低碳产业目录和评价标准。科学界定绿色信贷、绿色债券重点支持行业，并制定绿色项目和绿色企业评价标准体系，为金融机构开展环境风险管理提供依据。三是要健全绿色金融产品标准。为绿色信贷、绿色债券、绿色保险、绿色基金等金融工具制定相应标准，为各类产品创新应用扫清障碍。除了完善政策体系外，推进机制建设亦是关键所在。一方面要加强跨部门协调联动。中国人民银行广东省分行、国家金融监督管理总局广东监管局等监管部门，与广东省发改委、工信局、科技局等职能部门要密切对接，形成工作合力。另一方面要加强区域协同。建立信息共享机制，定期通报区域内绿色金融发展情况，推动跨区域交流合作。同时发挥行业协会桥梁纽带作用，传递政策举措，反映企业诉求。

（二）优化资源配置，构建多元化绿色投融资体系

发挥财政资金杠杆作用，采取投资补助、贷款贴息、风险补偿等方式，撬动金融资本加大对广州制造业绿色低碳项目的投资。整合现有产业基金，引导社会资本投向节能环保、绿色制造、清洁能源等领域。支持符合条件的

绿色企业上市或在新三板挂牌，拓宽直接融资渠道。鼓励金融机构加大绿色信贷投放力度，在风险可控、商业可持续的前提下降低绿色信贷门槛。创新开发排污权、碳排放权等环境权益质押融资模式。加大对绿色金融中介服务机构的扶持力度，为投融资对接提供专业化服务。在间接融资方面，鼓励银行业金融机构加大绿色信贷投放力度，对绿色低碳项目在内部资金转移价格、信贷规模、考核激励等方面给予优惠。引导保险机构开发绿色保险产品，为绿色制造企业提供风险保障。支持金融租赁公司加大对节能环保设备的租赁力度。在直接融资方面，支持企业发行绿色债券、绿色资产支持证券、绿色信托等产品，盘活存量资产，拓宽低成本融资渠道。支持私募基金管理人设立绿色发展基金，为绿色制造企业提供股权、债权融资服务。在股权投资方面，引导创业投资基金、股权投资基金加大对战略性新兴产业、未来产业的投资力度。鼓励天使投资人、创业投资机构投早、投小、投科技。

（三）防范化解风险，提升绿色金融风险管理水平

健全绿色金融风险防控体系，是推进广州绿色金融发展的重中之重。一是要将环境风险纳入金融监管视野。一方面，应推动建立环境信息强制披露制度，要求企业定期公布环境信息，为金融机构风险评估提供基础数据。另一方面，监管部门要开展环境压力测试，评估环境风险对金融体系的潜在冲击。二是要从多个层面加强绿色金融产品风险管控。如在绿色信贷领域，加强贷款全流程管理，提高风险定价能力；在绿色债券市场，加强存续期监管，防范"漂绿"等违规行为；在绿色保险业务中，建立健全风险分散转移机制。三是要培育壮大绿色征信市场。支持第三方机构发展，发挥其在环境风险监测评估、预警等方面的作用。同时要加大对环境违法违规行为的处罚力度，切实增强企业的合规意识。四是监管部门亟须加强绿色金融监管能力建设。要加大专业人才培养力度，提高监管人员环境风险管理水平；要加强对金融从业人员的培训，增强其履职尽责意识；要建立风险监测预警平台，及时发现并化解各类风险隐患。同时，还要进一步完善风险防控工作机制。一方面要压实各方主体责任，严惩违法违规行为；另一方面要引入第三方机构参与

绿色项目评估，提高评估独立性和专业性。鼓励金融机构加强环境风险量化分析，将其纳入内部评价体系。只有在风险可控、制度健全的前提下，广州绿色金融才能行稳致远，为制造业绿色低碳转型提供坚实支撑。

（四）深化区域合作，打造绿色金融改革创新高地

主动服务粤港澳大湾区建设，吸引国内外金融机构来穗设立绿色金融专营机构或特色业务部门。支持广州期货交易所创新碳金融产品，推动建设全国碳金融中心。鼓励广州银行、广州农商银行等法人银行在绿色金融领域先行先试，创新绿色信贷服务模式。支持广东股权交易中心搭建绿色企业投融资服务平台，为中小微绿色企业提供融资服务。推动与港澳地区金融市场合作，借鉴港澳地区在 ESG 投资、绿色金融产品创新方面的经验。加强与共建"一带一路"国家的绿色金融合作，积极引进境外资金参与广州绿色低碳项目建设。充分发挥广州全球 500 强企业、跨国公司地区总部较为集中的区位优势，积极吸引国际组织、境外机构在广州设立绿色金融业务办事处，鼓励外资金融机构将绿色金融业务作为进入广州市场的突破口。支持广州法人金融机构"走出去"，在共建"一带一路"国家设立分支机构，加强绿色金融能力建设。鼓励广州企业将绿色金融嵌入对外投资合作，引导资金投向东道国绿色产业，实现互利共赢。依托中国-东盟博览会、广交会等知名平台，定期举办绿色金融国际论坛、洽谈会，搭建国际交流合作平台。鼓励广州金融机构与国际多边开发银行在绿色信贷、绿色债券、绿色基金等领域加强合作，借鉴国际先进经验做法。

（五）优化营商环境，激发各类市场主体绿色金融需求

进一步优化广州营商环境，着力破除制约绿色金融创新发展的体制机制障碍。一是持续深化"放管服"改革，简化绿色低碳项目审批流程。比如对绿色制造、新能源等企业在投资审批、用地用能等方面给予"绿色通道"待遇，提供更加便捷高效的服务。二是全面落实减税降费等利企纾困政策，切实为企业"减负纾困"。对参与绿色低碳项目的企业，给予适当的税费优

惠，增强其参与绿色低碳转型的积极性。三是健全绿色技术交易平台，完善交易定价等机制。比如支持广州知识城等园区建设绿色专利交易中心，促进绿色科技成果转化应用。同时加强对绿色知识产权的保护，维护企业技术创新主体地位。四是加快绿色标准体系建设，支持第三方开展绿色产品认证。对于通过认证的绿色产品，在政府采购、展会展销等方面给予政策倾斜。五是加大宣传教育力度，提升全社会对绿色生活理念的理解和认同。比如在社区街坊、校园等基层开展"绿色生活"主题活动，推广绿色低碳生活方式。同时发挥新闻媒体、行业协会等作用，加强绿色金融政策宣讲和产品推广。六是加强诚信建设，健全绿色信用评价和奖惩机制。对于践行绿色发展理念的企业和个人，适当给予荣誉表彰等激励；对于违规违法者，要严肃问责并向社会曝光。

参考文献

陈素梅：《中国工业低碳发展的现状与展望》，《城市》2022 年第 1 期。

陈晓昀：《企业绿色制造能力提升策略研究》，《沿海企业与科技》2021 年第 3 期。

李欢、张玉燕、崔志广：《从"十四五"规划看地方政府绿色制造政策重点》，《中国工业和信息化》2022 年第 6 期。

刘华：《绿色金融服务绿色制造的标准化协同推进研究》，《金融科技时代》2020 年第 5 期。

宋清华、林永康：《加快建设制造强国背景下金融集聚与制造业企业绿色技术创新》，《金融经济学研究》2023 年第 1 期。

田华文：《"双碳"目标下数字经济赋能绿色低碳发展论析》，《中州学刊》2023 年第 9 期。

吴笛、程锋：《绿色贸易融资发展趋势与建议》，《中国金融》2020 年第 16 期。

杨代友、秦瑞英、陈荣：《广州市制造业高质量发展的现状分析及提升对策》，《城市观察》2020 年第 4 期。

袁谋真：《"双碳"战略目标下碳资产专业化管理研究》，《暨南学报》（哲学社会科学版）2022 年第 8 期。

B.9
新形势下广东氢能技术研发推广情况、融资需求及对策思考

摘 要： 氢能是一种来源丰富、绿色低碳、应用广泛的二次能源，能帮助解决能源供应和环境问题。《广东省能源发展"十四五"规划》和《广东省碳达峰实施方案》明确提出，要通过组合拳打造氢能产业发展高地。目前，广东氢能产业总体发展水平全国领先，氢能技术创新能力和推广水平稳步提升，但在低成本制氢、氢气储运、核心材料和关键零部件自主化等方面还比较薄弱。为促进氢能产业发展，政府产业投资基金加大支持力度，金融机构加大信贷投放力度、创新投贷联动模式，支持氢能重点企业和重点项目。但是，目前支持氢能产业发展的系统性财政金融政策仍缺位，抵押担保不足导致银行介入较为谨慎，多元化融资渠道尚待构建，财政补贴账期较长且补贴力度不足。建议制定系统性的财政金融支持政策，强化财政政策与信贷政策的协同应用，改善氢能产业发展融资环境，完善氢能产业扶持政策和补贴激励机制。

关键词： 氢能 绿色技术 金融创新 融资支持

　　氢能是我国能源战略体系的重要组成部分，是发展我国新质生产力的重要引擎。近年来，全国氢能产业呈现积极发展态势，广东在 2021 年获批成为全国首批燃料电池汽车示范应用城市群，是国内氢能产业发展最早、覆盖

---

* 邓伟平，高级经济师，中国人民银行广东省分行金融研究处主任科员，研究方向为绿色金融；廖欣瑞，中国人民银行广东省分行金融研究处主任科员，研究方向为绿色金融。

最全、应用范围最广泛的地区之一，产业集聚发展态势基本形成。为进一步推动氢能产业创新发展，在广东省政府大力发展氢能产业的蓝图指引下，广东省及各地市均因地制宜出台了一系列氢能发展政策。优质的发展环境和政策利好吸引大量氢能企业聚集，涵盖产业链上中下游，为广东氢能产业链的快速成长提供了有力支撑。当前全球氢能产业基本完成技术验证，而产业经济效益尚未实现正向循环，产业链各环节成本较高，导致投资风险较高，广东氢能产业链整体仍处于需要政府和社会资本输血的状态，投融资方面还面临系统性财政金融政策缺位、银行介入较为谨慎、市场投资主体单一且资金集中于少数头部企业等发展障碍，急需构建多渠道融资环境。

一　广东氢能技术创新与推广应用现状和成效

（一）氢能产业总体发展水平全国领先

近年来，广东省加快发展氢能与燃料电池汽车产业，形成了以粤港澳大湾区为产业高地、粤东西北差异化发展的产业格局。

1. 省市政策出台频密，氢能产业政策体系日趋完善

在国家政策的推动下，广东省将氢能和燃料电池列为优先发展产业，在核心技术研发及产业化、车辆推广、加氢基础设施建设等环节开展一系列政策探索。2022年，全国29个省区市共出台政策345项[1]，其中广东省出台44项政策，远多于其他省区市，给予了氢能产业发展较大力度的政策支持和激励。省级层面的《广东省推进能源高质量发展实施方案（2023—2025年）》中提到，加快培育从氢气制备、储运、燃料电池电堆到关键零部件和动力系统集成的全产业链，形成广州-深圳-佛山-东莞环大湾区核心区车用燃料电池产业集群。《广东省能源发展"十四五"规划》则对氢能产业发展做出了详细部署。《广东省加快建设燃料电池汽车示范城市群行动计划

---

① 数据来源：清氢研究院。

（2022—2025年）》中明确了"2025年，全省实现推广1万辆以上燃料电池汽车目标，年供氢能力超过10万吨，建成加氢站超200座，车用氢气终端售价降到30元/公斤以下"的燃料电池汽车推广的目标和主要任务。佛山市作为国内较早布局燃料电池汽车产业的城市，从产业发展的顶层设计到全产业链配套政策方面先行先试，出台二十多项助力氢能产业发展的相关政策。佛山、广州、深圳、中山、珠海等市发布了氢能产业发展专项规划，东莞、茂名等市也将氢能纳入"十四五"能源发展规划之中。除扶持政策之外，各地也陆续出台氢能产业相关的补贴措施，扶持氢能项目和工业园区建设，并以此带动氢能产业链中各企业的发展。

2. 氢能产业链相对完整，产业集群初具雏形

广东省氢能产业总体发展水平处于全国领先地位，已形成"制、储、运、加、用"全产业链的生产模式，部分企业在全国处于行业领先地位。《广东省氢能产业发展报告2024》显示，广东省内有超600家涉及氢能业务的企业，基本涵盖催化剂、膜电极、空压机、燃料电池电堆及系统等关键核心零部件制造、高端装备制造、燃料电池汽车整车制造以及氢气制取、运输和加注等产业环节，已成为全国规模最大的燃料电池汽车产业集群。在国家首批启动的五个燃料电池汽车示范应用城市群中，广东城市群由佛山市作为牵头城市，联合广州、深圳、福州、珠海、东莞、中山、阳江、云浮、淄博、包头及六安组成，覆盖五省区十二市，多地联动推动燃料汽车八大零部件技术快速国产化，并与南方电网、美的、华为、广汽集团等多家世界500强企业谋划布局氢能产业。

（二）氢能技术创新能力和推广水平稳步提升

广东省紧密结合氢能产业布局，高度重视科技创新，持续加大投入支持基础科学和应用技术研究，并以强化产业化目标为导向与科研机构及高校院所紧密合作，积极推动企业技术创新并取得一定进展，燃料电池电堆及系统、燃料电池汽车等核心产品市场占有率全国领先，氢能产业关键材料及产业化水平得到市场认可。

1. 氢能供应

制氢技术：多项领域取得突破，副产氢供应不断扩大。在制氢领域，化石能源制氢以及工业副产制氢技术已经成熟，我国氢气约 77.3% 来自化石能源制氢，21.2% 来自工业副产氢，仅 1.5% 由电解水制氢提供。广东燃料电池汽车用氢主要来自工业副产氢，广州中石化、东莞巨正源和珠海长炼石化是最主要的供应商。当前广东在电解水制氢技术领域也取得突破性进展，电解水制氢转换效率优于国内同类产品 15%。

储运技术：以高压气态储氢技术为主，固态储氢技术已实现"绿电"与"绿氢"灵活转换。当前氢能储运通常分为气态储运、液态储运以及固态储运三种方式。高压气态储氢技术是目前发展最为成熟、应用最广泛的技术，将氢气加压存储于高压容器中，储氢密度与存储压力、容器类型相关，气压为 35~70 兆的气态储运是目前的主流。运输方式主要分为长管拖车和管道运输，其中长管拖车是目前中国技术掌握最成熟、应用最广泛的氢储运方式。"远距离+大规模场景"液态储运潜力较大，但目前主要应用于航天领域，国内民用受政策限制。固态储氢技术具有储存时间长、安全性高、释放氢气方便等优点，2023 年 5 月，固态氢能发电并网率先在广州实现，这也是我国首次将光伏发电制成固态氢能应用于电力系统，能够储存 200 立方米的氢气，实现"绿电"与"绿氢"灵活转换。该项技术还可以升温释放高压氢气，为新能源汽车加氢。

加氢技术：加快各环节政策突破，加氢站数量居全国首位。在加氢站建设方面，广东省已先行放开一部分政策限制。率先发布《广东省燃料电池汽车加氢站建设管理暂行办法》，支持制氢加氢一体化站不进化工园区，并于 2021 年建成国内首个站内天然气制氢加氢母站（南庄一体化站），发布首个适用于电解水制氢工艺的制氢加氢一体站的安全技术和管理要求，即《制氢加氢一体站安全技术规范》，同时在全国首创加氢站建设审批的"同步并联办理"模式，加快审批速度。截至 2022 年，广东共建成投运加氢站 47 座，加氢站数量居全国第一，建成国内首个商业化加氢站、首个油氢合建站、首个证件齐全的商业化制氢加氢一体化站、首批高密度商用标准化加

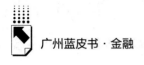

氢站等多项全国之首。

2. 关键部件：氢燃料电池动力系统核心零部件国产化提速

广东燃料电池汽车产业技术水平全国领先，目前已初步掌握了氢燃料电池发动机、电堆及膜电极、空压机、氢气循环泵等核心部件的关键技术，在全国率先攻克气体扩散层连续化卷对卷生产工艺技术并实现商业化应用，石墨双极板核心指标国内领先，单堆氢燃料电池系统额定功率在国内率先突破130千瓦，深圳固体氧化物燃料电池电解质已占据全球80%市场份额。涌现出广州鸿基创能、广东济平新能源、深圳通用氢能、广州艾蒙特等一批龙头企业，拥有全国产能最大、技术水平最高的膜电极、催化剂、质子交换膜生产线。

3. 氢能应用：探索多元场景应用，产业应用领域不断拓展

《广东省氢能产业发展报告2024》显示，截至2022年底，广东省燃料电池汽车累计推广超3300辆，累计运营里程超过3500万公里，推广数量与运营里程均居全国第一。除了车辆应用之外，在燃料电池船舶、固定式发电及热电联供、备用电源等氢能终端示范上也有较大突破。交通出行领域，燃料电池应用于有轨电车、物流叉车、冷链车、共享单车、网约车、游船以及市政用车。港口应用领域，深圳充分发挥港口物流场景优势，率先开拓新型合作模式，西部氢能产业示范港率先在港口投放燃料电池重卡开展示范运行。建筑供能领域，通过引进成熟技术，中科润谷已建成全国首家氢燃料电池多元入户供能的示范社区。产业融合领域，广东率先探索将氢能与自动驾驶、种植养殖、陶瓷等行业相结合。

二 广东氢能技术研发与推广的难点所在

广东目前在氢能产业链下游应用端发展迅猛，但上中游的制、储、运环节仍比较薄弱，在低成本制氢、氢气储运、核心材料和关键零部件的自主化等方面还比较薄弱，地区间氢能资源分配不均衡、产业配套不完备。

（一）关键技术领域存在瓶颈，创新能力有待提高

受制于氢能产业发展时间短、前期基础弱等不利因素，我国在制氢技术、液态储氢、燃料电池系统、高端材料和装备制造等核心技术领域与国际先进水平相比仍存在较大差距，可再生能源制氢、电解水制氢专利技术数量偏少，液化储运、储氢材料、加氢枪与软管、膜电极、空气压缩机等关键零部件还需要依赖进口，某些关键技术还处于被国外垄断的局面，在高端集成、电池寿命、生产成本、批量制造能力等方面，与美国、日本等国家存在明显的技术差距。例如，膜电极、高压储氢瓶、供氢阀件的测试设备主要来自加拿大 GREENLIGHT 公司、日本 ESPEC 公司和德国 CTS 公司等。

（二）运行成本偏高，规模化效应有待提升

氢能全产业链的成本过高，制氢成本、储运成本、氢燃料电池成本、加氢站建设成本，尚未形成大范围的集群协作效应，整体氢能使用价格较为昂贵。一是制氢成本，以电解水制氢为例，其中电的成本占氢气成本至少80%，广东是能源需求大省，用电需求高、电费贵，按谷电电价核算制氢价格在 30 元/公斤左右，远高于工业副产氢出厂价格，因此难以通过规模化生产降低制氢成本。二是加氢站建设成本，由于加氢站核心部件依赖进口，每座加氢站建设成本需 1500 万~2000 万元，成本居高不下，而投入回报率低，尚未具备经济效益和竞争力，推行难度比较大。三是运氢成本过高，终端氢气价格高昂。如目前广东省工业副产氢出厂的价格约为 20元/公斤，而氢能生产端与利用端往往存在上百公里的距离，考虑运输加注环节后，仅从江门运到佛山，氢气每公斤运输就花费 20 元，终端用氢价格会上涨至 40~65 元/公斤，如果没有补贴该价格毫无市场竞争力。四是在氢能应用端，氢能产业目前处于导入期，逐步向商业化规模化方向发展。大部分氢气产量已被工业等充分使用，没有富余氢气，尚未形成商业化的推广。

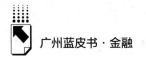

（三）基础设施不完善，氢能供应体系亟待完善

加氢站、运输管网等基础设施建设不完善，当前大部分加氢站属于场内测试站与撬装站，固态储氢量或氢气压缩系统能力较低，存在投入成本大、审批流程和建设周期长的情况，氢能供应保障体系有待完善。土地规划方面，如中山市目前没有明确的加氢站用地规划，企业自主洽谈需要时间和资金。建设审批方面，虽然省政府明确了各地的主要审批部门，但是地方政府对于审批还未有明确的指引流程，审批相对较慢。由于固定式加氢站设备采购周期普遍在3~6个月时间，撬装式加氢站设备采购也需要2~3个月时间，随着加氢车辆规模增加，上述加氢站模式难以满足加氢车辆进场时间的随机化、单次加注时间短的商业需求，限制了产业的发展。

（四）产业布局存在错位，区域协调能力有待提升

受限于可再生能源的分布状况，广东制氢端（主要集中在茂名、云浮、惠州等粤东西北地区）与用氢端（珠三角地区）存在较大的空间错位，部分地区缺乏氢资源，且储氢、运氢、加氢成本高，导致供给与需求失衡。目前广东产氢地区多按需制备，以就近消纳为主，难以满足外运需求。例如，云浮的副产氢已经有固定分配渠道，新增产能无法调配足够的氢气量来满足氢能企业或者氢能汽车的新增需求。而部分燃料电池汽车示范地区（如佛山）不产氢，配套的加氢站数量不足以满足氢能汽车用氢量，氢气依靠周边地区供应，运输成本高昂，工业副产氢生产企业与实际用氢地相距200~300千米，氢气运输成本高，因此尚未形成顺畅的氢气存储和运输网络渠道，产业布局错位和区域协同发展的局面有待突破。

三　金融支持广东氢能技术研发推广的现状和问题

（一）融资需求情况

氢能企业融资主要有三方面用途：一是用于技术研发及迭代；二是用于

项目产品化或扩大产能；三是用于建设加氢站、生产基地等。目前广东氢能产业总体呈现积极发展态势，根据上述氢能技术研发与推广难点可以看出，一方面，各地氢能产业政策不断加码，众多氢燃料公司也加快了技术研发的步伐和发展速度，但氢能产业链各环节成本较高，氢能供应有待降本增效，终端应用场景潜力有待充分发掘，对资金的需求不断加大。如在氢能交通领域，公交、物流、环卫车等燃料电池项目更多是由政府进行示范推广，如果没有政府补贴，氢燃料电池汽车推广缺乏经济可行性，远未达到商业化应用条件。另一方面，当前氢企的经营效益普遍低于预期，因此氢能产业链仍处于需要政府和社会资本输血的状态，产业经济效益尚未实现正向循环，急需构建多渠道融资环境。

（二）支持现状

1. 政府产业投资基金加大支持力度，促进氢能重点项目和企业发展

政府产业投资基金加大对氢能产业的资金支持，撬动更多社会资本投入，引导氢能产业发展。东华能源（茂名）有限公司 2022 年获得粤财投资下属的广东绿色烷烃产业投资基金合伙企业（有限合伙）现金增资 5 亿元，增资资金主要用于烷烃资源综合利用项目一期和配套库区、码头和管廊的建设及运营。该项目一期投产后，每年将产出 8 万吨氢气。广东喜玛拉雅氢能科技有限公司主要从事氢燃料电池及其配件、发电机的研发生产，获得省级产业投资基金下属的广东粤科喜玛氢能股权投资合伙企业（有限合伙）投资 132.5 万元，支持氢能产业发展壮大。

2. 金融机构加大信贷投放力度，满足氢能企业的融资需求

银行通过开通绿色审批通道、给予优惠补贴、引入融资担保等，支持氢能产业链相关企业发展。如交通银行广东省分行为广东宝氢科技有限公司提供固定资产贷款 2500 万元，用于韶钢产业园制氢工程建设项目，该项目通过收集韶钢生产产生的焦炉煤气制氢，建成后每日可为 300 辆氢能物流车加氢。招商银行佛山分行通过建立快速响应机制、开辟项目绿色审批通道、运用行内外补贴政策降低融资成本等方式为瀚蓝（佛山）新能源运营有限公

司发放贷款2150万元,支持瀚蓝可再生能源(沼气)制氢加氢母站新建项目。中国银行广东省分行目前支持氢能企业12家,贷款余额达8760万元,覆盖氢能燃料电池及系统、燃料电堆及发动系统、热能设备、金属结构制造、汽车零配件等多个行业。佛山农商行为广东卡沃罗氢科技有限公司发放"融担贷"贷款金额500万元,期限12个月,由融担基金提供一定比例的保证担保,解决氢能企业抵押物不足的融资难题。

3. 金融机构创新投贷联动模式,促进氢能企业融资渠道多元化

银行基于地方政府的投贷联动专项扶持资金,搭建政府、银行、投资方、企业四方紧密结合的投贷联动合作模式,满足科创企业资金周转需求,提升融资便捷性和可得性。如南海农商行创新推出了"政银投融贷"产品,该产品基于佛山市南海区支持企业投贷联动专项扶持资金,为南海区"投贷联动扶持企业库"企业提供贷款融资支持。目前,该行已针对佛山市清极能源科技有限公司的融资需求定制金融服务方案,根据宸玥资本新一轮的投资金额按比例给予企业授信额度,落地首笔投贷联动业务,为企业发放1500万元流动资金贷款,解决了企业的融资痛点,为企业批量生产燃料电池发动机系统提供资金支持,助力企业快速发展。

(三)障碍分析

1. 支持氢能产业发展的系统性财政金融政策仍缺位

近年来,各级政府部门出台了一系列氢能产业发展规划,这些措施主要侧重产业本身,如培育氢能产业体系、强化产学研支撑、构建多样化应用场景等,缺乏与产业发展相适应的系统性、多领域协同支持的财政金融政策体系。虽然《广东省能源发展"十四五"规划》《广州市氢能产业发展规划(2019—2030年)》中提及要加大财政金融支持力度,但未专门制定省级层面金融支持氢能产业发展的相关措施。如中山农商行表示,氢能产业链关键技术突破及产业化应用环节缺乏专项资金支持。氢能企业的资产类型以技术专利为主,固定资产较少,缺少自有的土地、厂房、设备等,企业往往难以达到银行融资条件,而且政府补贴政策暂不明确,建议制定系统性的财政金融政策。

2. 氢能企业规模化、可复制的商业模式仍有待培育，抵押担保不足，银行介入较为审慎

氢能基础设施、应用及示范区建设均需要大量前期投资支持，亟待以大规模应用摊薄固定资产和研发投资成本，实现商业可持续。广东氢能产业尚处于初期阶段，面临关键材料和核心技术仍依赖进口、基础设施尚未完善、市场需求不足和商业化程度不高等瓶颈，整体实力偏弱，企业的经营状况仍待时间验证，导致银行机构放贷较为谨慎。如南海农商行反映，目前氢能产业发展面临经济成本高的困境，制氢、储氢、运氢、用氢没有形成完备高效的供应链体系，尚未形成规模化、可复制的商业模式。中国建设银行广东省分行反映，很多氢能企业尚未形成技术盈利，主要依赖政府补贴，氢能项目未来运营存在很大不确定性，银行一般需要企业提供融资担保或固定资产抵押等，但是氢能企业缺少符合条件的抵押物，难以通过银行内部审批。

3. 融资渠道狭窄，绿色金融对氢能全产业链的支持有待加强

我国氢能产业的技术路线及商业化模式尚未成熟，氢能产业的生产成本、盈利能力、产业链规模化都不确定。当前氢能产业链中小企业融资渠道有限，相较于龙头企业能获得股权融资支持，大多数中小氢能企业仅能通过股东借款和银行贷款等方式获得资金。如南海农商行反映，当前氢能项目融资方式以股权融资为主，信贷、债券、融资租赁等其他融资方式较少，融资渠道单一，难以充分调动社会资金支持企业发展。

4. 补贴账期长叠加补贴力度不足，政府资金支持氢能发展效果亟待提升

一是氢能补贴从申请到实际到账的时间较长，对企业的现金流造成一定压力。如某氢能科技公司反映，目前氢能企业大部分依靠补贴生存，而补贴往往存在滞后性，补贴账期基本在1年以上，导致氢能企业的现金流较为紧张，基本处于亏损状态。二是氢能基础设施建设成本高，现有的补贴力度相对不足。三是政策宣传力度有待加大。

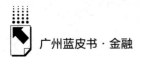

四 进一步支持广东氢能技术研发推广的对策建议

（一）加快顶层设计，制定系统性的财政金融支持政策

一是明确氢能发展战略及产业定位，建立政府相关部门的分工与协同机制，确定氢能潜在的应用场景与具体发展目标，为出台专项的财政金融支持政策指明方向、明确重点。二是制定针对氢能产业的财政、税收、金融等激励政策，给予氢能企业或项目财政奖励，鼓励其积极开展氢能技术研究开发，对氢能企业的机器设备、研发费用等相关税收给予优惠，设立氢能技术专项资金，鼓励金融机构提供氢能项目融资服务。

（二）完善融资激励机制，强化财政政策与信贷政策的协同应用

一是加大增信支持，为氢能企业提供政策性担保服务，扩大担保覆盖面，提升融资杠杆效应，降低金融机构投融资风险。二是运用财政贴息、风险补偿、绿色债券发行费用补助等措施，提高氢能企业和项目融资的可获得性，降低企业财务负担。

（三）拓宽企业融资渠道，改善氢能产业发展融资环境

一是探索设立氢能产业发展基金，通过政府出资带动社会资本投入，为企业引入创业投资基金，畅通信贷、股权、债券等多元融资渠道，支持企业开展技术攻关、平台搭建及应用推广。二是加大银企融资对接力度，建设氢能产业信息交流平台，及时向金融机构推介有融资需求的氢能制备、储能、动力电池等重大氢能项目和企业。鼓励金融机构创新能源金融产品和服务，探索氢能领域股权、债权融资模式。

（四）完善氢能产业扶持政策和补贴激励机制，提升补贴审批时效

一是对前沿氢能设施装备制造、采用国家科技专项成果的储运及加氢项

目给予资金奖励，出台并落实社会资本投资落户、研发机构认定、行业协会、氢能产业园等相关各类补贴，推动政府采购招标向氢能企业倾斜。二是落实关于政府补贴、税收优惠的具体政策，适当简化审批手续，缩短补贴到账时间，同时加大政策宣传力度，使氢能企业及时享受政策优惠。

参考文献

陈卫东、赵廷辰：《完善绿氢产业金融支持体系》，《中国金融》2023 年第 21 期。

罗爱明：《清洁能源发展的金融支持路径探索》，《西南金融》2021 年第 1 期。

王美、赵静波、于文益：《碳中和目标下广东省氢能角色及利用方式研究》，《科技管理研究》2021 年第 17 期。

延科斌：《氢能技术的发展应用与供应链金融模式构建思考》，《时代金融》2023 年第 4 期。

张真、史英哲：《氢能产业金融财政支持体系建设》，《中国金融》2022 年第 9 期。

郑怀林：《金融支持清洁能源全产业链发展》，《中国金融》2021 年第 Z1 期。

B.10

金融科技赋能了"降碳减污"
协同发展吗？ [*]

——基于我国271个地级市面板数据的实证

许林　梁小敏　赵珈露　钱淑芳[**]

摘　要：　党的二十大报告提出协同推进"降碳、减污、扩绿、增长"，需要完善支持绿色发展的财税、金融、投资、价格政策和标准体系。据此，深入探究金融科技赋能"降碳减污"协同发展的机制与路径，对于实现人与自然和谐共生的中国式现代化具有重要的理论价值与现实意义。本文以中国2011~2020年的地级市面板数据，采用文本挖掘法与因子分析法测度金融科技发展水平，并从理论与实证两个方面考察金融科技对"降碳减污"协同发展的赋能效应。研究结果发现，金融科技能够显著促进我国"降碳减污"协同发展，绿色技术创新与绿色金融发展是该影响效应的中介变量。异质性分析表明，金融科技对"降碳减污"协同发展的支持作用在第二产业占比较低、科教水平较高的城市更加显著。本文的研究结论为金融科技全方位赋能"降碳减污"协同发展提供了理论依据，也为各地区更好地发挥金融科技对绿色低碳转型发展的支持作用提供了政策参考。

---

[*] 本文获得2022年国家社会科学基金一般项目"高质量发展视域下绿色金融推动双碳目标实现的机制与路径研究"（22BJL038）、广东金融学会2023~2024年度基础课题"金融科技赋能'降碳减污'协同发展的机制与路径研究"（JCKT202306）资助。

[**] 许林，管理学博士，华南理工大学经济与金融学院教授、人工智能与数字经济广东省实验室（广州）教授、博士生导师，研究方向为绿色金融与资本市场等；梁小敏，华南理工大学经济与金融学院博士研究生，研究方向为金融政策与资本市场；赵珈露，同济大学经济与管理学院硕士研究生，研究方向为绿色金融；钱淑芳（通信作者），管理学博士，广州大学经济与统计学院讲师，研究方向为绿色金融。

关键词： 金融科技　降碳减污　协同发展　绿色技术创新　绿色金融发展

一　引言与文献综述

加快经济社会全面绿色转型是现代化建设的关键。2022 年 10 月，党的二十大报告进一步强调，推进美丽中国建设需要协同推进"降碳、减污、扩绿、增长"。当前，我国经济已由高速增长阶段转向高质量发展阶段，为实现高质量发展视域下"降碳减污"的协同推进，须充分发挥金融在资源配置过程中的重要作用，赋予金融绿色属性。但我国传统金融发展存在绿色识别成本高、资源配置效率低、后期监管不到位等瓶颈，无法为"降碳减污"协同推进提供良好的市场环境。因此，在区块链、大数据、人工智能等新兴技术蓬勃发展的背景下，《"十四五"国家信息化规划》提出"以数字化引领绿色化，以绿色化带动数字化"的行动指南。金融科技作为融合数字技术的创新型金融模式，对于提高金融服务生态文明建设的广度和深度、实现人与自然和谐共生的中国式现代化具有重要的现实意义。然而，将金融科技纳入生态效益分析框架的相关研究还不多，发挥金融科技在"降碳减污"协同推进过程中的赋能效应尚未引起学术界足够重视。

近年来，有关绿色低碳转型的研究文献主要集中于"降碳减污"的影响因素及实现机制。从政府政策的角度来看，多数学者根据"波特假说""庇古税"等相关理论，分析环境规制对企业污染排放的抑制效应，提出合理的环境政策能够促进能源消费结构优化，进而实现较高的碳排放绩效。从发挥金融市场作用的角度来看，绿色金融作为基于环境保护的金融创新，可以引导资金支持清洁能源推广、环保企业发展等环境友好型经济活动，从而向全社会传递绿色发展信号，是实现"降碳减污"协同发展的重要金融手段（刘锋等，2022）。还有一些学者通过分析金砖国家数据，发现环境相关的技术创新、可再生能源的使用均能显著推动绿色发展。

金融科技作为数字化时代融合了传统金融与信息技术的代表性产物，

可以有效降低绿色小微企业的信贷交易成本，提高融资效率，是"数字化引领绿色化"发展的典型代表。具体而言，金融科技能够通过促进清洁能源贸易、增加碳排放交易以及推动气候资金流动来帮助应对气候变化问题；也能够通过企业技术创新、绿色金融发展对绿色低碳转型产生赋能效应（胡金焱、张晓帆，2023）。此外，也有学者实证检验了《温室气体自愿减排交易管理暂行办法》等政策实施对金融科技发挥"降碳减污"作用的影响，发现合理的环境规制有助于强化金融科技对碳排放的抑制功能。此外，也有一些学者指出金融科技并非简单线性地促进生态改善与污染减排，由于粗放型的经济增长方式，金融科技与可持续发展之间的关系呈现U形特征。

国内外有关金融科技与绿色发展的文献为本文的研究提供了有益借鉴。但遗憾的是，大部分学者在考察金融科技的生态效益时，仅从单一的碳排放绩效角度刻画环境发展状况，忽视了"降碳"与"减污"在治理过程中的协同性。此外，在研究"有为政府"的环境规制对于"降碳减污"协同发展的治理效应时，还需关注"有效市场"在促进绿色技术创新、实现绿色金融资源高效配置等方面的重要作用。因此，本文通过梳理现有文献，从理论层面定性归纳出金融科技赋能"降碳减污"协同发展的机制与路径，并选用 2011~2020 年我国 271 个地级市的面板数据，综合运用多种计量经济学模型，实证检验金融科技对"降碳减污"协同发展的赋能效应，并进一步探究该效应是否存在异质性。本文的主要贡献有以下三点。第一，从金融科技的视角出发，为"降碳减污"协同发展体系的构建提供新思路。在理论分析的基础上，通过实证检验识别金融科技对"降碳减污"协同发展的赋能效应，为发挥数字时代金融市场在生态文明建设过程中的作用提供了切实的经验证据。第二，探究金融科技赋能"降碳减污"协同发展的作用机制。考察绿色技术创新与绿色金融发展在金融科技赋能"降碳减污"协同发展过程中的中介作用，丰富了金融科技生态环境效益的内涵。第三，进一步探讨金融科技赋能"降碳减污"协同发展的异质性影响。从产业结构、科技水平两个维度分析金融科技对"降碳减污"协同发展赋能效应的地区差异，研究结论可为各地政府因地制宜利用金融科技手段实现环保目标提供有益借鉴。

二 理论分析与研究假设

（一）金融科技对"降碳减污"协同发展的赋能效应

金融科技作为技术驱动的金融创新，有助于提高服务效率、拓展服务范围、降低服务成本，为实现"降碳减污"协同发展提供相适配的金融支持。

从生活方式绿色化的角度来看，金融科技具有强大的信息整合与数据处理功能，可以提高居民在环境保护过程中的参与感、责任感和积极性。当前，政府的环境规制与碳交易政策虽然在重工业领域取得了"降碳减污"的显著成效，但普通群众的环保参与却一直是生态治理过程中的"漏网之鱼"。而依托金融科技搭建形式多样的个人环保平台，有助于把生活消费领域的碳排放权交易纳入碳市场，从而实现个人碳账户的建立与完善。此外，由于碳排放和污染排放同根同源，"降碳"与"减污"并非两个孤立的问题，需要协同推进、共同增效、一同治理。因此，金融科技在精准控制个人碳足迹的同时，也可能能促使生活领域污染物排放量下降。

从生产方式清洁化的角度来看，一方面，金融科技凭借其高效透明的优势，降低了中小企业制度性交易成本，能够有效减少经营过程中的资源浪费；另一方面，金融科技能够缓解投融资双方的信息不对称，从而精准识别企业的 ESG 状况与创新活力，促进金融资源向环境责任水平较高、绿色创新能力较强的企业倾斜，有助于实现生产领域碳排放与污染排放的协同治理。

从产业结构现代化的角度来看，金融科技有助于精准定位企业绿色发展的资金需求，能够为高耗能产业进行低碳转型提供充足、及时的资金支持。同时，金融科技作为技术驱动的金融创新，其自身的发展即可推动产业结构优化、促进过剩产能淘汰，从源头上减少煤炭、石油等化石燃料消费，实现

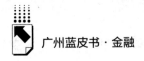

"降碳减污"协同发展。综上分析,本文提出假说 H1。

H1:金融科技发展能够对"降碳减污"协同发展产生赋能效应。

(二)金融科技赋能"降碳减污"协同发展的机制

科技创新在实现经济绿色发展过程中发挥着重要的作用,自主研发、技术引进可以显著促进我国二氧化碳减排。与普通创新相比,绿色创新具有研发耗时多、回收周期长、不确定性风险大等特征,导致企业在进行绿色技术开发时,所面临的外部融资约束较大。而金融科技的出现,为解决这一困境提供了有效方法。与传统金融模式相比,金融科技不会因为过分看重企业可供抵押的"硬资产",而忽视真实的创新活力(李春涛等,2020)。凭借大数据、互联网和人工智能技术,金融科技能够精准提取企业交易记录等"软信息",从而弥补"长尾群体"在融资过程中的不足,提高金融机构的资金投放效能。此外,区块链技术的去中心化有助于构建企业、金融机构、监管部门多方信息共享平台,提高对"漂绿""洗绿"等行为的打击力度,倒逼高污染企业开展绿色技术创新,实现碳排放与污染排放水平达标。

绿色金融在推动"双碳"目标实现、贯彻新发展理念的过程中发挥着关键作用,发展绿色金融已上升到国家战略的高度。2021 年,我国本外币绿色信贷余额共计 15.9 万亿元,位居世界第一(刘锋等,2022)。绿色信贷不仅提升了高耗能行业低碳转型投资水平,而且增加了重污染企业获得银行贷款的难度(陈幸幸等,2019)。金融科技的出现有助于强化绿色金融在生态环境方面的积极影响。首先,金融科技能够推动绿色金融监管工具创新,增强绿色金融监管能力。通过数据加密、数据分析等手段,实现对金融业务多渠道、多层次的全程监控与交叉验证,从而降低绿色金融发展过程中的系统性风险。其次,金融科技搭建了更为快捷高效的线上碳排放权交易平台,在精准核算企业碳足迹的基础上,创新碳金融交易产品,提升了碳金融市场的活跃度。最后,金融科技通过助力绿色信息共享平台的建立,有效缓解了我国当前企业环境信息披露数量不足、质量参差的问题。例如浙江省湖州市推出"绿色融资主体 ESG 评价体系 4.0 版"，并协同湖州多部门、多系统数据，实现评价结果的动态更新，既降低了金融机构在信贷过程中的绿色识别成本，也为中小企业建立绿色低碳画像，增强了绿色转型的靶向性与针对性。综上分析，本文提出假说 H2a 和 H2b。

H2a：金融科技通过促进绿色技术创新，从而实现"降碳减污"的协同发展。

H2b：金融科技通过推动绿色金融发展，从而实现"降碳减污"的协同发展。

三　研究设计

（一）样本来源与数据处理

为保证样本数据的连续性与可得性，结合数据缺失情况与行政区划调整，本文实证分析的研究对象为我国 271 个地级市，样本时间为 2011~2020年。其中，金融科技发展指标经文本挖掘法计算得出；其他变量数据来自《中国城市统计年鉴》、《中国城市建设统计年鉴》、《中国能源统计年鉴》、Wind 数据库、国泰安数据库、中国专利数据库等。个别缺失值通过相应城市的统计年鉴、统计公报和线性插值法补齐。

（二）模型构建

本文主要研究金融科技对"降碳减污"协同发展的赋能效应。根据Hausman 检验结果，构建双向固定效应模型：

$$\ln Y_{it} = \beta_0 + \beta_1 fintech_{it} + \beta_n Controls_{it} + \delta_i + \eta_t + \varepsilon_{it} \tag{1}$$

其中，Y_{it} 为本文的被解释变量，分别用 i 城市在 t 年的二氧化碳排放量与大气污染物排放量表示；$fintech_{it}$ 表示 i 城市在 t 年的金融科技发展水平；$Controls_{it}$ 为控制变量的集合；δ_i 为个体固定效应；η_t 为时间固定效应；ε_{it} 为

随机扰动项。β_1 为核心解释变量的回归系数，表示金融科技对"降碳减污"协同发展的影响。

（三）变量定义

1. 被解释变量：二氧化碳（CO_2）与大气污染物（SO_2）排放量

由于我国尚未有官方公布的二氧化碳排放数据，故本文参照吴建新和郭智勇（2016）的做法，收集整理各个城市煤气与液化石油气、电能①、热能等能源的消耗数据，并与相关能源的碳排放系数相乘，计算出各个时期各城市的二氧化碳排放量。同时，考虑到工业二氧化硫排放在大气污染物排放中占比较高，故本文选取工业二氧化硫排放量作为大气污染的代理变量。此外，参照陈诗一和陈登科（2018）的做法，采用哥伦比亚大学社会经济数据和应用中心公布的PM2.5数据进行回归，作为基准模型的稳健性检验。

2. 核心解释变量：金融科技发展水平（*fintech*）

学术界对金融科技发展水平的衡量尚未形成统一标准，具有代表性的测度方法如下：①采用北京大学发布的数字普惠金融指数（PKU-DFIIC）作为金融科技发展水平的代理变量；②构建多维度金融科技发展水平评价指标，采用综合评价法进行赋权求和。以上测度方法均存在一定局限性，无法从地级市层面客观反映数字技术与金融服务的融合程度。因此，在综合考虑数据可得性与测度准确性的基础上，本文从金融科技发展所依托的核心数字技术切入，通过文本挖掘方法构建金融科技发展水平的代理变量。

首先，根据我国《金融科技发展规划（2022—2025年）》中对于金融科技内涵的阐释，并参考相关学者的研究成果，确定金融科技关键词。其中，基础数字技术关键词包括"区块链、大数据、人工智能、机器学习、深度学习"；信息与数据处理技术关键词包括"分布式计算、多方安全计算、流计算、异构数据、自然语言处理"；智能数字服务关键词包括"数字

---

① 我国地级市层面的全年用电量数据仅统计至2019年，因此本文采用线性差值的方法，计算出2020年各地级市的全年用电量水平。

货币、数据可视化、智能客服、智能数据分析、开放银行、投资决策辅助系统"。其次，参照郭品和沈悦（2015）的做法，利用百度新闻高级检索数据库，统计金融科技关键词词频。考虑到不同关键词之间具有较强的相关性，故本文采用因子分析法测度金融科技发展水平。数据检验结果显示 KMO 值为 0.964，同时 Bartlett 检验在 1%的水平下显著，故关键词之间存在共享因素，可以对其进行因子分析。在生成的 16 个公因子中，前三个公因子的累计方差贡献率为 80.06%，综合考虑指标总数与公因子特征值大小，本文提取并计算前三个公因子的得分。最后，采用公因子的方差贡献率占比作为权重，计算三个公因子得分的线性加权值，并通过最大最小化方法将数据处理至 0~1 区间内，作为金融科技发展水平的最终测度结果。

本文选取我国 5 个代表性城市对测度结果进行阐释（见图 1）。在时间维度层面，5 个代表性城市的金融科技发展水平均有所提高；但在空间维度层面，我国金融科技发展水平在不同城市间存在一定差异。具体而言，北京、上海和深圳作为我国经济发展程度最高的一线城市，金融科技发展水平明显高于西安、成都等中西部省会城市。

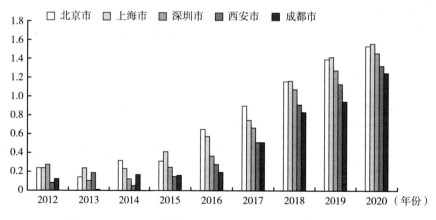

图 1　2012~2020 年我国 5 个代表性城市金融科技发展水平

3. 控制变量

参考当前学者的研究，并综合考虑数据的可得性，本文选择如下控制变量：①经济发展水平（$\ln gdp$），用当年城市 GDP 的对数值衡量，同时在模型中加入二次项变量，对环境库兹涅茨曲线（EKC）假说中经济发展与环境污染之间的"倒 U 形"关系进行检验；②产业结构（ind），用第二产业增加值占 GDP 的比重衡量，产业结构的异质性决定了不同的能源消费模式，煤炭等非清洁能源的过度使用将会对该城市"降碳减污"协同推进产生阻碍；③财政支出（gov），用政府一般公共预算支出占 GDP 的比重衡量，政府的财政支出结构影响着城市的经济发展模式，进而对该地区的碳排放与污染排放产生影响；④对外开放程度（fdi），通过当年实际使用外资金额占 GDP 的比重表示；⑤人口增长（pop），采用当年人口自然增长率衡量。相关变量的描述性统计如表 1 所示。由于金融科技的进步与城市经济发展水平息息相关，且当前头部金融科技企业主要集中在经济发达的直辖市与省会，所以城市平均金融科技发展水平仍旧较低，且不同地级市之间存在较大的发展差异。

表 1　变量描述性统计

变量类型	变量名称	变量表示	观察个数	均值	标准差	最小值	最大值
被解释变量	CO_2排放取对数	$\ln CO_2$	2710	6.454	1.112	2.746	9.533
	SO_2排放取对数	$\ln SO_2$	2710	9.893	1.275	0.693	13.183
解释变量	金融科技发展水平	$fintech$	2710	1.034	2.373	0.000	35.734
控制变量	经济发展水平	$\ln gdp$	2710	16.653	0.900	14.538	19.774
	产业结构(%)	ind	2710	46.408	10.597	11.700	89.340
	财政支出(%)	gov	2710	0.194	0.086	0.044	0.675
	对外开放程度(%)	fdi	2710	0.261	0.271	0.000	2.990
	人口增长(%)	pop	2710	5.616	5.567	-16.640	38.800

四　实证检验与结果分析

（一）基准回归结果

表 2 展示了金融科技发展对"降碳减污"协同发展赋能效应的基准回

归结果。列（1）和列（3）为仅考虑时间与个体双向固定效应的回归结果，列（2）和列（4）为添加全部控制变量的回归结果。可以看出，核心解释变量金融科技发展水平（fintech）的系数均在1%的水平下显著为负，说明金融科技发展在促进碳减排的同时，也实现了污染排放下降，形成了"降碳减污"协同发展的效果，因此假设H1成立。大数据、云计算等数字技术作为金融科技发展的重要支撑，在存储、分析与共享数据资源方面具有极大优势，有助于促进金融机构提高资源配置效率、降低绿色识别成本，从而引导更多资金流向服务高质量发展的低碳行业，驱动生产与生活方式的绿色转型。

表2　基准回归结果

变量	(1)	(2)	(3)	(4)
	$\ln CO_2$	$\ln CO_2$	$\ln SO_2$	$\ln SO_2$
fintech	-0.041***	-0.038***	-0.044***	-0.018***
	(-9.32)	(-7.14)	(-8.21)	(-2.83)
$\ln gdp$		2.554***		7.264***
		(3.52)		(8.13)
$(\ln gdp)^2$		-0.059***		-0.213***
		(-2.71)		(-7.98)
ind		0.003		0.001
		(1.34)		(0.46)
gov		0.930***		0.604*
		(3.21)		(1.69)
fdi		0.075		-0.209***
		(1.52)		(-3.44)
pop		-0.005**		0.006**
		(-2.08)		(1.98)
常数项	5.976***	-20.313***	10.705***	-50.985***
	(265.88)	(-3.34)	(390.17)	(-6.80)
个体固定	Yes	Yes	Yes	Yes
时间固定	Yes	Yes	Yes	Yes
N	2710	2710	2710	2710
R^2	0.638	0.656	0.770	0.777

注：括号内为标准差；*、**、***分别表示在10%、5%、1%的水平下显著；下表同。

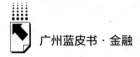

本文进一步考察经济发展与污染排放之间的关系，回归结果显示，不论被解释变量为碳排放还是工业二氧化硫排放，经济发展水平（lngdp）的系数均显著为正，其平方项的系数均显著为负。由此可知，经济增长对环境污染的影响呈现"倒U形"特征，证明了环境库兹涅茨曲线（EKC）假说的成立。其他控制变量方面，财政支出（gov）的系数显著为正，说明我国大部分城市的财政支出仍偏重于高污染、高碳排放的基础建设和工业领域，财政支出结构有待进一步优化。此外，对外开放程度（fdi）显著降低了工业二氧化硫排放水平，但与碳排放之间并无显著关联，表明我国是"污染避难所"的假说并不成立。究其原因可能是，我国对生态环境问题的关注度日益提高，在"绿色GDP"考核的激励下，各地政府招商引资时提高了跨国企业的环境准入门槛，进而导致工业二氧化硫排放量下降。人口增长（pop）虽显著降低了二氧化碳排放水平，但会导致污染排放增加，说明还需进一步提高我国居民生活过程中"降碳减污"的协同发展水平，严格落实垃圾分类等环保规章制度。

（二）内生性讨论

1. 两阶段最小二乘法（2SLS）

由于城市碳排放与污染排放会受到多种因素影响，所以基准回归模型不可避免地存在遗漏变量问题，导致回归结果受到内生性干扰。为降低内生性引起的估计偏误，本文将核心解释变量金融科技发展水平的滞后一期（L.fintech）作为工具变量，建立两阶段最小二乘模型（2SLS），回归结果如表3所示。从列（1）可以看出，第一阶段回归结果在1%的水平下显著为正，满足内生变量与工具变量相关的条件；列（2）与列（3）分别将碳排放与二氧化硫排放作为被解释变量进行第二阶段回归，结果显示，金融科技发展水平（fintech）的系数均显著为负，且通过了弱工具变量检验和不可识别检验。说明在考虑了内生性的情况下，金融科技发展依旧能够对"降碳减污"协同发展产生显著的赋能效应。

表 3　内生性检验结果

变量	（1）	（2）	（3）	（4）	（5）
	2SLS（1）	2SLS（2）	2SLS（2）	DID	DID
	$L.fintech$	$\ln CO_2$	$\ln SO_2$	$\ln CO_2$	$\ln SO_2$
$fintech$	0.589***	-0.034***	-0.014*		
	（94.09）	（-5.49）	（-1.85）		
$Treat \times Post$				-0.109***	-0.114***
				（-3.09）	（-2.63）
常数项	-19.690**	-29.307***	-57.375***	-47.815***	-66.910***
	（-2.31）	（-3.80）	（-6.03）	（-8.84）	（-10.12）
控制变量	控制	控制	控制	控制	控制
个体固定	Yes	Yes	Yes	Yes	Yes
时间固定	Yes	Yes	Yes	Yes	Yes
N	2439	2439	2439	2710	2710
R^2	0.898	0.653	0.775	0.650	0.777

2. 双重差分估计（DID）

此外，本文进一步采用双重差分法削弱内生性问题对回归结果造成的影响。参考吕勇斌和王演（2021）的做法，以 2013 年 11 月中共十八届三中全会首次正式提出"发展普惠金融，鼓励金融创新，丰富金融市场层次和产品"进行准自然实验。2013 年为互联网金融元年，随着移动网络等通信技术的发展，线上金融产品的种类与层次不断丰富。所以，该政策可以对各地区强化传统金融服务与现代数字技术的融合产生正向外生冲击，冲击程度基本不会受到各城市碳排放与环境污染协同治理水平的影响。参考李建军和韩珣（2019）的处理方法，根据国家统计局发布的经济区域划分标准，本文以中部、西部、东北地区作为实验组，东部地区作为对照组①，并设置组别

---

① 东部地区包括北京、天津、河北、上海、江苏、浙江、福建、山东、广东和海南 10 省（市）；中部地区包括山西、安徽、江西、河南、湖北和湖南 6 省；西部地区包括内蒙古、广西、重庆、四川、贵州、云南、西藏、陕西、甘肃、青海、宁夏和新疆 12 省（区、市）；东北地区包括辽宁、吉林和黑龙江 3 省。

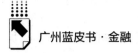

变量 $Treat$，当城市位于中西部或东北地区时，$Treat$ 赋值为 1；当城市位于东部地区时，$Treat$ 赋值为 0。同时，设置时间变量 $Post$，2014 年及之后赋值为 1，2014 年之前赋值为 0。$Treat_i \times Post_t$ 为双重差分变量，反映金融科技对碳排放和污染排放的影响，预计其系数为负值。本文构建金融科技发展的双重差分模型：

$$\ln Y_{it} = \beta_0 + \beta_1 \, Treat_i \times Post_t + \beta_n \, Controls_{it} + \delta_i + \eta_t + \varepsilon_{it} \qquad (2)$$

除双重差分项 $Treat_i \times Post_t$ 以外，模型其他变量均与前文基准回归保持一致。回归结果如表 3 的列（4）与列（5）所示。可以看出，无论被解释变量为碳排放还是污染排放，双重差分变量的系数 β_1 均在 1% 的水平下显著为负。这说明 2013 年普惠金融发展政策的出台有效推动了我国各地区金融科技水平提升，产生了显著的"降碳减污"协同治理效果，与基准回归结果相符。

（三）稳健性检验

1. 替换相关变量

本文选取北京大学数字普惠金融指数（$index$）中的子维度"数字化水平"（郭峰等，2020）作为衡量金融科技发展的代理变量，对基准模型进行稳健性检验。回归结果如表 4 的列（1）和列（2）所示。可以看出，无论被解释变量为碳排放还是二氧化硫排放，核心解释变量数字普惠金融指数（$index$）均显著为负，验证了前文结论的稳健性。

本文进一步采用对数化的年均 PM2.5 浓度（$\ln PM2.5$）作为被解释变量进行回归，结果如表 4 的列（3）所示。金融科技发展水平（$fintech$）的系数在 1% 的水平下显著为负，证明了基准回归结果的稳健性。

2. 剔除异常年份

2015 年的股灾对金融行业与实体经济均造成了一定冲击。据此，本文将该年份数据从样本中剔除后重新进行回归，结果如表 4 的列（4）和列（5）所示。金融科技发展水平（$fintech$）的系数均显著为负，说明在剔除异常年份进行子样本回归后，金融科技依旧能够对"降碳减污"协同发展产生显著的赋能效应。

表4　稳健性检验结果

变量	（1）	（2）	（3）	（4）	（5）
	ALL	ALL	ALL	除2015年	除2015年
	$\ln CO_2$	$\ln SO_2$	$\ln PM2.5$	$\ln CO_2$	$\ln SO_2$
index	−0.001 **	−0.001 ***			
	（−2.26）	（−2.79）			
fintech			−0.004 ***	−0.035 ***	−0.018 ***
			（−3.72）	（−6.42）	（−2.58）
常数项	−40.287 ***	−57.679 ***	8.431 ***	−21.813 ***	−52.107 ***
	（−7.49）	（−8.79）	（6.52）	（−3.50）	（−6.65）
控制变量	控制	控制	控制	控制	控制
个体固定	Yes	Yes	Yes	Yes	Yes
时间固定	Yes	Yes	Yes	Yes	Yes
N	2710	2710	2710	2439	2439
R^2	0.649	0.777	0.841	0.662	0.774

3. 空间计量模型检验

碳排放与污染排放会随着经济要素的流动进行空间转移，所以相邻地区的环境质量具有较强的空间相关性。因此，本文进一步通过空间计量模型对基准回归结果进行稳健性检验。

首先，距离污染源越近的地区，碳排放量和二氧化硫排放量越高。本文通过地理距离计算空间权重矩阵，具体公式如下：

$$W_{ij} = \begin{cases} 1/d_{ij}, i \neq j \\ 0, i = j \end{cases} \tag{3}$$

其中，d_{ij}为两城市之间的地理距离，由城市的经纬度坐标计算得出。在实际使用过程中，本文对空间权重矩阵进行标准化处理。空间计量模型的具体设定如下：

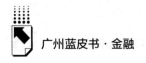

$$\ln Y_{it} = \rho W \ln Y_{it} + \beta_1 fintech_{it} + \beta_n Controls_{it} + \alpha_1 W fintech_{it} + \\ \alpha_n W Controls_{it} + \delta_i + \eta_t + \lambda W \varepsilon + \varepsilon_{it} \tag{4}$$

其中，W 为反距离空间权重矩阵，ρ 为被解释变量的空间滞后系数，λ 为空间误差系数。模型中其他变量均与前文基准回归保持一致。

然后，本文分别对碳排放、二氧化硫排放和金融科技发展水平进行空间相关性检验，计算三个变量在反距离空间权重矩阵下的全局 Moran's I。从表 5 中可以看出，各变量在 2011~2020 年的 Moran's I 均显著为正，故可以通过空间计量模型进行回归分析。

表 5 空间自相关检验结果

年份	$\ln CO_2$		$\ln SO_2$		fintech	
	Moran's I	z	Moran's I	z	Moran's I	z
2011	0.049 ***	7.216	0.044 ***	6.715	0.006 *	1.287
2012	0.051 ***	7.487	0.049 ***	7.494	0.013 **	2.311
2013	0.052 ***	7.599	0.047 ***	7.323	0.024 ***	3.824
2014	0.054 ***	7.878	0.053 ***	8.217	0.008 **	1.655
2015	0.061 ***	8.927	0.056 ***	8.273	0.006 *	1.297
2016	0.060 ***	8.769	0.046 ***	6.770	0.024 ***	3.832
2017	0.079 ***	11.293	0.035 ***	5.272	0.029 ***	4.619
2018	0.079 ***	11.266	0.033 ***	5.070	0.020 ***	3.312
2019	0.074 ***	10.657	0.034 ***	5.219	0.018 ***	3.112
2020	0.063 ***	9.131	0.033 ***	5.082	0.021 ***	3.482

根据 LM 检验与 Hausman 检验的结果，本文选择了个体、时间双向固定效应下的空间自回归模型（SAR）和空间误差模型（SEM）进行回归。回归结果如表 6 所示，从列（1）和列（2）可以看出，无论被解释变量为碳排放还是二氧化硫排放，空间滞后系数 ρ 均在 1% 的显著性水平下为正，说明二氧化碳与环境污染均存在空间溢出效应，邻近地区"降碳减污"的协同发展会对本地区环境质量产生正向影响。金融科技发展水平（fintech）的系数均在 1% 的水平下显著为负，与基准回归结果相吻合。

表6 空间计量模型回归结果

变量	(1)	(2)	(3)	(4)
	SAR	SAR	SEM	SEM
	$\ln CO_2$	$\ln SO_2$	$\ln CO_2$	$\ln SO_2$
fintech	−0.038***	−0.017***	−0.039***	−0.017***
	(−7.65)	(−3.15)	(−7.78)	(−2.82)
ρ	0.472***	0.905***		
	(4.81)	(43.22)		
λ			0.520***	0.651***
			(5.20)	(7.37)
ε^2	0.115***	0.173***	0.115***	0.173***
	(36.76)	(36.75)	(36.75)	(36.71)
控制变量	控制	控制	控制	控制
个体固定	Yes	Yes	Yes	Yes
时间固定	Yes	Yes	Yes	Yes
N	2710	2710	2710	2710
R^2	0.256	0.003	0.465	0.011
logL	−921.851	−1491.998	−921.778	−1479.284

列（3）和列（4）展示了空间误差模型的回归结果。核心解释变量 fintech 的系数均在1%的水平下显著为负，说明金融科技对"降碳减污"协同发展产生了良好的赋能效应。同时，扰动项的空间误差系数 λ 在1%的水平下显著为正，说明除本报告选取的变量外，其他不可观测的因素也可能对邻近地区"降碳减污"的协同发展产生影响。

（四）异质性分析

我国幅员辽阔，不同地区在经济发展、产业结构、人力资本等多个方面均存在差异，这些异质性会对城市的金融科技发展、生态文明建设、环境保护水平产生影响。据此，本文拟从产业结构和科教水平两个维度出发，分析金融科技对"降碳减污"协同发展的赋能效应在城市层面的异质性。

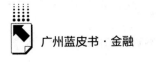

1. 产业结构的异质性

本文以 2018 年各地级市第二产业占 GDP 比重的均值为基准,将全部样本划分为"工业占比高"与"工业占比低"两个组别,以探究不同产业结构下金融科技对"降碳减污"协同发展的差异化赋能效应。回归结果如表 7 所示,从列(1)和列(2)可以看出,第二产业占比较高的地区,金融科技发展仅产生"降碳"效应,并未使工业二氧化硫排放量下降。列(3)和列(4)显示,第二产业占比较低的地区,金融科技发展可以在 1% 的显著性水平下促进碳减排,在 5% 的显著性水平下促进污染减排,实现碳排放与污染排放的协同治理。据此,优化产业结构可以增强金融科技对"降碳减污"协同发展的赋能效应。

表 7 城市产业结构的异质性分析

变量	(1)	(2)	(3)	(4)
	工业占比高	工业占比高	工业占比低	工业占比低
	$\ln CO_2$	$\ln SO_2$	$\ln CO_2$	$\ln SO_2$
fintech	−0.041***	0.005	−0.034***	−0.019**
	(−3.27)	(0.36)	(−5.87)	(−2.29)
常数项	−17.213*	−30.839***	−31.390***	−58.442***
	(−1.81)	(−2.91)	(−4.28)	(−5.77)
控制变量	控制	控制	控制	控制
个体固定	Yes	Yes	Yes	Yes
时间固定	Yes	Yes	Yes	Yes
N	1470	1470	1240	1240
R^2	0.666	0.803	0.670	0.757

2. 科教水平的异质性

高等教育的发展可以为城市提供充足的人力资本,进而影响该地区的金融科技发展水平。据此,借鉴何凌云和马青山(2021)的做法,以本地区高校是否入选"211 工程"将城市分为"科教水平高"与"科教水平低"

两个组别①。回归结果如表8所示，从列（1）和列（2）可以看出，在科教水平较高的地区，金融科技起到了显著的"降碳减污"协同治理效果。而在科教水平相对较低的地区，金融科技仅能起到"降碳"作用，并不能促使工业二氧化硫排放显著下降。主要原因可能在于，我国"211工程"院校大多集中在经济较发达的直辖市与省会，这些地区不仅具有良好的人力资本条件，而且在产业升级、技术创新、环保意识等多个层面均较为领先，这些特征有助于强化金融科技对"降碳减污"协同发展的赋能效果。

表8　城市科教水平的异质性分析

变量	（1）科教水平高 $\ln CO_2$	（2）科教水平高 $\ln SO_2$	（3）科教水平低 $\ln CO_2$	（4）科教水平低 $\ln SO_2$
fintech	-0.021*** (-4.09)	-0.055*** (-6.45)	-0.042*** (-4.16)	0.007 (0.60)
常数项	-8.387 (-0.72)	-1.580 (-0.08)	-4.684 (-0.61)	-53.610*** (-5.73)
控制变量	控制	控制	控制	控制
个体固定	Yes	Yes	Yes	Yes
时间固定	Yes	Yes	Yes	Yes
N	350	350	2360	2360
R^2	0.705	0.903	0.662	0.757

五　影响机制分析

为进一步探究金融科技赋能"降碳减污"协同发展的作用机制，本文

① 拥有"211工程"高校的城市有：北京、上海、天津、重庆、保定、太原、呼和浩特、大连、沈阳、长春、哈尔滨、南京、苏州、无锡、杭州、合肥、厦门、福州、南昌、济南、青岛、郑州、武汉、长沙、广州、南宁、成都、绵阳、贵阳、昆明、西安、兰州、乌鲁木齐、石河子、银川、西宁、拉萨。

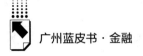

参考戴魁早和骆莙函（2022）的做法，构建中介效应模型对传导机制进行实证检验。具体模型设定如下：

$$\ln Y_{it} = \beta_0 + \beta_1\, fintech_{it} + \beta_n\, Controls_{it} + \delta_i + \eta_t + \varepsilon_{it} \tag{5}$$

$$M_{it} = \alpha_0 + \alpha_1\, fintech_{it} + \alpha_n\, Controls_{it} + \delta_i + \eta_t + \varepsilon_{it} \tag{6}$$

$$\ln Y_{it} = \gamma_0 + \gamma_1\, fintech_{it} + \gamma_2\, M_{it} + \gamma_n\, Controls_{it} + \delta_i + \eta_t + \varepsilon_{it} \tag{7}$$

其中，M_{it} 为中介变量；β_1 为金融科技赋能"降碳减污"协同发展的总效应；γ_1 为直接效应；α_1 和 γ_2 为中介效应。模型中其他变量均与前文保持一致。有关式（5）的回归结果详见表2，本部分主要是对式（6）和式（7）进行检验。

（一）绿色技术创新

参考文书洋等（2022）的做法，本文选取"每万人中绿色发明专利申请数量"来衡量地级市年度绿色技术创新水平（$patent$）。回归结果如表9所示，从列（1）可以看出，金融科技发展对绿色技术创新的促进作用在1%的水平下显著为正。列（2）与列（3）展示了将中介变量绿色技术创新水平加入基准模型后的回归结果，可以得出，无论被解释变量为碳排放还是二氧化硫排放，绿色技术创新水平的系数均显著为负，说明金融科技发展可以通过促进绿色技术创新产生良好的"降碳减污"协同发展效果，因此假设H2a成立。金融科技能够对金融资源起到存量调整与增量优化作用，从而缓解小微企业的融资约束，对其进行绿色技术创新产生正向激励。同时，金融科技凭借大数据、互联网等关键技术，提高了信息的透明度与公开度，促使企业环境信息披露水平不断提升，在一定程度上倒逼企业开展绿色技术创新。新技术的出现不仅有助于改善高污染、高耗能的粗放生产方式，而且催生出一批低碳清洁企业。据此，绿色技术创新对于实现"降碳减污"的协同发展具有重大意义。

表 9　机制分析回归结果

变量	(1)	(2)	(3)	(4)	(5)	(6)
	patent	$\ln CO_2$	$\ln SO_2$	*GF*	$\ln CO_2$	$\ln SO_2$
fintech	0.024 ***	−0.035 ***	−0.017 ***	0.182 ***	−0.021 ***	−0.027 ***
	(3.81)	(−6.72)	(−2.69)	(16.80)	(−5.29)	(−6.19)
patent		−0.095 ***	−0.035 *			
		(−5.67)	(−1.71)			
GF					−0.023 **	−0.027 *
					(−2.04)	(−1.92)
常数项	137.607 ***	−7.265	−46.118 ***	75.497 ***	−21.546 ***	7.102 ***
	(18.72)	(−1.12)	(−5.75)	(10.473)	(−3.47)	(4.62)
控制变量	控制	控制	控制	控制	控制	控制
个体固定	Yes	Yes	Yes	Yes	Yes	Yes
时间固定	Yes	Yes	Yes	Yes	Yes	Yes
N	2710	2710	2710	2710	2710	2710
R^2	0.456	0.660	0.778	0.393	0.613	0.744

（二）绿色金融发展

　　绿色金融包含绿色信贷、绿色债券和绿色保险等多个维度。由于地级市层面的绿色信贷数据可得性有限，故本文选用"绿色债券发行总额"的对数作为衡量绿色金融发展水平（*GF*）的代理变量。从表 9 中的列（4）可以看出，金融科技发展在 1% 的显著性水平下推动了绿色金融发展。列（5）与列（6）展示了将中介变量绿色金融发展水平（*GF*）加入基准模型后的回归结果。无论被解释变量为碳排放还是二氧化硫排放，绿色金融发展水平的系数均显著为负，说明金融科技发展可以通过推动绿色金融发展赋能"降碳减污"协同发展，因此假设 H2b 成立。绿色金融作为服务经济高质量发展的重要金融工具，其本质作用为引导资金流向生态文明、环境友好的项目，提高"两高一剩"企业的融资门槛，助推清洁能源的普及与绿色产品的研制。同时，金融科技将通过数字技术全面赋能传统绿色金融业务，降低

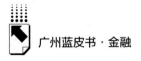

金融机构的服务成本、提高金融资源的配置效率、强化对绿色资金后期使用的监管，为绿色金融赋能"降碳减污"协同发展提供实质性的技术保障。

六　结论与政策启示

党的二十大报告提出协同推进"降碳、减污、扩绿、增长"，为了更好阐释该精神，本文采用中国 271 个地级市 2011～2020 年的面板数据，实证检验了金融科技发展对"降碳减污"协同发展的赋能效应，并对其传导机制进行分析。得到如下结论，①我国金融科技发展在促进碳排放下降的同时，能够显著减少工业二氧化硫排放，实现"降碳减污"协同发展。该结论在经过一系列内生性检验与稳健性检验后依旧成立。②通过分析不同城市在产业结构和科教水平层面的异质性，本文发现在第二产业占比较低、科教水平较高的地区，金融科技对"降碳减污"协同发展的赋能效应较为显著。③机制分析表明，金融科技可以通过促进绿色技术创新和绿色金融发展，实现"降碳减污"协同发展的目标。本文的研究结论为各地政府因地制宜地利用金融科技手段赋能"降碳减污"协同发展提供了以下四点政策启示。

第一，提高金融科技在"降碳减污"协同发展过程中的应用能力，实现数字化与绿色化齐头并进。首先，数字技术创新作为金融科技发展的动力源泉，是一项投入成本大、回收周期长的研发活动。政府部门应健全相关知识产权保护制度，促进产学研有效融合，不断提升信息技术对金融服务的渗透水平。其次，在金融科技发展过程中，应进一步优化政策布局，通过税收优惠、财政补贴等手段，推动多样化、多层次、多维度的金融科技产品创新，引导金融资源服务环境友好项目开展。最后，信息基础设施作为金融科技发展的基石，能够为金融科技普及广度与应用深度的提高创造良好的外部条件。应进一步完善中西部工业型城市的信息基础设施，满足金融科技赋能"降碳减污"协同发展的数字门槛。

第二，建立城市间碳排放与污染排放的联防联控机制，发挥金融科技赋能"降碳减污"协同发展的空间辐射作用。在区域一体化视角下，各城市、各部门之间应建立环境污染信息共享平台，打破数据孤岛。改变原有以各地级市为单位的绿色发展考评机制，逐步建立区域整体框架下的环境绩效考核制度，关注城市生态文明建设的空间溢出效应，激励区域内部金融科技创新成果共享，从而避免以邻为壑，造成相邻城市间的污染转移。

第三，精准定位企业绿色技术创新的资金需求，推动产业绿色化与绿色产业化共同发展。利用金融科技绿色识别成本低、资源配置效率高的优势，缓解低碳企业的融资约束，从而为企业开展绿色技术创新提供更加及时、便捷、充足的资金支持。同时，通过强化绿色技术在生产环节的应用与普及，推动高污染、高耗能传统产业低碳化转型，实现经济的存量改革；通过不断壮大提供绿色服务的现代产业集群，促进环保企业、高新技术企业稳健发展，实现经济做优增量。

第四，促进金融科技全方位赋能绿色金融发展，以金融科技支持人与自然和谐共生的中国式现代化。依托金融科技在数据存储、数字服务等方面的创新成果，推动绿色金融线上化、智能化发展；发挥金融科技在碳排放核算、碳资产定价等领域的关键作用，加快个人碳账户的建立与完善，将个人碳足迹逐步纳入碳排放权交易市场；通过金融科技解决绿色金融发展过程中的信息不对称问题，进一步规范企业环境信息公开的质量，从而降低金融机构的风险管理成本，减少"漂绿""洗绿"等现象发生，切实彰显绿色金融在"降碳减污"协同发展过程中的重要作用。

参考文献

陈诗一、陈登科：《雾霾污染、政府治理与经济高质量发展》，《经济研究》2018年第2期。

陈幸幸、史亚雅、宋献中：《绿色信贷约束、商业信用与企业环境治理》，《国际金融研究》2019年第12期。

戴魁早、骆莙函：《环境规制、政府科技支持与工业绿色全要素生产率》，《统计研究》2022年第4期。

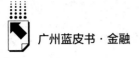

郭峰、王靖一、王芳等：《测度中国数字普惠金融发展：指数编制与空间特征》，《经济学》（季刊）2020 年第 4 期。

郭品、沈悦：《互联网金融加重了商业银行的风险承担吗？——来自中国银行业的经验证据》，《南开经济研究》2015 年第 4 期。

何凌云、马青山：《智慧城市试点能否提升城市创新水平？——基于多期 DID 的经验证据》，《财贸研究》2021 年第 3 期。

胡金焱、张晓帆：《"双碳"目标下金融科技的碳减排效应与绿色政策的调节作用研究》，《现代财经》（天津财经大学学报）2023 年第 1 期。

李春涛、闫续文、宋敏等：《金融科技与企业创新——新三板上市公司的证据》，《中国工业经济》2020 年第 1 期。

李建军、韩珣：《普惠金融、收入分配和贫困减缓——推进效率和公平的政策框架选择》，《金融研究》2019 年第 3 期。

刘锋、黄苹、唐丹：《绿色金融的碳减排效应及影响渠道研究》，《金融经济学研究》2022 年第 6 期。

吕勇斌、王演：《金融科技的环境治理价值：基于中国 287 个地级市 PM2.5 的经验分析》，《武汉金融》2021 年第 9 期。

文书洋、刘浩、王慧：《绿色金融、绿色创新与经济高质量发展》，《金融研究》2022 年第 8 期。

吴建新、郭智勇：《基于连续性动态分布方法的中国碳排放收敛分析》，《统计研究》2016 年第 1 期。

B.11
新型储能产业发展展望、融资需求与金融支持对策

摘　要： 储能是将能量通过介质或设备储存起来，在需要时进行释放的过程。新型储能是除抽水蓄能以外的新型储能形式，包括锂离子电池、液流电池、飞轮储能、压缩空气储能、氢（氨）储能、热（冷）储能等。前沿技术的不确定和回收期限长、盈利模式存在不确定性、企业评估难度大、缺乏统一的行业标准与规范等是当前金融支持新型储能产业发展的主要制约因素。建议通过建立健全融资风险补偿机制、推动储能产业商业模式进一步完善、探索应用数字供应链金融和投贷联动、完善行业标准和规范等措施，激励和引导金融机构更好地支持储能产业发展。

关键词： 新型储能　金融　供应链金融　风险控制

一　新型储能产业发展情况

（一）新型储能技术和新型储能产业

目前常见的新型储能形式有机械储能、电化学储能、电磁储能、热（冷）储能和氢（氨）储能。其中，机械储能包括飞轮储能、熔盐储能、压缩空气储能；电化学储能包括锂离子电池、铅酸电池、液流电池、钠离子电

---

* 吴博，中国人民银行广东省分行金融研究处，研究方向为绿色金融等。

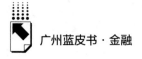

池、氢燃料电池；电磁储能包括超导储能和超级电容储能。

从应用场景来看，各种新型储能技术根据其内在特性不同，适用场景也各有差异。例如，电化学储能功率范围较广、能量密度高，相较其他新型储能技术成熟度更高，安装便捷、不受区位限制，适用场景更广泛。其中，电化学储能中的锂离子电池具有响应速度快、容量大、污染小、寿命长等优点，可广泛应用于风电、光伏等新能源发电侧配储及用户侧储能，是近年来发展最快的电化学储能技术之一。

从产业链来看，新型储能根据其技术类型的不同，产业链构成也不同。上游主要由不同储能技术所需的原材料及设备构成，包括压缩空气储能所需的压缩机、电化学储能所需的正负极材料等。中游主要由储能系统的集成、运维及安装构成。下游也即新型储能技术的应用，主要应用场景集中在发电侧、电网侧及用户侧。在发电侧，储能可以与可再生能源并网，提高可再生能源的消纳比例，减少弃风弃光的问题，提高电能利用率。在电网侧，储能可用于电力调峰和调频，以确保电力系统的稳定性。在用户侧，储能可以用于自发自用电力，以便根据需求进行电能释放，还可以利用峰谷价差进行电能套利。

（二）新型储能项目发展情况

储能技术主要用于储能电池生产及独立储能电站的建设。根据EVTank网站数据，截至2023年6月末，全球46家储能电池企业的产能达23.84亿千瓦时，其中78.8%的产能分布在中国。从独立储能电站规模看，国家能源局资料显示，截至2023年底，全国已建成投运新型储能项目累计装机规模达3139万千瓦/6687万千瓦时，平均储能时长2.1小时。2023年新增装机规模约2260万千瓦/4870万千瓦时，较2022年底增长超过260%，近10倍于"十三五"末装机规模。按目前的储能装机量增速计算，我国新型储能市场规模有望在2025年达到7000万千瓦，超美国成为全球最大的新型储能市场。从装机的技术分布类型来看，根据国家能源局的数据，锂离子电池储能技术仍占据主导地位，占比九成。

二 新型储能产业发展的金融需求

（一）储能项目开发资金需求大且急

一是资金需求量大。以储能电站建设为例，独立储能电站的装机容量一般在 100 兆瓦时左右，涉及大容量电池组、变流升压一体机、高压液冷集成设备、精密温控、电池实时监测和控制系统、消防设施等，按照 1.5 元/瓦时的建设成本计算，一个独立锂离子电池储能电站的建设需投入 1.5 亿元。以储能电池生产项目建设为例，广州融捷能源科技有限公司年产 900 兆瓦时的储能锂离子电池项目投资金额需 38.7 亿元，其中建筑工程费用为 18.4 亿元，工艺设备购置费为 11.7 亿元，机电及辅助项目费用为 2.3 亿元，铺底流动资金 3.54 亿元，其他费用为 2.27 亿元，预备费为 0.49 亿元。二是项目开发资金需求急。例如，某些头部储能企业为快速占领市场，加快布局，同一时间在全国范围内投资建设上百个储能电站，此时对资金的需求比较迫切。

（二）新型储能技术研发需要较长期限的资金支持

目前储能技术仍处于相对不成熟的阶段，需要不断进行研发和创新。例如，储能电池还需向大容量、高寿命、高安全的技术突破；压缩空气储能、飞轮储能等新型储能技术均在技术示范期，还未达到完全成熟的技术要求，也未实现稳定的产能组织。由于储能核心技术的一个研发周期往往长达数年，成果转化也需要时间，从投入产出到产生收益的时间较长，对支持资金的期限适配性的要求非常高。例如，目前已经相对成熟的锂电池技术产业化历程走过了长达 30 年的时间。

（三）储能项目在开发和运营期间需要商业保险介入

近年来多起严重的安全事故，影响了新型储能的良好发展势头。安全事故频发暴露了技术和标准问题，运行安全防控难。2017 年以来，全球共发生超过 50 起新型储能电站的安全事故。2021 年，北京市发生了飞轮储能事故，造成 3 人死亡。同年的"4·16"北京储能电站火灾事故造成直接财产损失 1660 万元。缓释安全事故对储能企业造成的影响，需要保险机制的介入。

三　金融支持新型储能产业发展主要做法

（一）股权融资支持储能产业发展

据企查查统计，2022 年新型储能产业项目投融资事件共 35 起，2023 年 1~7 月，新型储能融资事件已超 50 起，超过 2022 年全年的融资事件，广泛涵盖了储能系统集成、储能变流器、锂电池和钠电池电芯及关键原材料等储能产业链的各主要环节。从融资金额看，融资金额超过亿元的有 10 起。例如，厦门海辰储能 2023 年 7 月完成 45 亿元 C 轮融资，主要涉及储能锂电池和系统研发；主攻全钒液流电池的融科储能 2023 年 4 月完成 B+ 轮融资，规模超 10 亿元；从事储能电站设计、建设、运营的星光微网于 2023 年 4 月获得高瓴创投和鹏辉能源超亿元的风险投资；上海电气储能科技有限公司于 2023 年 9 月获得 4 亿元风投支持，资金主要用于百兆瓦储能项目的建设。

（二）间接融资支持储能产业发展

一是银行在储能项目建设方面，积极参与投融资业务，为项目落地提供有效资金支持。据中国人民银行广东省分行统计，截至 2023 年 6 月末，广东银行业金融机构对高效储能设施建设和运营的贷款余额达 57.9 亿元，同比增长 38.4%。如中国银行恩平支行与当地政府联手引进中国航空工业新能源投资有限公司建设中航（恩平）300 兆瓦储能项目，计划总投资 20 亿元，其中中行预计支持 5 亿~8 亿元，占总投资的 25%~40%。兴业银行惠州分行与项目当地兴业分支行合作，通过开展银团贷款，支持电池制造企业在异地建设锂电池储能项目，并给予该项目45亿元授信额度，有效期2年，目前已经落地前期项目贷款1.16亿元。

二是除了传统的融资项目外，银行也积极根据储能企业的自身特点，发展供应链金融、分项目"1+N"贷款等新型业务解决储能企业资金问题。如平安银行基于客户公司各分布式项目子公司日常经营需求，设计新型供应链融资方案，核定全集团合作额度并将其划分至每个项目子公司，通过线上化快速请款和出账，接入物联网设备采集资产运营数据，辅助贷前和贷后管理，并引入银行账户体系开展回款监控，锁定下游业主日常用电回款，同时叠加知识产权质押、收费权质押等手段，更好地解决新型储能企业信用评估难的问题，提高放贷效率，也更有效地监测企业偿还能力，管控储能企业贷后风险。

三是银行下属金融租赁机构也是支持储能项目顺利落地的主要机构之一。其主要支持途径是以直接租赁或储能设备融资租赁方式参与储能项目企业的储能设备购买流程。直接租赁如国开行控股的国银金租通过直接租赁方式，以承租人投资的宣州区禾阳20兆瓦时网侧储能项目为租赁物，把"融资"与"融物"结合，为项目建设提供资金支持。项目主要依靠调峰补偿和电价套利收益获取储能服务租赁费。储能设备融资租赁则是向卖方支付设备费购买设备后交付买方，再对买方收取设备租赁款。由于储能设备资金回笼十分稳定，金融租赁公司承担风险较小。如光大金融租赁作为融资人向卖方四维能源购买设备以出租设备予承租人协合新能源，购买价为人民币2.96亿元，设备包括储能电池系统的预制舱、储能监察系统及其他辅助设施等。

（三）保险业积极开发储能相关产品和参与设备标准制定

保险机构参与储能行业标准的制定和实施，既能利用自身的专业性帮助投资者和项目方降低风险，又能实现业务拓展为储能项目提供保险保障。如鼎和财保针对电化学储能发热特性和使用有机电解液所存在的风险隐患，开展了电化学储能领域风险理论研究和风控实践,推出首款电化学储能的财产一切险和责任险产品。该保险产品自通过监管机构审核上线一年以来,已为南方电网调峰调频(广东)储能科技公司、广东能源集团等客户的40余座储能电站提供风险保障,承保资产总额超过20亿元。

同时,保险机构通过研究成果共享,助推储能行业相关标准的发展。如中国人保对近年来国内外锂离子电池储能电站风险数据进行研究和市场调研后,发布首部由保险主体制定的储能产业技术准则《锂离子电池储能电站运营期风险评估指南》,从锂离子电池储能电站的选址布局、系统设计、消防措施、运行维护、应急管理等方面入手,综合运用各种风险源识别与风险分析的方法,从保险的角度对锂离子电池储能电站各类风险因素进行评估分析,为储能电站开展风险隐患排查提供有效指引。

四 金融支持新型储能产业发展存在的主要问题

(一)前沿技术的不确定和回收期限长,导致传统金融机构未能广泛参与储能项目建设投资

液流电池、钠离子电池、压缩空气储能、氢储能、重力储能等新技术路线,尚处于技术验证与经济性验证的阶段,处于商业化推广和规模化应用的前期,这时的投资具有相当大的不确定性。例如,深圳能源子公司深能南京能源控股有限公司2023年6月拟以人民币700万元收购鼎轮能源科技(山西)有限公司70%股权,开始建设30兆瓦飞轮储能项目,项目总投资达到3.4亿元,每兆瓦投资达0.11亿元,投资成本远超抽水蓄能电站的0.06亿元/兆瓦,项目投资成本高、收益率低,较难吸引金融机构投资,需要依靠当地产业基金协助完成筹资工作。同时,储能项目的回收期限相对较长,以及受到技术成熟度和市场发展程度的限制,投资回收往往需要较长的时间,从储能产品的研发到产业化应用可达到10~15年。例如,中航(恩平)项目预期年收益为1.7亿元,预期完全收回投资则需15~20年,这期间存在

技术升级需要追加投资的可能性，导致成本持续增加压缩利润空间，加大了金融机构的投资风险。

（二）新型储能盈利模式存在不确定性，影响了金融机构的支持意愿

储能行业的商业模式尚不稳定，回报机制不够清晰。以储能电站为例，储能电站通常通过"谷充峰放"的价差套利模式获取运营收益，即在电价低谷时利用低电价充电，在用电高峰时放电供给用户。但这种套利模式存在峰谷电价波动不及预期以及用户负荷的不确定性风险，导致储能项目难以获得稳定的回报。例如，一般来说，在单一制峰谷价差的储能项目中，峰谷价差需要超过 0.7 元/千瓦时才能获得收益。根据国内各地区公布的 8 月电网代购电价，有 19 个省区市的最大峰谷价差超过 0.7 元/千瓦时，而 10 月却只有 17 个省区市的最大峰谷价差超过 0.7 元/千瓦时；而在用户端，无论是用户负荷的增加、减少还是用户负荷曲线的峰谷时段发生变化都会影响储能电站的收益水平。此外，我国尚未构建适合储能运行特性的现货交易机制，独立储能难以广泛参与电力市场交易。

（三）传统金融机构对储能企业的评估难度大，难以判断企业的还款能力和可持续发展能力

新型储能企业中存在着大量的中小微企业，生存周期短，经营风险很难预测。据企查查统计，我国储能相关企业超 11 万家，中型、小型、微型企业占比分别为 10%、46%、43%，合计高达 99%。这些处于供应链环节中的中小微企业大多为三无企业，即"无信用、无账本、无抵押"，难以达到银行的放贷要求，难以通过传统的融资方式获得充足的资金。例如，广东发展银行表示，储能企业的资产结构中固定资产比例较小，而大部分储能技术尚未成熟，在创造经济利益的同时也存在较大不确定性，变现难度大，有价值的无形资产也较为缺乏，融资风险比较大。

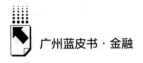

（四）缺乏统一的行业标准与规范，融资风险难以把控

储能技术的多样性和复杂性导致各个企业和项目之间存在技术参数、性能评估、安全标准等方面的差异。电化学储能占新型储能的 90% 以上，2022 年注册的储能企业超过 3 万家，储能企业技术和运营质量参差不齐，有安全隐患。蓄电池在充放电过程中外部遇明火、撞击、雷电短路等各种意外因素，有发生火灾爆炸的危险；氢气在室内或局部的密封空间聚集达到一定浓度，外部遇到撞击等，可能造成爆炸事故；电池管理系统故障、电池管理系统保护功能失效等。缺乏统一标准和规范会增加技术评估的不确定性，给投资者和金融机构带来风险，并增加企业间的竞争和市场不确定性。例如，2023 年 5 月 11 日，生产锂电池的广东嘉拓东莞分公司发生电池自燃事故，过火面积约 1000 平方米，直接经济损失约 800 万元。中国银行东莞分行出于该事件的风险考虑，等企业处理好该火灾事故后才允许放款，其在后续支持储能项目时也更加谨慎。

五　强化金融支持新型储能产业发展的政策建议

（一）建立健全融资风险补偿机制，推动储能企业享受政府性融资担保基金支持

完善政府性融资担保体系，将新型储能产业纳入支持范围，适当降低担保门槛和担保费率，为更多储能企业提供担保。引导金融机构优化业务流程、强化内部考核等，加大对储能企业的倾斜力度，支持金融机构提供个性化金融产品和服务。设立更多储能技术政府引导基金，积极与社会资本设立的风投基金合作，放大财政资金的杠杆倍数，引导和撬动更多社会资金加大对储能企业的支持力度。

（二）推动储能产业商业模式进一步完善，保障储能投资项目的合理收益

储能产业的收益模式主要有现货套利、共享租赁、辅助服务、容量电价

等，需要逐步完善各项收益机制才能提高储能项目的收益率。为此建议：加快推进电力中长期交易市场、电力交易市场、辅助服务市场等建设，推动储能作为独立主体参与各类电力市场，完善充分反映储能多重价值的市场机制；对"新能源+储能"项目在并网、消纳、考核等方面给予支持，提高新能源企业建设储能的积极性；加快开展独立储能电站容量电价纳入输配电价的相关机制研究，在有条件的地区开展试点。

（三）探索将数字供应链金融和投贷联动应用于储能企业，加强融资风险管控

借助人工智能技术，利用知识产权和科创等数据，开发专利价值模型，科学量化新型储能企业的技术价值，识别判断企业科技创新能力，为处于发展早期的新型储能企业提供资金支持。通过对新型储能企业水电能耗、人车进出流量等数据的采集，对企业的生产经营状况进行智能化、数字化的分析，以管控贷后风险。在投贷联动模式下，银行和合作机构可以通过相互分享对新型储能的行业及企业的研究成果，实现对新型储能行业未来发展方向及有潜力的可投企业的更精准的判断和把控。

（四）完善行业标准和规范，缓释投资风险

严格把控新型储能项目参与方的资质，建立合理的新型储能行业准入机制，提升行业整体规范水平。建立新型储能电站安全管理制度，明确电站各方安全管理职责，完备电站建设手续，完善质量验收机制，提升电站安全运维水平。明确各市场参与主体安全职责与界面，健全应急管理体系，多维度加强储能项目全过程管控，形成监管合力。通过搭建信息共享平台，让金融机构与储能企业充分沟通和交流，了解项目的具体情况和风险，从而更有针对性地进行投资决策。

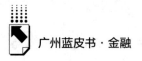
参考文献

陈益鑫:《储能行业发展现状与金融支持》,《金融纵横》2023 年第 5 期。

龚一平、王晨晖、修晓青等:《大规模储能技术及多功能应用研究综述》,《供用电》2023 年第 2 期。

吉富星、张晨、徐浩然:《提高政府性融资担保实效》,《中国金融》2023 年第 18 期。

阚晓西、易赟、刘宝军:《政府融资担保体系建设的国际比较与借鉴》,《财政科学》2018 年第 9 期。

林伯强:《"双碳"目标下储能产业发展新趋势》,《人民论坛》2024 年第 3 期。

宋华、韩思齐、刘文诣:《数字化金融科技平台赋能的供应链金融模式——基于信息处理视角的双案例研究》,《管理评论》2024 年第 1 期。

B.12
财政金融支持绿色低碳技术研发应用的主要做法、存在问题和对策建议

——以广东为例

邓伟平　蔡晓琳*

摘　要： 加快绿色低碳技术研发应用，需综合运用财政金融政策给予精准支持。当前，财政金融支持绿色低碳技术研发应用的主要模式包括运用财政资金建立信贷风险补偿机制、运用政府引导基金开展股权投资、政府出资建立科技创新成果转化基地或孵化基地以及金融机构创新抵质押担保方式等。同时，其面临绿色低碳技术领域缺乏专业界定标准、支持绿色低碳技术研发应用的专项政策尚不普遍、对绿色低碳技术研发企业的信贷投放多集中在成果落地应用等偏后环节、金融机构支持绿色低碳技术研发存在"挑大弃小"倾向等问题。建议健全绿色低碳技术标准认证体系，出台支持绿色低碳技术发展的产业财政金融政策，完善绿色低碳技术领域配套制度，丰富中小初创型绿色低碳技术研发企业资金来源。

关键词： 绿色低碳技术　财政金融　企业融资　绿色技术标准

　　绿色低碳技术是应对气候变化、实现碳中和的关键，也是实现经济高质量发展的有力抓手。由于绿色低碳技术创新具有绿色和创新双重外部性的特征，其社会收益往往大于私人收益，加之技术创新普遍存在投资规模大、收

---

* 邓伟平，高级经济师，中国人民银行广东省分行金融研究处主任科员，研究方向为绿色金融；蔡晓琳，中国人民银行广东省分行金融研究处主任科员，研究方向为绿色金融。

益不确定等特点,资金瓶颈成为其一大挑战。财政和金融作为资金外部供给的重要表现形式,在支持绿色低碳技术研发和应用方面具有不可替代的作用。作为首批低碳试点省份,近年来广东聚焦绿色低碳关键核心技术,积极推动发展方式绿色转型,加强财政金融协同联动,探索出一条财政金融支持绿色低碳技术研发应用的有效路径。

一 财政金融支持绿色低碳技术研发应用的主要模式

(一)运用财政资金建立信贷风险补偿机制或提供财政贴息,引导金融机构支持轻资产、重无形的绿色低碳技术研发企业

一是广东省内广州、汕尾、中山、惠州、清远、佛山等多地市均通过财政出资设立风险损失补偿资金池,为金融机构向绿色低碳技术研发企业发放的知识产权质押融资贷款、科技信贷等产生的损失进行一定比例的风险分担,如广州市科技型中小企业信贷风险损失补偿资金池。二是部分地区针对特定绿色行业出台贷款贴息等金融扶持措施。广州黄埔区对氢能企业或机构用于生产或研发的银行贷款,按贷款应付利息总额的50%给予最长3年、每年不超过500万元的贴息补贴。深圳市光明区对区重点扶持的节能减排和循环经济技术改造项目,给予项目企业不超过实际利息支出50%的利息补贴,最高不超过200万元。

(二)运用政府引导基金开展股权投资,支持初创型绿色低碳技术研发企业发展

多地财政出资设立政府引导基金,联合社会资本共同设立投资子基金,以子基金直投方式入股绿色低碳技术研发企业。广州市设立规模50亿元的科创母基金、规模18亿元的新兴产业发展引导基金;中山市设立首期规模10亿元的高质量发展母基金;东莞市财政、松山湖财政共同出资设立规模100亿元的战略性新兴产业引导基金;韶关市政府牵头设立首期规模10亿

元的韶关碳中和产业基金。这些政府引导基金对氢能、储能、垃圾分类、新能源汽车电池等相关掌握绿色低碳核心技术、成长性高的种子期、初创期、成长期创新型企业进行股权投资，支持绿色低碳技术的研发推广及生产线的建设落地。

（三）政府出资建立科技创新成果转化基地或孵化基地，通过场地租金减免、专项补贴等方式降低绿色低碳技术研发企业运营成本

办公场所租金减免方面，广东省人力资源和社会保障厅和广州市天河区人民政府合作共建粤港澳（广东）创新创业孵化基地、广州市科技局和广州市天河区人民政府共建广州（国际）科技成果转化天河基地等，对满足条件的入驻企业给予不超过 300 平方米办公场地三年免租免管理费或最高六年租金补贴。江门市新会区为江门市人民政府和香港科技大学（广州）发起设立的江门双碳实验室提供占地 83.5 亩、建筑面积 17.2 平方米的办公场地，具体使用面积按需提供，免租使用。专项补贴方面，佛山市对符合条件的碳达峰碳中和关键技术项目、废弃物利用技术项目及污染物处置技术项目，单个项目最高资助 100 万元。深圳市对符合条件的氢能、新能源汽车换电、先进储能等领域的技术创新、产品提升的产业化项目，按不超过经专业审计机构专项审计后确认费用的 30% 给予资助；对符合条件的在绿色低碳前沿领域开展基础研究探索与技术研发的项目，每个项目最高给予 60 万元资助。

（四）金融机构创新抵质押担保方式，支持绿色低碳技术研发企业发展

一是以不动产抵押方式支持绿色低碳技术研发应用。工商银行韶关分行通过"土地+厂房"抵押方式发放流动资金贷款 985 万元，支持有机废水深度处理臭氧催化氧化技术研发和推广使用。二是以应收账款质押或预期收益权质押方式支持绿色低碳技术研发应用。建设银行云浮市分行、农业银行云浮分行、中国银行云浮分行，以"应收账款质押+股权质押"支持氢能电池

（电堆）生产技术研究及产能扩大。广州银行以矿山修复项目应收账款为担保，支持轻资产型环保企业进行土壤修复技术研发应用。三是以专利权质押方式支持绿色低碳技术研发和使用。金融机构委托第三方资产评估公司从市场需求、产业政策、技术更新、发展前景等方面，对绿色低碳技术专利权进行价值评估，并按一定质押率授信。广州农商银行以企业风能发电领域自主知识产权作为质押，支持其绿色低碳技术创新、风能发电工程建设、风能电场运营维护等。

二 财政金融支持绿色低碳技术研发应用面临的主要问题

（一）绿色低碳技术领域缺乏专业界定标准

虽然有关部门陆续公布了《绿色技术推广目录公示名单》《国家重点推广的低碳技术目录》等指导文件，但覆盖范围有限，大量仍处于研发过程的绿色低碳技术缺乏明确界定标准。同时，由于没有绿色低碳技术研发推广企业查询平台或相关认证资格查询平台，金融机构难以有针对性地开展绿色信贷业务宣传和对接。

（二）支持绿色低碳技术研发应用的专项政策尚不普遍

除广州市黄埔区外，大部分地区尚未针对绿色低碳技术的研发出台专项支持政策。绿色低碳技术支持政策缺乏有效整合，相关政策散落在产业转型升级、经济高质量发展、科技创新、专精特新企业等政策中。绿色低碳技术研发企业需花费较多精力搜索、套用这些非专项支持政策，政策效率大打折扣，难免出现政策应享未享的情况。

（三）对绿色低碳技术研发企业的信贷投放多集中在成果落地应用等偏后环节，银企对接面临障碍

绿色低碳技术研发企业往往到成果落地应用阶段才具有较强的融资能

力。因此，金融机构对绿色低碳技术研发企业的信贷支持多侧重于成果落地应用的后端环节，而非在企业资金需求巨大且尚未能产生足够现金流收入的绿色低碳技术研发阶段就积极介入并给予信贷支持。究其原因，一是金融机构对细分行业缺乏专业识别能力和团队，难以准确判断绿色低碳技术的市场前景并准确估值。二是出于稳健经营等考虑，部分金融机构对仍在研发、尚未实现盈利的绿色技术低碳研发企业提供信贷服务的内生动力不足。

（四）金融机构支持绿色低碳技术研发存在"挑大弃小"倾向

绿色低碳技术领域资金大多集中于创新能力较强的大型企业，对中小初创型企业支持不足。银行方面，从事绿色低碳技术研发的中小企业，大多具有轻资产、技术和市场不确定性高、缺乏有效抵质押物的特点，银行为其提供信贷支持较为谨慎。相比之下，大型企业内设的研发部门或专业化研发机构的产品和技术服务模式相对成熟，企业盈利能力和信用程度更高，银行机构更倾向为其提供信贷支持。风险投资方面，虽然广东省内多地市已设立政府引导基金从事私募股权投资及风险投资（PE/VC），但由于中小初创期绿色低碳技术研发企业商业模式未完全成熟、技术路线不确定性高、项目风险较大，政府资金运用需接受严格审计，政府引导基金投资较为谨慎，参与度较低。

三　财政金融支持绿色低碳技术研发应用的对策建议

（一）健全绿色低碳技术标准认证体系

加强绿色低碳技术通用标准研究，完善绿色低碳技术标准及认证体系。结合区域绿色低碳技术发展优势，明确各地绿色低碳技术创新方向。建立绿色低碳技术研发企业白名单制度，支持和鼓励银行业金融机构主动与名单内企业对接，提升绿色低碳技术研发企业融资可得性。

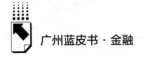

（二）出台支持绿色低碳技术发展的产业财政金融政策

协调整合支持绿色低碳技术研发的产业、财政、金融、风险投资等政策，形成专门针对绿色低碳技术的扶持政策，稳定绿色低碳技术发展预期。加大专项支持政策的宣传推广力度，让企业充分了解政策细则，确保相关支持政策发挥实效。

（三）完善绿色低碳技术领域配套制度推动金融支持尽早介入、适当前移

探索建立绿色低碳技术信息共享及技术鉴定平台，实时更新绿色低碳技术目录及相关融资需求，引入第三方专业机构对绿色低碳技术进行检测、评价和认证，帮助金融机构提前识别、筛选具有潜在市场价值的绿色低碳技术。引导金融机构与重点实验室、孵化基地、成果转化基地、各类产业基金、股权投资机构等加强联动，深入了解绿色低碳技术研发的行业地位、专业水平、市场前景等信息，适当前移信贷支持环节。探索运用货币政策工具及差异化监管等激励措施，激励和引导银行机构加大对绿色低碳技术研发项目的支持。

（四）丰富中小初创型绿色低碳技术研发企业资金来源

完善政府性融资担保体系，将绿色低碳技术产业纳入支持范围，适当降低担保门槛和担保费率，为更多中小初创型绿色低碳技术研发企业提供担保。引导金融机构通过发展专营机构、优化业务流程、强化内部考核等方式，加大对绿色低碳技术研发企业倾斜力度，支持金融机构提供个性化金融产品和服务。优化对政府资金运用的审计要求、提高对政府引导基金投资失败的容忍度，设立更多绿色低碳技术政府引导基金，积极与社会资本设立的风投基金合作，放大财政资金的杠杆倍数，引导和撬动更多社会资金加大对中小初创型绿色低碳技术研发企业的支持力度。

参考文献

安国俊：《绿色金融推动绿色技术创新的国际比较及借鉴》，《银行家》2019 年第 3 期。

陈倩、张朔、许可：《财政金融支持绿色低碳技术创新研究——基于技术成熟度视角》，《西南金融》2024 年第 1 期。

范亚莉、魏艺璇、覃朝晖等：《财政支持与绿色金融的创新促进效果研究——基于微观企业数据的实证研究》，《时代金融》2021 年第 17 期。

马骏、安国俊、刘嘉龙：《构建支持绿色技术创新的金融服务体系》，《金融理论与实践》2020 年第 5 期。

肖珩：《财政补贴对企业绿色技术创新的影响研究》，《技术经济与管理研究》2023 年第 1 期。

张薇、公丕芹：《绿色低碳技术创新发展现状与路径研究》，《中国能源》2022 年第 12 期。

郑录军、韩庆潇：《财政金融协同、绿色低碳发展与技术创新》，《西部金融》2022 年第 4 期。

金融开放篇

B.13
2023年粤港澳大湾区经济金融
形势分析、展望及建议

何伟刚　杨思睿　黄孝平*

摘　要： 2023年粤港澳大湾区经济金融整体运行平稳，呈现恢复性发展。经济增长方面，经济稳中有进，新动能持续发力；消费持续恢复，消费市场加快回暖；固定资产投资平稳，房地产开发投资下降显著；外贸整体承压，进口表现弱于出口；物价水平维持稳定，就业有所改善，居民收入增加。金融运行方面，广东银行、保险业经营指标增长较快，内地与香港、澳门银行、保险业主要指标分化，深港资本市场交易额、募资额下降。跨境收支方面，大湾区内地九市对港澳跨境收支规模转为正增长，顺差收窄；货物贸易止跌企稳，服务贸易持续复苏；外商投资下滑明显，对外投资增长较快；人民币维持第一大跨境结算货币地位，人民币资金大幅净流出。经贸合作方面，

---

* 何伟刚，高级经济师，中国人民银行广东省分行金融研究处处长，研究方向为区域金融、货币政策；杨思睿，中国人民银行广东省分行金融研究处主任科员，研究方向为货币政策；黄孝平，经济师，国家外汇管理局广东省分局国际收支处主任科员，研究方向为外汇管理与货币政策。

人员、车辆流动持续恢复，深港通、跨境理财通交易规模持续扩大。综合分析研判，大湾区经济金融向好的趋势不会改变。建议进一步巩固和提升香港国际金融中心地位，支持大湾区加快培育发展新质生产力，深入推进大湾区高水平对外开放。

关键词： 新质生产力　国际金融中心　房地产市场　跨境贸易　粤港澳大湾区

一　大湾区经济金融的运行情况

（一）经济整体回升，三大动力不均衡

经济稳中有进，新动能持续发力。2023年，粤港澳大湾区（简称大湾区）GDP达14.04万亿元人民币。其中，大湾区内地九市地区生产总值达11.02万亿元人民币，同比增长4.8%。分城市看，深圳（6.0%）、惠州（5.6%）、中山（5.6%）增速较快。广东2024年GDP增速预期目标为5%，其中广州不低于5%，深圳5.5%。2023年，大湾区内地九市规模以上工业增加值为3.56万亿元，同比增长4.2%。广东产业结构性调整态势明显，全年先进制造业增加值增长6.1%，分产品看，新能源汽车、集成电路产品、光电子器件产量分别增长83.3%、23.8%、17.9%。受益于访港旅客有所恢复，服务输出强劲反弹，2023年香港GDP达29913.3亿港元（折合人民币26928亿元），同比增长3.2%，香港特区政府统计处预测2024年增长2.5%~3.5%。2023年，澳门GDP达3794.8亿澳门元（折合人民币3317亿元），同比增长92.3%，IMF预测澳门2024年增长13.9%。受入境旅客增长带动，澳门博彩服务出口及其他旅游服务出口按年分别上升343.7%、127.9%。

消费持续恢复，消费市场加快回暖。2023年，大湾区内地九市社会消费品零售总额为3.70万亿元人民币，同比增长5.7%，消费市场加快回暖。分城市看，大湾区内地城市均实现正增长，其中深圳（7.8%）、广州

（6.7%）增速领跑。自年初内地与香港取消防疫措施以来，加上通关往来便利程度提升，在访港、访澳旅游人数增加和内部需求回升因素带动下，消费持续复苏。2023 年，香港私人消费开支达 19560.5 亿港元，同比增长 7.3%；澳门私人消费开支达 1100.1 亿澳门元，同比增长 11.9%。

固定资产投资平稳，房地产开发投资下降显著。2023 年，大湾区内地九市固定资产投资额同比增长 2.4%。分城市看，深圳（11.0%）、惠州（5.56%）、东莞（2.55%）增速靠前。房地产开发投资下降显著，2023 年大湾区内地九市房地产开发投资额同比下降 9.9%。2023 年，香港固定资本形成总额同比增长 10.8%。房地产方面，香港楼市销售与租赁价格走势分化，整体住宅售价至年末下降 12%。2024 年 2 月 28 日，香港特区政府决定撤销所有住宅物业需求管理措施（"撤辣"），香港中原经纪人指数（CSI）由 39.17 点急升至 62.43 点（3 月 11~17 日），超过好淡区间（45~55 点），反映未来房价趋升。2023 年，澳门固定资本形成总额同比增长 14.4%。

外贸整体承压，进口表现弱于出口。2023 年，大湾区内地九市进出口总额为 7.95 万亿元人民币，同比下降 0.4%。进口表现明显弱于出口，其中，进口总额为 2.72 万亿元人民币，同比下降 4.28%；出口总额为 5.23 万亿元人民币，同比增长 3.0%。2023 年，广东电动汽车、锂电池、太阳能电池"新三样"出口持续保持 33.7% 的高位增长。分城市看，广州、深圳出口总额同比分别增长 12.5%、5.8%，进口总额同比分别下降 4.0%、7.2%。2023 年，受到外部货物需求疲软影响，香港出口内地、美国及欧盟商品均有明显下滑，全年商品进出口总额为 8.82 万亿港元，同比下降 6.8%。其中，进口总额 4.64 万亿港元，同比下降 5.7%；出口总额 4.18 万亿港元，同比下降 7.8%。2023 年，澳门商品进出口总额为 1547.8 亿澳门元，同比增长 1.0%；其中进口同比增长 1.2%，出口同比下降 1.3%。

物价水平维持稳定，就业有所改善，居民收入增加。物价方面，2023 年广东居民消费价格指数（CPI）同比上涨 0.4%，明显低于 2022 年（同比上涨 2.2%）水平。2024 年 1 月和 2 月，广东 CPI 分别同比下降 1.2% 和增长 0.8%。2023 年香港 CPI 同比上涨 2.1%，与 2022 年持平。2023 年澳门

CPI同比上涨0.9%。就业方面，2023年广东城镇调查失业率为5.1%，比2022年降低0.4个百分点。2023年香港经季节性调整的失业率由2022年第四季度的3.5%下跌至2023年第四季度的2.9%。2023年澳门第四季度失业率为2.3%，同比下降1.2个百分点。居民收入方面，2023年广东居民人均可支配收入为49327元人民币，实际同比增长4.4%。2023年香港就业人士每月就业收入中位数为20000港元，名义同比增速为6.90%。2023年澳门居民每月工资收入中位数为17600澳门元，名义同比增速为12.82%。居民增收较为明显。

（二）金融运行总体平稳，广东和港澳地区银行保险业表现分化

大湾区内地存、贷款余额持续增长，港澳存、贷款余额有升有降。2023年末大湾区内地九市本外币各项存款余额为31.55万亿元人民币，同比增长8.9%；贷款余额为24.62万亿元人民币，同比增长9.5%。2023年末香港认可机构存款总额为16.22万亿港元，同比增长5.1%；认可机构贷款总额为10.19万亿港元，同比下降3.6%。贷款下降主要原因是香港利率上升，贷款需求减弱。2023年末澳门银行体系存款总额为1.22万亿澳门元，同比下降3.1%，私人部门贷款总额为1.09万亿澳门元，同比下降10.1%。

大湾区内地保费收入增速较快，港澳地区保费收入微降。2023年广东保险机构毛保费收入为6556.0亿元人民币，同比增长11.2%。其中，财产险毛保费收入为1679.35亿元人民币，同比增长7.28%；人身险毛保费收入为4876.68亿元人民币，同比增长12.66%。2023年香港保险业毛保费收入为5497.0亿港元，同比下跌1.1%。其中，长期业务毛保费收入为4824.0亿港元，同比下跌1.8%；一般保险业务的毛保费收入为673.0亿港元，同比上升4.1%。2023年澳门保险业毛保费收入为370.6亿澳门元，同比下降3.1%。

深港资本市场交易额、募资额下降，股指及创新型期货价格下跌。2023年末深圳证券交易所共有上市公司2844家，总市值达31.00万亿元人民币，全年累计成交金额122.85万亿元人民币，同比下降4.2%，深证成指年底报

收 9525 点，较上年同期下跌 13.5%。2023 年香港交易所共有上市公司 2609 家，总市值达 31.04 万亿港元，全年累计成交金额 25.52 万亿港元，同比下降 17.00%，恒生指数年底报收 17047 点，较上年同期下跌 13.8%，受到外部经济环境以及预期减弱影响，港股市场整体表现承压。2023 年深圳、香港 IPO 融资分别为 210.38 亿美元、59.10 亿美元，金额分别较上年下降 33.4%、53.5%，分别居全球交易所第 2、第 6 位。2023 年，广州期货交易所累计成交额为 6.09 万亿元，占全国市场的 1.07%。其中，首个上市品种工业硅期货累计成交额为 1.55 万亿元；碳酸锂期货合约自 2023 年 7 月 21 日上市以来累计成交额达 4.53 万亿元，价格至 2023 年末跌幅为 58.9%。工业硅期货于 2022 年 12 月 22 日上市，2023 年全年跌幅为 21.8%。

（三）内地九市对港澳跨境收支顺差收窄，贸易、投资表现均承压

大湾区内地九市对港澳跨境收支规模转为正增长，顺差收窄。2023 年，大湾区内地九市对港澳跨境收支规模同比增长 7.6%，去年同期为下降 0.7%，占广东跨境收支的 60.4%。分项目看，经常项目收支规模同比减少 1.3%，去年同期为增长 1.9%，资本与金融项目收支规模同比增长 21.6%，去年同期为减少 4.6%，主要受到资本与金融项目收支增长的带动。2023 年大湾区内地九市对港澳跨境收支顺差同比减少 27.9%，降幅较 2022 年同期收窄 2.5 个百分点。

货物贸易止跌企稳，服务贸易持续复苏。货物贸易方面，2023 年，大湾区内地九市对港澳货物贸易收入同比减少 5%，其中第四季度结束了前三个季度的负增长，转为增长 11.9%；支出同比减少 4.1%，其中第四季度增长 12.6%，增幅较第三季度扩大 6.3 个百分点；顺差额同比减少 8.8%，其中第四季度顺差同比增长 10.4%。服务贸易方面，2023 年，大湾区内地九市对港澳服务贸易收支规模同比增长 21.6%，去年为下降 5.7%。其中，服务贸易收入同比减少 13.6%，服务贸易支出同比增长 65%，带动服务贸易差额由 2022 年顺差 58 亿美元转为逆差 147 亿美元。主要原因，一是内地居民赴港澳旅行支出大幅增长，2023 年旅行收支逆差同比扩大 1.6 倍；二是

受跨境电商平台相关订单空运费增加影响，运输服务逆差 17.2 亿美元，去年为顺差 30.3 亿美元。

外商投资下滑明显，对外投资增长较快。2023 年，港澳对内地九市外商直接投资（FDI）资本金流入同比减少 52.4%，降幅较 2022 年扩大 24 个百分点。分项目看，新设 FDI 流入同比减少 53.3%；增资流入同比减少 43.6%；转股流入同比减少 80.3%。分行业看，主要行业均为大幅下滑，其中制造业和房地产业同比分别下降 48.9% 和 25.4%。对外投资增长较快，2023 年，内地九市对港澳直接投资资本金流出同比增长 37.7%，去年为减少 36.56%。分项目看，新设港澳直接投资流出同比增长 7.6%；增资流出同比增长 58.2%。分行业看，制造业流出最大，金额同比增长 1.8 倍。

人民币维持第一大跨境结算货币地位，人民币资金大幅净流出。2023 年，大湾区内地九市与港澳地区之间跨境人民币结算业务额同比增长 33.0%，占本外币总额的 65.9%。2023 年，内地九市对港澳本外币资金池逆差同比扩大 13.7 倍。分币种看，2023 年人民币资金池净流出同比增长 1.8 倍；外币资金池净流入同比下降 50.6%。全年人民币资金池净流出对整体收支顺差下降的贡献率为 74.1%。

（四）大湾区人员往来密切，金融市场互联互通有序推进

大湾区人员和车辆通关持续恢复。出入境旅客方面，2023 年，内地访港旅客达 2676.05 万人次，访港旅客人数是去年的 70 倍，但仍只相当于 2019 年的 60%。自 2023 年 1 月 18 日深港陆路口岸恢复通关以来，截至 2023 年末，深港口岸累计超 1.6 亿人次出入境。2023 年自内地入境澳门旅客达 1904 万人次，是上年的 2.73 倍，相当于 2019 年的 68%。全年珠海口岸出入境 1.64 亿人次。出入境车辆方面，"澳车北上""港车北上"政策有序实施，2023 年经港珠澳大桥珠海公路口岸出入境旅客超过 1630 万人次、出入境车辆超过 326 万辆次，分别是 2019 年的 1.29 倍、3.80 倍。其中，"港车北上""澳车北上"数量年内累计超过 139.5 万辆次，占车流总量超过 40%。

深港通、跨境理财通交易规模持续扩大。深港通交易持续增长，基础设

施进一步完善。2023 年，深股通成交金额达 13.44 万亿元人民币，同比增长 7.4%，港股通成交金额为 3.47 万亿港元，同比下跌 3.6%。截至 2023 年末，粤港澳三地共 67 家银行参与跨境理财通展业，个人投资者达 6.92 万人，资金汇划金额达 128.1 亿元，个人投资者和汇划金额分别同比增长49.5% 和 3.8 倍。跨境理财通试点持续扩容升级，《粤港澳大湾区"跨境理财通"业务试点实施细则》（2.0 版）从优化投资者准入条件、拓宽业务试点范围、适当提高个人投资者额度、优化宣传销售安排等方面实现了试点升级。

2023 年粤港澳大湾区主要经济指标见表 1。

表 1　2023 年粤港澳大湾区主要经济指标

指标	大湾区内地			指标	香港（亿港元）	澳门（亿澳门元）
	总计（亿元人民币）	广州（亿元人民币）	深圳（亿元人民币）			
当季累计地区生产总值	110214.7	30355.7	34606.4	地区生产总值	29913.3	3794.8
同比（%）	4.8	4.6	6.0	同比（%）	3.2	92.3
社会消费品零售总额	37037.7	11012.6	10486.2	私人消费开支	19560.5	1100.1
同比（%）	5.7	6.7	7.8	同比（%）	7.3	11.9
固定资产投资额增速（%）	2.4	3.6	11.0	固定资本形成总额增速（%）	10.8	14.4
进出口总额	79466.6	10914.3	38710.7	进出口总额	88224.0	1547.8
同比（%）	0.4	0.1	5.9	同比（%）	−6.8	1.0
出口总额	52344.9	6502.6	24552.1	出口总额	41774.1	133.4
同比（%）	3.0	5.8	12.5	同比（%）	−7.8	−1.3
CPI 同比（%）	0.4	1.0	0.8	CPI 同比（%）	2.1	0.9
调查失业率（广东）（%）	—	5.1	—	失业率（%）	2.9	2.3
存款余额	315470.8	86638.3	133350.5	存款余额	162220.0	12234.03
同比（%）	8.9	7.6	8.1	同比（%）	5.1	−3.1
贷款余额	246156.2	76674.2	92140.9	贷款余额	101930.0	10932.42
同比（%）	9.5	10.5	8.3	同比（%）	−3.6	−10.1
毛保费收入（广东）	—	6556.0	—	毛保费收入	5497.0	370.6
同比（%）	—	11.2	—	同比（%）	−1.1	−3.1

资料来源：中国人民银行广东省分行调查统计处、香港特区政府统计处、澳门统计暨普查局。

二　大湾区经济金融的形势分析与展望

2023年，粤港澳大湾区经济恢复性增长，区域产业、行业结构性调整明显，但同时也要看到经济复苏过程呈现疤痕效应，仍有进一步提振空间。展望2024年，战略机遇与风险挑战并存，有利条件强于不利因素，粤港澳大湾区经济金融向好的趋势不会改变。

（一）战略机遇与有利条件

一是大湾区经济基础好、韧性强。大湾区深度融合发展，一体化市场加快形成，经济体量大、人口众多、市场活力强潜力大，产业体系完备，创新创业活跃。二是消费复苏势头延续，消费品以旧换新行动撬动家电、汽车等消费升级，绿色消费、数字消费、跨境消费成为新趋势。三是"三大工程"带动新增投资，房地产发展模式加速转型，有助于实现供给侧层面的优化调整。四是外部经济环境有望改善，部分主要经济体通胀指标回落，世贸组织预测2024年全球商品贸易增速将由2023年的0.8%提高至3.3%，外需增长将带动出口边际改善，跨境电商等优势贸易业态将继续高速增长。境内外利差缩小，整体投资环境有望改善。

（二）风险挑战和不利因素

一是香港国际金融中心地位有待进一步巩固。香港资本市场2023年募资额与IPO数量均出现较大降幅，多个欧美投资机构减持港股；穆迪下调对港澳地区的评级，香港对外资的吸引力下降，预计下一阶段外资信心仍需要一个修复机会，对大湾区内地城市的金融辐射力相应受到影响。二是新质生产力培育发展还存在短板。高端芯片、精密设备、基础材料、工业软件等领域严重依赖进口（杨林等，2019），关键核心技术受制于人，"卡脖子"问题突出，科创板上市公司数量和市值需要迎头赶上，独角兽企业数量与领先城市群相比差距较大，科学技术"变现"能力需要进一步提升，在生成式人工智能领域竞争力相对落后。传统行业突围压力加大，房地产市场疲软导致家具、家电等相关行业整体表现低迷，燃油车需求遇冷拖累汽车制造业整体表现。三是高水平对外开放需要扩大。内地与港澳地区经济联系紧密，但禀赋条件和外部环境差异明显（刘向耘，2018），面对外部冲击的反应具有非对称性，通胀、经济增长、金融运行等指标分化，宏观政策协调难度大。全球产业链加速调整，美西方对我国推行"去风险"，跨国公司加快供应链多元化步伐，带来资金流出、产业外迁，大湾区区域内贸易占比下降，稳外贸外资压力较大。

三　推动大湾区经济金融高质量发展的对策建议

（一）进一步巩固和提升香港国际金融中心地位

优化现有的内地与香港金融市场互联互通机制，如考虑降低港股通投资者准入门槛，丰富互联互通机制下的跨境投资产品。鼓励内地新经济领域优质企业赴港上市融资（李奇霖，2021），巩固香港作为内地企业首选海外上市地的地位。发挥主权投资机构作用，在香港资本市场购入核心资产证券，包括大型央企、系统重要性金融机构及代表未来科技发展方向的专精特新企业股票。

（二）支持大湾区加快培育发展新质生产力

支持大湾区加强科技交流合作，协同推进关键核心技术攻关（李小瑛、陈嘉玲，2023），合力破解"卡脖子"问题。深化产业共建，着力壮大人工智能、新能源汽车等战略性新兴产业集群，培育量子技术、生命科学等一批代表产业发展方向的未来产业。加快推动传统产业数字化、绿色化升级改造。深化粤港澳金融合作，推动区域金融改革试点，合力做好科技金融、普惠金融等五篇金融大文章（刘佳宁，2020），构建与新质生产力相适应的现代金融体系。

（三）深入推进大湾区高水平对外开放

持续推动与国际标准、通行规则的衔接，便利大湾区货物、服务、人员、资本以及数据等要素的流动，提升大湾区市场一体化水平。充分发挥好港澳地区与外资机构联系密切的优势，协同开展大湾区面向全球的招商引资活动，加大对先进制造业、战略性新兴产业、现代服务业外资企业以及跨国公司总部的引进力度。培育外贸新动能，发挥 QFLP 和 QDLP 等机制的作用，拓展跨境双向投资渠道（张文闻，2023），优化海外仓布局，持续扩大跨境电商贸易优势。

参考文献

李奇霖：《资本市场助力粤港澳大湾区建设》，《清华金融评论》2021 年第 8 期。

李小瑛、陈嘉玲：《粤港澳大湾区建设科技创新中心的现状及对策》，《长安大学学报》（社会科学版）2023 年第 5 期。

刘佳宁：《粤港澳大湾区科技金融协同发展路径研究》，《南方金融》2020 年第 9 期。

刘向耘：《从粤港澳大湾区建设看金融如何支持经济转型升级》，《金融经济学研究》2018 年第 1 期。

杨林、黄震环、张仁寿等：《粤港澳大湾区科技金融资源配置效率研究》《亚太经济》2019 年第 4 期。

张文闻：《粤港澳大湾区金融市场互联互通的发展趋势》，《中国外汇》2023 年第 12 期。

B.14
金融支持粤港澳大湾区加快培育和发展
新质生产力的主要困难及对策建议

胥爱欢 杨思睿*

摘 要: 粤港澳大湾区（简称大湾区）作为我国开放程度最高、经济活力最强的区域之一，在科技研发、成果转化、产业发展等方面均有坚实的基础，为培育新质生产力提供了优质土壤。其中，金融对大湾区发展新质生产力的支持作用十分重要。近年来，大湾区金融系统以支持大湾区国际科创中心建设为重心，推动金融与科技、产业深度融合，大力支持科技创新和实体产业发展，对新质生产力的培育和发展发挥重要作用。但是，在支持新质生产力培育和发展过程中，大湾区金融系统也面临金融促进创新要素聚集及应用的效能有待增强、金融对技术创新各环节支持力度有待进一步加大、金融与财税和产业政策的协同效应在产业深度转型升级过程中的引导作用有待进一步强化等问题。为此，建议：围绕提升全要素生产率，加强金融支持"创新湾区"建设；聚焦新质生产力载体建设，加强金融支持"产业湾区"建设；适应新质生产力布局变化，加强金融支持"互联湾区"建设。

关键词: 新质生产力 科技创新 产业转型 科技金融 粤港澳大湾区

---

* 胥爱欢，经济学博士、高级经济师，中国人民银行广东省分行金融研究处副调研员，研究方向为货币政策；杨思睿，中国人民银行广东省分行金融研究处副主任科员，研究方向为货币政策。

一　金融支持粤港澳大湾区培育和发展新质生产力的基本情况

（一）大湾区培育发展新质生产力的基础条件

粤港澳大湾区是我国开放程度最高、经济活力最强的区域之一，在国家发展大局中具有重要战略地位。从新质生产力培育和发展所需的基础条件来看，粤港澳可以发挥各自优势，促进金融、科技、产业良性循环，共同推进大湾区国际科技创新中心建设，加快科技成果转化和产业化发展，对大湾区加快形成和壮大新质生产力发挥重要作用。

广东以高质量发展为首要任务，加快科技创新强省建设，努力在高水平科技自立自强方面走在全国前列，率先形成培育新质生产力的优质土壤和良好基础条件。在科技研发方面，2023 年，广东研发经费支出超 4600 亿元，全省研发经费支出占地区生产总值比重达 3.39%，区域创新综合能力连续 7 年全国第一。全省获国家自然科学基金立项 4960 项，获资助金额 28.60 亿元，立项数目、获资助金额均创历史新高。省级科技创新战略专项资金中基础研究投入 30.5 亿元，占实际支出近 40%。[①]"深圳-香港-广州科技集群"连续四年在全球创新指数排名中居第二位。基础研究和技术攻关资源投入不断增加，拥有江门中微子实验、中国散裂中子源等大装置大平台大项目，鹏城实验室、广州实验室、松山湖材料实验室等国家重点实验室。在产业培育方面，广东作为全国制造强省，目前已拥有联合国产业分类中所列全部工业门类 41 个工业大类中的 40 个，规上工业企业数超过 5 万家。广东 2023 年规模以上制造业企业营业收入达 17 万亿元，制造业增加值占 GDP 比重达到 32.7%，加上与制造业密切相关的生产性服务业，占比超过六成。2020 年，广东提出打造十大战略性支柱产业集群和十大战略性新兴产业集群，并将其

---

① 资料来源：广东省科学技术厅。

作为构建现代化产业体系的重中之重。2023 年，广东省 20 个战略性产业集群实现增加值同比增长 5.2%，占 GDP 比重达到四成，已形成 8 个万亿级、3 个 5000 亿级、7 个千亿级和 2 个百亿级产业集群。计算机、通信和其他电子设备制造业、电气机械和器材制造业、汽车制造业等三大支柱产业增加值分别增长 3.6%、8.8%、11.2%，成为广东制造的"稳定器"。①

香港凭借与内地以至全球各地的紧密联系、雄厚的科研实力、世界知名的大学以及领先的科创资本市场，正在迅速发展为创新及科技中心。根据世界知识产权组织发布的《2023 年全球创新指数》，香港的综合创新水平排名全球第 17 位。在科技研发方面，香港是全球高水平大学最集中的城市之一，共有 5 所大学跻身全球前 70 名，拥有 16 个国家重点实验室及 6 所国家工程技术研究中心香港分中心，数学、化学、医学、计算机科学、电子工程等多个学科位居全球前 100 名（谭慧芳、谢来风，2019）。香港集聚了应用科技研究院、科学园、数码港、产业研发中心、InnoHK 创新香港研发平台。在科创融资方面，港交所修改上市规则，允许同股不同权架构的新兴及创新企业、未有收入或盈利的生物科技公司来港上市，已成为亚洲第一大、全球第二大生物科技集资中心。港交所还推出"特专科技公司"上市新机制，围绕新一代信息技术、先进硬件、先进材料、新能源及节能环保、新食品及农业技术五大重点领域，放宽对企业的营收、盈利等要求。在科创规划方面，香港特区政府于 2022 年底发布《香港创新科技发展蓝图》，提出四大发展方向，其中之一便是"积极融入国家发展大局，做好连通内地与世界的桥梁"，对应"深化与内地创科合作"和"拓展环球创科合作"两条发展策略。在与内地合作方面，提出全速推动落马洲河套区港深创新及科技园的发展、善用广州南沙和深圳前海两大合作平台、加强与各省市的创科合作等；在国际合作方面，提出强化连通桥梁作用、积极拓展国际网络、加强在海外招商引才等。香港特区政府《2023 年施政报告》提出，设立 100 亿港元

---

① 《20 个战略性产业集群 增加值占 GDP 比重四成》，腾讯网，https://new.qq.com/rain/a/20240329A00KC400。

"新型工业加速计划"，推动下游的新型工业发展。

澳门具有自由港和低税制度，国际化程度高，与葡语国家联系密切，对国际人才有吸引力，在芯片研究及中药研究方面已取得一些成就。在科技研发方面，澳门拥有 10 所高校、4 个国家重点实验室，近年来科技论文发表数量和专利申请数量稳步上升，在芯片研究等领域取得高水平成果。例如，澳门大学近年在有"芯片奥林匹克"之称的 ISSCC 会议上发表的论文数量名列全球第二，模拟与混合信号超大规模集成电路研究项目在前沿技术方面达到了世界顶尖水平。澳门大学与澳门科技大学共建中药质量研究国家重点实验室，为中医药产业的标准化推广贡献科研力量，针对具有岭南特色的动物类中药材的品质控制技术建立了技术标准。澳门以"前研后产"、校企联合实验室等方式，积极推进科研成果在横琴粤澳深度合作区转化。澳门大学、澳门科技大学产学研示范基地以及四个澳门国家重点实验室分部落户横琴，构建"澳门研发+横琴转化"创新链条。横琴粤澳深度合作区现有国家高新技术企业 282 家，其中，澳资企业 16 家；国家及省级"专精特新"企业 41 家，其中，澳资企业 4 家。在科创规划方面，2023 年 11 月，澳门特区政府公布《澳门特别行政区经济适度多元发展规划（2024—2028 年）》，提出将在未来五年内大幅增加对科创研发的投入，累计不少于 50 亿澳门元。

（二）金融支持大湾区新质生产力发展的主要实践

广东金融系统深化与港澳的合作，以支持大湾区国际科创中心建设为重心，推动金融与科技、产业深度融合，加快构建全过程创新生态链（李小瑛、陈嘉玲，2023），大力支持科技创新和实体产业发展，助力大湾区培育壮大新质生产力。

一是发挥信贷主力军作用，支持科技企业和新兴产业发展。充分运用科技创新再贷款、支小再贷款、再贴现等货币政策工具，引导金融资源配置向新兴产业倾斜。开展珠三角地区银行业金融机构科技信贷政策导向效果评估，对金融机构支持科技企业情况进行分类评级，评级结果作为广东省普惠性科技信贷风险奖补依据，激励金融机构加大对科创领域的支持力度。设立科创类政府引导基金、科技信贷风险补偿金、创业担保贷款担保基金等，提升风险容忍度。截至 2023 年末，广东制造业贷款余额为 3.1 万亿元，同比增长 24.4%。其中，制造业中长期贷款余额同比增长 35.5%，先进制造业中长期贷款余额、高技术制造业中长期贷款余额分别同比增长 37.4%、35.8%，均明显高于各项贷款增速。高新技术企业贷款余额为 2.2 万亿元，同比增长 22.4%；科技型中小企业贷款余额为 3227 亿元，同比增长 43.4%。[①]

二是发挥资本市场枢纽功能，支持优质创新型企业成长壮大。中共广东省委金融委员会办公室数据显示，截至 2023 年末，广东有 A 股上市公司 872 家，稳居全国第一，包括比亚迪、美的集团、海天味业等一批研发实力较强的龙头企业。2023 年，广东新增科创板、创业板上市公司 40 家，省内企业通过上交所、深交所、北交所获得直接融资 1.06 万亿元，位居全国第一。深交所稳步推进注册制改革，创业板进一步明确了优质创新创业企业的评价标准，注册制实行以来创业板新上市公司中近九成为高新技术企业，超五成为战略性新兴产业企业。香港资本市场是香港金融中心的重要支柱，近年来，港交所允许未有收益的生物科技公司以及拥有不同投票权架构的新经济公司于香港集资，已成为亚太地区最大的生物科技公司首次公开招股中心。港交所也是内地企业重要的离岸集资中心，近期积极推动海外发行人上市制度改革落地实施，包括允许没有不同投票权架构并属非创新产业的大中华公司在港第二上市，并给予双重主要上市的发行人更大灵活性，2020 年以来，已有超过 30 家中概股回流。2023 年，深交所、港交所新股集资额在全球排名第二位和第六位。

三是发挥风投创投机构早期培育作用，积极支持创新创业。广东致力于打造国际风投创投中心，经过多年发展，股权投资基金谱系广、体量规模大，能够有效满足科技型企业基本融资需求，助力科技型企业孵化成长。中

[①] 《广东金融 2023：总量指标保持平稳较快增长，信贷资源向重点领域和薄弱环节聚集》，21 经济网，https：//www.21jingji.com/article/20240125/herald/2f3a54d6f53f7425a3821788de0f4261.html。

国证券投资基金业协会数据显示，截至 2023 年 8 月末，广东在中基协登记的私募股权基金管理人有 2721 家，备案基金超过 1.19 万只，基金规模达 2.51 万亿元，占全国比重分别为 21%、22%、17%。通过设立天使母基金、探索母基金开展天使投资，引导天使、种子子基金投资，探索加大对种子期、初创期科技型企业早期投资的有效方式和途径。完善创投基金"募投管退"全链条综合服务体系，开展股权投资和创业投资基金份额转让试点，新设总规模达 40 亿元的 3 只 S 基金（二级市场基金），设立了大湾区 S 基金联盟。

四是发挥保险"稳定器"作用，为科技型创新提供保险保障。推广研发费用损失险等科技保险以及发展专利保险等新型保险，鼓励保险公司推出和推广首台（套）重大技术装备综合保险、重点新材料首批次应用综合保险、软件首版次质量安全责任保险。2023 年前三季度，科技保险相关承保主体为广东（深圳除外）5.97 万家次科技企业提供风险保障 1.49 万亿元，同比增长 12.02%；专利保险相关承保主体为 488 家企业提供风险保障 4.68 亿元。

五是发挥境内境外两个市场联动作用，助力科技创新企业融入新发展格局。开展高、低两个版本的跨国公司本外币资金池业务，助力科技类跨国公司本外币跨境资金统筹使用，提高资金管理效率，降低汇兑风险及财务成本。拓展自由贸易账户（FT 账户）业务，将开户主体扩大到广州、珠海的科技企业，支持科技企业享受多元、便利的跨境金融服务。中国人民银行广东省分行数据显示，截至 2023 年末，为科技企业在内符合条件的市场主体开立 FT 账户 10453 个，业务涉及资金 2.74 万亿元。开展合格境外有限合伙人（QFLP）、合格境内有限合伙人（QDLP）试点，拓展了跨境股权双向投资渠道，促进风投创投"投进来""投出去"，2023 年 10 月末两类试点企业数量达 13 家。如横琴粤澳深度合作区落地 QFLP 基金——智路资本，吸引投资并引入了高科技半导体项目——"芯潮流"，预计项目总投资约 30 亿元人民币。

六是便利国际人才在大湾区汇聚发展。在广州、深圳、珠海开展海外人

225

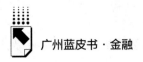

才用汇便利化试点，优化海外人才购付汇业务流程，简化购付汇证明材料，助力粤港澳大湾区高水平人才高地建设。国家外汇管理局广东省分局数据显示，截至2023年10月末，广州、珠海累计办理海外人才用汇便利化试点业务1406笔、金额0.5亿美元。推动将港澳青年纳入创业担保重点扶持对象并给予贴息，支持港澳青年在南沙创新创业。

二 金融支持粤港澳大湾区培育和发展新质生产力的困难挑战

新质生产力培育的本质在于生产要素的创新性配置、技术的革命性突破以及产业的深度转型升级等，粤港澳大湾区培育新质生产力同样离不开上述各个环节的有力支持。在这些环节中，金融支持粤港澳大湾区培育和发展新质生产力仍存在以下困难挑战。

（一）金融促进创新要素聚集及应用的效能有待增强

在人才要素方面，三地人才资源流动、专业技术证书互认等仍存在一定障碍，港澳人才在内地生活就业等方面的金融服务便利性仍有提升空间，跨境人群相应产生的正常跨境资金运用需求有待满足，对港澳人才在内地就业创业的金融支持有待进一步深化。金融要素方面，金融本身作为重要的创新要素，目前存在虽规模体量大但业态不够丰富的问题，金融供给结构未能很好地匹配科技企业发展需求。比如，2023年，大湾区内地城市新增贷款规模约2.13万亿元人民币，而整个广东辖区企业同期直接融资规模仅为3817.05亿元人民币。2023年末，香港交易所和深圳证交所上市公司总市值为8.48万亿美元，仅相当于纽约证券交易所和纳斯达克证券交易所上市公司总市值的18%，直接融资市场仍有较大发展空间。此外，粤港澳三地之间金融领域交流与合作仍有待加强，香港对大湾区内地城市的金融辐射与带动作用仍有待进一步发挥。大湾区内地城市金融机构密度不高，且相比北京、上海等城市，金融机构总部数量相对较少。在技术与数据等要素方面，粤港澳三地人才、资金、技术、设备等跨境流动不够灵活，中试基地跨境共享难，科技交流合作频率低，降低了创新主体跨境合作的积极性。粤港澳创新资源对接不充分，产学研融合深度不足，三地间技术交易规模偏小，港澳成果来粤转化数量偏少，成功实现产业化的项目不多，要素转化效能有待进一步提升。在金融与其他要素融合发展方面，金融吸引创新项目集聚效能仍有待发挥，大湾区内金融与科技要素的联动及协同发展有待加强。粤港澳三地在数据要素市场化、金融化过程中合作交流不充分，未能很好利用不同地区资源禀赋优势。在金融促进要素流动方面，部分国内城市已把握先机，探索资本、数据等要素协同发展。比如，上海设立上海技术交易所，通过市场化交易提升技术要素的流动性与利用效能；而大湾区目前仅有广州数据交易所，在技术要素的市场化方面仍有待进一步探索。

（二）金融对技术创新各环节支持力度有待进一步加大

2023年末，广东省高新技术企业预计超7.5万家，连续8年全国第一，科技型中小企业超7.6万家，相应所产生的金融需求较大。[①] 但是，目前大湾区在科创金融发展方面仍存在一些共性问题。

一是科创企业技术研发阶段金融需求与供给存在错位。从需求端看，科技成果的研发与转化主要包括基础研究、实验开发、中试熟化、推广应用四个阶段，每一阶段的金融需求各不相同。其中，基础研究部分，近年来政府资金投入力度加大，而实验开发、中试熟化阶段仍面临明显的资金供需矛盾，该阶段对资金投入的规模、期限等都有较高的要求（陈建敏等，2022）。同时，项目投入风险较大，传统授信模式下处于这些阶段的企业的金融需求难以被满足。而从供给端看，大湾区内与科创企业融资需求匹配的风投创投机构数量较少、规模尚小，科技支行等尚处于探索过程中，且资金

---

① 《超7.5万家！广东高新技术企业数量连续8年全国第一》，南方网，https://news.southcn.com/node_5e8bbbfd76/d6cc6eec3d.shtml。

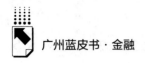

主要流向确定性较强的大型企业及项目，对创新能力较强的中小型企业支持力度较弱，资金供需还存在结构性失衡。

二是针对科创企业的金融服务水平有待进一步提升。科技产业具有产业链长、细分领域多等特点，不同细分领域、不同阶段的企业研发周期、资金需求各异，因而呈现个性化金融需求特征。以大湾区较具规模的生物医药产业为例，研发领域平均研发周期为12年，需要长期资金支持；而医疗器械的开发注册周期则为3~5年，前期资金要求较高。因此，同一产业的不同细分领域项目资金特点也有所不同，这也导致科创领域难以实现批量提供授信及同质化服务，对金融服务的精细度有更高要求。但是，受制于专业人才稀缺、模式探索经验不足等，目前大湾区内科技金融服务水平仍有较大提升空间。

三是尚未建立针对科创企业的综合融资体系及完备的金融服务生态体系。对于资金需求多样化程度较高的科创企业而言，依靠单一资金渠道很难满足其融资需求，而目前大湾区内金融机构协同联动有待深化，"投贷联动"、知识产权质押融资等创新模式仍处于探索阶段，尚未达到规模化、谱系化和专业化。此外，金融服务水平的整体提升还依赖于金融服务生态体系的建立与优化，其中，除了金融机构之间的联动外，还包括与法律、会计等中介机构的合作。而大湾区内地城市尤其是广深与港澳在机构协同等方面尚有欠缺，未能利用好港澳金融服务产业链条成熟、机构数量多的优势，构建良好的金融服务生态体系。

四是配套政策措施仍有待完善。科技金融发展所必需的风险缓冲机制仍有待进一步优化，大湾区在私募股权和创业投资份额转让平台建设方面仍有短板，区域性股权市场建设不足，S基金规模有待扩大，科创金融的良性循环机制仍有待升级健全。

（三）金融与财税和产业政策的协同效应在产业深度转型升级过程中的引导作用有待进一步强化

新质生产力的培育不仅包括发展新兴产业和未来产业，也包含传统产业转型升级。大湾区经济规模大、产业种类多，但也面临产业结构单一、龙头企业数量不足的问题。目前，大湾区产业仍然以食品饮料、纺织服装、家电家居、造纸印刷等传统制造业为主，制造业增加值占大湾区生产总值的比例较高。而高新技术企业尽管数量居全国第一，但头部企业数量比其他主要城市少。自2019年以来，广东共有87家科技企业在科创板上市，多于上海（78家），但少于江苏（106家）；胡润研究院发布的《2023全球独角兽榜》中，北京、上海分别有79家及66家，全球排名分列第3、第4位；而深圳、广州分别有33家及22家，全球排名分列第6、第8位。

在金融促进制造业转型升级方面，一是金融政策与财税政策、产业政策的协同效应有待进一步增强。目前，金融政策支持大湾区产业转型升级的措施主要依赖于信贷精准投放，例如通过科技金融贷款、中长期制造业贷款等专项贷款投放形成对产业发展的引领带动；财税政策及产业政策方面则通过对特定领域企业提供减税降费等优惠支持大湾区产业转型升级，其产业投向以及涵盖的企业范围一致性有待进一步提升，以更好发挥政策合力。此外，产业转型升级过程中金融发挥引领带动作用的手段有待进一步丰富，除银行机构所提供的间接融资外，直接融资规模有待扩大，其导向作用有待进一步增强。二是为引进先进产业及龙头企业入驻，大湾区内地各城市倾向于在财税政策上发力，通过更多优惠政策增强招商引资效果。一方面，区域间未形成有序的产业分工，部分城市产业结构类似，导致集群效应未能发挥更大作用，资源利用效率不高；另一方面，过分依赖财政政策给地方政府财政带来较大压力，在当前经济形势下这一模式的可持续性受到影响。

三 金融支持粤港澳大湾区加快培育和发展新质生产力的政策建议

金融支持粤港澳大湾区加快培育和发展新质生产力，要遵循发展新质生产力的客观规律，从促进生产力效率提升、载体建设、布局优化等方面，深化金融供给侧结构性改革，强化粤港澳三地金融合作，提升科技金融服务能

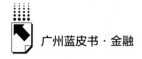

力与质效，加快实现金融、科技、产业良性循环，更好地发挥金融支持作用。

（一）围绕提升全要素生产率，加强金融支持"创新湾区"建设

新质生产力以全要素生产率提升为核心标志，既有技术革命性突破，也有生产要素创新性配置，并以劳动者、劳动资料及其优化组合的质变为基本内涵。人才是第一资源，发展新质生产力归根结底要靠创新人才，新质生产力也对劳动力素质提出新的要求。加快形成新质生产力，要抓住"人"这个最活跃、最具决定意义的能动主体，打造新型劳动者队伍，广聚天下英才而用之。科技是第一生产力，新质生产力以科技创新为原生动力、主导力量、核心引擎，以颠覆性技术和前沿技术催生新产业、新模式、新动能，促进要素效率以及全要素生产率提高。为此，要推动科技自主创新，加强基础研究和原始创新，增强自主创新能力，突破"卡脖子"瓶颈（黄群慧、王健，2019），实现高水平科技自立自强。数据是新的生产要素，也是重要生产力。促进数字技术与传统生产要素深度融合，要通过算法优化传统生产要素的配置效率，促进新质生产力发展，实现边际报酬递增。促进数字经济和实体经济深度融合，要发挥数据赋能作用，加快数字化转型，加快发展数字经济。

在金融方面，一是便利人才流动。要推动粤港澳三地金融人才双向交流、任职，促进金融执业资格互认，共同培育和选拔既有科技又有金融实际工作经历的复合型人才，打造一支既懂金融又懂科技的大湾区科技金融专业化人才队伍。要加大对大湾区优质生活圈建设的金融支持力度，便利国际人才在大湾区生活就业，满足国际人才便利化置业、购房、支付、缴税、用汇、理财等需要。二是要立足高水平科技自立自强，加大对未来技术研发、未来产业发展的金融支持力度。引导金融机构支持粤港澳联合实验室等高端创新平台、重大科技项目建设，重点支持"从0到1"的应用基础研究。用好1000亿元的粤港澳大湾区科技创新产业投资基金、200亿元的广东粤澳合作发展基金，研究设立粤港澳大湾区产业发展大基金，发挥政府引导基金

示范带动作用，积极参与早期基金和天使投资基金，鼓励在大湾区设立早期基金和天使投资基金，重点投向具有市场前景的实验室成果、中试研发项目、突破关键核心技术的重大创新项目成果等。三是加强数据赋能，推动征信业开放，加强各类数据归集，促进大湾区跨境数据流动。在粤港澳三地、在金融机构与企业之间架起"信息金桥"。落实内地金融科技发展规划和香港"金融科技2025"策略、澳门经济适度多元发展规划，加强金融科技创新合作，推动大湾区金融机构加快数字化转型步伐，提高数字金融服务能力，更好赋能新质生产力培育和发展。

（二）聚焦新质生产力载体建设，加强金融支持"产业湾区"建设

新质生产力的主要载体是新兴产业。前沿技术、颠覆性技术创新和产业化所形成的物质资料的整体构成了新兴产业，是新质生产力的重要表现（徐政等，2023）。战略性新兴产业和未来产业都以重大技术突破和重大发展需求为基础，具有知识技术密集度高、物质资源消耗少、成长潜力大的突出特点，是新质生产力发展的着力点。与传统产业相比，新兴产业背后的技术突破往往具有颠覆性并带来范式革命，释放出巨大的增长动能。加快形成新质生产力，要积极培育战略性新兴产业，积极培育未来产业，不断增强经济发展新动能。

在金融方面，一是优化对新兴产业的资金供给结构。要以实体经济为本，坚持制造业当家，聚焦新能源、新材料、先进制造、电子信息等战略性新兴产业，发挥货币信贷政策导向作用，引导金融机构加大对科技创新领域的中长期资金支持力度（李奇霖，2021）。鼓励内地社保、保险资金和港澳专业投资者等加大股权投资力度，培育长期资本、耐心资本，积极投资大湾区未来产业。二是提升金融服务水平，强化专属金融服务。引导粤港澳三地金融机构加强与科技企业孵化器、科技产业园、未来产业园合作，围绕技术研发各个阶段提供相应资金支持，发展知识产权融资、投贷联动等科技金融服务模式。要立足未来产业发展，聚焦未来生物医药、未来汽车等前沿技术领域，加强技术成果转化支持，抓好成果转化"最初一公里"和"最后一

公里"，共同建设、运营概念验证和中试平台。三是打造综合融资服务体系，构建良好的科创金融服务生态。支持粤港澳三地金融机构探索跨境资源共享合作模式（张文闻，2023），优化三地在项目、资金、人员等方面的流动，推动科技企业在港交所、深交所上市，构建创新型、多元化、跨区域金融服务。加强金融服务生态建设，强化金融机构与中介机构等的联动，共同打造针对科创企业融资的全链条服务模式。

（三）适应新质生产力布局变化，加强金融支持"互联湾区"建设

生产力布局是社会生产在一定空间范围的分布与配置，布局合理与否，直接影响整个社会生产系统的功能发挥和资源配置效率。随着新一轮科技革命与产业变革深入发展，科技已成为优化生产力布局的重要力量，新质生产力逐步被纳入重大生产力的范畴。加快形成新质生产力，要适应新旧动能转换，推动新产业替代旧产业、新质生产力替代传统生产力，合理安排城市用地需求，为新质生产力布局提供空间。要适应产业结构升级，推进产业梯度转移。要以建设统一大市场为牵引，促进各类生产要素有序流动、高效集聚、优化配置，使各地区在整体发展和相互协作中努力实现差异竞争、合理分工、错位发展。要扩大高水平对外开放，对标国际高标准经贸规则，维护我国产业链供应链安全稳定，坚持"引进来"和"走出去"，吸收外商投资在内地开展科技创新，支持内地有竞争力的企业在国际舞台大显身手。

在金融方面，一是依托重大平台加快培育科技创新产业。要加快推进南沙、横琴、前海、河套等重大平台建设，为科技创新产业积极营造有利的金融环境。重点依托南沙科学城、河套深港科技创新合作区深圳园区、东莞松山湖科学城等载体，进一步完善科技金融服务（杨林等，2019）。二是助力产业转型升级，推动旧动能向新动能转变。加强对大湾区内地城市城中村改造的金融支持，推动劳动密集型以及高污染产业从城市中心区域向外迁移，对保留的产业要升级改造，同时积极导入和培育孵化新产业。在转型过程中，要充分利用好货币政策、财政政策及产业政策工具，提升三者的协调程度，形成政策合力。三是优化区域产业布局，强化城市间协同作用。围绕供

应链产业链布局资金链，推动资金随着产业走，在产业规划上形成有序分工，支持粤东西北地区产业梯度转移基地建设。推动高新技术产业和战略性新兴产业的中概股回流港交所或在境内资本市场发行存托凭证，规避美西方市场风险。要以制度型开放为重点推进金融高水平对外开放，推进大湾区金融市场互联互通（刘佳宁，2020），提升科技企业跨境投融资便利化水平。

参考文献

陈建敏、林珠、陈树敏等：《促进粤港澳大湾区协同创新的科技载体平台建设实践与发展思考》，《科技管理研究》2022年第24期。

黄群慧、王健：《粤港澳大湾区：对接"一带一路"的全球科技创新中心》，《经济体制改革》2019年第1期。

李奇霖：《资本市场助力粤港澳大湾区建设》，《清华金融评论》2021年第8期。

李小瑛、陈嘉玲：《粤港澳大湾区建设科技创新中心的现状及对策》，《长安大学学报》（社会科学版）2023年第5期。

刘佳宁：《粤港澳大湾区科技金融协同发展路径研究》，《南方金融》2020年第9期。

谭慧芳、谢来风：《粤港澳大湾区：国际科创中心的建设》，《开放导报》2019年第2期。

徐政、郑霖豪、程梦瑶：《新质生产力助力高质量发展：优势条件、关键问题和路径选择》，《西南大学学报》（社会科学版）2023年第6期。

杨林、黄震环、张仁寿等：《粤港澳大湾区科技金融资源配置效率研究》，《亚太经济》2019年第4期。

张文闻：《粤港澳大湾区金融市场互联互通的发展趋势》，《中国外汇》2023年第12期。

B.15
澳门金融发展趋势研判及穗澳金融合作进展与机遇分析

赵俊豪 赖锐标*

摘　要： 近年来，澳门金融业增加值占 GDP 比重逐年提升，货币金融运行稳健，金融机构体系向多元化方向发展，资产和营运规模可观，产品和服务体系逐渐丰富。澳门以现代金融业为促进经济适度多元发展的重要抓手，着力完善配套制度，发展债券市场、资产管理、绿色金融、离岸人民币业务等，发挥中葡金融服务平台作用，取得长足进步。同时，粤澳、穗澳在民生金融、离岸在岸人民币市场、跨境理财、绿色金融、债券市场、重大合作平台、金融监管合作等方面取得了良好的合作成效。建议广州和澳门立足自身资源禀赋和比较优势，在发展现代金融业和做好五篇金融大文章等方面深入开展金融合作。

关键词： 现代金融业　经济适度多元发展　金融合作　澳门　广州

一　澳门金融业稳健发展

在中央支持及澳门特区政府努力下，澳门金融业发展取得了长足进步。澳门统计暨普查局数据显示，2021 年，澳门金融业增加值占 GDP 比重达 15.4%，跃升为澳门第二大产业；2022 年，澳门金融业增加值为 337.9 亿澳门

---

* 赵俊豪，中国人民银行广东省分行金融研究处主任科员，研究方向为区域金融等；赖锐标，中国人民银行广东省分行金融研究处副主任科员，研究方向为区域金融等。

元，占 GDP 比重达 17.2%，首次超越博彩及博彩中介业成为当年澳门产业结构中 GDP 占比最高的行业。

（一）货币金融运行稳健

澳门金融管理局数据显示，截至 2023 年末，澳门 M1 为 713.7 亿澳门元，是回归前的 13.3 倍；M2 为 7265.8 亿澳门元，是回归前的 8.4 倍。其中，澳门元、港元、人民币及美元占 M2 的比重分别为 34.1%、45.4%、7.8%及 10.9%。利率方面，2023 年 12 月末，澳门元储蓄存款利率均值为 0.17%，最优惠贷款利率均值为 6.13%。汇率方面，2023 年末澳门元兑人民币汇率为 100∶88.37，兑美元汇率为 100∶12.42。截至 2023 年末，外汇储备为 2235.6 亿澳门元，是回归前的 9.8 倍。

（二）金融机构体系向多元化方向发展

截至 2024 年 6 月末，根据澳门金融管理局网站的机构名单，澳门获得经营许可的金融机构共 100 家，机构类型除了传统的银行业机构和保险业机构外，还新增了从事电子支付、融资租赁、投资基金管理、投资银行、金融资产交易等业务的金融机构。其中，银行业机构 34 家，含 12 家澳门本地注册银行、20 家外地注册银行的澳门分行、1 家邮政储金局和 1 家有限制业务银行；保险业机构 28 家，含 13 家人寿保险公司、14 家一般保险公司和 1 家再保险公司办事处；其他金融机构 38 家，含 1 家金融公司、4 家现金速递公司、10 家兑换店、6 家获准在博彩娱乐场所内经营兑换柜台的本地机构、2 家投资基金管理公司、6 家融资租赁公司、2 家金融资产交易公司、3 家支付公司、3 家证券公司和 1 家信用卡公司。

（三）资产和营运规模可观，产品和服务体系逐渐丰富

澳门金融管理局数据显示，银行业方面，截至 2023 年末，总资产为 2.4 万亿澳门元，总存款为 1.2 万亿澳门元，总贷款为 1.1 万亿澳门元，分别是回归前的 17.5 倍、12.2 倍和 20.6 倍；资本充足率为 14.1%，不良贷

款率为 3.4%，2023 年全年营运利润为 56.9 亿澳门元。保险业方面，截至 2023 年末，总资产为 2643.8 亿澳门元，2023 年毛保费额为 370.6 亿澳门元，净利润为 62.9 亿澳门元，人寿保险公司、一般保险公司的偿付准备金率分别为 408.4%、516.9%。财富管理业务参与者和产品种类日渐丰富，根据澳门金融管理局发布的《2022 年现代金融业务统计报告》，截至 2022 年末，澳门银行业财富管理客户累计开立账户数达 45.5 万个，投资组合的市场价值达 2077 亿澳门元。

二　澳门多措并举加快现代金融业发展

近年来，澳门特区政府积极推动现代金融业发展，并将其作为促进经济适度多元发展的重要抓手。2015 年，澳门特区政府在《2016 年财政年度施政报告》中首提"发展特色金融产业"，并于次年将其写入《澳门特别行政区五年发展规划（2016—2020 年）》。2019 年，《粤港澳大湾区发展规划纲要》明确提出"支持澳门发展融资租赁等特色金融业务"。2022 年，澳门特区政府在《2023 年财政年度施政报告》中提出"1+4"适度多元发展策略，明确现代金融业为四大重点产业之一。

（一）配套制度

一是完善金融领域相关法规制度。以往澳门金融法律基础相对薄弱，是发展现代金融业的攻坚难点。近年来，澳门特区政府加快推进各项立法修法工作，《融资租赁公司法律制度》《保险业务法律制度》《信托法》《货币发行法律制度》《金融体系法律制度》等金融法律制度已先后颁布生效。此外，澳门金融管理局发布了 15 项新制定或修订的指引和监管要求，涵盖电子银行、债券、金融科技创新项目、私募基金、物业按揭、保费融资业务等。据澳门金融管理局披露，澳门正同步制定和修订《证券法》《规范投资基金及投资基金管理公司之设立及运作》《保险中介业务法》等，进一步强化对债券市场、财富管理业务和保险中介业务的法律保障。

二是优化金融基础设施。澳门已建成多个重要金融基础设施，包括债券市场的中央证券托管系统（CSD）、提供本地澳门元和港元快速小额跨行转账服务（"过数易"）的快速支付系统（FPS）、澳门元即时支付结算系统（MOP RTGS）、澳门人民币即时支付结算系统（RMB RTGS）、澳门港元即时支付结算系统（HKD RTGS）等。2023 年，澳门金融管理局推出快速支付系统第二期，此次升级服务包括提升转账限额、增加本地港元小额跨行转账，以及支持跨行自动缴费和电子钱包充值等；上线金融票据及债券交易系统（MTS），为金融票据业务提供安全、便捷的交易平台；建成金融基建数据中心，保障各项金融基础设施的安全稳定运转。

（二）债券市场

2018 年 12 月，澳门成立中华（澳门）金融资产交易股份有限公司（MOX）。2019 年，财政部首次在澳门发行人民币国债。2021 年 12 月，澳门中央证券托管系统正式投入运作，主要提供本地发行债券的集中登记、托管以及结算等服务。2022 年初，澳门金融管理局加入国家编码机构协会（ANNA），可为在澳门发行的债券编配国际证券识别码（ISIN）。澳门特区政府通过修订《印花税规章》、《所得补充税规章》及年度财政预算案，针对债券市场推出税收优惠措施，直接或间接降低了发行人在澳门发债的成本。横琴粤澳深度合作区金融发展局印发《横琴粤澳深度合作区企业赴澳门发行债券专项扶持办法》，鼓励和支持区内企业优先选择在澳门发行公司债券，对赴澳门成功发行公司债券且符合一定条件的区内企业，最高给予500 万元人民币资金扶持。2023 年，澳门特区政府修订《金融体系法律制度》，优化在澳门发债制度，以信息披露为核心的注册制取代审批制。

经过近五年的发展，澳门债券市场从无到有、从有到优，基础设施、规则指引等软硬基建不断完善，发行主体和债券品种逐渐丰富，与内地市场和国际市场的联系愈加紧密。截至 2023 年末，累计已有 392 只债券在澳门发行或上市，金额达 5677.4 亿澳门元，涵盖主权债、地方政府债、企业债、绿色债、金融债及资本补充债等多个品种，币种涉及澳门元、港元、人民

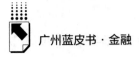

币、欧元、美元等，发债主体包括政府机构、金融机构、央企、国企、民营企业等。

（三）资产管理

澳门本地的财富存量巨大，粤港澳大湾区也蓄积了巨大的财富。澳门特区政府把财富管理作为特色金融的重点业务之一，2016年以来均在施政报告中予以明确。澳门"二五"规划在相关公司落户、法律修订、推进跨境理财通、建立跨境保险服务中心等方面提出发展财富管理的重点举措。

澳门资产管理业务有所侧重。信托方面，澳门以制定《信托法》为核心，建设对高净值客户极具吸引力的信托制度，目前该法已颁布生效。基金方面，2021年6月澳门金融管理局发布《设立公募投资基金的申请指南》及《设立私募投资基金的指南》，并推动《规范投资基金及投资基金管理公司之设立及运作》的修订，促进私募基金市场的稳健发展，私募股权投资基金在横琴也已形成聚集态势。跨境理财方面，2021年9月，"跨境理财通"业务试点在粤港澳大湾区启动。2024年2月，新修订的《粤港澳大湾区"跨境理财通"业务试点实施细则》实施，从新增证券机构、优化投资者准入条件、拓宽业务试点范围、适当提高个人投资者额度、优化宣传销售安排等五方面实现了试点升级。

（四）绿色金融

2020年8月，澳门金融管理局、环境保护局及澳门银行公会签署了《共同推动澳门绿色金融发展》倡议书，支持澳门经济朝多元、绿色及可持续的方向发展。2022年1月，广东金融学会、澳门银行公会联合发布《内地非金融企业赴澳门发行绿色债券流程参考》。

据澳门金融管理局统计，绿色贷款方面，截至2022年底，澳门绿色贷款余额为182亿澳门元，占贷款总额的1.5%，其中对大湾区居民的绿色贷款余额为99亿澳门元，占比超过54%。绿色债券方面，2019年中国银行澳门分行在澳门发行10亿美元等值三币种绿色债券，是中资银行在澳门发行的首笔绿色债券；2021 年中国建设银行澳门分行发行 5 亿美元绿色债券，是全球首笔基于中欧《可持续金融共同分类目录》发行的绿色债券；2023 年广东省政府在澳门发行 20 亿元离岸人民币地方政府债券，其中 3 年期专项债券为首笔在澳门发行的地方政府绿色债券。截至 2023 年末，在澳门上市的绿色债券规模约 1030.99 亿澳门元。

（五）离岸人民币业务

澳门人民币结算基础设施较为完善。早在 2004 年，中国人民银行即选定中国银行澳门分行作为人民币清算行，目前中国银行澳门分行已作为直接参与者接入人民币跨境支付系统（CIPS）。2015 年 8 月，中国人民银行总行批复同意中国银行澳门分行为葡语国家提供人民币清算服务，目前该行已经与巴西、葡萄牙、安哥拉、莫桑比克、佛得角、东帝汶等葡语国家的超过 35 家银行建立代理行关系，基本实现对葡语国家同业代理的全覆盖。2016 年，澳门金管局推出人民币即时支付结算系统（RMB RTGS），联同澳门地区人民币清算行，提供同城及跨境人民币跨行资金支付结算服务。2019 年，中国人民银行与澳门金融管理局签署了双边货币互换协议，协议规模为 300 亿元人民币/350 亿澳门元。2022 年，中国人民银行与澳门金融管理局续签了双边货币互换协议，协议规模为 300 亿元人民币/340 亿澳门元。

根据澳门金融管理局发布的《2022 年现代金融业务统计报告》，2022 年澳门人民币清算量达 55665 亿元，交易地区主要为中国内地、中国香港及新加坡，占总清算量的比重依次为 50.8%、29.1% 及 9.2%。澳门货币供应量（M2）中人民币比重不断增加，由 2019 年末的 4.5% 上升至 2023 年的 7.8%。在澳门发行的人民币计价债券规模持续扩大，截至 2023 年末已达 1898 亿澳门元。

（六）中葡金融服务平台

中葡经贸合作论坛自 2003 年举办首届以来，截至 2024 年 4 月末已举办六届部长级会议。在金融方面，2013 年 6 月国家开发银行和澳门工商业发展基金共同出资设立基金总规模为 10 亿美元的中葡基金，并于 2017 年 6 月落户澳门。该基金已对 36 个非洲国家的 88 个项目投资超过 40 亿美元，带动中国企业对非洲国家投资约 170 亿美元。澳门银行机构与葡语国家存在不同层次的联系与合作，如澳门大西洋银行的母公司为葡萄牙储蓄信贷银行集团，该集团分支机构涉及多个葡语国家，澳门银行公会已加入葡语国家共同体商业联合会。2023 年 9 月，澳门举办"第二届葡语国家/地区中央银行储备管理会议"，邀请了来自七个葡语国家（安哥拉、巴西、佛得角、莫桑比克、葡萄牙、东帝汶以及圣多美和普林西比）的中央银行官员参加，分享及交流管理官方储备的相关经验。

三 粤澳、穗澳金融合作取得积极进展

（一）推进民生金融合作

开展澳门居民代理见证开户试点，澳门居民可在澳门试点银行通过代理见证方式开立内地Ⅱ类、Ⅲ类银行账户，通过绑定内地移动支付 App，尽享大湾区消费支付便利。截至 2023 年末，澳门居民通过代理见证方式开立内地个人账户共 2.8 万户。推动港澳版云闪付 App、澳门通及中银澳门跨境钱包等在大湾区跨境应用，实现澳门居民使用澳门本地钱包在大湾区无障碍支付消费。

（二）促进离岸在岸人民币市场形成良性循环

依托大湾区、自贸区推进跨境人民币业务先行先试，开展多种类的跨境资金池业务，创新推出贸易融资转让、碳排放交易等跨境人民币结算业务，部署更高水平贸易和投资便利化业务，鼓励在大宗商品、对外承包工程等重点领域扩大人民币跨境使用，促进广东与澳门之间离岸在岸人民币市场形成良性互动格局。2023 年，广东省与澳门跨境人民币结算量达 3612.8 亿元。

（三）联动开展跨境理财

大湾区内地居民通过跨境理财通"南向通"可购买澳门低至中风险且非复杂的理财产品，包括定期存款、债券及基金。截至 2023 年末，澳门共有 10 家银行参与试点，涉及跨境汇划金额达 5.3 亿元人民币。

（四）加强绿色金融合作

2020 年，广东绿金委、深圳绿金委、香港绿色金融协会、澳门银行公会共同发起成立粤港澳大湾区绿色金融联盟，建立起紧密协作的工作机制。粤港澳大湾区绿色金融联盟制定并发布了《大湾区绿色供应链金融服务指南（汽车制造业）》，相关业务已在广州落地，促进了汽车供应链绿色复苏。在广州市绿色金融改革创新试验区建设中，邀请澳门银行公会参与制定碳排放权抵质押融资试点实施方案等规范性文件。

（五）共建澳门债券市场

2021 年 12 月，广东金融学会联合澳门银行公会共同制定和发布了《内地非金融企业赴澳门发行绿色债券流程参考》，并通过组织召开座谈会、政策宣讲会等形式，引导和推动珠海华发集团、中山明阳集团、珠海农商银行等省内企业和金融机构在澳门发行债券融资。2023 年，主动联络和协调广东省财政厅、香港品质保证局、中国银行澳门分行，促成广东省人民政府在澳门成功发行全国首单贴标中欧《可持续金融共同分类目录》的地方政府债券。

（六）携手共建重大合作平台

全面落实《关于金融支持横琴粤澳深度合作区建设的意见》，发布《横琴粤澳深度合作区多功能自由贸易账户业务管理办法》，在横琴建立资金"电子围网"，促进资金便捷、安全流动；推出澳门居民可在合作区按"先结后补"方式办理购房首付款业务的便利化政策；推动进口支付人民币境

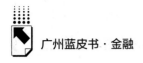

外直接购汇业务、人民币 NRA 账户内资金转存定期存款及购买大额存单、取消人民币资本金专用账户等多项创新举措落地见效。

（七）加强粤澳金融监管合作

强化监管协调沟通，截至 2024 年 6 月末，粤澳金融合作例会已成功举办 33 届，为粤澳两地金融部门搭建起常态化沟通桥梁。持续健全粤澳洗钱风险联合防控机制，建立跨境创新金融项目产品洗钱风险评估机制，在跨境创新金融产品推出前，充分评估洗钱风险因素，促进风险防控关口前移；联合启动粤澳同一金融集团内部关注名单联动核查试点工作，进一步提高跨境监管协同性和风险防控有效性。加强金融消费者权益保护合作，指导大湾区内地城市金融纠纷调解机构与澳门世界贸易中心仲裁中心共同签署《粤澳地区金融纠纷调解合作框架协议》，推动设立"横琴（珠澳）金融纠纷调解室""金融纠纷横琴（粤澳）调解中心"，建立健全共商、共建、共享的多元纠纷解决机制。

四　发挥穗澳各自优势进一步深化金融合作

蓬勃发展的澳门现代金融业为深化穗澳金融合作带来更大机遇，不断深化的粤澳金融合作为深化穗澳金融合作打下坚实基础。在合作中，穗澳两地资源禀赋不同，各具比较优势。澳门回归祖国后保持自由经济制度不变，是一个国际自由港，拥有单独关税区，资金进出自由，形成了开放的离岸金融市场。澳门税种简单，税率低平，金融机构涉及税种主要为利得税和印花税，住所在澳门的金融机构所得补充税率为 12%，低于内地居民企业所得税率（25%），涉及金融人才的职业税率最高为 12%，也低于内地最高个人所得税率（45%）。广州是国家综合性门户城市，金融业相对健全，已形成以银行、证券、保险为主体，多种新兴金融业态并举的金融组织体系，金融机构数量和规模全国领先，新型金融业态蓬勃发展，形成了多层次金融市场体系，信贷、资本、保险市场体量巨大。广州还是金融改革试验田和对外开放的高地，金融创新活跃。穗澳两地金融差异明显，合作大于竞争。未来，可以从以下两个方面深化穗澳金融合作。

（一）合作发展现代金融业

充分利用好澳门债券市场，发挥澳门连接国际的平台作用，优化发债流程及完善相关发债指引，鼓励和引导地方政府、金融机构以及企业赴澳发债。鼓励发债主体在计价货币、抵押品以及债券种类等方面积极探索创新，进一步拓展内地企业跨境融资渠道，推动澳门债券市场发展。依托优化的跨境理财通机制，扩大穗澳两地参与机构和投资者，将其打造成为跨境理财的主渠道。借鉴横琴粤澳深度合作区共建机制，支持澳门参与广州跨境理财和资管中心建设。发挥澳门葡语国家平台作用，深化与葡语国家金融交流合作，充分发挥澳门在引进葡语国家投资项目及产品、助力广州企业实现国际化等方面的"联络人"作用，鼓励更多广州金融机构、企业通过这一平台实现与葡语国家项目、资源对接，构建双向合作网络。

（二）合作做好五篇大文章

科技金融方面，支持穗澳金融市场投资者参与设立各类投资基金。用好私募股权投资基金跨境投资渠道，在穗澳两地开展双向投资。支持穗澳两地金融机构积极合作探索多样化的金融支持科技发展业务模式。绿色金融方面，加强穗澳两地绿色金融标准合作，推动境内境外互认的绿色金融标准在跨境金融产品上应用。普惠金融方面，便利外籍人士在穗澳两地生活，提升支付服务便利化水平，建设金融优质生活圈。依托澳门吸引全球资金，创新和规范投融资模式，更好地服务内地小微企业发展。养老金融方面，支持穗澳两地金融机构推出多元化的金融产品，助力内地养老金投资境外资本市场，提升内地养老金多元化资产配置水平。有序推动保险产品跨境交易，探索建立保险资金和产品互通机制。数字金融方面，推动数字人民币在穗澳两地使用，加强数字人民币基础设施建设，探索更多跨境场景，在促进跨境金融交易方面发挥更大作用。

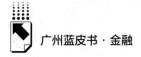

扩大粤澳跨境数据验证平台应用，加强穗澳两地数据治理合作，推动跨境金融数据安全有序流动。

参考文献

陈守信：《澳门发债注册制助力联通境内外债市》，《中国金融》2023年第23期。

黄来志：《积极践行澳门现代金融战略》，《中国金融》2023年第5期。

纪崴：《跨境金融创新畅通粤澳深合作》，《中国金融》2023年第21期。

林广志、刘毅主编《粤港澳大湾区发展报告（2019~2020）》，广东人民出版社，2021。

任涛：《澳门债券市场发展历程、现状及未来展望》，《债券》2022年第10期。

钟韵、胡欢：《经济适度多元历程中的澳门现代金融发展研究》，《城市观察》2023年第5期。

B.16
"单一通行证"模式对粤港澳大湾区
跨境金融合作的启示

摘 要: "单一通行证"模式产生于欧盟内部,其目的在于通过减少成员国之间跨境金融服务的壁垒,大幅推动欧盟金融服务一体化。随着《粤港澳大湾区发展规划纲要》的落地实施,大湾区内金融联动和跨境展业已成为湾区金融发展的必然趋势。但由于三地的社会经济制度和政治制度不同,金融融合发展仍存在诸多问题与挑战。而欧盟的金融"单一通行证"模式在金融监管制度、跨境机构设立、跨境展业等方面可给大湾区跨境金融发展提供极好的参考借鉴,有助于粤港澳三地探索建立大湾区版本的"单一通行证"模式,形成区域金融协同发展模式,共建大湾区国际金融枢纽,提升金融服务效能,构建全新的金融发展格局。

关键词: 金融监管 跨境金融 金融开放

"单一通行证"(金融通行证,Passporting)① 模式是欧洲金融市场一体化的核心模式,通过不断完善法律法规及规划体系,在金融业务准入和安排上确定设立自由与服务自由原则,同时在监管上遵循最低限度协调、相互承认和母国控制原则。具体表现形式是实行单一注册模式,在金融机构注册所

---

* 黄锐生,广东南方金融创新研究院项目总监,研究方向为区域金融、金融科技、绿色金融;
刘炜,广东南方金融创新研究院研究员,研究方向为金融科技、绿色金融、金融监管。
① 《单一欧洲法案》提出在1992年底前建成资本等要素自由流动的统一大市场,为金融"单一通行证"提供法律基础。

在地的监管下，允许金融机构在欧盟成员国自由展业，其他成员国不能对其提出其他监管要求。而"单一通行证"模式推行之前，金融机构在欧盟跨境开展业务需取得每一个其有意开展业务的成员国的许可。"单一通行证"模式减少了成员国之间提供跨境金融服务的壁垒，避免了跨境展业需重新申请牌照的复杂流程，极大拓展了金融机构跨境提供金融服务的种类，降低了运营成本和合规成本，从机制上打造了一条金融市场要素跨境融通的"高速公路"，有效克服了基于产品、"管道式"互联互通的碎片化、政治博弈等问题，大幅推动了欧盟国家间金融服务的一体化。

随着欧盟不断完善"单一通行证"制度，金融机构在欧盟境内的跨境展业障碍逐步消除，已形成以下五个原则。一是设立自由，各成员国不得限制其他成员国金融机构在任何成员国境内设立代表机构、分支机构或附属机构；二是服务自由，各成员国不得限制某成员国的金融机构直接面向其他成员国提供金融服务；三是最低限度协调，欧盟金融一体化立法只在许可及审慎监管等关键领域进行必要协调而不追求各成员国金融监管标准完全统一；四是相互承认，各成员国共同承诺以监管标准的最低限度协调为基础相互承认对方成员国针对特定金融机构或服务的监管规则；五是母国控制，各成员国金融机构跨境展业相应的监管责任主要由母国监管部门承担而东道国监管机构只起补充作用。

一　欧盟金融"单一通行证"模式的发展历程与经验总结

（一）欧盟金融"单一通行证"模式的发展历程

1958 年，欧盟通过经济共同体条约，消除针对设立金融机构自由和服务自由的限制性措施，但由于成员国数量持续增加，立法效率低下，既定立法目标远未达成。为此在 1986 年欧盟通过"单一市场计划"，致力于消除技术与税收壁垒，使欧共体跨境金融服务的相关指令的立法效率明显提升。

1999 年，欧盟提出金融服务行动计划，在 42 个领域给出立法和非立法措施的时间表，通过制定新的法律规范并修订现有法律来确保对单一金融市场进行适当的监管，在欧盟区域内形成统一且完善的金融服务市场。2018 年，欧盟为了适应金融数字化发展趋势，促进金融服务业数字化转型，加强成员国之间金融信息共享与展业监管，推出"金融技术行动计划"，主要包括建立欧盟金融科技实验室、制定监管沙箱最佳实践图以及推动大规模众筹行业改革等。2024 年 1 月，为了打击跨境支付欺诈行为，欧盟新的电子支付信息系统（Cesop）在欧盟各成员国内启用，该系统将收集欧盟各成员国的资金往来数据，记录欧盟内部以及与第三国的所有跨境交易数据。

经历了半个世纪持续发展和完善的过程，欧盟"单一通行证"在总体上有了明确的规划路线，充分尊重了各成员国金融监管的灵活性和可操作性，至今已创设出多种"单一通行证"类型，分别涵盖银行服务、保险服务、证券投资服务，同时在此基础上已开发出金融机构跨境展业的第三国机制。

1. 银行领域实现服务和监管一体化

欧盟银行服务一体化始于 20 世纪 70 年代，1973 年欧共体开始推出《银行业指令》《第一银行指令》，基本实现了银行业设立自由。到 2012 年，欧盟推出"银行业联盟"路线图，统一确立监管、处置和存款保险三大机制，欧盟银行服务领域的"单一通行证"模式基本完备。

第一阶段（1973~1988 年）：强调应遵循国民待遇原则，取消成员国法律中对其他成员国银行的歧视性规定，对成员国之间关于信贷机构设立和经营的法律做了初步协调，但没有涉及机构跨境展业重复许可、重叠监管问题。

第二阶段（1989~2011 年）：创设银行业"单一通行证"模式，并设立一整套银行许可和审慎最低标准，初步建立了单一银行服务市场的法律框架，并逐步对银行法律法规进行整合，推动了银行服务领域的一体化进程，进一步完善了银行服务领域的"单一通行证"模式。

第三阶段（2012 年至今）：在这个阶段，欧盟明确了宏观审慎管理主体，强化了欧洲中央银行在维护金融稳定中的职责，以及建立起宏观审慎管理与微观审慎监管协调发展的系统性风险防范和化解框架。在监管方面，欧洲央行建立单一监管机制（SSM），明确欧洲央行针对19个成员国的120家银行直接行使监管职权；在处置方面，欧洲央行建立单一处置机制（SRM），设立单一处置理事会，统一欧盟各国的银行处置规则；在存款保险方面，欧洲央行建立共同存款保险机制（DGS），削弱银行和成员国主权之间的联系。这三大机制使欧盟在调控信贷规模方面具有有效性和灵活性，加快推动了银行去杠杆进程。未来，欧盟在去杠杆、防风险的背景下，将重点探索消除国家主权债务风险与银行体系风险相互交织的系统性风险隐患。

2. 保险领域注重消费者权益保护和监管一体化

欧盟保险服务一体化始于1964年，是欧盟金融市场中最早开启一体化进程的领域。迄今为止，欧盟保险服务"单一通行证"模式已历经四代更迭，总体分为以下四个阶段。

第一阶段（1973~1987年）：实现非人身险和人身险机构设立自由，但在成员国境内从事非人身险和人身险业务应由成员国批准并监管。该阶段尚未实现服务自由，也未解决成员国监管指标协调问题。

第二阶段（1988~2001年）：实现非人身险和人身险服务自由，从事非人身险业务的保险机构可以自由展业而无须当地主管部门批准，从事人身险业务的保险机构经投保人同意后可自由跨境展业，基本建立了单一保险市场的法律框架，初步实现成员国的协调监管，由母国监管大规模风险，东道国监管大众风险。

第三阶段（2002~2020年）：该阶段欧盟侧重于对保险消费者权益的保护，系统性整合了原有的人身险、非人身险、再保险、保险公司市场退出等方面的指令，同时借鉴了银行业巴塞尔协议的"三支柱"监管体系，对保险监管规定进行量化分析、定性监管和公开信息披露，构成了现行的欧盟保险服务的"单一通行证"模式。

第四阶段（2021年至今）：欧盟放宽保险公司资本规定以用于绿色和数字产业投资，同时提议在整个联盟范围内采取统一的方法来拯救或关闭陷入困境的保险公司，以应对疫情对保险公司造成的影响。由于欧盟各国对保险中介管理的标准尚不统一,随着保险服务一体化发展的需要,欧盟或许会将保险中介机构的跨境服务纳入"单一通行证"范畴。

3. 证券与投资领域消除跨境证券投资不平等竞争

证券与投资服务市场是欧盟金融市场一体化的重要组成部分,欧盟在1989年和1993年分别颁布了《第二银行指令》和《投资服务指令》,前者允许兼营证券和投资业务的信贷机构根据银行服务领域的"单一通行证"模式获得较高程度的跨境服务自由;后者正式创设了证券投资服务领域的"单一通行证"模式。随后,欧盟于2015发起了"资本市场联盟"倡议,并在2018年正式实施《金融工具市场指令Ⅱ》,旨在推动建立欧元区统一的资本市场和加强欧洲统一的市场交易监管。至此,欧盟证券与投资服务领域的"单一通行证"模式已基本完备。

第一阶段(1985~1992年):出台可转让证券共同投资计划指令,统一基金的监管、业务规则,对资产担保债券的相关特征做出最低要求,欧盟成员国在以国内立法形式认可该指令后,享有在成员国发售该指令产品的权利,消除了成员国之间跨境销售共同投资基金份额的壁垒,并允许兼营证券和投资业务的信贷机构在其他成员国自由提供跨境服务,但造成专营证券投资机构的不平等竞争。

第二阶段(1993~2000年):创设了证券和投资服务领域的"单一通行证"模式,统一信贷机构和投资机构的审慎监管标准,打破了信贷机构与投资机构在跨境证券投资服务领域的不平等竞争。

第三阶段(2001~2014年):规定了投资管理公司跨境设立分支机构和直接提供跨境服务事宜,投资范围拓展至流动性较强的货币工具、共同投资计划份额以及银行存款等金融工具,交易范围从传统交易所扩大到其他可选择的交易场所,设立调整投资者保护的综合性规则,为信贷和投资机构的证券投资服务创设基本的监管框架,构建了监管机构的权利和义务体系。

第四阶段(2015年至今):实施建立资本市场联盟的行动计划,推出创新型投资产品,制定更清晰和便利的规则,实施更有效的资本市场监管,提出简化招股说明书等,优化中小企业进入资本市场的程序,促进投融资双方信息交换便利化，推进资本市场投资主体多元化。同时，修改证券与投资领域的法律法规，扩大欧洲证券和市场管理局及各成员国监管部门监管权力。未来，随着欧盟家族办公室、虚拟资产投资业态飞快崛起，欧盟将围绕这些新投资业态的注册、登记和监管出台相关监管政策。

4. 第三国机制拓宽"单一通行证"适用范围

除欧盟内部基本建立各类跨境金融服务的"单一通行证"外，欧盟在2018年正式实施的《金融工具市场指令Ⅱ》明确了第三国机构向欧盟客户提供金融服务的准入机制，其核心是设置监管对等的第三国机构准入原则。具体而言，监管对等原则是指由欧盟委员会评估第三国相应领域的金融法律和监管法规是否符合欧盟相关法规，若通过评估则允许该国金融机构向欧盟客户提供金融服务；若无法通过则该国需要通过在欧盟设立子公司等方式获取市场准入资格。

（二）欧盟金融"单一通行证"模式的经验总结

1. 互相承认的单一市场

欧盟"单一通行证"模式的确立与推行过程主要以推动金融服务自由化和加强审慎监管为基本价值取向，并灵活运用了消极一体化和积极一体化相结合的一体化方法。从欧盟金融服务法看，设立自由和服务自由原则属于一体化的消极方面，其宗旨是取消跨境金融服务的法律壁垒；与之对应的是一体化的积极方面，即欧盟立法机构为了协调各成员国跨境监管规则而出台的一系列条例、指令、指引等法律文件，这些法律文件集中体现了最低限度协调、相互承认、母国控制原则，其目的是发挥市场机制的作用，促进监管竞争，构建金融服务单一市场。此外，最低限度协调原则是相互承认原则的基础前提，母国控制原则是相互承认原则的必然要求。

2. 先易后难的发展特征

欧盟推行"单一通行证"模式的发展历程可归纳为从设立自由走向服务自由、从东道国优先走向母国控制、从银保服务走向全部金融服务。在原则上，设立自由和服务自由均来自欧洲经济共同体条约，此后欧共体在20

世纪 70 年代和 80 年代先后实现了银行与保险服务从设立自由到服务自由，而证券投资服务领域的服务自由在 1999 年欧盟开展金融服务行动计划后才逐步实现。此外，早期的欧共体指令维持了东道国优先和国民待遇准则，实际上仍存在重复监管问题，即跨境金融机构需同时接受东道国和母国的监管且在不一致时优先适用东道国的监管准则。直到《单一欧洲法》施行，此后的一系列法令基本要求将主体监管权限由东道国转移到母国，才最终确立母国控制原则，解决银行、证券、保险等金融机构在跨国设立机构、跨国展业、跨国金融监管等层面的互认和机制协调问题。

3. 统一高效的金融法律体系

欧盟具有统一高效的法律体系，这既是欧盟经济高度融合的需要，也是欧盟迈向全面一体化的必要保障。其中，欧盟条约是最高层级的法律，设定了欧盟的管辖权，其衍生出的条例、指令、决定、建议和意见等，各成员国可在本国直接执行或通过在国内制定有效法律来转化执行。此外，在立法程序方面，为了在各国差异的基础上实现更好的监管协调与更高的监管效率，欧盟先后通过五个指令，最终在 2001 年以立法形式确立了"莱姆法路西框架"，实行从欧盟层面立法机构到成员国金融监管机构纵向四个层面的金融监管体制（见表1）。

表1　欧盟莱姆法路西框架

欧盟莱姆法路西框架	具体内容
第一层面:原则性立法	明确法条核心原则和实施指导意见,采用原有的一般立法程序,由欧盟委员会提出立法建议,由欧盟委员会和欧洲议会共同批准通过
第二层面:技术细节性立法	详细解释第一层面立法的规则框架,确定、建议和决定第一层次指令和条例的实施细则,并补充完善技术标准。由欧盟委员会联合相应的泛欧金融监管机构制定,不通过立法程序
第三层面:监管机构合作立法	侧重成员国金融监管机构的合作及监管标准的趋同,主要是 3 个泛欧金融监管机构发布的"软法律",如监管建议、监管指引和监管释疑
第四层面:有效执行层面立法	侧重有效执行层面,主要由欧盟委员会监督各成员国具体实施欧盟指令和规章

资料来源：胡琨（2023）。

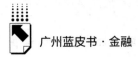

4.完善有效的监管与协调机制

全球金融危机后，欧盟在宏观审慎方面设立欧洲系统性风险委员会，在欧盟层面上监控系统性风险并具有"超国家"的跨境统筹能力；在微观审慎方面设立欧洲金融监管体系，具体包括以欧洲理事会与欧洲议会作为主要协调机构，并将原银行、保险、证券、职业年金监督委员会改组为欧洲监管局，以分别负责各自领域内欧盟技术标准的统一、授权监督各国同意执行欧盟标准、在成员国监管机构中间发挥协调作用以及促进监管机构之间的信息交换。

5.单一的货币市场体系

欧元的启动客观上为欧洲资本市场的发展营造了前所未有的良好金融环境，为欧洲"单一通行证"模式发展铺平了道路。尽管在20世纪90年代初，银行、保险、证券与投资服务领域的"单一通行证"均已创设并加速了欧盟金融一体化进程，但长期以来，由于欧盟成员国分别实行不同程度的外汇管制，各成员国金融市场互相分割、资金流动受到严重阻碍，从而降低了"单一通行证"模式发挥的作用的上限。而欧元启动后打破了成员国之间的界限，建立了一个更大范围的"国内市场"，在欧元区空间内，金融机构无须再从不同国家的角度考虑资产配置，只需依据"单一通行证"进行不同行业之间的比较投资。未来，随着数字货币的推行，数字欧元也将逐步在跨境、民生等领域开展试点，提升欧盟货币市场的数字化水平和流通效率。

二　大湾区推行"单一通行证"模式的问题与挑战

2024年是《粤港澳大湾区发展规划纲要》实施五周年，虽然大湾区已落地了"跨境理财通"等跨境金融服务，但在新阶段利用"单一通行证"模式纵深推进大湾区建设国际金融枢纽，仍面临"三种货币、三套法律、三类监管、三个税区"的问题与挑战。

（一）"三种货币"——粤港澳货币及资本流动障碍

粤港澳大湾区官方流通的货币有三种，即人民币、港币、澳门元，其汇率、资金流动的管理机制均不相同。一方面，汇率形成机制不同，价格方面常存在变化，带来高昂的结算成本。人民币实施外汇管制，属于非自由兑换货币；港币挂靠美元汇率，属于自由兑换货币；澳门元汇率锚定港币并采用一揽子管理办法。港澳与内地之间不能直接汇款，不便于资金往来。另一方面，内地的资本项目并非完全开放，尽管部分有所开放，但仍需要收汇、结汇等单据证明，从而增加了资金流通的困难，降低了货币管理的弹性。但大湾区也在逐步探索突破这些阻碍，2023 年以来中国人民银行等先后出台金融支持前海、南沙、横琴三大平台的政策，提出在风险可控前提下，有序允许港元、澳门元在前海、横琴作小额支付使用。此外，横琴推出多功能自由贸易账户，将有利于大湾区探索跨境资本自由流入流出和推进资本项目可兑换。

（二）"三套法律"——粤港澳不同区际法律冲突

粤港澳三地遵循各自的金融法律体系，因此法律规定存在差异，判断标准不同，业务批准流程也不同。广东实行中国特色社会主义法系，即职业法官与人民陪审员共同审判的参审制，法院依照法律条文由法官进行解释和做出判决，但典型案件对案例判决也有一定的指导性；香港实行英美海洋法系，即陪审团审判制，法院依据性质类似的判决做出判决；澳门实行欧洲大陆法系，即职业法官审判制，法院依照法律条文由法官进行解释和做出判决。对比其他国际湾区，国家赋予前海、南沙、横琴探索制定和实施与香港、澳门基本法相衔接的法律法规，加强粤港澳司法交流与合作。虽然目前大湾区在金融案件纠纷解决机制领域已经有了多元化探索，但是与国际金融市场对风险事后救济的要求相比还有较大差距。

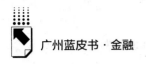

（三）"三类监管"——粤港澳金融监管体系差异

目前，大湾区作为世界上唯一拥有两大金融中心、两种制度、三种货币、三套法律的湾区城市群，面临着相较其他湾区更为复杂的金融监管局面——区内缺乏整体统一的监管标准。粤港澳三地仍遵循各自的监管模式和监管框架（见表2），但国家支持前海、南沙、横琴开展国际投资仲裁和调解，进一步完善大湾区跨境金融纠纷调解合作工作机制。

表2 粤港澳三地的金融监管体系

地区	监管模式	监管框架		
		银行	证券	保险
广东	分业经营、协调监管	风险为本、合规监管并重。资本监管为核心，流动性风险监管和信用风险监管为重点，公司治理和风险管理为支撑	由合规监管转向风险监管，注重对公司资本的充足性和结构性监管，通过风险识别、评估、评级等对证券公司的风险进行全面动态监控	偿付能力、公司治理、市场行为三大监管支柱
香港	混业经营、分业监管	风险为本，机构应保持充足的流动性，设立向任何单一客户放款的限度，任何董事、行政总裁及控权人需相关金融管理局审批	风险为本，以维护投资者及业界利益为出发点，以监管机构业务操守及财政稳健程度为重，需评估证券机构的风险管理系统及内部监控措施的风险状况	充足的股本及偿付准备金，管理人员及股东具有适当资格，足够的再保险安排
澳门	分业经营、统一监管	合规监管与风险监管并重，确保银行对法律法规严格遵守以及有适当的内部监控系统、风险管理程序、反洗钱与反恐融资措施等	公司资本不得低于特别法律或有关许可训令中规定的最低限额。人员资质、职务、内部控制等应符合相关监管要求	谨慎性原则监管，包括对股东或管理层成员的管制能力、最低赔偿金要求等；偿付能力监管，包括确保具备直接用于其所经营事业的技术准备金和偿付准备金等

资料来源：国家金融监督管理总局官网、中国证券监督管理委员会官网、香港金融管理局官网、澳门金融管理局官网。

（四）"三个税区"——粤港澳税收政策与税率不一

粤港澳大湾区在我国经济建设与社会发展中具有重要的推进作用，其中三个关税区的有机合作是粤港澳大湾区建设与发展的基本方向。但粤港澳三地税收政策、企业税与个税的税率和税种不同，导致信用中介与资金供需者存在流动障碍。内地与香港合作消除对跨境所得的双重征税，并防止通过逃避税行为造成不征税或少征税，前海、南沙、横琴三地对符合条件的港澳企业和个人按照 15% 的税率来征收所得税，税率基本已经与香港保持一致。但内地与港澳金融活动涉及税种较多，仍需进一步完善，以便实现三个关税区的信息流、资金流、物流、人流的有效流通，实现关税区的协同发展，进而从战略发展的角度出发，构建出宏观与微观全面开放的经济格局。

三　大湾区推行金融"单一通行证"的对策建议

（一）探索在广深港澳先行先试"单一通行证"模式

大湾区推行"单一通行证"模式要深化"极点带动、轴带支撑"的网络化空间格局，在广深港澳的科技创新走廊基础上，进一步发挥广州、深圳共建粤港澳大湾区国际金融枢纽，香港作为全球金融中心以及澳门作为中葡商贸合作平台的定位优势，率先在广州南沙、深圳前海、珠海横琴等改革创新先行地与港澳两地联合开展跨境金融"单一通行证"试点，以清单式批量申请授权方式，在重点领域深化改革、先行先试推进"单一通行证"模式落地，扩大广东与港澳金融市场双向开放和互联互通，逐步探索出跨境金融服务市场一体化实践经验，为在大湾区复制推广奠定实践基础，最终推动大湾区建设成为国际跨境金融服务市场一体化发展示范区。

（二）推动金融法律体系的协调统一

大湾区推行"单一通行证"模式要区别于欧盟的单一金融市场发展路

径，走具有大湾区特色的金融一体化发展道路——在保持三地差异与特色条件下尽量减少金融要素跨境流动壁垒。因此，广东可以在国家金融监管部门的指导下，联合港澳地区在中短期内借鉴欧盟的相互承认和最低限度协调原则先行推动金融法律事务方面的协调统一。一是在金融立法方面，可借鉴欧盟"莱姆法路西框架"来提升立法效率，在原则、技术细节、监管机构合作、有效执行等方面出台相关法律法规；二是可考虑设立大湾区跨境金融事务法庭，加强三地的仲裁合作，并进一步在遵循我国金融法律法规的前提下，建立高效率的跨境金融纠纷处理机制；三是制定规范性文件，参考国家制定大湾区法律执业者和律师跨境执业相关制度文件①的模式，研究制定大湾区金融机构设立自由、展业自由的相关规范文件。

（三）先易后难推动金融展业规则的趋同

在大湾区范围内初步建立起"单一通行证"模式，将金融机构跨境设立自由推广为金融机构跨境服务自由。一是广东可以联合港澳地区优先推动在大湾区范围内试行涵盖各类型金融机构的"单一通行证"模式，允许符合条件的港澳金融机构在内地的分支机构为大湾区建设提供金融服务，允许大湾区内地金融机构向港澳地区的机构或项目提供金融服务；二是参考"跨境理财通"的模式探索建立"跨境保险通"，推动试点证券期货经营机构跨境业务；三是逐步将"单一通行证"模式扩展到各类型金融机构，所有获得通行证的金融机构无须在展业地设立子公司、展业地监管部门再次审批或受到其直接监管，但跨境展业时仍需向展业地金融监管部门报备。

（四）明确跨境金融机构展业后的监管权限过渡路线

对于大湾区适用"单一通行证"模式的主体展业后的监管协调，大湾区可借鉴欧盟的金融监管模式，初期对金融机构分支机构的监管以展业地监

---

① 《香港法律执业者和澳门执业律师在粤港澳大湾区内地九市取得内地执业资质和从事律师职业试点办法》。

管为主，同时在实际监管中也不完全排除注册地监管，如流动性监管由展业地监管机构负责，市场风险监管由展业地与注册地共同承担。在监管规则协调、监管互认机制逐渐发展成熟后，可考虑由展业地监管逐步转为注册地监管，从而提高跨境金融机构的监管效率并降低监管成本。

（五）逐步实现金融监管标准的最终一致

广东与港澳在三地金融监管标准最终一致的问题上，可借鉴欧盟经验并通过"顶层设计"进一步拓展最低标准，逐步实现规则趋同。一是粤港澳三地金融监管部门可共同建立跨境新型金融项目产品风险评估机制和跨境洗钱风险监测合作机制，强化大湾区跨境金融风险联合防控；二是建立定期沟通协调会议制度，负责解决在三地合作中出现的监管协调、信息共享、机构处置、危机解决等问题，并对相应监管信息与监管规则做出最高释疑；三是推动三地金融监管报告标准化和监管信息共享化，广州监管机构可要求港澳监管机构共享跨境展业港澳金融机构的相应监管信息，如该金融机构跨境展业存在违规行为，广州金融监管部门可知会并要求港澳方面采取相应措施。

（六）借助"监管沙盒"推动建立大湾区金融监管试验区

利用中国人民银行在广州、深圳开展金融科技创新监管试点的契机，广州、深圳可以联合港澳率先开展跨境金融监管的沙盒试点工作，实现在风险可控之下的更高效率、更快速度的金融创新。在"监管沙盒"机制构建过程中，除了进行技术安全性方面的监管，还需要在业务规范、业务制度等方面进行监管。在保持宏观审慎管理下，逐步提高对创新风险的容忍度，充分发挥"监管沙盒"的机制优势，以更好地促进金融创新。

（七）稳步推进人民币国际化进程促进大湾区货币一体化

大湾区推行"单一通行证"模式应突出人民币国际化战略导向，扩大人民币在大湾区内及大湾区与其他国家和地区之间的跨境使用，逐步打造大湾区以人民币为核心的单一或相对单一货币体系，避免或大幅减少大湾区内不同货币体系带来的资金流通困难，从而降低金融机构跨境展业的壁垒，进一步扫清"单一通行证"模式的推行障碍。因此，粤港澳三地可以探索在一定范围内的人民币与港币、澳门元自由兑换，加快推动人民币债券市场双向有序开放，支持更多境外机构在广东发行人民币债券，支持境内金融机构和企业到港澳发行人民币债券。

参考文献

胡琨：《欧元区金融与经济治理改革：法国调节学派视角下最优货币区的自我实现》，社会科学文献出版社，2023。

江涌、林玲、周瑾：《走向一体化的欧洲证券市场》，《欧洲》2001 年第 1 期。

雷健、杨殊影、李萱等：《欧盟可持续金融发展研究及借鉴》，《时代金融》2020 年第 31 期。

刘佳宁、黎超：《粤港澳大湾区跨境金融监管合作的经验借鉴与实践路径思考》，《新金融》2023 年第 4 期。

马超平、林晓云：《粤港澳大湾区融合发展特征、瓶颈与策略探讨》，《中国集体经济》2021 年第 7 期。

吴东方：《粤港澳大湾区特色金融服务发展研究》，《合作经济与科技》2019 年第 21 期。

B.17
主要全球城市逆势而上巩固提升金融中心地位经验借鉴及对广州的启示*

闫志攀　蔡进兵　林瑶鹏　赵奇锋**

摘　要： 本报告梳理了主要全球城市近年来面对新冠疫情冲击、贸易保护主义和逆全球化浪潮，逆势而上，抓住金融业态整合和生态重塑的机遇，巩固提升金融中心地位六个方面的典型经验，对广州的主要启示：一是在现有粤港澳大湾区跨境理财和资管中心建设成效基础上，进一步提质扩面、升格打造粤港澳大湾区财富管理中心；二是积极培育和引进全国性关键金融基础设施，充分整合现有政策条件，积极争取先行先试机会，最大限度地提高新设全国股份制商业银行的概率；三是谋划打造能够体现广州城市特色、历史沉淀、产业优势，同时具有标志性意义和全球影响力的金融品牌；四是进一步充实金融工作力量，探索按实际管理人口或服务对象数量来分配金融服务行政资源；五是深化南沙与港澳金融业的协同合作，力争将南沙打造成为粤港澳大湾区乃至国内金融业对外开放的重要平台，助力港澳更好融入祖国内地，打造以南沙为主阵地的粤港澳大湾区国际金融枢纽核心引擎。

关键词： 全球城市　金融中心　广州

---

* 本报告为广州市哲学社会科学发展"十四五"规划2024年度常规课题"广州产业版营商环境改革：逻辑进路与政策意涵"（2024GZQN87）阶段性研究成果。

** 闫志攀，广州市社会科学院财政金融研究所助理研究员，研究方向为金融理论与政策、全球价值链理论与政策；蔡进兵，管理学博士，广州市社会科学院科研处处长、研究员，研究方向为产业金融与产业经济；林瑶鹏，管理学博士，广州市社会科学院财政金融研究所副研究员，研究方向为资本市场与货币金融；赵奇锋，中国社会科学院数量经济与技术经济研究所副研究员，研究方向为产业发展、科技创新。

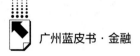

近年来，主要全球城市面对新冠疫情冲击、贸易保护主义和逆全球化浪潮，逆势而上，抓住金融业态整合和生态重塑的机遇，巩固提升金融中心地位，形成了一些富有启示性的典型经验。建议广州多向发力，弥补发展短板，打造金融创新发展的"广州模式"，推动共建粤港澳大湾区国际金融枢纽，加快形成具有重要影响力的风险管理中心、财富管理中心和金融资源配置中心。

一 主要全球城市强化金融中心功能的做法与经验

（一）注重政策互动和产业带动

通过金融招商与落户挂钩实现政策互动，通过联合招商实现区域联动，通过引资、引产、引技、引智同步提升实现产业带动。政策互动方面，新加坡推出"全球商业投资者计划"，作为在新加坡获得永居身份的官方途径之一。香港在2023年2月推出新的"资本投资者入境计划"，鼓励投资者将资产投放在香港本地市场，符合条件的可以来港居住和发展。同时推出"GIP基金"，对注册地、身份核准、业绩记录、管理规模、准入行业目录、返投比例等进行规定，吸引并鼓励高净值个人和企业家在当地投资。产业带动方面，香港从"未来基金"中拨出300亿元成立"共同投资基金"，用以引进和投资落户香港的企业。新加坡通过"全球商业投资者计划"基金，募集资金，吸引全球投资机构在当地设立基金，并投资政府重点聚焦行业的本土企业，实现"引资引产"的目的，同时满足高净值人群在VC/PE领域的资产配置需求。香港特区政府统计处公布的数据显示，截至2023年底，香港人口临时数字为750.31万人，同比增长0.4%，连续两年正增长，其中通过各类人才计划吸引来港的超过一万名，成为推动香港繁荣发展的有生力量。

（二）聚焦重点领域和关键环节靶向招商

新加坡聚焦家族办公室等重点领域开展招商，于2023年7月发布家族办公室项目新政，促进推动当地经济和创新发展的重要基础的权益类投资，进一步成为人才汇聚、机构汇聚、财富汇聚、交易汇聚、服务汇聚以及能力汇聚的中心。香港制定了专门针对金融科技招商引资的目标企业名单。香港抓住新加坡等地的家办政策收紧机遇，加大力度发展家族办公室。2023 年 5 月，香港专门为单一家族办公室制定了税收优惠法案。一些创投机构也开始专门在香港设立办公室，以维护和挖掘家族办公室 LP。澳门加快完善信托、基金等财富管理领域相关法律制度和监管指引，加强与横琴粤澳深度合作区（简称"深合区"）在私募基金领域的合作，研究制定便利横琴优质私募基金管理人参与澳门市场的措施，推动更多内地私募基金落户澳门展业。2023 年 6 月，上海聚焦全球资管中心建设，发挥集群效应显著、涉外经济规模大等优势，由政府牵头，联合行业协会、金融机构、中介机构在英国伦敦举办金融商贸推介会，大力吸引资管机构前来投资兴业。

（三）服务国家和区域发展重大战略

主要全球城市在服务国家重大发展战略中实现城市金融中心地位的提升。如香港发挥"一国两制"制度优势，加速融入国家发展大局，按照国家"十四五"规划赋予的定位，紧抓共建"一带一路"高质量发展等重大发展机遇，进一步发挥"背靠祖国，联通世界"的优势，在服务国家所需中实现自身更好发展，鼓励香港企业和专业服务界在共建"一带一路"国家拓展业务，并与中国内地企业并船出海。与深圳签署投资推广合作备忘录，联合开展海外招商工作，提升深港市场一体化水平，携手打造国际一流湾区和世界级城市群。澳门大力拓展跨境金融创新业务，协同深合区推动金融服务一体化发展，并发挥连接内地和国际市场的投融资平台桥梁作用，积极参与粤港澳大湾区和深合区建设。

（四）打造开放金融招商平台

拓展开放空间和打造交流磋商平台，加大对全球资源的汇聚力度，提升城市的全球资源配置能力和高端资源集聚能力，是推动金融招商平台发展的重要手段。香港成立由特区政府全资拥有的香港投资管理有限公司，进一步运用财政储备促进产业及经济发展，增强招商引资的能力。澳门用足用好仅有一桥之隔的深合区空间优势，逐步构建"澳门平台+国际资源+横琴空间+成果共享"的联动发展新模式，为金融招商引资创造更好的环境。上海在苏州河畔打造全球资管中心大厦，大力支持资管行业发展，打造国际化产业生态圈。深圳用好深圳证券交易所平台优势，举办2023全球投资者大会，打造外资观察中国金融开放、在开放中寻找投资机会的窗口。伦敦发挥伦敦证券交易所平台功能，持续加大对可持续领域投资者的吸引力，推动伦敦逐步成为ESG领域的领导者。2023年5月，国际金融论坛香港中心成立，为全球金融机构和金融领袖在香港投资兴业提供对话磋商的平台。2021年10月，伦敦举办全球投资峰会。2023年5月，北京举办2023年全球贸易投资促进峰会，达成广泛共识，发出《2023年全球贸易投资促进峰会北京倡议》。澳门贸促局举办"'共享机遇、共建科技新生态'澳门科技投资推介会"，深化"会展+产业"跨界融合，吸引更多金融科技企业落户，促进澳门经济适度多元发展。同时，充分利用自身优势，通过打造"对接内地，联通世界"的债券市场，助力人民币国际化，推动澳门成为中葡金融服务平台。

（五）营造良好金融发展环境

在金融投资环境方面，澳门透过"投资者'一站式'服务"，持续吸引企业落户澳门。上海坚持全流程服务，为企业货物通关、人员出入境、跨境投融资等开启"24小时响应"服务模式，为跨国公司提供有特色、有内容、有收获的合作交流平台。香港着力培育有利于金融科技发展的生态环境，提供量身打造的企业落户计划，为企业员工提供签证、印花税退还、子女教育等一站式配套服务。在金融监管环境方面，完善的金融监管制度环境是构建国际金融中心的重要制度保障。伦敦、纽约、新加坡构建了开放、体系完备、处在创新前沿的金融服务监管制度，掌握全球金融规则的制定权和话语权。东京的金融案件/纠纷通过 ADR① 和解比率达到了 50%。迪拜将打造全球领先的民事和金融商事纠纷解决中心作为重要目标，在专业型法院建设、开放式管辖权设定、推进人工智能在司法领域应用等方面做了诸多探索。北京、上海设立金融法院，参与国际金融规则的制定过程，强化对现有国际金融规则的话语权，增强规则的塑造力。在金融要素环境方面，香港于 2022 年推出"高端人才通行证计划"，对高端人才发放通行证，并提供永久居住的机会，取消"优秀人才入境计划"年度配额，并优化了审批程序。2023 年 3 月，东京实施"外国企业绿色金融支持项目"，设立"绿色基金"支持海外资产管理公司和金融科技公司开展绿色金融业务。2022 年 12 月，东京推出"全球创新签证"，吸引高技能海外人才。2023 年 1 月，新加坡推出"顶级专才准证"，筑牢新加坡全球人才中心的地位。

（六）提升城市金融品牌形象

主要全球城市强化总体谋划，提出清晰明确的金融发展愿景和系统性的建设方案。其中，北京、深圳、香港提出建设"全球国际财富管理中心"，上海提出建设"全球资产管理中心"。有些全球城市通过打造标志性的金融企业品牌，来实现品牌价值与自身定位的联动提升。纽约依托 JP 摩根等知名金融机构，形成特有的财富创造激情和无所顾忌的商业精神，成为美国资本主义精神的象征，也推动纽约发展成为久盛不衰的一流国际金融中心。香港树立汇丰银行等品牌标杆，并不断强化品牌管理和品牌提升，逐步确立和巩固香港国际金融中心的地位。上海陆家嘴金融城坚守"国际化、专业化、高端化、智能化"的品牌定位，总部设在上海的外资法人银行、合资基金管理公司、外资保险公司均占内地总数的一半左右，不断强化公众对上海国际金融中心城市定位的认知。深圳培育引进招商银行、平安银行、深创投等带有风向标意义的企业，不断擦亮深圳这座城市的创新底色。有些全球城

---

① ADR（Alternative Dispute Resolution），替代争议解决机制。目前国际上排名靠前的国际金融中心在应对经济活动纠纷时一般都首先采取 ADR 来处理。

市通过丰富文化内涵、营造人文气息，彰显国际金融中心的独特魅力。纽约面向全世界游客公布纽约目的地全新品牌系统，同步上线主题社交媒体活动，吸引850万群众分享他们心目中的"好事物"以及纽约五大行政区必打卡体验。东京都政府通过使用识别度高、视觉冲击力强的图标和标语来彰显城市魅力，并面向社会团体征集"东京魅力传播项目"的建议，以此来培养大众对城市的依恋感和自豪感，形成以可持续发展、发展顺应社会变化为主要特征的"新旅游"理念。

二 主要全球城市巩固提升金融中心地位经验做法对广州的启示

对比主要全球城市，广州金融中心城市能级正在弱化，全球、全国重要金融基础设施相对较少。2024年3月，英国Z/Yen集团与国家高端智库中国（深圳）综合开发研究院联合发布的《第35期全球金融中心指数》（GFCI 35）显示，纽约、伦敦、新加坡稳居前三，从综合得分来看，领先优势进一步巩固。广州居全球第29位，国内位居香港、上海、深圳、北京之后。相比第32期（2022年9月发布，第25名），广州下降4名，相比疫情前的第26期（2019年9月发布，第19名），下降10名。同时，广州金融话语权相对不强。截至2023年上半年，全市持牌金融机构共360家，其中法人金融机构59家，实现了银行、证券、期货、基金和保险等主要金融领域的全覆盖，但在数量上与北京、上海等城市差距较大，且广州现有法人金融机构影响力仍偏低，系统重要性银行数量偏少。持牌资管机构数量较少，头部私募少于北上深，覆盖类别不全，尚未形成集聚氛围。对系统重要性银行的掌控力不足，针对总部落户的一揽子政策吸引力不够。广州地方性交易平台的影响力偏弱，广州航运交易所、广州钻石交易中心等辐射力偏小，广州期货交易所的平台影响力尚未充分释放。

正视差距是为了更好地奋起直追。面向未来，瞄着建设粤港澳大湾区国际金融枢纽核心引擎的目标，广州应紧紧抓住金融业态整合和生态重塑契机，借鉴纽约、伦敦、新加坡等国际城市以及香港、北京、上海、深圳等国内城市巩固提升金融中心地位的先进经验，弥补发展短板，塑造自身特色，打造金融创新发展的"广州模式"。

（一）产业带动方面：推形成大招商格局

在抓好金融招商的基础上，多渠道、全方位挖掘每一家落地金融机构的全产业链价值和招商潜力，推动形成大招商格局，更好地服务"产业第一、制造业立市"战略。聚焦沿链聚合，积极拓展产业链延伸招商，发挥机构黏性，精准吸引被投资企业入穗展业，以点带链、以链带面，实现"招一家金融机构、引一批客户企业"的良性发展机制。围绕重点产业链，借鉴深圳国有股权投资平台模式，投资入股龙头企业和重大项目，撬动引入战略投资者跟进参与长期投资，再通过资本市场定向增发、企业回购等方式有序退出并循环再投资，锚定"产业+资本"全链条，形成"国资引领—项目落地—股权退出—循环发展"的产业运作模式。

（二）区域联动方面：协同联动提升金融发展整体水平

借鉴深圳等地经验，整合辖区招商资源，谋划"全市一盘棋"联动招商，定期更新招商指引，避免区域招商资源内耗。各区要结合辖区金融发展实际，积极参与广州金融发展服务工作，探索制定辖区支持金融企业发展政策，在市地方金融监督管理局指导下，逐步建立健全市区联动工作机制和政策体系。统筹谋划广东自贸试验区联动发展区建设，支持天河、黄埔、花都等区与南沙形成联动发展态势，推动产业互利、合作共赢。加大对区一级放权支持力度，支持南沙、天河进一步充实金融工作力量，探索按实际管理人口或服务对象数量来分配行政资源。规范金融机构市内跨区迁移，注册地与实际办公地不一致的，要有合理的税收分成。

（三）靶向招商方面：围绕金融发展重点领域开展精准招商

建议在现有粤港澳大湾区跨境理财和资管中心建设成效基础上，借鉴香

265

港、上海和深圳等地经验，进一步提质扩面、升格打造粤港澳大湾区财富管理中心。积极争取机构在穗设立资管子公司，鼓励理财子公司申请公募基金牌照；借助南沙明珠湾、国际金融城等物理聚集空间，进一步吸引家族办公室、家族信托等新型财富管理机构发展；充分整合现有政策条件，积极争取先行先试机会，最大限度地提高新设全国股份制商业银行的概率。综合研判目前的政策条件和监管环境，短期内最有可能实现突破的是，依托广州在港平台公司组建外资法人银行，最终实现全国展业乃至 A 股上市。

（四）服务国家战略方面：实现自身功能、地位的提升

纵深推进新阶段粤港澳大湾区建设，借鉴北京、上海经验，增强湾区中央法务区建设势能，积极争取设立华南地区首家金融法院，推动形成更多的广州判例、湾区标准，积极参与全球主流金融裁判规则制定。在全面推进绿色金融改革中增强粤港澳大湾区核心引擎动力，加强与香港、澳门的绿色金融合作平台建设，研究推动跨区域的绿色金融发展、机构网点布局。加强湾区内部绿色金融工作部门之间的协商与合作，消除行政区划对绿色金融市场联通的阻碍，为实现区域绿色金融资源优化配置创造良好环境。推动建立跨区域的绿色项目抵质押登记制度，鼓励应用标准化绿色金融投放指引，提升广州在绿色金融服务标准领域的渗透度、覆盖面和影响力。

（五）打造开放平台方面：放大集聚效应

金融业天然具有产业集聚特性。在打造载体方面，借鉴上海等地经验，以南沙明珠金融集聚区为主要载体，打造跨境金融集聚区，加快优质金融资源和要素集聚，以开放、包容的姿态吸引国际头部金融机构总部进驻，同时吸引银行理财子公司、消费金融公司落户，留住优质法人机构。优化金融集聚区功能布局，创新管理体制机制，高水平建设金融文化基础设施，汇聚全球金融文化要素，提升明珠金融集聚区的辨识度。深化南沙与港澳金融业的协同合作，推动建立与港澳金融业通行规则相衔接的金融制度体系，力争将南沙打造成为粤港澳大湾区乃至国内金融业对外开放的重要平台，助力港澳

更好融入祖国内地，打造以南沙为主阵地的粤港澳大湾区国际金融枢纽核心引擎。在打造枢纽型平台方面，借鉴北京、深圳等地经验，不断放大《财富》全球论坛、国际金融论坛（IFF）等全球性平台效应，积极拓宽与国际金融市场合作领域，吸引国际优质资源，鼓励和支持国际金融机构在穗设立分支机构，大力吸引外资金融机构在穗设立功能性乃至全球性总部，积极吸引国际性、区域性多边金融组织入驻。

（六）打造金融品牌方面：统筹用好金融牌照资源提升市属国有金融机构能级

广州是中国近现代保险业和银行业的发源地（葛富锐，2020），追根溯源，根本的原因就在于广州尊重市场规律、顺应金融业发展规律。建议以市场化思维主导市国资系统金融机构改革，牢牢把握政企分开、政资分开的改革方向。借鉴上海经验，积极培育和引进全国性关键金融基础设施，引导市国资系统金融机构积极参与公募基金、信托等全国性持牌机构的收购工作。另外，从全局和长期来看，金融监管事权上收是长期趋势，监管机构出于金融风险防范、平衡各地诉求等多方面考虑，发放牌照时会更加审慎，金融牌照资源获取难度将不断增加。要把牌照作为城市战略资源储备来看待，不单纯考虑短期经济效益，避免简单出售处理。同时，对于金融机构而言，相比于税费优惠政策，牌照是更加稀缺的招商资源。要灵活运用南沙自贸区和自贸区联动发展区政策，积极回应外资银行发展诉求，强化与上级金融监管部门的沟通，允许注册地在南沙的外资法人银行申请理财子公司、消费金融公司等牌照。借鉴纽约、深圳等地经验，谋划打造能够体现广州城市特色、历史沉淀、产业优势，具有标志性意义和全球影响力的金融品牌。

参考文献

冯邦彦：《深化粤港金融合作，加快深穗区域金融中心发展》，《华南师范大学学

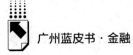
报》（社会科学版）2014 年第 5 期。

广东要素市场研究院课题组、张雄志、任胜利等：《推进广州金融基础设施及非标准资本市场建设的研究》，《广东经济》2020 年第 7 期。

梁小敏、肖邵方：《广州市金融招商引资对策研究》，《新经济》2021 年 12 期。

刘丙章、高建华、陈名等：《在华外资银行金融网络空间格局及演化机理》，《地域研究与开发》2021 年第 1 期。

刘玚、王韩：《中国区域金融中心软实力的建设路径》，《银行家》2019 年第 8 期。

〔美〕葛富锐：《现代银行业的中国基石——广州十三行担保制度与银行存款保险的起源 1780—1933》，何平、于焘华、李纯元译，中国金融出版社，2020。

唐红军：《广州在粤港澳大湾区建设中的地位作用与发展对策研究》，《经济研究导刊》2021 年第 7 期。

徐维军、王玉越、张晓晴等：《粤港澳大湾区城市金融发展质量与金融辐射效应研究》，《华南理工大学学报》（社会科学版）2022 年第 2 期。

金融环境篇 ⟪

B.18

金融营商环境经验借鉴及未来广州
进一步优化建议*

邓 路 郑楷育 刘帷韬**

摘 要： 优化金融营商环境是激发市场主体活力，推动社会经济高质量发展的重要途径。作为全国首批营商环境创新试点城市，北京、上海、广州、深圳、重庆、杭州六大城市具备经济体量、市场主体数量、基础条件等方面

* 本报告获得广东省哲学社会科学"十四五"规划 2022 年度学科共建项目"数字化投入对粤港澳大湾区制造业企业全球价值链攀升的影响及政策建议"（GD22XYJ11）、广东省哲学社会科学"十四五"规划 2022 年度学科共建项目"构建统一大市场背景下城市营商环境格局演变、影响因素及机制检验：基于时空双维度的实证研究"（GD22XYJ29）、广州市哲学社会科学发展"十四五"规划 2023 年度课题"广州深化营商环境创新试点城市建设研究——基于'互联网+政务服务'平台的互动治理视角"（2023GZYB84）、宣传思想文化优秀创新团队项目"广州金融高质量发展研究团队"、国家社会科学基金重大项目"粤港澳大湾区构建具有国际竞争力的现代产业体系研究"（20&ZD085）、广州市哲学社会科学发展"十四五"规划 2024 年度市委市政府重大课题"广州招商引资体制机制改革创新研究"（2024GZZD21）资助。
** 邓路，经济学博士，广东财经大学经济学院副教授、硕士生导师，研究方向为贸易理论与政策、自由贸易协定；郑楷育，广东财经大学经济学院硕士研究生，研究方向为数字经济、全球价值链、营商环境；刘帷韬，经济学博士，应用经济学博士后，广州市社会科学院科研处副研究员，研究方向为贸易自由化、城市战略、营商环境。

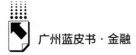

的优势。回顾 2023 年广州优化金融营商环境基本情况以及其余五个城市的相关举措,有助于广州借鉴其他城市经验,进一步提高金融服务实体经济水平。基于对试点城市优化举措的借鉴以及广州金融营商环境的现状,本报告提出如下建议:继续提高金融支持实体经济的水平;发挥政府桥梁纽带作用;加快共建粤港澳大湾区金融枢纽;引导企业利用资本市场拓宽融资渠道;发挥地方金融组织服务市场主体优势;推动数字金融赋能实体经济。

关键词: 金融营商环境　市场主体　实体经济　试点城市

一　优化金融营商环境的重要性

(一)金融要素的重要性

2021 年 3 月,《中华人民共和国国民经济和社会发展第十四个五年规划和 2035 年远景目标纲要》出台,文件将"市场主体更加充满活力"作为"十四五"时期经济社会发展的重要目标,将"激发各类市场主体活力"作为全面深化改革、构建高水平社会主义市场经济体制的重要任务。市场主体作为经济活动的主要参与者、就业机会的主要提供者、技术进步的主要推动者,同时作为促进科技创新、实现动能转换、推动结构优化的主要实践者,在经济发展中发挥着关键作用。市场主体既是创造财富的不竭源泉,也是税收的主要来源,其发展能够优化经济结构、挖掘新动能、促进经济循环畅通。市场主体的发展亦关乎区域的发展,区域发展活力及区域发展差距本质上是区域内市场主体活力及其发展的差距,甚至是市场主体营商环境优化程度的差距。

2022 年 10 月,党的二十大报告指出,构建高水平社会主义市场经济体制要优化营商环境。营商环境的优劣水平决定了生产要素资源的集聚与流向,直接影响着市场主体的活力与发展动力,体现了国家或地区的综合竞争力。

当前，中国特色社会主义已步入新时代，经济已由高速增长阶段转向高质量发展阶段，营造一流营商环境成为实现高质量发展的重要基础与关键一环。

金融要素作为营商环境中影响商事主体经营的重要软环境要素，对激发市场主体活力，推动市场主体健康发展具有重要作用。优化金融营商环境，本质上反映的是通过金融供给侧改革，为市场主体打造健康发展的外部环境，最终推动经济的高质量发展。金融营商环境的优化过程体现在以下五个方面：通过精准有力地实施货币政策，保持信贷总量适度、深化利率市场化改革、加大对国民经济重点领域与薄弱环节的支持力度；通过强化与完善金融监管，促进金融机构依法经营、健康发展；通过满足实体经济有效融资需求、完善薄弱环节金融服务、强化经济转型升级支持、支持基础设施和重大项目建设、加强金融基础设施建设，提高金融服务实体经济的能力；通过深化金融改革和对外开放，支持经济发展方式转变与经济结构优化；通过防范化解金融风险，维持金融体系稳定。

（二）金融营商环境之于广州的重要性

1.广州市经济高质量发展仍存瓶颈

2023 年，广州市被党中央赋予积极推进粤港澳大湾区建设、继续在高质量发展方面发挥领头羊和火车头作用的使命任务。同年 12 月，《粤港澳大湾区国际一流营商环境建设三年行动计划》出台，提出深化粤港澳合作，打造市场化法治化国际化一流营商环境，提升大湾区市场一体化水平和国际竞争力。经过一年的恢复与发展，2023 年广州 GDP 达到了 30355.73 亿元，同比增长 4.6%[①]，经济总量仅次于上海、北京、深圳。在实现经济发展新突破的同时，2024 年广州市政府工作报告指出，广州经济发展仍面临以下问题：一是经济韧性不够，缺乏当家产业与高能级企业，部分行业转型升级压力加大，以民营企业为代表的企业生产经营困难增加、预期偏弱；二是创

---

① 《2023 年广州市国民经济和社会发展统计公报》，广州市人民政府网站，https：//www.gz. gov.cn/zwgk/sjfb/tjgb/content/post_ 9570687.html。

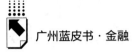

新突破有待加强，对社会创新创造创业的鼓励引导不够有力，金融生态亟待
完善。

2. 广州市金融业发展亟待转型

在推动经济发展的过程中，广州先后获批多项国家金融改革创新试点，
市与各区出台了一系列金融支持政策发挥政策叠加效应，构建了门类齐全、
结构合理、服务高效、安全稳健的现代金融服务体系。2023 年，广州金融
业增加值达 2736.74 亿元[①]，规模位居全国第四，金融业综合实力持续提
升。《广州市金融发展"十四五"规划》则提出，广州金融业发展不平衡、
不充分的矛盾仍然突出，金融业缺乏综合竞争力，欠缺引领型航母型法人金
融机构与金融高端人才，金融资源配置能力亟待加强，金融对科创等重点领
域的服务能力偏弱。同时，国内以城市为主体的区域竞争愈加激烈，北京、
上海、深圳等金融中心吸引金融资源集聚力度不断增大，广州金融发展面临
的外部竞争压力不断加大。

面临城市内部的经济发展困境、金融发展矛盾与城市外部的区域竞争压
力，广州完成共建粤港澳大湾区、引领经济社会高质量发展这两大新时代重
任需要开辟新路径。广州要优化金融营商环境，推进金融供给侧改革，在提
升金融业本身发展水平的同时，引导金融资源合理配置，优化各类市场主体
结构，激发市场主体活力，加强经济韧性，加快创新突破，助力经济高质量
发展。

二　广州优化金融营商环境的基本情况

2023 年，广州市金融服务实体经济水平不断提升，多层次资本市场拓
宽企业融资渠道能力持续增强，粤港澳大湾区金融枢纽建设实现突破，地方
金融组织服务实体经济实现提质增效。2023 年，全市金融业增加值为

---

① 《一图读懂｜广州金融业 2023 年成绩单》，南方号 "289 财经热点"，https：//static. nfapp.
southcn. com/content/202402/19/c8613434. html。

2736.74 亿元，同比增长 7.5%；本外币各项贷款余额为 7.67 万亿元，平均增速为 11.03%；新增 15 家上市公司、1 家法人期货公司、17 家期货公司地区总部，新增地方金融组织 10 家。①

（一）丰富金融服务体系，金融服务实体经济能力不断提升

一是推进金融服务"百县千镇万村高质量发展工程"。2021 年 9 月，挂牌成立广州乡村振兴金融服务平台，强化金融服务农业农村实体经济的能力。2023 年 3 月，广州金融发展服务中心印发《广州乡村振兴金融服务平台工作指引》，细化了规范措施并明确了具体要求。同年 6 月，正式启动广州市"金融村官"支持农业农村高质量发展专项行动，引导金融人才下乡，带动金融服务下沉，创新金融服务乡村振兴模式。

二是产融对接持续深化，拓宽企业融资渠道。2023 年 3 月启动年度首场"金桥工程"活动，举办荔湾区政金企投融资对接会，充分发挥政府桥梁纽带作用，多家企业与金融机构当天达成初步合作意向。

三是推动金融资源更好地对接服务中小企业。2023 年 5 月启动"金融顾问"制度，由广州金融发展服务中心联合各大机构、事务所、协会等，通过金融机构骨干下沉业务一线，为企业提供金融规划、投融资、金融风险防范与处置、法律与财务等组团式综合金融服务，助力中小企业高质量发展。

四是动产和权利融资业务再创新。2020 年，广州成为全国第三个实现七大类动产和权利担保统一登记和查询的试点城市。2022 年，创新探索数据共享"广州模式"，新增机动车、船舶、知识产权等三类动产和权利，简化其登记查询流程。2023 年 6 月，上线机动车抵押/解押业务系统，延伸了登记查询试点成果。2023 年 1~10 月，广州动产融资统一登记公示系统内登记量超 20 万笔，查询量超 27 万笔。②

---

① 《一图读懂 | 广州金融业 2023 年成绩单》，南方号 "289 财经热点"，https：//static. nfapp. southcn. com/content/202402/19/c8613434. html。

② 《机动车船舶和专利抵押贷款实现 "线上" 查》，微信公众号 "广州金融"，https：//mp. weixin. qq. com/s/KNBvzmkTK_ EGT-GpQKuDww。

五是优化普惠机制运行管理。2023 年 8 月，出台《广州市普惠贷款风险补偿机制管理办法（修订）》，补偿合作银行机构上一机制年度不良贷款本金实际损失，引导银行加大对小微企业的普惠金融支持。2024 年 1 月，普惠贷款风险补偿机制完成首批合作保险机构遴选，探索"普惠机制+保险共保体"政银保合作分险新模式，并完成金额达 300 万元的首笔"穗贷保"业务放款。截至 2023 年 11 月末，普惠机制下 30 家合作银行累计投放普惠信用贷款超 63 万笔，金额达 1800 亿元，惠及小微市场主体超 18 万家。①

（二）发挥多层次资本市场作用，拓宽企业融资渠道

持续完善期货市场体系。一是开创了期货品种上市的"广州速度"，广州期货交易所于 2023 年 7 月成功上市碳酸锂期货期权。二是推进期货招商工作，2023 年累计新设 1 家法人期货公司与 17 家期货公司地区总部。三是提升期货市场服务实体经济质效，成功举办"中国新能源·新材料产业大会"等多项期货市场重大活动。截至 2023 年底，广州期货交易所已上市工业硅、碳酸锂期货期权累计成交量约 6500 万手，成交金额超 6 万亿元；市内期货公司达 98 家。②

实施企业上市"领头羊"品牌工程。2020 年 5 月，广州首次提出"领头羊"行动计划（2020~2022 年）助力资本市场高质量发展。2023 年，先后开展"走近北交所""走进上交所"等一系列活动，并于 7 月提出第二个"领头羊"三年计划。2023 年新增 15 家优质上市企业，截至年底，境内外上市公司达 231 家，总市值约 2.8 万亿元，累计募资近 7000 亿元。③

促进区域性股权市场功能发挥。2023 年 7 月，广东区域性股权市场

---

① 《广州市探索"普惠机制+保险共保体"政银保合作分险新模式，并实现"穗贷保"首笔业务落地》，中央广州市委金融委员会办公室网站，https://jrjgj.gz.gov.cn/gzdt/content/post_9468195.html。
② 《2023 年广州推动期货市场发展工作成效明显》，中央广州市委金融委员会办公室网站，https://jrjgj.gz.gov.cn/gzdt/content/post_9438470.html。
③ 《一图了解 2023 广州资本市场 & 数字金融》，中央广州市委金融委员会办公室网站，https://jrjgj.gz.gov.cn/zxgz/zbsc/content/post_9491751.html。

"专精特新"专板正式开板,助力"专精特新"企业利用资本市场高质量发展。广州作为全省率先开展"专精特新"企业资本市场服务试点的城市之一,市内企业占全省首批"专精特新"专板入板企业53.4%,共23家。①

营造风投创投良好发展环境。2023年9月,广东股权投资和创业投资基金份额转让试点于广州市黄埔区正式落地,广东成为继北京、上海后全国第三个获批试点地区,进一步完善了广州私募股权创投基金"募投管退"全链条综合服务体系。

(三)共建粤港澳大湾区金融枢纽,双"Q"试点工作取得突破

一是推进合格境内有限合伙人(QDLP)试点工作。2021年4月,国家外汇管理局同意在广东省(不含深圳)开展QDLP试点,同年10月,广东省将QDLP审批权下放到广州、珠海、横琴粤澳深度合作区。2022年8月,广州首个试点项目落地,试点额度为10亿元人民币。2023年7月,广州且全国首只试点基金落地,同年12月,广州完成了全国首只成功交割的券商私募子QDLP基金。二是推进合格境外有限合伙人(QFLP)试点工作。2022年4月,试点政策正式出台,首只基金于2023年7月成功落地,首期募集6.75亿元(含3.34亿元境外资金)。② 2023年,广州实现了双"Q"试点双落地,全年已审批QDLP试点项目额度20亿元,QFLP试点项目审批额度超200亿元,QDLP、QFLP各2个试点项目成功落地。③

(四)推进全过程监管与征信接入,促进地方金融组织健康发展

典当行业作为广州金融体系的重要组成部分,以其高效率、低门槛等经

---

① 《广东区域性股权市场"专精特新"专板正式开板》,中央广州市委金融委员会办公室,https://jrjgj. gz. gov. cn/gzdt/content/post_ 9101634. html。

② 《广州市首只QFLP试点基金成功落地》,中央广州市委金融委员会办公室,https://jrjgj. gz. gov. cn/zxgz/zbsc/content/post_ 9297781. html。

③ 《一图读懂 | 广州金融业2023年成绩单》,南方号"289财经热点",https://static. nfapp. southcn. com/content/202402/19/c8613434. html。

营特点解决中小微企业的资金融资、周转需求,在服务实体经济中发挥着重要作用。2023 年 7 月,广州正式启动典当行业提质增效优化营商环境行动,推动"老行业"进行现代化改革,更好地服务广州实体经济。

2020 年 5 月,广州印发《广州市创建全国小贷行业标杆城市三年行动计划(2020—2022 年)》,引导发挥小贷公司的融资渠道作用。2023 年 1 月,广州小额贷款公司"瞭望塔"智能监管系统上线,以"数字政府+金融科技"为架构理念,加强了地方金融组织全过程监管。

2023 年 11 月,《关于推动广州地方金融组织高质量发展的实施意见》出台,旨在促进市内地方金融组织健康可持续发展,增强其服务实体经济能力。同年 12 月,广州举办地方金融组织批量接入中国人民银行征信系统启动仪式,推动地方金融组织深耕普惠金融,完善地方金融基础设施并提高地方金融服务的覆盖率与可得性。

截至 2023 年 12 月底,广州辖内共有 93 家典当行,行业实收资本为 18.43 亿元,典当余额为 17.28 亿元,业务笔数 16.58 万笔,典当总额达 82.57 亿元[①];共有小贷公司 113 家,贷款余额为 258.9 亿元,累计投放贷款 228 万笔,其中对小微企业及农牧户累计投放 6.28 万笔贷款,金额达 134.3 亿元。[②]

三 国家营商环境创新试点城市金融营商环境优化的做法与经验

2021 年,北京、上海、深圳、广州、重庆、杭州六座城市凭借经济体量、市场主体数量、基础条件等方面的优势成为全国首批营商环境创新试点城市。截至 2023 年底,各大试点城市已经形成一系列可复制可推广且差异

---

① 《一图读懂‖广州市典当行 2023 年度基本发展情况及各指标排名情况》,微信公众号"广州金融",https://mp.weixin.qq.com/s/AOFgUlo69pKs-IuVfjEQ0w。
② 《一图读懂‖广州市小额贷款公司 2023 年度基本发展情况及各指标排名情况》,中共广州市委金融委员会办公室网站,https://jrjgj.gz.gov.cn/jryx/xedk/content/post_ 9491510. html。

化的创新成果并取得显著成效：北京作为全国文化中心，推出了一系列推进
国家文化与金融合作示范区建设的政策；上海开辟了专利权等无形资产融资
租赁的知识产权融资新通道；深圳通过试点实现了科创要素跨境流动；重庆
通过打造"金融服务港湾"打通了为普惠小微金融服务的"最后一公里"；
杭州通过临平区试点构建了县域综合金融服务新模式。

（一）北京的做法与经验

2023 年，北京围绕科创金融、绿色金融、普惠金融、文化金融优化金
融营商环境，科创金融服务体系不断完善、绿色金融取得成效、普惠金融覆
盖扩大、金融与文化持续融合。截至 2023 年 12 月末，全市人民币各项贷款
余额为 10.9 万亿元，全年新增贷款余额为 1.28 万亿元。其中，科创企业贷
款余额为 9577 亿元，同比增长 18.4%；普惠小微贷款余额为 9575.7 亿元，
同比增长 23%[①]；文化产业贷款余额同比增长 10.1%[②]。截至 2023 年 9 月
末，绿色贷款余额为 1.8 万亿元，同比增长 29.4%[③]。

1. 推进科创金融改革试验区建设，科创金融服务体系不断完善

以建设中关村科创金融改革试验区为契机，北京不断探索金融服务科创
的新路径与机制。一是撬动金融资源向科创领域倾斜，通过"京创融""京
创通""京制通"等专项产品精准扶持科创中小企业与高端制造业，引导银
行发放超 700 亿元低成本贷款。[④] 二是建立风险分担、补偿、信用培植等配
套机制，保障科创中小企业融资需求。三是搭建中关村科技金融产品超市，

---

① 《2023 年北京市货币信贷统计数据报告》，中国人民银行北京市分行网站，http：//beijing.
pbc. gov. cn/beijing/132014/5221356/index. html。

② 《北京市持续加大金融支持实体经济力度 精准支持重点领域和薄弱环节》，中国人民银行北
京市分行网站，http：//beijing. pbc. gov. cn/beijing/132026/5239066/index. html。

③ 《聚焦"四个中心"功能建设 锚定"五篇大文章"金融支持首都高质量发展取得新成效》，
中国人民银行北京市分行网站，http：//beijing. pbc. gov. cn/beijing/132026/5221364/index.
html。

④ 《聚焦"四个中心"功能建设 锚定"五篇大文章"金融支持首都高质量发展取得新成效》，
中国人民银行北京市分行网站，http：//beijing. pbc. gov. cn/beijing/132026/5221364/index.
html。

首期已上架 28 家银行的 39 款信贷产品[①]，便利科创企业融资。2023 年，北京科创贷款余额近 1 万亿元，高新技术企业发债融资超 3300 亿元，发行科创票据 552 亿元。[②]

2. 打造首都绿色金融新模式，绿色金融产品持续创新

北京持续围绕行业、区域、市场、银行打造首都绿色金融新模式。一是通过货币政策工具引导金融机构信贷资源向绿色低碳领域倾斜，2023 年前三季度支持 178 个碳减排与煤炭项目，累计金额超 192 亿元。[③] 二是夯实绿色金融发展的政策基础，2023 年 8 月，中国人民银行北京市分行联合另外两部门印发《北京市碳资产质押融资操作指引》，健全了碳排放权交易机制并规范了碳资产质押融资业务程序。三是创新绿色金融产品，截至 2023 年 3 月，中国人民银行北京市分行营业管理部运用"京绿通"再贴现、"京绿融"再贷款两类专项产品为辖内绿色工厂与绿色供应链累计提供支持资金 28 亿元。截至 2023 年 9 月末，北京绿色贷款余额达 1.8 万亿元。[④]

3. 政策引导、银企对接、产品创新三管齐下，普惠金融覆盖面不断扩大

一是强化货币政策工具引导，通过支小再贷款、再贴现以及普惠小微支持工具引导银行加大对民营、小微企业的信贷投放，并于 2023 年一季度为 1.5 万家市场主体办理延期贷款 307 亿元。[⑤] 二是线上结合线下推进银企对

---

① 《人行营业管理部打造中关村科创金融产品超市 持续提升金融支持科技创新服务质效》，中国人民银行北京市分行网站，http://beijing.pbc.gov.cn/beijing/132026/5021696/index.html。

② 《聚焦"四个中心"功能建设 锚定"五篇大文章"金融支持首都高质量发展取得新成效》，中国人民银行北京市分行网站，http://beijing.pbc.gov.cn/beijing/132026/5221364/index.html。

③ 《聚焦"四个中心"功能建设 锚定"五篇大文章"金融支持首都高质量发展取得新成效》，中国人民银行北京市分行网站，http://beijing.pbc.gov.cn/beijing/132026/5221364/index.html。

④ 《聚焦"四个中心"功能建设 锚定"五篇大文章"金融支持首都高质量发展取得新成效》，中国人民银行北京市分行网站，http://beijing.pbc.gov.cn/beijing/132026/5221364/index.html。

⑤ 《人行营业管理部完整、准确、全面贯彻新发展理念 支持首都经济高质量发展》，中国人民银行北京市分行网站，http://beijing.pbc.gov.cn/beijing/132026/4868473/index.html。

接，线上依托银企对接系统推动银行走访企业 42 万次，促成超 1700 万亿元融资落地①，线下在北京市贷款服务中心举办银企对接会，截至 2023 年 4 月底已举办近 50 场。② 三是推广供应链金融、茶叶担保贷款等特色金融产品，截至 2023 年 3 月末，北京创业担保贷款余额达 40.7 亿元。③ 截至 2023 年 12 月末，北京普惠小微贷款余额同比增长 23%，民营企业贷款余额同比增长 12.3%。④

4. 加快推进国家文化与金融合作示范区建设，金融与文化融合程度日趋加深

以国家文化与金融合作示范区建设为契机，推动金融与文化深度融合。一是完善文化金融政策体系，近年来从信贷支持、风险分担、产品创新、政银企对接等方面先后出台多项政策措施支持文化产业，创造文旅产业高质量发展的货币金融环境。二是双向激励金融机构与文化主体，2021 年 12 月出台《北京市文化产业"投贷奖"政策实施细则》，为文化企业、金融机构提供财政资金支持，加速金融与文化融合发展。三是完善文化金融配套体系，创新"京文融""京文通"两款再贷款再贴现专项产品支持文化企业，截至 2023 年 6 月末，两款产品累计投放 9 亿元。⑤ 2023 年末，北京文旅产业贷款余额同比增长 10.1%。⑥

---

① 《聚焦"四个中心"功能建设 锚定"五篇大文章"金融支持首都高质量发展取得新成效》，中国人民银行北京市分行网站，http://beijing.pbc.gov.cn/beijing/132026/5221364/index.html。
② 《人行营业管理部完整、准确、全面贯彻新发展理念 支持首都经济高质量发展》，中国人民银行北京市分行网站，http://beijing.pbc.gov.cn/beijing/132026/4868473/index.html。
③ 《人行营业管理部完整、准确、全面贯彻新发展理念 支持首都经济高质量发展》，中国人民银行北京市分行网站，http://beijing.pbc.gov.cn/beijing/132026/4868473/index.html。
④ 《聚焦"四个中心"功能建设 锚定"五篇大文章"金融支持首都高质量发展取得新成效》，中国人民银行北京市分行网站，http://beijing.pbc.gov.cn/beijing/132026/5221364/index.html。
⑤ 《中国人民银行北京市分行积极构建文化金融政策体系 助力首都文化产业高质量发展》，中国人民银行北京市分行网站，http://beijing.pbc.gov.cn/beijing/132026/5051209/index.html。
⑥ 《聚焦"四个中心"功能建设 锚定"五篇大文章"金融支持首都高质量发展取得新成效》，中国人民银行北京市分行网站，http://beijing.pbc.gov.cn/beijing/132026/5221364/index.html。

（二）上海的做法与经验

2023 年，上海信贷规模实现了合理增长，信贷融资结构不断优化，金融服务普惠小微、科创等重点领域能力不断提升，跨境投融资持续便利化，融资租赁体系得到完善。截至 2023 年 12 月末，全市本外币贷款余额达 11.2 万亿元，同比增长 7.3%；民营企业贷款余额达 3.94 万亿元，同比增长 10.6%；普惠小微贷款余额达 1.08 万亿元，同比增长 22.9%；绿色贷款余额达 1.19 万亿元，同比增长 41.8%；专精特新中小企业、高新技术企业、科技型中小企业贷款余额分别同比增长 20.8%、20.5%、37.1%。[①]

1. 推动信贷规模增长，信贷融资结构持续优化

2023 年 3 月，上海银保监局推出"三稳四建六提升"十三条举措优化金融营商环境，近一年后，上海实现了市场主体金融服务量的合理增长与质的有效提升。一是市内普惠小微贷款余额、科技型企业贷款余额、绿色融资余额、累放无缝续贷、纾困融资金额均突破 1 万亿元，创历史新高。二是银保行业开展"万企千亿"行动暨首贷户"千企万户"工程，对接企业超 90 万家，为 6 万家企业发放贷款，近百万户企业受惠。三是市内科技企业、科技中小企业、"专精特新"企业、知识产权质押融资等重点领域贷款增速均超 50%，信贷融资结构不断优化。四是年末普惠贷款平均利率较年初下降 0.52 个百分点，为企业减负超百亿元。[②]

2. 扶持重点领域与薄弱环节，金融服务实体经济能力得到较大提升

一是引导鼓励在沪银行不断加大对市内小微企业的信贷投放力度，促进企业健康发展。2022 年 12 月，上海市财政局等联合发布《上海市小型微型企业信贷奖励考核办法（2023 年版）》，根据"重点行业贷款占比""银担

<hr>

[①]《人民银行上海总部：高质量信贷服务支持经济高质量发展》，中国人民银行上海总部网站，http://shanghai.pbc.gov.cn/fzhshanghai/113571/5238596/index.html。

[②]《上海银行业保险业五个"1 万亿"投放见实效 国家金融监督管理总局上海监管局出台"融资畅通工程"十六条举措 进一步助力优化上海营商环境》，上海金融网站，https://jrj.sh.gov.cn/ZXYW178/20240219/a6f716dee5e4102afc252a32bd5ddf0.html。

合作占比""信用贷款占比""首贷户数"等八个指标对银行进行考核,提供最高不超过1000万元的奖励资金。二是精准扶持小微、民营科创企业,支持上海科创金融改革试验区建设。2023年7月,中国人民银行上海总部创新推出"沪科专贷""沪科专贴"科创专项再贷款再贴现。截至2023年末,"沪科专贷"累计发放再贷款112.7亿元,惠企1800余家;"沪科专贴"累计发放再贴现217.8亿元,惠企3000余家。[①]三是完善融资风险补偿机制,加强金融对实体经济的有效支持。2022年12月,上海市财政局等联合推出《上海市科技型中小企业和小型微型企业信贷风险补偿办法(2023年版)》,对银行"试点贷款"不良贷款净损失进行补偿。

3. 全力推进金融改革开放,积极实施先行先试政策

一是促进上海跨境投融资便利化水平不断提高,持续激发市场活力。2022年初,国家外汇管理局上海市分局在临港新片区开展合格境外有限合伙人(QFLP)试点;2023年2月,试点扩围至市内全辖,推动股权基金跨境投资健康发展。二是降低企业贸易融资成本,缓解银行审核困境。2023年3月,上海开展跨境金融服务平台"出口信保保单融资"应用场景试点工作,试点首日发放贷款152万元[②],同时提高企业融资效率与银行工作质效。三是开辟知识产权运用价值实现新通道,助力融资租赁发展。2023年7月,上海市第十六届人大常委会第四次会议通过《上海市促进浦东新区融资租赁发展若干规定》,首次明确可用专利权等无形资产开展融资租赁业务,首次确定操作上需取得租赁标的相关权利,明确其与固定资产差异,提出风险监测的规定性防控举措,为建立健全知识产权融资租赁体系打好基础。

(三)深圳的做法与经验

2023年,深圳通过"小微通""个体通""腾飞贷""创投日"等创新

---

① 《人民银行上海总部:高质量信贷服务支持经济高质量发展》,中国人民银行上海总部网站,http://shanghai.pbc.gov.cn/fzhshanghai/113571/5238596/index.html。

② 《跨境金融服务平台出口信保保单融资应用场景在沪顺利落地》,中国人民银行上海总部网站,http://shanghai.pbc.gov.cn/fzhshanghai/113571/4811309/index.html。

产品，提升了金融服务民营小微、科创、绿色等重点领域的能力；通过深化前海港深合作提高了金融开放及创新水平；通过推进河套平台建设开启了科创要素的跨境流动。截至 2023 年 12 月末，全市本外币各项贷款余额达 9.21 万亿元，同比增长 8.3%①；普惠小微贷款余额达 1.83 万亿元，同比增长 22.4%；碳减排贷款达 136.7 亿元，预计带动年度碳减排 314 吨。截至 2023 年 11 月末，高新技术企业、科技型中小企业贷款余额同比分别增长 32.9%、26.1%②。

1. 聚焦重点领域，创新金融服务与产品

一是于 2023 年 5 月启动"金融为民"暖心工程，上线"小微通""个体通"推动征信助力民营小微融资。截至 2023 年 11 月末，地方征信平台完成 15.7 亿条涉企信用数据共享，服务企业超 34 万家，促成融资 2194 亿元。③ 二是促进金融与科技深度融合，率领金融机构创新"腾飞贷"服务高成长期科技型企业。截至 2024 年 1 月，已有 9 家银行为 15 家企业累计放款 2.92 亿元。④ 三是 2022 年 11 月推出"创投日"，重点服务深圳"20+8"产业集群。截至 2023 年 11 月，已举办 12 场专题活动，累计落地 1130 余亿元重大基金签约。⑤ 四是做好绿色金融大文章，首笔碳减排贷款于 2023 年 8 月落地，截至 2023 年末累计发放 136.7 亿元贷款；先后举办 5 次绿色融资

---

① 《人民银行深圳市分行：信贷总量平稳较快增长，稳固有力支持深圳经济回升向好》，中国人民银行深圳市分行网站，http://shenzhen.pbc.gov.cn/shenzhen/122807/5216697/index.html。

② 《人民银行深圳市分行：做好金融"五篇大文章"，以高质量金融服务支持深圳经济高质量发展》，中国人民银行深圳市分行网站，http://shenzhen.pbc.gov.cn/shenzhen/122807/5216812/index.html。

③ 《践行初心使命 汇聚系统力量 深圳"金融为民"暖心工程实现"四大突破"》，中国人民银行深圳市分行网站，http://shenzhen.pbc.gov.cn/shenzhen/122807/5184711/index.html。

④ 《人民银行深圳市分行：做好科技金融大文章，加力支持培育新动能新优势，助力科技型企业腾飞》，中国人民银行深圳市分行网站，http://shenzhen.pbc.gov.cn/shenzhen/122807/5216833/index.html。

⑤ 《打造产投融对接"金桥梁"》，新浪财经网，https://finance.sina.com.cn/jjxw/2023-11-14/doc-imzupsvu2122481.shtml。

政银企对接会，累计促成近百亿元融资授信。①

2. 深化前海港深合作，推进高水平对外开放

2023 年 2 月，中国人民银行联合其余四部门出台"金融支持前海 30 条"，进一步推进金融开放创新与深化港深金融合作。经过近一年的政策落地，深圳实现了 6 个全国"首创"与 8 个全国"首批"。一是创新民生金融，首批深港跨境征信合作业务，实现两地征信联通；首创前海港企贷，开辟两地融资新渠道，截至 2023 年 9 月末，已为 5 家企业办理港企贷业务，融资金额合计 2000 万元。② 二是深化港深金融联通，首创 QFLP 总量管理，完善两地私募机制。三是发展深港现代金融产业，首创商业保理公司办理国际贸易背景的保理业务，优化中小企业融资服务，落地业务累计 33.6 万美元③；首批大湾区金融科技跨境创新应用测试运行，促进两地金融科创交流合作。2023 年前三季度，前海合作区实现地区生产总值超 1543 亿元，金融业增加值超 216 亿元。④

3. 围绕河套战略平台，开辟科创要素流动跨境通道

2023 年 8 月，国务院印发《河套深港科技创新合作区深圳园区发展规划》，构建服务科创体系，建设国际领先的科研实验设施集群，完善科创生态体系，融入全球创新网络，打造湾区国际科创中心极点，引领粤港澳大湾区高质量发展。一是打通科研资金入境的"绿色通道"。2023 年 9 月印发《河套深港科技创新合作区"科汇通"试点业务操作指引》，促进两地科创要素流动与科技产业协作，截至 2023 年末已有 5 家科研机构取得境外汇入的科研资金。二是缓解高新技术、专精特新企业跨境融资困境，首批开展专

① 《人民银行深圳市分行：做好金融"五篇大文章"，以高质量金融服务支持深圳经济高质量发展》，中国人民银行深圳市分行网站，http：//shenzhen. pbc. gov. cn/shenzhen/122807/5216812/index. html。

② 《人民银行深圳市分行：持续推进重点区域高水平对外开放》，中国人民银行深圳市分行网站，http：//shenzhen. pbc. gov. cn/shenzhen/122807/5102398/index. html。

③ 《深圳跨境金融十件大事》，中国人民银行深圳市分行网站，http：//shenzhen. pbc. gov. cn/shenzhen/122807/5207434/index. html。

④ 《温信祥：加快塑造深港金融合作新格局》，国家外汇管理局深圳市分局网站，https：//www. safe. gov. cn/shenzhen/2024/0308/1747. html。

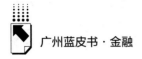

精特新企业跨境融资便利化试点，截至 2023 年末深圳辖内参与试点企业共 30 家，累计融资 2 亿美元，惠及电子机械制造、软件与信息技术等行业。①

（四）重庆的做法与经验

2023 年，重庆通过打造"金融服务港湾"实现服务下沉，上线"渝普金链"平台实现金融产品创新，提升了乡村振兴金融服务质效，科创融资规模提升、科创主体覆盖面扩大效果显著，绿色金融体系不断完善，跨境融资持续便利化。截至 2023 年末，全市本外币各项贷款余额超 5.67 万亿元，同比增长 9.8%；普惠小微贷款余额达 5478 亿元，同比增长 18.6%；科技型企业贷款余额达 4914.9 亿元。同比增长 28.8%。②

1.服务实体经济，助力乡村振兴

一是建设政府性融资担保体系，重庆市财政局于 2023 年 1 月出台《进一步发挥政府性融资担保作用 助力市场主体纾困发展若干措施》，扩大业务规模、降低担保成本、提升服务机构能力。二是创新打造"金融服务港湾"，打通金融服务实体经济"最后一公里"，实现服务下沉。截至 2023 年末，已建成 554 个"金融服务港湾"，累计为 17.4 万家市场主体发放贷款 1650 亿元。③ 三是于 2023 年 5 月上线普惠金融服务平台"渝普金链"，首次将地方金融组织纳入服务，首批入驻 96 家金融机构，上线 100 余款普惠融资产品。④ 四是提升乡村振兴金融服务质效，2023 年上半年向四个重点帮扶县投放支农支小再贷款 13 亿元；依托"长江渝融通"系统实现政银企专项融资对接项目 241 个。⑤

① 《深圳跨境金融十件大事》，中国人民银行深圳市分行网站，http：//shenzhen.pbc.gov.cn/shenzhen/122807/5207434/index.html。
② 《2023 年重庆市金融机构贷款投向统计报告》，中国人民银行重庆市分行网站，http：//chongqing.pbc.gov.cn/chongqing/107671/5210310/index.html。
③ 《打通普惠小微金融服务"最后一公里"重庆建成金融服务港湾 544 个》，重庆日报网，https：//app.cqrb.cn/html/2024-02-08/1886773_pc.html。
④ 《重庆普惠金融服务平台"渝普金链"正式上线》，重庆市人民政府网站，http：//www.cq.gov.cn/zwgk/zfxxgkml/lwlb/cqzxd/zzdt/202305/t20230525_11999406.html。
⑤ 《强化一县一策 重庆金融业支持国家乡村振兴重点帮扶县成效显著》，中国人民银行重庆市分行网站，http：//chongqing.pbc.gov.cn/chongqing/107665/5003960/index.html。

2. 支持科创发展，探索绿色转型

2023 年，重庆围绕"双倍增"行动计划与三年行动计划等部署展开支持科创企业融资行动。依托"长江渝融通"系统更新科创主体名单实施政银企对接，累计向逾万户企业发放 2880 亿元贷款；梳理"无贷户"清单并提供金融服务辅导，贷款支持户数达 1.97 万户；设立"科企快贷"专区便利企业线上融资，为 4150 家企业贷款近 200 亿元；引导银行创新"再贷款+科技快贷"服务并推出"再贴现+科票通"产品，投放再贷款再贴现金额 221 亿元，支持科技企业 3340 户。① 2022 年 8 月，重庆获批成为全国首个全域覆盖绿色金融改革创新试验区，近一年来取得了一系列标志性成果。一是建设绿色金融标准体系，参与 4 项国家标准研制，出台 12 项地方标准。二是强化金融监管与信息披露，已推动 70 余家机构开展环境信息披露，成功开放并发布基于绿色金融改革创新的碳账户系统。三是完善激励约束机制，财政对碳减排贷款补贴 2‰，19 个区县出台贴息或补偿政策。②

3. 加快金融开放，创新金融服务

一是于 2023 年 2 月启动跨境金融服务平台"银企融资对接"应用场景试点，提升企业融资的便利性和可得性，首笔对接业务获批 2450 万元融资额度。③ 二是在国家外汇管理局的支持下于 2021 年 10 月开展跨区域外债便利化试点，充分利用境内外低成本资金服务实体经济。截至 2023 年 4 月末，支持成渝两地企业共同参与一次性外债登记试点总额 214.5 亿美元。④ 三是推动金融机构创新"再贴现+供应链"专属产品，在中国人民银行重庆市分

---

① 《人民银行重庆市分行："1+6+4"服务体系支持科创企业发展》，中国人民银行重庆市分行网站，http://chongqing.pbc.gov.cn/chongqing/107665/5221377/index.html。

② 《中国人民银行重庆市分行 逐"绿"前行 打造重庆绿色金融标志性成果》，中国人民银行重庆市分行网站，http://chongqing.pbc.gov.cn/chongqing/107665/5099013/index.html。

③ 《重庆主城区外：首笔跨境金融服务平台银企融资对接业务落地》，中国人民银行重庆市分行网站，http://chongqing.pbc.gov.cn/chongqing/107665/4837374/index.html。

④ 《打好成渝"外债+收入支付"便利化政策组合拳，助力企业享跨区金融服务》，中国人民银行重庆市分行网站，http://chongqing.pbc.gov.cn/chongqing/107665/4888261/index.html。

行营业管理部再贴现资金的支持下，落地首笔供应链票据再贴现业务，利率低于银行内同期同档票据加权平均贴现率近60BP。^① 四是增强跨境人民币业务服务实体经济能力，2023年1~10月为667家"首办户"企业共办理跨境人民币实际收付金额42.6亿元；完善优质企业结算便利化名单，2023年1~10月累计为142家优质企业办理4274笔业务；建立线上对接机制，2023年1~10月4家企业累计赴境外发行人民币债券，募集资金达9.4亿元，3家银行为其放款7亿元。^②

（五）杭州的做法与经验

2023年，杭州围绕科创金融，通过引导金融机构转型完善科创金融服务体系；围绕县域金融，通过金融服务下沉探索县域综合金融生态建设；围绕资本市场，通过实施"凤凰行动"计划培育上市企业。截至2023年，杭州市金融业增加值达2489.6亿元，占GDP比重为12.4%；银行业本外币贷款余额超6.86万亿元；证券累计代理交易额超32万亿元，期货累计代理交易额超65万亿元，新增境内外上市公司共22家，企业股权融资达337亿元；保险业实现保费收入1220亿元；小贷公司、典当业、融资担保业分别累计发生业务196.88亿元、448.21亿元、870亿元。^③

1.引导金融机构转型，科创金融服务体系日渐完善

2022年11月，杭州正式获批科创金融改革试验区。2023年5月，试验区正式启动，启动当天市地方金融监管局发布《杭州市科创金融改革试验区实施方案》，市政府与相关金融机构签约并授牌给第一批科创金融专营机构。同年7月，出台《杭州市科创金融专营机构（组织）认定管理办法（暂行）》，引导银行、保险、融资担保等相关金融机构转型，完善科创金

---

① 《重庆落地供应链票据再贴现业务》，中国人民银行重庆市分行网站，http：//chongqing. pbc. gov. cn/chongqing/107665/4990863/index. html。
② 《2023年重庆跨境人民币业务服务实体经济能力进一步增强》，中国人民银行重庆市分行网站，http：//chongqing. pbc. gov. cn/chongqing/107665/5157256/index. html。
③ 《"数"读杭州｜一图读懂杭州金融"年报"》，微信公众号"杭州金融官微"，https：// mp. weixin. qq. com/s/DLbfIrPxgg8vYiDh0A3Mbg。

融服务体系建设。探索科创标准体系，针对科创金融标准体系研制《科创企业认定评价》省级团体标准；针对科创金融产品与服务标准推出第一版科创保险产品目录。截至 2023 年 11 月末，全市科创贷款超 3366 亿元；全市首家科创担保中心专营机构在保余额超 32 亿元，惠企近 1900 家，服务专精特新企业 80 家。[①]

2. 探索金融服务"临平模式"，县域金融生态建设取得显著成效

打通金融服务的"最后一公里"，探索县域综合金融生态建设。2022 年杭州市临平区启动"综合金融服务示范区"试点工作，构建了"政府指导+金服会赋能+金融机构广泛参与"的协同模式，创新政府端区县金融运行质量指标体系、企业端数字化"金服宝·小微"平台、社会端培训课程这三大工具，针对政府金融风险管理、企业金融服务、社会金融供给提出八大举措，助力金融生态的稳定、高效与可持续发展。两年以来，临平区 79 名金融顾问下沉一线，开展 70 余场金融活动，组织 1600 人次业务培训，实现融资金额 138 亿元。截至 2023 年，临平区内有市场主体近 6000 家，制造业、涉农、科技贷款同比增幅分别为 24%、35%、19%，金融服务平台累计为近5500 家企业提供超 7 亿元贷款。[②]

3. 积极实施"凤凰行动"计划，企业上市总数实现新突破

2021 年 12 月，杭州市人民政府印发《杭州市深入推进经济高质量发展"凤凰行动"计划（2021—2025 年）》，旨在按照培育、股改、辅导、报审、挂牌、上市的全流程，高标准全面打造"凤凰行动"升级版，推动更多本地优质企业登陆境内外资本市场。2023 年 1 月，萧山区组织开展"助企腾飞"2023 年首期企业上市培育活动——北交所专场，特邀两位专家向50 余家参与企业分享最新政策与经验，明晰企业的上市路径与规划。同年 4月，杭州市地方金融监督管理局举办杭州市企业上市暨"助融资，提能力"

① 《科创金融改革试验区一年多"杭州方案"正在形成》，杭州政协网，https：//www. hzzx. gov. cn/cshz/content/2024-01/05/content_ 8670605. htm。
② 《县域综合金融生态建设"临平模式"取得新成效》，杭州市人民政府网站，https：//www. hangzhou. gov. cn/art/2024/3/5/art_ 1229243363_ 59094358. html。

专题培训会，助力企业探寻更多融资渠道与更可行的上市路径。"凤凰行动"计划实施两年以来，全市增加101家境内外上市企业。截至2023年底，杭州全市境内外上市企业总数已超300家，成为继北京、上海、深圳后第四个实现300家企业上市的城市。①

四　未来广州进一步优化金融营商环境的建议

近年来，广州在金融营商环境领域先行先试，持续优化金融营商环境，取得了显著突破与成效。作为国家营商环境创新试点城市，打造城市新质生产力，实现经济高质量发展，广州还需发挥好政府的桥梁作用，提高银企对接效率；引导企业融资观念转变，丰富企业的融资渠道，焕发传统金融行业新活力；把握数字技术革命为金融改革、经济发展带来的机遇与挑战，充分发挥广州在粤港澳大湾区建设中的核心引擎作用，持续优化金融营商环境。

（一）继续提高金融支持实体经济的水平

一是围绕"产业第一、制造业立市"战略推动金融服务下沉，提高金融服务实体经济的质效。加快实施"金融顾问"专项行动，通过金融顾问连接银行、保险等各类金融机构，构建政府与各类金融机构的新型合作机制，为企业提供多元化、综合化的金融服务，推动中小企业高质量发展。二是推动金融服务乡村振兴。加强广州乡村振兴服务平台与各部门、各金融机构、各地方金融组织的交流合作，推进建设乡村振兴金融服务站，借助"金融村官"试点引导金融人才、金融服务、金融产品下沉乡村，创新金融服务乡村振兴模式，打通金融服务乡村振兴的"最后一公里"，强化金融服务乡村振兴与"百县千镇万村高质量发展工程"。三是继续探索动产和权利融资便利化的"广州模式"。把握动产和权利担保统一登记和查询试点这一

---

① 《迈入新征程！杭州资本市场迎来300+时代！》，杭州市人民政府网站，https：//www.hangzhou.gov.cn/art/2024/1/4/art_ 1229243363_ 59091826.html。

契机，持续简化授信审批流程，提高企业获贷效率，推进业务办理线上与线下相结合，满足新型服务业与技术密集型企业的融资需求。

（二）发挥政府桥梁纽带作用

一是要积极推进"金桥工程"，深化广州产融对接。持续开展"金桥工程"产融对接系列活动，针对广州各区产业特色与企业具体需求开展金融政策宣传与政银企对接活动。加大对重点产业园区发展的支持力度，推动"链金"合作提高产业链整体发展水平。督促各行业主管部门针对行业特点组织政银企对接活动，实现专项精准对接。发挥广州市信贷综合服务中心的作用，鼓励依法合规开展首贷、转贷、续贷业务。二是要完善落实政府风险分担机制。推动 2023 年 8 月出台的《广州市普惠贷款风险补偿机制管理办法（修订）》落细落实，通过继续调整完善风险分担模式、扩大风险补偿范围、提升重点领域补偿比例等，引导金融机构普惠贷款投放力度加大与投放结构优化。探索、建设、完善多方参与、多体系风险的风险分担机制，继续引入合作银行机构、合作保险机构，加快纳入合作政府性融资担保机构等其他合作机构，强化机制对"百千万工程"、专精特新等重点领域的扶持作用，助力普惠主体高质量发展。

（三）加快共建粤港澳大湾区金融枢纽

粤港澳大湾区作为国家开放程度最高、经济活力最强的区域之一，在国家发展大局中具有重要的战略地位。要继续推进共建粤港澳大湾区国际金融枢纽，发挥大湾区对国家经济发展和对外开放，以及对广州金融开放创新和经济高质量发展的重要作用。一是推动大湾区六大中心建设。2023 年 12 月粤港澳大湾区理财和资管资讯中心成立，要继续完善资产管理业务组织体系，引导大湾区跨境资产管理业务创新，支持专业中介服务行业发展。二是继续推进跨境投融资试点。2023 年 7 月，广州在一个月内实现 QDLP、QDFP 双试点落地，标志着广州私募投资基金领域创新试点取得突破性进展。要把握试点政策机遇，加大政策宣传力度，优化申报流程，推动更多机

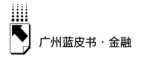

构申报，拓宽跨境投融资渠道。三是稳步推进金融市场互联互通。要扩大广州金融业对港澳的开放，支持广州期货交易所与香港交易所深化合作；推动债券市场双向开放提速与保险服务中心建设；探索跨境征信合作，提升跨境融资信用服务能力。

（四）引导企业利用资本市场拓宽融资渠道

要充分发挥多层次的资本市场拓宽企业融资渠道、推动产业转型升级，助力经济高质量发展的作用。一是不断强化推动企业上市的工作机制。实时跟踪拟上市企业的诉求，加强与证券监管部门和证券交易所的交流；构建部门参与、市区合作的企业上市培育工作体系，联动上交所、深交所、北交所等资本市场平台，走访、辅导拟上市企业，持续举办上市普及培训活动。二是打造企业上市培育工程。建立完善拟上市后备企业库，通过开展走访、座谈、培训等活动强化对其的培育指导；推动广州上市公司高质量发展基金落地，助力上市企业围绕产业链上下游开展并购重组。2023年广东区域性股权市场"专精特新"专板已经开板，要继续指导"科创"专板等特色板块开板。三是加大重点领域的上市企业培育力度。优化高新技术企业、专精特新企业上市培育体系，促进科创、资本、实体经济的良性循环，依托广州产业园区加强对制造业等重点产业链的服务，鼓励民营企业登陆资本市场，释放民营企业的发展活力。

（五）发挥地方金融组织服务市场主体优势

地方金融组织作为广州现代金融服务体系的重要组成部分，要充分发挥其贴近市场、服务民生的优势，引导其合规经营并迅速发展，助力拓宽中小微企业、个体工商户、农户等市场主体的融资渠道，进一步服务广州经济社会发展与产业转型升级。一是要加快数字科技在地方金融监管领域的运用，全面加强地方金融监管。以2023年上线的广州小额贷款公司"瞭望塔"智能监管系统为起点，推动智能监管系统应用到典当、融资担保、商业保理等地方金融组织监管体系中，并与省对接，实现省、市、区监管协同。二是要推动地方金融组织服务实体经济。引导地方金融组织围绕市委"1312"思路举措并结合中小微企业、"三农"等主体实际需求，积极开发服务实体、贴近民生、支持绿色的金融产品，发挥自身贴近市场、服务民生的金融服务优势。三是要推动地方金融组织数字化转型升级。鼓励地方金融组织探索"互联网+"模式，实现线上线下融合发展，为市场主体提供便捷的服务渠道。

（六）推动数字金融赋能实体经济

要充分意识到数字金融对经济发展方式转变、数字产业化与产业数字化等的重要作用，利用数字金融提升金融服务广州实体经济质效。一是加速金融机构数字化转型。要鼓励金融机构引入数字技术革新传统业务，持续升级数字化业务平台，打造针对广州特色产业集聚的数字供应链金融服务平台。二是激活数据潜力。要持续推动区域征信基础设施互联互通，推进不同领域涉企信息的归集、共享、应用，通过规范数据共享提高金融机构服务企业的效率。三是完善数字金融监管机制。要把握作为国家金融科技创新监管试点城市的契机，构建多层次数字金融创新监管机制，推进数字技术在金融领域合规运用。

参考文献

陈享光、高泽铭：《论服务于实体经济的金融观》，《社会科学战线》2023 年第 10 期。

程云斌：《进一步优化营商环境 推进高水平对外开放》，《中国行政管理》2022 年第 12 期。

董小君、于晓文：《金融服务实体经济高质量发展：逻辑与路径》，《行政管理改革》2024 年第 1 期。

国务院发展研究中心课题组、马建堂、袁东明等：《持续推进"放管服"改革 不断优化营商环境》，《管理世界》2022 年第 12 期。

胡税根、冯锐、杨竞楠：《优化营商环境 培育和激发市场主体活力》，《中国行政管

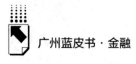

理》2021 年第 8 期。

刘锡良：《深化金融供给侧改革，促进金融高质量发展》，《经济学家》2023 年第 12 期。

刘帷韬：《世界银行营商环境评估体系变化要点、指标分析与启示》，《中国流通经济》2023 年第 9 期。

李霞、刘佳宁：《粤港澳大湾区金融高质量发展：历史沿革、理论逻辑和实践路径》，《南方金融》2022 年第 5 期。

宋芳秀：《金融服务实体经济质效提升策略研究》，《人民论坛·学术前沿》2023 年第 1 期。

吴汉洪、张崇圣：《营商环境与产业生态：激发市场主体活力的重要着力点》，《学习与探索》2021 年第 3 期。

B.19
推进企业数据资产入表的战略意义、
困难挑战与广州对策*

刘晓晗**

摘　要： 企业数据资产入表是我国推动数据要素资产化，发挥数据要素乘数作用，推动培育数字经济新质生产力的重大战略举措。企业数据资产入表将撬动数据要素万亿级市场规模，对真实反映企业资产价值、强化企业投融资基础、促进企业优化数据治理体系、提升企业数字化应用能力等具有重要作用。现阶段，虽然企业在数据资产入表中还面临数据资产确认难、计量难、披露难等困难和挑战，但北京、上海、深圳、贵州等地在财政补贴、税费优惠、企业试点等领域积极探索，为广州推进数据资产入表工作提供了有益借鉴。广州可以通过大力培育数据资产化生态体系、搭建数据资产入表服务工作站、鼓励和支持市属国企发挥示范带头作用、持续深化数据资产入表相关研究工作等多种途径扎实推进数据资产入表工作，奋力抢抓数字经济新赛道发展机遇，抢占数字经济高质量发展制高点。

关键词： 数据资产　数据要素　会计报表　数字经济

一　企业数据资产入表的重大战略意义

所谓数据资产入表，即将数据资产列入企业资产负债表，在会计报表中

---

* 本报告系广东省哲学社会科学规划 2022 年度一般项目"数据要素确权的理论逻辑与路径构建——以广东省数据要素市场建设为例"（GD22CYJ14）的阶段性研究成果。

** 刘晓晗，经济学博士，广州市社会科学院财政金融研究所副研究员，研究方向为数据要素市场、数字经济、数字金融。

呈现企业实际控制的数据资源的真实价值与经济贡献,从而更全面地反映企业财务状况和数字化发展潜力。数据资产入表在激活企业数据资源价值的同时,也有利于展示企业的数字竞争优势,为企业依据数据资源开展投融资等业务提供更多依据,有利于科技型企业和中小微"专精特新"企业做大做强。数据资产入表政策的发布和实施,实质性开启了我国数据资产化的进程。扎实推进数据资产入表工作,成为广州贯彻落实党中央、国务院精神,发展数字经济,抢占数字经济制高点,推动经济高质量发展的必答题。

(一)数据资产入表是促进经济高质量发展的必答题

近年来,我国在数据要素市场化改革中连续发力,新理念频现,新政策加速落地,以激活数据要素潜力和发挥数据要素乘数效应推进数字经济加速发展的新局面全面打开。2019年10月,党的十九届四中全会首次将数据列为与劳动、资本、土地、知识、技术、管理并列的生产要素,我国成为首个正式将数据列为生产要素的国家,这对我国乃至世界数字经济发展都具有划时代的里程碑意义。2022年10月,党的二十大报告明确提出加快发展数字经济,促进数字经济和实体经济深度融合。2022年12月,《中共中央 国务院关于构建数据基础制度更好发挥数据要素作用的意见》(以下简称《数据二十条》)印发,该文件系统布局了我国数据基础制度的"四梁八柱",是我国激活数据要素潜力、推进数据要素市场化建设的纲领性文件,文件中明确提出"探索数据资产入表新模式"。为贯彻落实《数据二十条》文件精神和加快推进我国数据资产化进程,2023年8月1日,财政部印发《企业数据资源相关会计处理暂行规定》(以下简称《暂行规定》),并于2024年1月1日开始正式施行。2023年9月8日,中国资产评估协会又印发了《数据资产评估指导意见》(以下简称《指导意见》),这是继2023年8月发布《暂行规定》后我国又一部推动数据资产化的重要财会文件。数据资产入表有利于促进企业盘活数据资源价值,提升企业数据资产意识,增强企业对数据进行深度开发利用的动力,进而有效激发数据交易市场活力,促进数字经济发展。《暂行规定》正式施行推动数据资产化迈出关键一步,同时也打响了各省区市竞相推进数据资产化进程的发令枪。《暂行规定》中企业数据资源相关会计处理情况概要见表1。

表1 《暂行规定》中企业数据资源相关会计处理情况概要

数据类型	数据来源	披露方式	含义		备注
无形资产	外购	在"无形资产"项目下设置"其中：数据资源"项目	反映数据资源的账面价值	反映资产负债表日确认为无形资产的数据资源的期末账面价值	数据资源仅存在非排他性，对外授权使用或偶发性对外交易时，将其确认为无形资产较为合理
	自行开发				
	企业通过合并等方式取得				
存货	外购	在"存货"项目下设置"其中：数据资源"项目		反映资产负债表日确认为存货的数据资源的期末账面价值	当企业主要以对外出售数据资源的方式获取经济利益时，将数据资源确认为存货更为合适
	自行开发				
	企业通过合并等方式取得				
开发支出	开发阶段的支出	在"开发支出"项目下设置"其中：数据资源"项目	反映数据资源开发的支出金额	反映资产负债表日正在进行数据资源研究开发项目满足资本化条件的支出金额	企业出售未确认为资产的数据资源，应当按照收入准则等规定确认相关收入；研究阶段的支出不能计入开发支出，而应当于发生时计入当期损益

资料来源：根据《企业数据资源相关会计处理暂行规定》整理。

（二）数据资产入表将撬动数据要素万亿级市场规模

2022 年，我国数字经济规模达到 50.2 万亿元，占 GDP 比重达到 41.5%。[①] 同期，我国企业数据要素支出规模达到 3.3 万亿元，如果计入产出，整个市场规模达到 16 万亿元以上；如果再计入数据资产的评估、质押、

[①] 中国信息通信研究院：《中国数字经济发展研究报告（2023 年）》，http://221.179.172.81/images/20230428/59511682646544744.pdf。

融资等衍生市场，规模超过 30 万亿元。[1] 数据资产在资产负债表内表达，将为我国新增万亿级的资产规模。与此同时，我国数据规模持续快速增长，近三年我国数据产量和存储量年均增长率近 30%。[2] 企业数据资源从会计报表上开始显性化，是探索数据要素价值释放的关键一步。数据资产正式计入企业资产负债表，为企业将其实际控制的有价值的数据资产盘活提供了制度基础和现实路径，同时也为数据资产能够像传统资产一样进行流通交易创造了有利的条件。数据资产入表及与之相关的数据合规、数据资产评估等专业化服务还将有效改善数据要素市场供求格局，减少数据供给方与数据需求方间的信息不对称，促进数据要素交易与流通，撬动万亿级数据要素市场价值。

（三）真实反映企业资产价值，强化企业投融资基础

数据资产作为数据富集企业的核心资产，在支撑企业成长壮大的融资环节可以发挥关键作用。众多初创期和快速成长期的企业，特别是具有大量数据资源但缺乏充足的传统抵押物的科技型企业，普遍面临融资难问题。但随着数字经济的深入发展，数据作为关键生产要素的价值日益凸显，市场对数据资产的认识不断拓展和深化，数据资产为企业融资增信拓宽了渠道，同时也增加了企业本身的自有价值。总部位于广州番禺的希音公司以高达 4500 亿元的估值在胡润研究院发布的《2023 全球独角兽榜》中位列第 4，排名仅次于字节跳动、SpaceX 和蚂蚁集团。希音公司在快速发展过程中经历了多轮融资，融资规模从 2013 年 9 月 A 轮融资的 500 万美元扩大到 2023 年 5月 G+轮融资的 20 亿美元，公司估值也随之达到 660 亿美元。[3] 希音公司不是传统的服装品牌或电商公司，而是更接近于科技型公司，希音公司掌握的

---

① 《完善数据资产新蓝图 释放数据要素新价值》，国家发展和改革委员会网站，https://www.ndrc.gov.cn/xxgk/jd/jd/202212/t20221219_1343661.html。

② 《数读中国丨我国数字经济发展保持强劲势头》，百度百家号"人民资讯"，https://baijiahao.baidu.com/s? id=1782501322334917873&wfr=spider&for=pc。

③ 《SHEIN 上市"B 计划"曝光，公司高层走访英国伦交所高管》，凤凰网，https://finance.ifeng.com/c/8VVrKOCB7sy。

海量数据资源和以数字技术赋能的柔性供应链优势是其赢得红杉资本、泛大西洋投资集团等投资巨头青睐的关键因素。

在数字经济时代，数据作为一种新型生产要素，已经成为部分企业的核心资产和核心竞争力。高科技上市公司、初创型科技企业等数据富集企业具有高价值的数据资源。企业数据资产入表可以更加客观地反映企业实际控制的数据资源的真实价值。将数据资产计入企业资产负债表本身就是企业资产规模的扩大，有助于企业的价值显示和发现，有利于提高企业信用评级和投融资能力，可为企业获得贷款、发行债券、进行股权融资以及投资并购等提供更多机会，拓展发展空间。

（四）促进企业优化数据治理体系，提升企业数字化应用能力

在数字经济推动全球产业链加速重构的背景下，数据治理和应用能力建设成为企业的制胜法宝。希音公司异军突起的"爆红密码"是快速敏捷的"小单快返"模式，即通过大数据实时跟踪分析时尚趋势，预测销售和控制生产，如果销售趋势好立刻返单，如果销售不达预期则中止生产。凭借数据驱动的快速反应能力，希音公司甚至可以通过其掌握的海量数据资源提前测算流行动向，在鉴别出流行趋势的三天内就可以迅速生产出成品。希音公司实现了将快时尚产业升级到"实时时尚"的生产组织模式创新，达到了以数据治理和应用能力释放数据资产价值，进而促进新质生产力发展的新高度。广州宝洁成立了供应链数字化运筹中心，把分布在全国乃至亚洲各地的供应链数字化管理体系整合至广州总部，通过供应链实时数据进行解决方案的模拟仿真，在保障准时交付率的同时，实现了库存和物流成本降低。

数据治理是企业数据要素价值释放的基石。企业数据资产入表的前提是进行科学、全面的数据治理，其中包括数据收集、数据标准化、数据质量评估和价值评估等，这就要求企业在数字化转型过程中高度重视数据治理工作。数据资产入表可以倒逼企业推进数字化转型，让企业更加重视对数据资产的价值挖掘、治理和使用。同时，推动企业清晰区分自用数据与可加工数据，并更加积极地将可加工数据转化为有交易价值的数据产品或数据服务，

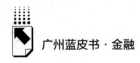

进而繁荣数据交易市场，提升数据配置效率，更好发挥数据要素放大、叠加、倍增的乘数效应。

二 推进企业数据资产入表面临的困难挑战与潜在风险

数据资产入表是我国数字经济发展过程中的重要事件，对激发数据要素价值和发展新质生产力具有重要的引导和示范意义，但因之开国际先河无成例可循，这一突入"无人区"的创新性工作的深入推进也面临诸多困难挑战和潜在风险。

（一）数据资产确认难、计量难、披露难

一是数据资产确认难。数据要达到可以计入资产负债表的认定标准，需要满足与该数据资源有关的经济利益"很可能"流入企业。在实际操作中，当与该数据资源有关的经济利益流入企业的概率超过 50%时可以被认定为达到"很可能"的标准。但是，在一些情况下论证数据资源给企业带来经济利益的概率往往较为困难，特别是对于企业内部产生的数据资源而言，因为缺乏外部论证材料，论证其从属于数据资产范畴的难度则更大。

二是数据资产计量难。首先，数据资产计量的可靠性要经得起推敲验证，很多数据的产生具有伴生性，企业内部产生的数据资源计量存在较大难度。其次，存在后续计量问题，数据资产的价值可能随着时间流逝而减少，由此涉及摊销、减值等问题，进而导致对其进行计量变得更为复杂。和传统资产多具有较强的"静态性"不同，数据资产往往时效性极强，具有显著的"动态性"。传统的会计方法按年或按月计提折旧，但由于数据资产具有较大的价值波动性，数据资产可能需要按天计提折旧，且部分高时效性的数据集的更新一旦断链则价值几乎全部丧失。

三是数据资产披露难。一方面，有的企业可能出于对数据权属、商业机密、披露成本等方面的顾虑不愿充分披露；另一方面，部分企业可能会蹭热

点、炒概念，在信息披露中夸大或歪曲事实。因此，企业必须主动按照《暂行规定》的披露要求对数据资源的数据来源、应用场景、数据安全、数据有效期、数据权属等相关信息进行披露，从而反映数据资产对企业财务状况、经营绩效和发展潜力等的影响。

（二）详细技术标准仍有待确立

首先，当前隐私增强技术发展迅速，包括安全多方计算、联邦学习、可信执行环境等在内的多种技术已应用于多方数据融合计算。但当前隐私计算技术标准尚未建立，各家技术能力参差不齐。通过利用隐私计算技术实现数据流通利用是否满足法律合规要求，尚缺乏共识和明确的规定。

其次，针对个人数据匿名化处理尚缺乏统一的技术标准，产业实践层面无法明确经过去标识化技术处理后的数据是否达到匿名化程度，是否可以流通利用，是否仍属于个人信息。更加明确的标准规范的缺位导致数据持有者无法高效预判法律风险。

最后，《暂行规定》没有对"数据资源"给出明确定义。《暂行规定》只是在现行的企业会计准则体系下进行的拓展和细化，是在会计的确认、计量方面与现行的无形资产、存货等相关准则一致的，不属于国家统一的会计政策变更的情况。《暂行规定》只是提出"根据〈中华人民共和国会计法〉和企业会计准则等相关规定"中有关资产的确认条件，将数据资源区分为符合资产确认条件的数据资源和不满足资产确认条件的不能入表的数据资源。数据资源估值定价的基础制度、操作规程仍然有待进一步完善。

（三）企业数据治理能力不足、数据资源质量不佳

当前，企业还普遍面临数据治理能力不足的问题。以企业财务人员数据治理能力为例，许多企业财务人员仍缺乏足够的数字化素养和对数字化业务的理解，不能深刻理解数据资源和数据要素的内涵，也可能没有足够的时间、精力和知识储备来对大量存量数据进行盘点和整理。这种能力不足可能导致其在短期内难以胜任数据资产入表工作。同时，企业数据治理能力不足

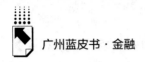

造成的数据资源质量不佳问题，会进一步导致企业财务人员对数据进行的入表处理无法全面、准确反映企业所拥有的数据资源的经济价值。在这样的情况下，即便完成数据资产入表，数据的准确性和质量问题也可能会给企业后续发展带来损失或风险。

（四）仍需防范数据资产泡沫风险

因为数据资产计量难、定价具有主观性和不稳定性等，数据资产入表可能存在虚增资产、误导投资者等问题。部分企业可能会进行概念炒作，从而形成数据资产泡沫。这样的市场氛围可能会导致原本有潜力的数据资源被高估，引发过度投资和超预期波动，尤其是在与金融衍生品相结合的情况下，资产泡沫的风险可能被进一步放大。这就要求企业以会计准则为准绳，主动加强数据资源相关内容的披露，不得粉饰财务报表，同时政府监管部门也需要对企业数据资产入表进展情况保持高度关注。

三 企业数据资产入表发展趋势研判

即使从世界范围看，企业数据资产入表也是一个新生事物，《暂行规定》提出的方式方法并未突破原有的国际通行的企业会计准则框架，这种做法是审慎务实的，同时也为后续优化创新留下诸多探索空间。

（一）数据资产入表顶层政策可能会根据实际进展优化调整

当前，我国数据要素市场化建设的步伐加快，已经开始由原则性构想和基础框架构建向具体实施阶段攻坚迈进。从 2022 年 12 月发布《企业数据资源相关会计处理暂行规定（征求意见稿）》到 2023 年 8 月出台正式文件，为期仅八个多月。数据资产入表政策推进速度快于行业预期，同时也为下一步优化和调整工作留下诸多空间。《暂行规定》是我国向建立数据要素价值核算与交易机制迈出的重要的第一步，但《暂行规定》还不是真正意义上的"数据资产准则"，其主要是将已有的会计方法和规范拓展到数据资产领域，给出企业数据资产入表的方法和指引，入表的数据资产对数据要素的特有属性的体现还不充分。企业数据资产入表的理论和方法论仍在研究中，还远未达成共识，如有一些学者仍坚持认为应当将数据资产以"第四张表"[①]的方式呈现，从而更灵活、更充分地将数据资产融入财务报表和企业价值评价体系中。财政部也表示将持续跟进数据资产入表问题，提出"后续随着未来数据资源相关理论和实务的发展，可及时跟进调整"[②]。

（二）数据资产入表相关标准和技术细则等将陆续完善

《暂行规定》只是给出了数据资源相关会计处理的原则性方法，为贯彻落实该上位政策要求，数据资产入表相关标准和技术细则等配套支撑政策体系将陆续健全完善。以数据资产评估所运用的方法论为例，现阶段的数据资产评估以成本法为主，这样做的好处是，一方面可以提升全社会对数据要素基础属性的认知，另一方面有利于抑制数据资产泡沫产生。随着数据要素市场发展，数据资产评估经验也会增加，诸如收益法等强调数据市场价值的评估方式可能会更受青睐，也会有更进一步的、更细致的数据资产价值评估领域的政策文件出台。《暂行规定》中提出了企业数据资源的自愿披露方式，这为企业的相关探索留下许多可操作空间，为全面、真实反映数据资产对企业财务状况、经营成果等的影响，企业可以按规定自愿自主披露不能入表但能体现企业数据资源和数据治理能力的信息。为优化和规范企业自愿披露数据资源信息的方法方式，提高信息披露效率和准确性，相关技术细节也可能会适时推出。

（三）数据资产入表将先易后难、稳步推广

目前数据资产入表尚处于初步实施阶段，由于数据资产的形式多样性、

---

① 即将数据资产计入资产负债表、现金流量表和利润表之外的第四张表。

② 《财政部会计司有关负责人就印发〈企业数据资源相关会计处理暂行规定〉答记者问》，财政部网站，http://kjs.mof.gov.cn/zhengcejiedu/202308/t20230821_3903359.htm。

多次衍生性、价值易变性和零成本复制性等复杂属性，数据资产入表将先易后难、稳步推广。先期推进数据资产入表的企业，应该是具备丰富数据资源、有较强数据资产管理能力、拥有或控制的数据资源产权清晰、数据应用场景明确的企业。数据资产入表和数据资源披露要不涉及商业机密、不泄露个人隐私、不危及公共安全，企业通过入表可以实现资产增值和业绩提升。在入表前，企业需要完成一系列准备工作，包括确认数据资源权属、加强数据质量管理、打造数据安全合规体系、分析数据资源预期经济利益等，以保障数据资源符合资产确认条件。在入表过程中，企业可以从管理机制建设、业务管理、流程改造、台账管理系统支撑等方面不断总结经验，再逐步推广至企业全量数据资源，建立起安全、有序、高效的长效机制。此外，数据资产入表是一个系统性工程，涉及法律、财会、大数据等相关业务的交互，只有在专业机构的指引或协助下，企业才能有效实现相关数据资产入表，为业务发展提供新动能。

四 各地推进企业数据资产入表工作的新进展与典型做法

在国家层面，2023年11月27日，为引导有关各方增进理解认识、更好推动《暂行规定》贯彻实施，财政部会计司正式启动数据资产入表专题培训。在地方层面，多地结合自身实际发挥禀赋优势，采取多种方式推进数据资产入表工作，其中较为典型的做法有以下几个。

（一）专业培训

上海发挥上海数据交易所深厚理论研究和丰富实践经验的优势，联合上海国家会计学院、上海市数商协会等组织机构，积极开展数据资产入表专业培训工作，探索数据资产入表的可行性路径，至2023年11月上旬已举办五届数据资产入表研修班，中国银行、中国建设银行、中国移动、网易、万得信息等众多国有企业、行业龙头企业、互联网平台企业参加培训，并收获良好效果。北京市经济和信息化局、北京市财政局、北京市国资委等多家单位组织"北京市数据资产评估入表训练营",邀请国家和北京市相关部门负责人解读政策,组织相关机构从数据资产登记、评估、交易、入表等方面进行全流程实操培训。

(二)企业试点

湖南大数据交易所与普华永道、数据宝、中企华资产评估公司等共建数据资产服务团队,开展数据资产入表培训,助力企业将数据资源转化为数据资产,为数据资产的登记确权、交易结算、融资抵押打下坚实基础,并提早开展了较好的前期准备工作。

在上海市经济和信息化委员会和上海数据交易所的指导和帮助下,上海在 2023 年下半年就已经做好多家代表性企业的数据资产入表筹备工作。上海还在《暂行规定》正式执行后第一时间将上海数据资产入表企业试点情况以典型案例形式报财政部,为国家探索数据资产入表的路径和方法提供参考和助力。

(三)财政补贴鼓励

北京实施数据要素市场示范奖励政策,企业进行数据资产入表可获得财政补贴。2023 年 11 月,北京市发布《2023 年北京市高精尖产业发展资金实施指南(第三批)》,提出对数据要素市场示范进行奖励。鼓励企业开展数据资产入表活动,对于数据资产首次实现入表且入表金额大于 100 万元的,可以对企业为实现数据资产入表所发生的数据质量评价、数据资产评估和第三方审计等服务费用予以 30% 的补贴,同一企业数据资产入表补贴最高不超过 50 万元。

(四)税费优惠支持

上海对企业数据资产入表给予税费优惠支持。上海市人民政府办公厅在 2023 年 7 月印发的《立足数字经济新赛道推动数据要素产业创新发展行动方案（2023—2025年）》中特别提出"支持各类主体通过上海数据交易所采购数据产品，符合条件的可按照规定享受研发费用税收加计扣除政策"。这意味着数据资产入表后，有关企业外购数据资源直接用于符合规定的研发活动，数据资源所形成无形资产的摊销费用，或直接计入损益的数据采集支出，可以被纳入可加计扣除的研发费用范围。

（五）强化政策支撑

各地积极发挥主观能动性，出台多项数据资产入表相关支持政策，推动本地企业数据资产入表（见表2）。其中有多项政策进行了制度创新和实践探索，部分政策填补了细分领域空白。在省级地方标准建设领域，2023年11月，浙江省发布我国首个针对数据资产确认制定的省级地方性标准——《数据资产确认工作指南》。在数据产权登记领域，2023年6月，深圳市印发了《深圳市数据产权登记管理暂行办法》，提出将数据产权登记应用于企业数据资产确认。广州也于2023年7月发布《广州市数据条例（征求意见稿）》，提出"鼓励企业将数据资源纳入企业财务报表，规范数据资源相关会计处理，强化数据资源会计信息披露"，"推动数据要素纳入国民经济和社会发展的统计核算体系"。在2023年11月发布的《关于更好发挥数据要素作用推动广州高质量发展的实施意见》中，广州再次提出"为数据产品和服务进入流通环节创造条件，实现数据资源转化为数据资产"。

表2　北上广深贵推进数据资产入表工作的政策和典型做法

地区	政策文件	发布时间	政策文件主要相关内容	已采取的主要措施
北京	《关于更好发挥数据要素作用进一步加快发展数字经济的实施意见》	2023年6月20日	开展数据资产登记、探索数据资产评估和入表、探索数据资产金融创新	1. 实施数据要素市场示范奖励，企业数据资产入表可获补贴 2. 发布全国首个数据资产入表服务联合体

续表

地区	政策文件	发布时间	政策文件主要相关内容	已采取的主要措施
上海	《上海市促进浦东新区数据流通交易若干规定(草案)》《立足数字经济新赛道推动数据要素产业创新发展行动方案(2023—2025年)》	2023年7月26日 2023年7月22日	设置"数据资产化"专属条款,明确支持创新数据资产化机制,按照国家财政部门的部署,探索数据资产纳入资产负债表的实现路径	1. 对数据资产入表给予税费优惠支持 2. 和财政部积极配合开展数据资产入表企业试点工作
广州	《广州市数据条例(征求意见稿)》《关于更好发挥数据要素作用推动广州高质量发展的实施意见》	2023年7月21日 2023年11月28日	1. 鼓励企业将数据资源纳入财务报表,规范数据资源相关会计处理,强化数据资源会计信息披露 2. 推动数据要素纳入国民经济和社会发展的统计核算体系 3. 推进以政府指导价格形成机制为主的一级数据要素市场建设,为数据产品和服务进入流通环节创造条件,实现数据资源转化为数据资产	由广州数据交易所牵头开展企业数据资产入表培训会
深圳	《深圳市数据产权登记管理暂行办法》	2023年6月15日	探索将数据产权登记应用于企业数据资产确认、融资抵押等领域	开启企业数据资产入表需求征集,研究将模块化服务能力与企业个性化入表需求相匹配的数据资产入表方法论
贵州	《贵州省数据流通交易促进条例(草案)》(征求意见稿)	2023年8月16日	1. 探索数据资产入表新模式 2. 将数据资产质押贷款纳入信贷风险补偿资金支持范畴	贵阳大数据交易所初步制定了数据资产入表"路线图",构建了全流程闭环式服务体系

资料来源:根据各地政府公开资料整理。

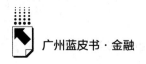

五 广州推动企业数据资产入表的政策建议

（一）强化系统建设：大力培育数据资产化生态体系

从短期看，一是要加速构建数据资产入表示范体系，推进重点企业、行业和数字经济强区开展数据资产入表示范工作，及时总结和推广成功经验与做法。及时对广州企业数据资产入表实际开展成效进行调查评估，探索基于广州数字经济结构特征的数据资产入表方式方法。通过梳理总结典型企业数据资产入表示范案例经验，形成企业数据资产入表一般性路径和参考指南。二是借鉴北京、上海、深圳等地经验，研究出台支持企业数据资产入表的财政补贴政策和税收优惠政策，如研发费用加计扣除、转让数据资源的资本利得和特定类型企业的减免税优惠等。

从中长期看，从生态体系建设的高度持续深入推进数据资产化建设。一是支持广州数据交易所发展，加速数据资产价格发现，为形成完善的数据资产价格体系提供参考和指引；二是更好发挥会计师事务所、律师事务所、数据质量评价机构和高校智库等专业机构力量，加快推进数据资源的质量评价、合规认证等配套服务发展；三是鼓励、支持和引导行业龙头企业、行业协会和产业联盟等企业和组织积极发挥各自优势，建立垂直行业的数据资产认证和核算等标准体系。

（二）强化专业服务：支持广州数据交易所牵头搭建数据资产入表服务工作站

随着《暂行规定》和《指导意见》的发布与陆续施行，数据交易所作为衡量数据价值的公允场所，重要性进一步提升。广州要通过强化数据交易所基础设施功能，帮助企业提升数据资产入表效率和数据资产管理质量。建议由广州数据交易所牵头，联合会计师事务所、律师事务所、资产评估机构以及政府相关职能部门共同搭建数据资产入表专业化服务平台——广州数据资产入表服务工作站，协调数据资产入表相关重大事项，加强理论研究，为企业在数据资产入表工作中遇到的疑难问题提供专业建议和咨询服务，为数据资产入表专业人才培训提供技术支撑。可以通过课程培训、体系评估和证书发放等多种方式，提升企业管理人员和财会人员数字能力，使其具备数据资产入表所需的知识和技能。

另外，要支持广州数据交易所在标准制定中发挥核心作用。数据资产的市场价值难以有效发现和释放仍是企业数据资产入表工作中亟待破解的问题，应支持广州数据交易所在数据资产认定、数据资产估值标准的研究和制定中发挥更大作用，提高广州企业数据资产入表质效，扩大广州数据要素市场影响。

（三）强化国企担当：鼓励和支持市属国企发挥示范带头作用

广州市属国有企业实力雄厚，应鼓励和支持市属国企在数据资产入表工作中发挥示范带头作用。可以精选国有企业优先开展数据资产入表工作，抓紧形成并推广成功案例，发挥国企引领和推动其他企业积极参与数据资产入表的作用。鼓励和支持国有企业与数据估值、数据质量评估等相关专业服务机构对接合作对自身数据进行盘点，研究界定可用数据、可交易数据。

此外，国有企业可以以数据资产入表为契机理清数据资产家底。《暂行规定》中创新性采取强制披露加自愿披露的方式，规范、引导和鼓励企业加强对数据资源相关信息的披露。因此，虽然《暂行规定》在"入表"部分强调的是未来适用法[①]，但企业过往投入形成数据资源的信息依然可以根据这一指引进行详细披露。国有企业可以根据实际情况，自愿披露数据资源信息，在推进数据资产入表工作过程中做好数据合规体系建设，建立健全数

[①] 未来适用法是将变更后的会计政策应用于变更日及以后发生的交易或者事项，或者在会计估计变更当期和未来期间确认会计估计变更影响数的方法。《暂行规定》在附则中提出"企业应当采用未来适用法执行本规定，本规定施行前已经费用化计入损益的数据资源相关支出不再调整"。

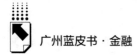

据资源管理经营制度，提高会计核算能力和财务合规能力。以数据资产入表为契机，驱动企业价值提升，展示企业数字化能力、数据价值创造力和数字化发展的前景。

（四）强化研究支撑：持续深化数据资产入表相关研究工作

数据资产入表还处于发轫之始，相关领域的国家政策的制定和优化离不开各地创新性探索的经验贡献和案例参考，在这一过程中广州可以在总结广州经验和贡献广州方案中反映广州诉求，构筑广州优势。广州应继续关注国内数据资源相关会计实务和国际会计领域相关研究进展，结合我国数字经济和企业发展特点，不断深化相关会计问题研究。相关主管部门同数据相关企业、数据交易场所等一起，持续关注和推动数据资源会计理论实践与经济社会发展的有机结合，发挥好会计在服务数字经济发展中的基础性作用。广州可以学习借鉴上海、北京、贵州、湖南等地经验，在政策文件制定和行业标准设立等领域加强与国家部委间的沟通互动，在更高层面开展数据资产入表实践以及理论研究和规则制定工作。此外，广州还可以尝试联动推进数据资产入表与将数据要素纳入地区 GDP 核算体系。数据资产入表和数据要素统计核算，有利于发挥数据作为新生产要素对经济发展的乘数效应，同时还有利于推进数据资产化进程，加速新质生产力培育，使数据资产成为地方经济高质量发展的新引擎。

参考文献

宋书勇：《企业数据资产会计确认与计量问题研究》，《会计之友》2024 年第 2 期。

徐攀、李杰义：《企业数据资产入表路径：框架与实践》，《财会月刊》2024 年第 7 期。

张修权、高歌：《聚焦数据资产 挖掘数据价值》，《中国会计报》2024 年 3 月 15 日。

赵丽芳、曹新宇、边琰澔：《企业数据资产创造价值的底层逻辑问题研究》，《会计之友》2024 年第 6 期。

B.20
数据资产入表对我国央行货币
政策调控的影响及建议

胥爱欢 *

摘　要： 　数据资产入表是实现数据作为新型生产要素的关键一步。目前，我国数据资产入表主要呈现以下特点：从表现形式来看，主要围绕数据资产价值变现开展融资产品和服务创新；从推进主体来看，地方法人银行是探索数据资产金融化的主要力量；从实现媒介来看，数据交易所发挥着重要"穿针引线"作用；从实施对象来看，国有企业数据资源成为数据资产金融化的重要对象。随着数据资产入表在全国持续广泛深入推进，数据深刻改变着生产方式、生活方式和社会治理方式，也对央行货币政策调控产生广泛影响，主要表现为增加央行货币政策传导渠道和传导机制的复杂性、强化央行货币政策调控效果的区域效应和加剧央行货币政策调控效果的个体差异性。为此，建议：加强对经济金融数字化时代央行货币政策调控相关问题的研究，准确掌握"数据渠道"带来的新影响；建立健全经济金融数字化时代金融资源配置区域之间再平衡机制，通过创新结构性货币政策工具、加大财政转移支付力度、加大国家级政府性资金倾斜配置力度、支持欠发达地区培育和发展"数据财政"等方式，促进各个地区公平获得发展机会；构建完善经济金融数字化时代市场主体金融资源可得性公平竞争机制，通过健全数据资源垄断标准、保障数据信息安全、强化隐私计算等现代技术应用等方式，促进所有市场主体公平享有经济金融数字化发展带来的红利。

关键词： 　数据资产　数据财政　挤出效应　马太效应　隐私计算

---

* 胥爱欢，经济学博士、高级经济师，中国人民银行广东省分行金融研究处副调研员，研究方向为货币政策。

2022 年 12 月，中共中央、国务院印发《关于构建数据基础制度更好发挥数据要素作用的意见》（以下简称"数据二十条"），标志着我国开始构建数据资源开发利用以及数据要素市场推进的"四梁八柱"（罗玫等，2023）。文件中明确提出数据作为新型生产要素，在世界范围内尚属首次，是我们党和政府的重大理论创新。而要实现数据作为新型生产要素并将其运用到实际生产当中，关键一步就是要落实数据资产入表。[①] 2024 年 1 月 1 日起，财政部会计司发布的《企业数据资源相关会计处理暂行规定》正式施行，为数据资源的会计处理提供了明确的指导原则，标志着数据资产入表正式进入实际操作阶段，随后一系列围绕"数据要素×金融服务"的创新案例在全国各地竞相涌现。

一 我国数据资产入表的进展情况及基本特点

从媒体已经公开报道的案例来看，截至 2024 年 4 月末，国内已有超过 30 个数据资产入表案例，主要分布在北京、广东、浙江、贵州、广西、江苏、山东等 10 多个省区市。具体来看，我国数据资产入表主要呈现以下特点。

（一）从表现形式来看，主要围绕数据资产价值变现开展融资产品和服务创新

从融资类型来看，以数字资产质押、数据知识产权质押、数据资产授信、数据资产无抵押融资、无质押数据资产增信等方式为主，金额大多数集中在 500 万~1000 万元。比如：2023 年 4 月，西安市发布国内首单数字资产保险，为 10 家企业的数字资产提供了总额 1000 万元的保障；2023 年 7 月，杭州市推出全国首单包含数据知识产权的证券化产品，以 12 家企业的

[①] 数据资产入表是指将数据资源确认为企业资产负债表中"资产"一项，并在财务报表中体现其价值。

145 件知识产权帮助企业获得证券化融资 1.02 亿元；2023 年 12 月，泰山新基建投资运营有限公司通过公共数据授权形成国有数据资产，获得泰安泰山农村商业银行授信 600 万元，成为全国首单公共数据资产融资业务；2023 年 12 月，光大银行深圳分行基于香港企业 HARBOURHILL LIMITED 的数据服务，向其提供 300 万元跨境贷款，成为国内有公开报道的首单跨境企业数据资产融资业务。

（二）从推进主体来看，地方法人银行是探索数据资产金融化的主要力量

从目前已披露出来的数据资产入表案例来看，参与数据资产融资的银行机构以城商行、农商行等地方法人银行为主。比如：2021 年 9 月，杭州银行为蔚复来（浙江）科技股份有限公司提供区块链数据资产质押贷款 500 万元；2023 年 6 月，贵阳农商银行为贵州东方世纪科技股份有限公司提供基于数据资产价值应用的融资贷款 1000 万元；2023 年 8 月，苏州银行为江苏罗思韦尔电气有限公司提供数据知识产权质押融资 1000 万元；2023 年 9 月，福建海峡银行为福茶网提供数据资产质押贷款 1000 万元；2024 年 3 月，湖南新晃农村商业银行为开源数字科技提供数据资产无抵押融资 1000 万元。

（三）从实现媒介来看，数据交易所发挥着重要"穿针引线"作用

从目前已公开报道的数据资产入表案例来看，数据交易所是完成数据资产登记、确权、估值的重要平台，为数据资产入表提供了有力支持。比如：广州数据交易所为广电运通集团股份有限公司开发的跨境数据产品——"离岸易"提供数据资产登记服务，支持跨境数据资产入表，助力实现数据资产价值变现、金融化；北部湾大数据交易中心与当地金融机构合作开展数据资产融资创新；贵阳大数据交易所、上海数据交易所与银行机构合作，推出了数据资产融资产品——"贵数贷"和"数易贷"；浙江大数据交易中心联合浙江中企华资产评估有限公司、中国质量

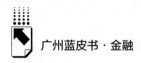

认证中心，为国网浙江新兴科技有限公司完成"双碳绿色信用评价数据产品"的市场价值评估，这是全国首单电力行业数据资产市场价值评估案例。

（四）从实施对象来看，国有企业数据资源成为数据资产金融化的重要对象

从媒体已经报道的公开案例来看，国有企业拥有的数据资源成为数据资产金融化的重要对象。比如：2024年1月，扬子国投率先完成首批3000家企业用水脱敏数据资产入表工作，成为水务行业全国首个数据资产入表案例；2024年1月，南京公共交通（集团）有限公司成功完成约700亿条公交数据资源资产化并表工作；2024年1月，成都数据集团基于公共数据运营服务平台运行产生的数据，经过资产认定、合规评估、经济利益分析、成本归集与分摊等环节，率先完成数据资产入账；2024年2月，济南能源集团完成热网监测数据资产评估，实现供热管网GIS系统数据入表；2024年2月，临沂铁投城市服务有限公司将"临沂市高铁北站停车场数据资源集"列入无形资产数据资源科目，计入企业总资产。

二　我国数据资产入表对央行货币政策调控的潜在影响

随着数据资产入表在全国持续广泛深入推进，数据作为重要生产要素的地位将进一步提升，成为数字化、网络化、智能化的重要基础，快速融入生产、分配、流通、消费和社会服务管理等各环节（叶秀敏、姜奇平，2021），深刻改变着生产方式、生活方式和社会治理方式，也对央行货币政策调控产生广泛影响（袁增霆，2023）。

（一）数据资产入表可能增加央行货币政策传导渠道和传导机制的复杂性

随着数字经济逐渐成为我国经济的主要形态，数据资产入表规模也将持续扩大，数据市场将成为我国的主要要素市场（杨赫，2023）。货币政策传导离不开要素市场作为重要媒介。目前，我国货币政策传导渠道主要包括利率渠道、信贷渠道、资产价格渠道和汇率渠道，涉及货币市场、债券市场、信贷市场、股票市场和外汇市场。随着数据市场地位上升，未来我国货币政策传导渠道很有可能增加"数据渠道"。对于"数据渠道"而言，央行会通过调整货币供应量和基础利率改变数据市场中买卖双方力量，对数据市场中数据资产价格发现功能产生影响；同时，数据资产价格变动会影响市场主体对数据要素的使用及数据资产价值变现能力，从而对产出、价格、就业、进出口等与货币政策目标相关的经济指标产生影响。但是，与股票、债券等金融资产定价有明确理论模型及具体影响形式不同，目前数据资产定价理论仍处于探索阶段并不成熟（林娟娟等，2024；李原等，2022；胡亚茹、许宪春，2022）。数据资产价值是依靠数据使用对企业价值增长贡献来衡量还是依靠数据市场中交易双方买卖行为进行价格发现来测度还未确定（刘冰，2023；许宪春等，2022），基础利率变化对数据资产公允定价行为产生影响的具体形式尚未明确，央行货币供应量调节引起市场流动性潮汐变化对数据市场交易行为及数据资产公允定价行为产生何种形式影响仍然未知，数据资产价格变化对市场主体数据使用行为产生哪些具体影响有待进一步研究，数据作为新型生产要素对经济活动影响的具体表现形式还未清晰，这些都会使得经济金融数字化时代央行货币政策传导渠道、传导机制及调控效果变得更加复杂化（见图1和图2）。此外，未来数据市场将是吞吐央行投放流动性的重要载体，其与货币市场、信贷市场、债券市场、股票市场、外汇市场之间的互动博弈行为存在时变性、非对称性特征，也会影响央行货币政策调控信号及政策意图向实体经济传导的实际效果。

（二）数据资产入表可能强化央行货币政策调控效果的区域效应

当前，我国经济发展在地区之间表现出较大的不平衡性特征，导致央行货币政策调控效果在区域间表现出显著的差异性。随着经济金融数字化时代到来，金融资源在地区之间配置的不平衡性特征更加凸显。相较于数字化发

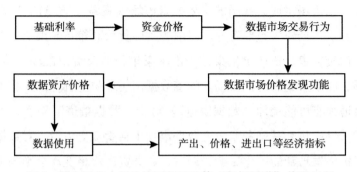

图1 数字时代央行价格型货币政策"数据渠道"传导机制

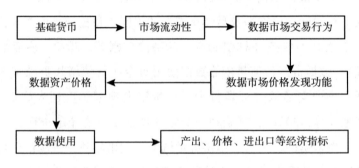

图2 数字时代央行数量型货币政策"数据渠道"传导机制

展水平较低的西部、东北和中部地区而言,数字化发展水平较高的东部地区将凭借数据资源利用能力优势,在争夺金融资源配置上获得额外的竞争优势,可能会强化央行货币政策调控效果在区域之间的"马太效应"。以信贷渠道为例,东部地区依靠自身积累和掌握的数据资源更加丰富及数据资产价值变现渠道更加便利的优势,利用数据资产入表促进更多市场主体拥有的数据资产金融化,在传统信贷渠道之外开辟出新的信贷渠道,在信贷可得性上比国内其他地区拥有更强的竞争优势。此外,东部地区凭借数字化发展水平更高的比较优势,更有可能推动未来全国性数据要素交易平台等基础设施落户当地,产生类似于支付宝、财付通等垄断性平台对全国金融资源的虹吸效应,在金融资源配置上形成新的区域性不平衡现象。

（三）数据资产入表可能加剧央行货币政策调控效果的个体差异性

由于市场主体对利率变动的敏感性及获取金融资源的能力存在差异，因此央行货币政策调控效果在各个市场主体之间也存在显著的差异。随着经济金融数字化时代到来，不同市场主体在数据存储、处理、利用能力上存在强弱之分，因此数据资产入表将会使市场主体之间在数据资产价值变现、金融化能力上存在新差距，从而使央行货币政策调控效果在个体之间出现新的不平衡性。比如，相对于非数字经济部门而言，数字经济部门拥有数据资产价值变现、金融化的新优势（王世强，2023），从而在面对央行货币政策调控的反应能力及获取金融资源的竞争能力上给非数字经济部门带来新挑战。一是数字经济部门面对利率政策调整带来数据使用成本变化的反应要比非数字经济部门更加灵敏。利用数据市场价格发现功能对利率变动的敏感性，央行价格型货币政策调控将会引导数字经济部门及时调整数据要素使用的成本和规模，促进市场主体特别是数据资源型、数据驱动型企业重估价值与改变生产经营行为，从而影响整体经济活动的行为特征。二是数据市场的交易活动以及其与其他要素市场互动博弈对数量型货币政策传导和调控效果产生影响。数量型货币政策调控往往促使市场流动性呈现潮汐变化特征，对数据市场中买卖交易双方力量产生影响，改变数据市场对央行所投放流动性的吞吐行为；同时，数据市场与其他要素市场之间互动博弈带来资金在不同要素市场之间复杂流动，也会改变金融资源在数字与非数字经济部门之间配置以及市场主体对数据要素的使用，最终影响整体经济活动的行为特征。三是数字化发展水平较高的金融机构面对央行货币政策调控拥有更强的金融资源获取能力。在经济金融数字化时代，数字化发展水平较高的金融机构往往提前布局建设了关键性、基础性数据资源平台，在数据资源生产、存储、开发、使用上形成竞争优势甚至建立起市场进入壁垒，在数据资产价值变现、金融化能力上形成竞争优势（何宝宏，2023），依托数据比较优势可在金融资源再分配上拥有更强竞争力。

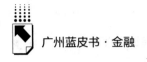

三 政策建议

（一）加强对经济金融数字化时代央行货币政策调控相关问题研究

一是加强对央行价格型货币政策传导渠道、传导机制、调控效果等问题的研究。随着经济金融数字化时代到来，央行价格型货币政策传导渠道、传导机制及调控行为特征发生了新变化，需要系统深入研究未来基础利率调整通过"数据渠道"会给货币政策传导渠道、传导机制、调控效果带来哪些新影响。比如：数据作为新型生产要素如何公允定价，基础利率变化对数据资产公允定价会产生怎样的影响，基础利率调整如何影响数据市场价格发现功能，数据要素价格变化如何影响市场主体数据使用，市场主体数据使用对产出、价格、就业、进出口等经济指标产生影响的具体形式是什么，货币政策"数据渠道"的传导效率怎样、可靠性如何、存在哪些漏损、时滞性是否有新变化，货币政策"数据渠道"是否对信贷、利率、资产价格、汇率等其他传导渠道产生挤出效应。

二是加强对央行数量型货币政策传导渠道、传导机制、调控效果等问题的研究。随着数据要素及其使用在经济活动中的地位上升，央行数量型货币政策调控在传导渠道、传导机制、调控效果等方面出现新变化，需要系统深入研究货币供应量调整通过"数据渠道"会给货币政策传导渠道、传导机制、调控效果带来哪些新影响。比如：货币供应量调整引起市场流动性潮汐变化对数据市场交易行为及价格发现功能产生哪些影响，数据市场交易活动对央行数量型货币政策调控效果会产生怎样的回应性影响，货币政策"数据渠道"传导的及时性、可靠性、精准性如何，数据市场与信贷市场、货币市场、债券市场、股票市场、外汇市场之间的复杂互动行为会对央行数量型货币政策调控产生哪些影响、各个传导渠道之间是否存在挤出效应。

（二）建立健全经济金融数字化时代金融资源配置区域之间再平衡机制

一是加强对央行货币政策调控产生区域效应的影响机理等问题的研究。建立健全经济金融数字化时代金融资源配置区域之间再平衡机制，首先要搞清楚央行货币政策调控通过"数据渠道"产生的区域效应有哪些新变化，这些新变化的形成机制和影响机理是什么，为央行完善货币政策调控、减少金融资源配置区域差异、促进区域协调发展提供理论支持。比如：发达地区通过哪些途径、采取哪些措施利用数据比较优势获得金融资源配置竞争优势，各地区拥有的数据资源丰富程度及开发、利用能力差异是否强化了央行货币政策调控的区域效应、是否加剧了地区经济发展不平衡性，可以采取哪些政策措施减少由于货币政策"数据渠道"引起金融资源配置区域效应发生新变化而带来的新的发展不平衡。

二是建立健全促进金融资源合理配置、区域协调发展的制度或机制。可以考虑探索构建经济金融数字化时代金融资源在区域之间不平衡配置的纠正机制。比如：因时因势创设新的再贷款、再贴现政策工具以及用足用好已有的结构性货币政策工具，利用央行相对便宜的政策性资金撬动和引导金融资源向欠发达地区配置；加大国家财政资金向欠发达地区转移支付的力度，帮助欠发达地区提升财政资金撬动金融资本的能力；加大政府引导基金、风险补偿基金、融资担保基金等政府性资金向欠发达地区倾斜配置的力度，依靠国家层面政府性基金的引导、示范和带动作用，促进更多金融资源向欠发达地区流动；支持欠发达地区加快培育和发展"数据财政"，深挖公共数据潜在价值并合规开放，创新"公共数据资源"确权和交易机制（赵银银等，2024；叶兵等，2023），推动政府数据资源优势与金融资本有效结合并转化为当地经济发展优势（向书坚等，2023），促进全国各个地区之间金融资源配置能力保持动态平衡，从而实现金融资源可得性以及发展机会在地区之间的相对公平。此外，还可以继续完善"东数西算"等基础性平台或制度机制安排，促进数据要素资源转化为先进生产力的基础设施在全国各个地区合理布局,支持欠发达地区发展数据采集、清洗、标注、评价及数据资产评估、审计等中介服务,帮助欠发达地区补齐数据人才短缺、数据产业体系碎片化等发展短板,推动建立经济金融数字化红利在全国各个地区公平分享机制并促进其发挥应有作用,努力实现全国各个地区发展机会更加公平、合理。

(三)构建完善经济金融数字化时代市场主体金融资源可得性公平竞争机制

一是加强对央行货币政策调控效果在个体之间差异性的影响机理等问题的研究。构建完善经济金融数字化时代市场主体金融资源可得性公平竞争机制,首先要搞清楚央行货币政策"数据渠道"出现对调控效果个体效应带来哪些新影响,这些影响的形成机制和作用机理是什么,为央行完善货币政策调控、减少金融资源配置个体差异、促进各主体公平竞争提供理论支持。比如:可以考虑重点研究数字化发展水平较高的市场主体利用数据比较优势在金融资源可得性上获取竞争优势表现出怎样的行为特征,数字化发展较为落后的市场主体减少由于数据资源生产、存储、利用能力较弱而带来的获取金融资源的劣势存在哪些可行路径。

二是建立健全促进金融资源合理配置、市场主体公平竞争的机制。减少经济金融数字化时代货币政策调控效果主体差异性,促进金融资源获取在市场主体之间公平竞争,需要形成符合数字时代要求、保持公平与效率统一的发展理念,在支持市场主体充分合理利用数据要素资源发展先进生产力的同时,也要避免掌握数据要素资源优势的市场主体出现不正当竞争行为,还要帮助数字化竞争力较弱的市场主体增强挖掘自身数据资源促进高质量发展的潜力(王蔚,2023)。具体而言,可以建立健全经济金融数字化时代金融资源在市场主体之间公平合理配置的制度或机制安排,明确市场主体数据资源垄断的相关标准及行为特征,完善促进市场主体之间公平竞争的规则体系(王宇琛,2023),保障市场主体数据信息安全,强化隐私计算等现代技术在保障数据信息安全中的创新应用(陈立吾,2023),助力各类市场主体提升数据资产价值挖掘、变现和金融化的能力(李卫民,2023;王鹏、杨思萌，2023），推动实现所有市场主体公平享有经济金融数字化发展带来的红利。

参考文献

陈立吾：《金融数据安全治理工作的思考》，《中国金融》2023 年第 18 期。

何宝宏：《金融业数据资产管理发展探析》，《中国金融》2023 年第 7 期。

胡亚茹、许宪春：《企业数据资产价值的统计测度问题研究》，《统计研究》2022 年第 9 期。

李卫民：《激活数据要素价值赋能高质量发展》，《中国金融》2023 年第 24 期。

李原、刘洋、李宝瑜：《数据资产核算若干理论问题辨析》，《统计研究》2022 年第 9 期。

林娟娟、黄志刚、唐勇：《数据质量、数量与数据资产定价：基于消费者异质性视角》，《中国管理科学》2023 年 3 月 10 日。

刘冰：《我国能源数据安全法律规制研究》，《政法论坛》2023 年第 2 期。

罗玫、李金璞、汤珂：《企业数据资产化：会计确认与价值评估》，《清华大学学报》（哲学社会科学版）2023 年第 5 期。

王鹏、杨思萌：《银行数据资产价值实现路径》，《中国金融》2023 年第 24 期。

王世强：《数据要素金融化路径探讨》，《中国金融》2023 年第 7 期。

王蔚：《推进金融数据要素开发利用和安全保护》，《中国金融》2023 年第 18 期。

王宇琛：《强化数据伦理治理体系建设》，《中国金融》2023 年第 16 期。

向书坚、梁燕、朱贺：《政府数据资产核算若干理论问题研究》，《统计研究》2023 年第 8 期。

许宪春、胡亚茹、张美慧：《数字经济增长测算与数据生产要素统计核算问题研究》，《中国科学院院刊》2022 年第 10 期。

杨赫：《数据要素价值创造的金融路径》，《中国金融》2023 年第 20 期。

叶兵、宋从雅、李翔：《建立公共数据金融应用主体授权机制》，《中国金融》2023 年第 10 期。

叶秀敏、姜奇平：《生产要素供给新方式：数据资产有偿共享机理研究》，《财经问题研究》2021 年第 12 期。

袁增霆：《数据驱动的货币政策》，《中国金融》2023 年第 24 期。

赵银银、叶兵、宋从雅：《公共数据金融应用的模式与发展》，《中国金融》2024 年第 2 期。

B.21
基于数字人民币的农业价值链融资解决
农户融资难理论机理与路径探讨

刘岳平*

摘　要：　基于农业价值链融资理论，分析了数字人民币嵌入农业价值链融资的理论机制。当前农户基于农业价值链融资难的原因，从需求侧来看，是农产品产量、质量和价格的不确定性等因素导致农户获得信贷资金难；从供给侧来看，是银行与农户之间缺乏足够的信任，导致银行提供信贷的意愿不足。最根本的原因是缺乏有效的数据信息，导致农户在应对外部冲击时不能做出适当反应，以至于银行对农户的生产管理技能、产品可销售性产生不信任。基于数字人民币的农业价值链融资数字平台可以解决信息缺乏和信息真实性问题，让参与者之间建立信任关系，进而能解决农户融资难题。但利用基于数字人民币的农业价值链融资数字平台建立信任机制的方法不应被视为权宜之计，而应被视为一个"干中学"的过程。

关键词：　数字人民币　农业价值链　农户融资　信任

一　引言

农业是国民经济的基础，党中央历来重视农业发展。1982 年以来，每年中央一号文件都是以农业为主。自 2014 年 12 月中央农村工作会议提出"要把产业链、价值链等现代产业组织方式引入农业，促进一、二、三产业

---

*　刘岳平，经济学博士，广州市社会科学院区域发展研究所副研究员，研究方向为数字金融、区域经济。

融合互动"以来，通过建设产业链、供应链、价值链加快推进农业现代化，已经成为各方共识。发展现代化大农业、推动农业高质量发展离不开金融的支持，但是农业抗风险能力弱、缺乏有价值抵押物、农户经营规模小等难以克服的因素，导致农业融资难问题始终难以解决。随着价值链组织模式引入农业，农业价值链融资开始受到广泛关注。政府在政策上给予了农业价值链融资明确支持。[①] 从实践来看，农业价值链融资模式被认为是破解农业融资难问题的有效途径（张庆亮，2014a）和新模式（杨兆廷、孟维福，2017），在一定程度上实现了信息共享和抵押物替代，在解决农户和农业小微企业融资难问题上起到了明显的作用。但传统农业价值链融资存在的现实困境（姜松，2018）、弊端（李建英、武亚楠，2019）和局限（刘洋、李敬，2022）导致其运行成效有限。因此，有学者开始探讨互联网等数字技术在农业价值链融资中的应用（王刚贞、江光辉，2017；李建英、武亚楠，2019；Klingenberg et al.，2022；Matthew et al.，2023）。通过构建"互联网+"农业价值链融资模式，依托数字技术来打造数字化、智能化的农业价值链融资服务模式（刘洋、李敬，2022），可解决传统农业价值链融资存在的弊端，提高运行成效。

虽然数字技术的应用可以进一步优化现有农业价值链融资模式，提升运作效率和质量，但是农业价值链上游农户和小微企业通过金融机构获得融资支持仍需要核心企业的担保，这会占用核心企业的信用额度；与此同时，对价值链资金使用场景监控，以及形成资金流和商品流闭环仍需要人工的干预。农业价值链融资最重要的作用是确保信贷资金用在正确的场景，并且能够形成资金流和商品流闭环，确保借款人能够及时归还资金。数字人民币的功能特征与农业价值链融资模式这一诉求实现了完美匹配。数字人民币基于区块链技术开发，具有去中介化的支付即结算、无电无网的"双离线"支付、"小额匿名、大额可追溯"的可控匿名、可编程的智能合约等功能，

---

① 2017 年中央一号文件明确指出，要支持金融机构开展适合新型农业经营主体的订单融资和应收账款融资业务。

与农业价值链融资结合，可以有效补齐农业价值链融资现有短板，助力农业价值链融资发挥天然优势。特别是"小额匿名、大额可追溯"的可控匿名、可编程的智能合约功能可以实现农业价值链资金流、信息流和物流的"三流合一"，保障了价值链交易信息的真实性和资金的安全性。鉴于此，本报告基于数字人民币性质、特征和农业价值链内涵，分析农业价值链融资中的数字人民币赋能机制，随后对农户基于农业价值链融资难的原因进行剖析，最后提出基于数字人民币的农业价值链融资模式解决农户融资难的路径，以期为我国缓解农业融资困境、推动农业高质量发展提供有益借鉴和启示。

二 数字人民币与农业价值链融资的理论机制

（一）数字人民币的性质与特征

1. 数字人民币的性质

2021 年 7 月，中国人民银行发布《中国数字人民币的研发进展白皮书》，指出数字人民币是中国人民银行发行的法定数字货币。数字人民币以国家信用为支撑，基于广义账户体系，支持银行账户的松耦合功能，在价值特征和法偿性方面与人民币现金一致。

第一，数字人民币是基于国家信用的法定数字货币。数字人民币发行权归属国家，由中国人民银行发行和管理，是基于国家信用的、数字形式的法偿性人民币，以数字形式实现价值转移，流通机制也与人民币现金一致，与人民币现金具有同等使用价值，是中国人民银行对公众的负债。

第二，数字人民币是与实物人民币长期并存的数字化形式现金（M0）。数字人民币与人民币现金在日常交易支付中具有同等法律地位和使用价值。中国人民银行不会停止发行人民币现金，或者以行政命令强制以数字人民币替换人民币现金。①

第三，数字人民币定位为零售货币，用于满足零售支付需求。中国人民银行已经明确，数字人民币是面向社会公众发行的零售型法定数字货币，同时具备支付功能，并与指定运营机构的电子账户资金共同构成现金类支付工具。② 在移动支付普及，以及老百姓对支付效率和安全要求不断提高的背景下，数字人民币用于零售支付可以进一步提高支付效率，降低支付成本，提高老百姓金融服务的获得感和安全感。

2. 数字人民币的功能特征

第一，数字人民币的交易去中介化，支付即结算，零手续费。数字人民币是由中国人民银行直接发行的数字形式的现金货币，不需要在商业银行开立账户便可以直接使用，有了数字钱包就可以点对点支付，不需要任何第三方，和纸币一样可以在任何场景下支付，交易、转账不产生任何手续费，支付即结算。

第二，数字人民币可以无电无网"双离线"支付。数字人民币无须开立银行账户，即使在手机不联网、没有电的情况下，交易双方也可以完成交易，中间无须使用任何中介，如同线下现金交易般便捷。而且无电无网支付功能安全保护等级高，可通过设置支付次数和免密额度，控制交易风险，即使手机丢失也可防止资金损失。

第三，数字人民币可实现可控匿名，即"小额匿名、大额可追溯"。数字人民币对用户隐私的保护是现行支付工具中等级最高的。"小额匿名"，即数字钱包里面的货币可以在钱包之间进行转移，交易信息受中国人民银行的严格保护，不涉及任何个人隐私，相比第三方支付的"支付加结算"方式更加安全。"大额可追溯"，即数字人民币是有限匿名，以风险可控为前提，中国人民银行对非法交易，例如恐怖融资、洗钱、逃税等，将严格按照

---

① 《易纲行长在芬兰央行新兴经济体研究院成立 30 周年纪念活动上的视频演讲》，中国人民银行网站，http：//www.pbc.gov.cn/goutongjiaoliu/113456/113469/4384241/index.html。

② 《中国数字人民币的研发进展白皮书》，中国政府网，https：//www.gov.cn/xinwen/2021-07/16/5625569/files/e944faf39ea34d46a256c2095fefeaab.pdf。

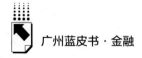

法律实行风险监控，依法追溯。①

第四，数字人民币可加载智能合约实现可编程功能。数字人民币可以加载不影响货币功能的智能合约，实现业务模式创新，让数字人民币的应用场景不断丰富、扩大。在确保安全与合规的前提下，使用数字人民币交易的双方可以事先商定交易条件和规则，并将其写入智能合约，一旦交易指令符合智能合约内容，将自动触发交易。数字人民币智能合约在不同场景中的功能不同。② 目前，数字人民币智能合约已经在政府补贴、农民工工资支付、预付资金管理等领域实现应用。

3. 数字人民币的运营模式

《中国数字人民币的研发进展白皮书》明确指出，数字人民币采用双层运营模式。中国人民银行负责数字人民币发行、注销、跨机构互联互通和钱包生态管理，并指定商业银行作为运营机构为客户开立数字人民币钱包，提供数字人民币兑换服务。公众可以用数字人民币钱包兑换和使用数字人民币开展交易。

在具体运营模式设计上，主要表现为以下三点特征：一是双层运营模式，第一层是中国人民银行，负责发行数字人民币，第二层是 10 家运营机构，提供数字人民币兑换服务；二是采用中心化管理，账户采用"松耦合+双离线"支付方式，由中国人民银行统一管理，可与传统银行账户脱离，实现价值转移，降低交易环节对账户的依赖程度；三是主要替代 M0 的功能，不会涉及 M1 和 M2 领域，可以有效对流通中的货币进行监管，

---

① 《中国数字人民币的研发进展白皮书》，中国政府网，https：//www.gov.cn/xinwen/2021-07/16/5625569/files/e944faf39ea34d46a256c2095fefeaab. pdf。

② 中国人民银行数字货币研究所所长穆长春指出，在预付费消费等预付资金管理领域，智能合约可以有效防范资金挪用，实现透明管理，兼顾现有商业模式，保障各方利益；在财政补贴、科研经费等定向支付领域，智能合约能够监测支付用途，提升政府资金使用效率；在资金归集、智能分账等资金结算领域，智能合约能够解决支付交易处理的合规问题，提高资金处理的准确性与自动化水平，减少人工处理差错和风险；在消费红包、智能缴费等营销与零售领域，智能合约能够降低实施成本，保障用户权利，提升客户体验；在内外贸易领域，可以提供"签约+履约"的闭环解决方案，提高合同执行约束力，实现资金流与信息流的同步，降低结算和合规成本。

也不涉及贷款和存款等可能产生信用创造的环节，对金融体系产生的冲击很小。

（二）农业价值链内涵和农业价值链融资

1985 年，美国学者迈克尔·波特在《竞争优势》一书中从企业的角度阐述了价值链的概念。迈克尔·波特把制造业企业创造价值的过程分解为一系列互不相同但又相互关联的经济活动，或者称之为"增值活动"，其总和即构成企业的"价值链"。因此，价值链可以理解为供应商、生产者、贸易商、加工商和分销商之间通过市场关系纵向连接形成网络关系从而产生的一系列经济活动。后来学者对企业价值链理论进行了拓展，出现了"产业价值链"概念，例如在农业领域有学者提出了农业价值链概念（Kaplinsky，2000）。农业价值链包括所有公司及其从事的产品或成品的投入供应、生产、运输、加工和营销（或分销）活动（张庆亮，2014b），通常由上游农资供应、中游种植养殖、下游流通加工三个环节组成（吴本健等，2018）。农业价值链是一系列相互关联的上下游主体构成的增值链（张永升等，2011），各环节参与者通过价值链将农业生产资料供应、农产品种养、加工、销售、消费等环节充分整合，连接成为一个系统，实现各环节相互紧密协作，并实现价值创造、分享、传递、转移和增值过程（张庆亮，2014b）。

农业价值链融资是指农业价值链内部的各参与者之间以及各参与者与农业价值链外部的金融机构或其他主体之间，基于市场交易等关系所发生的资金融通（张庆亮，2014b）。农业价值链融资通常分为内部融资和外部融资。农业价值链内部融资是指依托价值链内部业务关系，参与者之间发生的资金融通活动（吴本健等，2018）；农业价值链外部融资是指金融机构在将农业价值链作为一个整体进行分析和了解的基础上，对农业价值链参与者提供资金的资金融通活动（姜松，2018）。农业价值链融资有效解决了金融服务供给中的逆向选择、道德风险等信息不对称问题（姜松，2018），拓展了农业融资的途径和方式，在一定程度上缓解了农业融资难问题（张庆亮，2014b）。农业价值链融资促进了农业生产资料供给、生产、加工和销售各环节主体间的资金融通，使外部专业化金融机构根据农产品的价值形成特点了解价值链各个主体的融资需求，克服农村金融供给与需求的信息不对称问题，加强对农业价值链各环节活动的融资支持，在一定程度上解决了小农经济融资的弊端，并为发展农村金融提供了新的视角（丁宁、牛俊英，2015）。

（三）农业价值链融资中的数字人民币赋能机制

农业价值链融资以参与主体之间的信任关系为基础。内部融资以参与主体之间的业务交易关系作为信任基础，外部融资需要核心企业提供信用担保。上述两种融资模式的信用关系的形成有三个前提。一是交易数据真实可信。农业价值链各参与主体之间交易频繁，已经建立牢固的信任关系，各参与主体之间的交易数据真实可信。二是各参与主体能够严格执行契约要求。价值链各参与主体之间不会发生恶意违约、资金挪用、违规操作等违背契约精神的风险事件，能够严格执行契约要求，确保可以形成从借出到归还的资金闭环。三是各参与主体之间是平等关系。上下游的农户、中小微企业与核心企业、龙头企业之间的地位平等，后者不会侵占前者的利益。但是现实中，上述三个前提往往难以满足。因此，实际运作过程中必须采用新的技术手段确保上述三个前提同时得到满足。数字人民币的技术功能特征可以确保上述前提变成现实。

在农业价值链交易中，金融机构及价值链参与主体以数字人民币作为交易货币，借助数字人民币"小额匿名、大额可追溯"的可控匿名功能、可编程的智能合约功能，确保交易数据真实与可追溯，能够缓解价值链交易中的信息不对称问题，避免交易双方的道德风险和违约风险，确保交易双方建立更加可信的关系。另外，数字人民币的支付即结算、无网无电"双离线"支付功能，可以为无银行账户的农户提供便捷、安全的收付款方式。特别是利用数字人民币加载智能合约的交易模式，能够解决供应链金融业务中的身份核验、风险识别、信用担保等问题，增强价值链核心企业与上下游参与主体及金融机构之间的信任，减少对核心企业的担保依赖，有助于解决上下游农户、中小微企业融资难问题。基于数字人民币的农业价值链数字平台融资逻辑见图 1。

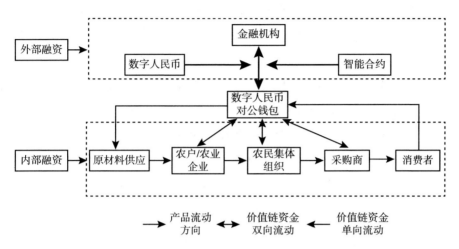

图1 基于数字人民币的农业价值链数字平台融资逻辑

第一，基于数字人民币的交易可以保证交易数据真实和可信。无论是内部融资还是外部融资，农业价值链中的龙头企业、核心企业都基于信息优势，对价值链上有融资需求的上下游农户、中小微企业进行信用评估，然后将其推荐给资金供给方并提供信用担保。这样既能帮助上下游农户、中小微企业实现信用增级（姜松，2018），又能筛选出履行可置信承诺的客户，从而减少出现逆向选择和道德风险的可能性（Biais and Gollier，1997）。与此同时，龙头企业、核心企业或资金供给方还需要基于信息优势对资金需求方后续的生产经营数据进行监控，防止道德风险和违约风险，确保资金的用途合理以及贷款本息可及时收回。龙头企业、核心企业，一方面通过交易积累了关于"客户"的"超额信息"（Biais and Gollier，1997）；另一方面由专门人员搜集、整理、加工处理、研究价值链各主体的信息（张庆亮，2014b）。这些信息主要是充斥在价值链交易中不同主体之间的物流、资金流和信息流中（吴本健等，2018）。这样才能确保信息的真实性和可靠性。但无论是前期的信息收集筛选，还是后期的生产经营监控，都会产生相应的成本，并构成农业价值链融资成本（吴本健等，2018），即交易成本（张庆亮，2014b）。因此，需要寻找更优的方式来保证信息数据的真实性和可信度。

在农业价值链中嵌入数字人民币，各参与主体利用数字人民币开展交易，不但可全流程追溯交易记录，而且交易记录不可非法复制伪造、不可篡改，还可以实现对交易行为进行有效监控。首先，基于数字人民币的交易可以保证交易数据的真实性和可靠性。利用数字人民币开展交易，可以实现资金流、信息流和业务流高效整合，形成"三流合一"的业务交易模式（黄国平、李婉溶，2022）。这样分散在价值链交易中不同主体之间的物流、资金流和信息流可以集中统一，进而可以实时、真实记录各个交易环节的数据和信息，确保交易数据真实可信。其次，基于数字人民币的交易在保证交易数据真实性和可靠性的同时可以降低实时监控成本。农业价值链各参与者利用数字人民币开展交易的同时，物流、资金流和信息流等信息也被实时统一记录，对各参与者的交易行为实现了全流程自动化的监督，同时数字人民币"小额匿名、大额可追溯"功能实现了价值链全流程可追溯交易记录，进而可以降低对资金需求方后续生产经营的监控成本。

第二，利用数字人民币交易并加载智能合约可以更好地形成资金流动闭环。无论是农业价值链内部融资还是外部融资，融资者都会做出事前承诺，但机会主义行为和未来不确定性会导致这种承诺具有不确定性。例如，当农产品价格与市场价格不一致时，有可能出现农户单方面违约的风险，使得合同无法按照预期履行（李建英、武亚楠，2019）。另外，资金一旦借出，资金借出方往往难以监测资金使用情况。融资者一旦出现机会主义行为，有可能会不及时还款，甚至直接选择违约。因此，在当前实践中，为形成资金闭环、确保资金安全，资金借出方要求农户将信贷资金放在指定账户并且不能提现，只能用于指定用途，例如购买农资农具等（王刚贞、江光辉，2017；李建英、武亚楠，2019）。但是这种模式的条款设计可能不合理，资金也不能得到最优利用，增加农户综合收益的作用效果并不显著，也无助于提高农产品质量（董翀等，2015）。因此，需要借助新技术对现有的信贷资金管理模式进行优化。

通过加载智能合约的数字人民币钱包可以有效监管农业价值链资金流向，助力形成资金闭环，确保资金安全。首先，基于"数字人民币+智能合约"的交易模式可以实现价值链交易自动、规范执行。价值链各主体之间的交易合同通过加载可编程的智能合约约定合同内容，一旦交易行为符合智能合约内容，交易就自动执行。这样既可以避免恶意违约、违规操作等风险行为，确保交易自动按照合约执行，又可以规避人工操作可能出现的机会主义行为，避免出现逆向选择。其次，基于"数字人民币+智能合约"的交易模式可以实现资金精准使用，助力形成资金闭环。以数字人民币发放融资款时，通过加载智能合约，约定资金流向、使用对象、使用比例、交易对手信息、借还款周期及息费标准等；资金发放后，需求方仅能按智能合约的要求使用，如果不满足要求将不能使用该笔资金，从而实现了资金用途的自动化监控，确保了资金用途的真实性与合理性。农户和中小微企业卖出产品收到资金后，借助数字人民币钱包的智能合约功能，把部分资金以贷款本金和利息的形式自动归还给银行。

第三，以数字人民币作为交易货币可以确保价值链各参与主体之间平等开展交易。在农业价值链中，核心企业处于中心地位和融资的主体地位，主导价值链的运作。上下游参与主体请求核心企业提供融资的信用担保时，因与核心企业地位不对等，缺乏谈判议价能力，自身利益容易被侵占。通常情况下，核心企业提供信用担保时，可能更多考虑自身的利益。核心企业可能会凭借在价值链中的主导地位，恶意延迟付款给上下游参与者，以此来改善自身资金流动性；此外，核心企业为上下游参与主体提供信用担保时，由于要占用自身的信用额度，通常不会自愿和免费提供信用担保，需要从上下游参与主体处获得额外的利益补偿（林平，2021）。另外，核心企业提供信用担保时，可能要求上下游参与主体按照其要求开展生产经营。例如，上游农户依托订单开展融资时，订单常常是在企业买方垄断的条件下签订，偏重维护企业利益，农户的利益可能得不到保障（董翀等，2015）。因此，需要改变农业价值链参与主体的不对等地位，使价值链更好地发挥协同作用。

数字人民币交易的信息实时记载功能和智能合约功能可以改变农业价值

链融资中的参与主体不对等地位。首先，基于数字人民币的交易可以解决农业价值链信息不对称问题。基于数字人民币的交易实现了资金流、业务流和信息流的"三流合一"，对整个价值链的交易信息实现了全流程自动化监督，确保了各参与主体之间的信息互联互通，进而使上下游农户、中小微企业的信息更加透明，有助于增加银行对其的信任，从而摆脱完全依靠核心企业提供信用担保才能获得融资的局面，同时也规范了各参与主体的行为，避免参与主体利用信息不对称的优势侵占其他主体利益。其次，基于数字人民币交易可以实现资金实时到账，避免恶意延迟支付。在交易开始前，把交易合同内容以智能合约的形式记载，在交易时，以数字人民币作为交易货币，一旦交易完成，资金自动支付到交易对手的数字人民币账户。这样可以避免核心企业出现恶意延迟支付账款等侵占上下游农户、中小微企业利益的行为。

三 当前农户基于农业价值链融资难的原因探讨

当前，广东省内已经有政府或商业银行等主体主导的农业价值链融资模式，并取得了一定的成效，但从实际运行成效来看，农户基于农业价值链融资仍存在一些困难。通过实地走访调研发现，农户通过农业价值链融资存在困难的原因主要有农产品产量、质量和价格不确定等诸多因素。

（一）从需求侧来看，农产品产量、质量和价格的不确定性等因素导致农户获得信贷资金难

1. 农产品产量、质量的不确定性导致农户向银行申请贷款的意愿不足

一是自然气候的不确定性影响农作物种植条件，进而影响农产品质量和产量，导致农户信贷需求下降。自然气候对农作物种植影响很大，也是农民难以确定农作物种植或施肥的适当时间的重要原因，以至于农户对未来产量和收成产生担忧。自然气候因素会给农作物种植带来额外的风险，有可能导致农作物产出难以达到预期，若农户使用了贷款资金，农作物收益可能难以弥补成本投入，信贷资金投入可能会形成沉没成本，所以农户对信贷的需求不足。二是农户缺乏种植和生产管理技能影响农产品质量，进而影响农户贷

款意愿。农民具备生产可靠质量农产品的能力是开展价值链融资合作的根本。如果农民对农作物种植和生产管理技能掌握有限，不能对种植计划做出很好的安排，会导致农产品产量和质量不高、市场竞争力不强，以至于农产品收购商收购意愿不强，农产品难以卖到预期价格，农民的贷款意愿下降。

2. 农户定价能力弱，农产品定价权向收购商倾斜，农产品难以卖到预期价格，收益低于预期

农产品卖方市场接近完全竞争市场，以采购商为主的农产品买方市场接近寡头垄断市场。单个农民力量薄弱，议价能力有限，这对农户不利。农户基于自身收益最大化的角度销售农产品，提供信贷资金的银行与农户利益一致。因为农民和银行都希望农产品卖个好价钱以偿还贷款。因此，很多银行愿意帮助农户销售农产品。当农户与银行安排的农产品采购商合作时，农户的议价能力有保障，农产品销售价格可以达到预期。但是，当农户直接与市场收购商进行交易时，在农产品定价方面，农民就处于相对弱势地位，农产品难以卖到预期价格。这可能导致农户收益低于预期，除去成本，净收入可能所剩无几，进而使得农户贷款意愿下降。

3. 农户难以掌握农产品供求信息，有可能大面积种植，导致市场供过于求，使农产品价格下降

接近完全竞争市场的农产品市场极易受到短期市场供求力量的影响。在农产品收获季节，大量农产品进入市场，导致市场严重供过于求，市场价格低迷。在农产品市场开放的情况下，如果进口农产品价格更低，就会进一步加剧市场价格波动状况。但如果银行要求农户在农产品收获后不久偿还贷款，而农产品价格仍然很低，就会给偿还贷款带来压力，这种情况可能给农户带来偿还债务的困难。

（二）从供给侧来看，银行与农户之间缺乏足够的信任，导致银行提供信贷的意愿不足

1. 银行对农户生产管理能力与绩效提升能力的信任不足

银行在决定是否给申请贷款的农户提供信贷支持时，除了调查农户种植

情况，还会了解农户是否遵循了农业种植和生产管理规范、是否具备相应种植和生产管理技能。银行必须对农户生产管理能力和生产经营绩效产生足够的信任，否则银行的信贷意愿不足。

一方面，对农户生产管理能力的不信任导致银行提供信贷资金的意愿不足。在贷前审查时，银行主要依靠实地调查和走访来了解农户种植情况、生产管理能力和人品的可靠性。然而，自然灾害、虫害等对农作物产生负面影响数据资料的缺乏限制了银行了解农户在应对自然灾害和虫害等冲击方面的经验。极端气候的影响、病虫害暴发的挑战和威胁，都会导致银行给农户提供信贷的动机和意愿下降。因为，银行如果要给农户提供信贷资金，必须信任农户在高度不确定的环境中有应对挑战的能力。如果外部冲击导致农作物种植不能实现预期目标，银行就会对农户产生不信任，从而给农户提供信贷资金的意愿不强。

另一方面，如果银行与农户在合约中约定在规定时间内提供信贷资金，但因为流程等因素影响，银行有可能在农户急需使用资金的几周后才给农户放款，这可能耽误农作物种植的最佳时机，进而有可能影响农户最终生产绩效，但是农户仍然必须按照约定要求偿还贷款。此时，银行和农户都必须相信能够实现预期的生产绩效；否则，会导致银行与农户之间相互不信任，因为农户认为银行没有及时提供信贷资金导致生产绩效没有达到预期，但自己必须独自承担种植和债务的风险。

2. 银行对农产品可销售性的信任不足，认为农产品销售途径不畅会影响农户偿还贷款

农产品质量影响其销售，进而影响农民偿还贷款的意愿。因此，缺乏保证农产品优质收成方面的实际决策和行动的信息可能成为银行为农户提供信贷的阻碍。银行需要确认农户愿意且有能力以信贷融资的方式为农作物种植投入资金。为了实现利益最大化，农户会将一部分信贷资金用于贷款合同约定的农作物种植，其余资金则用于其他农作物种植，而这些农作物并没有在信贷合同中约定。银行往往关心农产品在收获时的适销性，以便农户及时偿还贷款。当银行提供的信贷资金被农户用于他并不擅长的农作物种植时，该

类农产品质量可能不高，进而导致农产品适销性下降，银行与农户之间的信任就会下降。

此外，由于农产品卖方市场接近完全竞争市场，农产品收购商掌握的市场信息相对充足，甚至控制着销售渠道，这限制了银行对农户获得最佳价格和及时偿还贷款能力的信任。为对这种不确定性进行某种程度的控制，一些银行只向在农作物收获前有确定销售途径的农户提供信贷。由于难以找到可靠的销售途径，这一控制机制的有效性受到限制。例如，采购商虽然从农户那里采购了农产品，但不能一次性给农户付款，而是分期付款，这有可能导致农户延期偿还银行贷款。这意味着银行需要了解采购商信誉、财务等方面的信息，包括信用记录等。由于此类信息通常有限，因此有可能导致银行对农户的授信意愿不足。

3. 银行难以监测农户种植和收成情况，双方存在信息不对称，农户有可能出现策略性债务违约，导致银行授信意愿不足

银行给农户提供信贷的意愿不强的另一个重要原因是，农户有可能出现策略性债务违约。特别是在没有资产作为抵押的情况下，银行给农户提供的贷款很难获得保障。由于资源和条件限制，银行很难直接监测农民种植和收成情况，很难掌握农户的种植、收成和售卖数据，导致银行与农户之间存在信息不对称，为农户的机会主义行为提供了空间。农户有可能利用信息优势，做出不利于银行的选择。例如，一些农户囤积农产品不向市场售卖，或者私下售卖其农产品，即使他们已经设法种植了足够的其他农作物来偿还债务，但仍公开抱怨自己收成不佳、市场行情不好，并故意拖欠银行贷款。一旦听说身边有人延期偿还贷款，或者延期偿还贷款没有得到相应的惩罚，农户就会效仿。而银行为金额相对较小的贷款追踪分散的违约者是一个成本高昂的过程。

银行也试图借助集体的力量来减少农户的策略性违约。例如，银行要求专业合作社或农业价值链核心企业作为担保人，为合作社成员或价值链上游农户提供信贷融资。采用对集体组织或核心企业惩罚的制度作为控制农户违约的措施，取决于银行对集体组织能力或核心企业能力的信任。也就是说，

对集体组织或核心企业防止违约能力的信任是银行给农户提供信贷的关键。因此，银行需要更多关于集体组织或核心企业这一能力的信息，但这需要付出相应的成本。

总之，对农户的不信任、信息不对称和控制策略不足之间的相互作用成为银行为农户提供信贷的阻碍。有效的信贷供给需要引入关键的干预措施，以减少信贷供需双方存在的各种不确定性。这种干预措施就是确保各种数据信息真实可靠，同时能够形成资金闭环，避免借款人违约。

四　基于数字人民币的农业价值链融资解决农户融资难路径

基于数字人民币的农业价值链是解决价值链信息不对称问题、降低不确定性、增加参与主体之间信任的重要方式。基于数字人民币的交易可以实时记录交易信息，保证数据真实可靠，助力银行与价值链参与主体建立信任机制，同时通过加载智能合约可以控制资金流向、明确资金使用范围、形成资金闭环，避免农户、采购商出现违约行为。基于数字人民币的农业价值链融资解决农户融资难问题首先要建立农业价值链融资的数字平台，并把数字人民币嵌入平台作为支付结算货币，同时在数字平台中部署智能合约，进而形成"数字人民币+智能合约"的农业价值链融资模式。

（一）建设数字人民币农业价值链融资数字平台，打造"数字人民币+智能合约"农业价值链融资闭环

一是依托广东省金融支农促进会建设全省统一的数字人民币农业价值链融资数字平台。广东省金融支农促进会由 27 家金融机构发起成立，已经汇聚了众多金融机构和农业龙头企业，完全具备了建设全省统一数字人民币农业价值链融资数字平台的基础和条件。可以在农业主管部门的指导下，由广东省金融支农促进会牵头，组织金融机构和农业龙头企业参与，建设数字人民币农业价值链融资数字平台，并依托各金融机构和农业龙头企业在全省推

广平台的使用。二是在现有融资平台中嵌入数字人民币并部署智能合约。现有的融资平台为开展基于数字人民币的农业价值链融资打下了客户基础和数据基础，但是没有嵌入数字人民币作为支付结算货币，也没有部署智能合约。目前，数字人民币已经在广东全省推广，完全可以考虑增加数字人民币和智能合约功能。可以考虑在现有的政府主导的中小企业融资平台，例如"粤信融"平台，设立单独的农业价值链融资模块，同时增加数字人民币作为支付结算货币并部署智能合约，进一步丰富平台功能。数字平台建设完成后，与运营机构和其他金融机构对接，在平台增加数字人民币对公钱包开立、兑换、转账、支付等功能和部署智能合约，搭建资金闭环管理体系，实现信贷资金智能管理、自动清算。

（二）改善农户与采购商之间的信任关系，让农户获得更多信息，提高农户种植技能和议价能力

推动农户与采购商通过数字平台加强沟通交流，助力双方改善信任关系，让农户从采购商处获得更多信息，提高农作物种植管理水平和交易议价能力。一方面，通过数字平台助力农户和采购商改善信任关系。推动农户与采购商直接在数字平台沟通农作物种植、农产品采购等事宜，增进双方之间的了解，为农户和采购商之间加深信任关系创造机会。通过农户和采购商之间增加互动沟通，赋予采购商承担传递信息的角色，让采购商给农户提供更多种植技术和市场方面的信息，例如市场、技术、政策等方面的信息，帮助农户应对农作物种植的外部冲击，及时解决农业种植条件和管理方面的问题；同时，农户遇到新问题，也可以继续向采购商请求帮助，让采购商以相对较快的方式对农户农作物种植环境出现的新变化做出参与性反应。另一方面，农户按照采购商提供的信息和提出的要求种植农作物，并以智能合约的形式与采购商约定合同内容、收购价格，进而保障农产品质量和议价能力。在农作物种植阶段，采购商聘请中间经纪人，或让农业合作社记录农户的农作物种植面积、种类、收成情况、日常管理等数据，并在平台进行登记，同时督促农户按照要求进行农作物种植和管理。在农产品交易阶段，通过数字

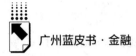

平台加载智能合约，自动验核之前登记的农作物种植和管理信息。一旦登记的数据信息符合要求，采购商的数字人民币对公钱包的资金就自动划入农户的数字人民币对公钱包，避免了采购商单方面违约，免除了农户销售农产品的后顾之忧。

（三）改善农产品市场准入情况，保障农产品市场供需平衡

农户获得更多市场信息，不仅有利于提高农户农作物种植管理技能，也有助于农户把握市场时机，获得更高的销售价格。但由于市场信息滞后、认知能力有限等，农户获取足够多市场信息可能对克服价格方面的挑战帮助不大。因此，要发挥基于数字人民币的农业价值链融资数字平台的作用，将农户、采购商和市场联系在一起，为农产品交易做出更公平、透明的契约安排，避免农产品市场价格大幅波动，保障市场农产品供需平衡。一方面，预先确定农产品质量标准，为农产品交易提供质量参照标准。农户按照采购商事先明确的具体要求进行农作物种植管理，这在一定程度上可以保证农产品的产量和质量，同时在农产品上市交易时也保障了农产品产量供给规模、明确了农产品市场的准入质量。另一方面，确定农产品市场预期价格，作为未来市场准入价格参照。农户按照采购商的要求种植管理农作物且认真履行要求，采购商按照事先约定的价格收购农产品；同时，金融机构把农户接受要求和履行要求作为提供贷款资金的条件之一。这就在一定程度上确保了农产品市场价格的稳定，避免了农产品市场价格的大幅波动，同时也为同类农产品市场的准入价格提供了参照。最后，由于农产品产量供给有了保障，而且有了准入质量标准和市场价格的定价参照，市场形成了从产量、质量到价格的闭环，进而保证了农产品市场的供需平衡。

（四）记录农户从种植到销售的全流程数据，助力增强农户与银行之间的信任关系

由于农户从种植到销售的数据缺失，银行评估农户生产、信用等方面的能力受到挑战。因此，有必要借助数字平台真实记录农户从种植到销售

的全流程数据，增强银行对农户的信任。一方面，通过基于数字人民币的农业价值链融资数字平台对农户收成情况进行记录，把这些数据作为评估农户在农作物种植过程中投入情况的依据。聘请中间经纪人或由农业合作社收集农户收成信息，并在数字平台登记，在一定程度上可以保证农户收成数据的真实性，进而增强银行对农户生产管理能力与绩效提升能力的信任。另一方面，借助数字人民币交易的信息流、资金流、业务流"三流合一"功能，在数字平台开展农产品交易，实现财务数据与业务数据的整合，保证农户农产品销售数据的真实性。通过数字平台，以"数字人民币+智能合约"的模式交易，确保真实记录农户的农产品销售数量和价格等方面的数据信息，再结合中间经纪人或农业合作社在平台登记的农户耕种面积和日常管理数据信息，可以对农户整个农作物种植管理过程进行画像，综合评估农户的生产绩效和农产品产量情况，增强银行对农户生产绩效和产量方面的信任。通过上述措施收集的数据是真实可靠的，可以作为增强银行和农户信任关系的重要依据，也可以作为农户满足银行授信要求的基础，有助于客观准确评估信贷融资风险，进而得到双方都认为可行的融资方案。

（五）提高信息透明度，加强对农户、采购商、银行行为的监督

由于农户、采购商、银行之间的信息透明度不高，农户、采购商、银行会出现相互不信任的行为。因此，需要进一步提高价值链信息透明度。一方面，提高农户信息透明度，督促农户遵守合同。通过聘请中间经纪人，或由农业合作社监测记录农作物种植数据并把数据登记保存在数字平台，确保农户种植和收成数据信息更加透明，并把这些数据信息作为采购商优先安排采购的依据，保证农业合作社成为农户遵守合同的制衡，避免了农户隐瞒产量和质量信息，私下与其他采购商达成收购协议。另一方面，银行、农业合作社必须核实采购商的经营能力、信用记录等，提高采购商经营透明度。银行依托数字人民币农业价值链融资数字平台，为农户和采购商创建一个加载了智能合约的数字人民币钱包，同时要求采购商在数字人民币钱包中存入相应

规模的资金，以智能合约明确交易规则和违约惩罚规则，一旦交易执行且符合智能合约要求，采购商数字人民币钱包中的资金就会自动转入农户数字人民币钱包，使得采购商的行为得到有效控制，避免出现资金延付行为。另外，银行要及时向农户宣传信贷产品，让农户做好生产资金需求计划。银行可以依托农业合作社向农户介绍各类信贷产品，同时可以邀请已经申请过信贷的农户介绍使用体验，让有融资需求的农户及时掌握信贷产品信息，科学安排生产计划，及时向银行申请贷款，进而增强农户对银行的信任。

五 下一步展望

基于"数字人民币+智能合约"的农业价值链融资模式在一定程度上可以解决农户融资难问题，但仍需要关注一些问题。一是在农产品种植管理方面，通过数字平台收集数据信息面临的可持续性、成本收益等方面的挑战。通过聘请中间经纪人借助数字平台收集农户农作物耕种数据、管理和监测农户农作物种植管理行为和收成情况存在一个不可忽视的问题，即中间经纪人是市场化聘请还是农民志愿者。如果是前者，就需要给中间经纪人支付相应的报酬，支付报酬的高低将影响中间经纪人的工作积极性，进而影响数据信息的质量；如果是后者，工作稳定性难以保证。二是基于数字人民币的农业价值链融资数字平台数据来源的多样性问题。例如，基于数字人民币的农业价值链融资数字平台的自然气候数据来源不足，以至于对控制自然气候不确定性的贡献较低，可能会降低数字平台在不稳定的农产品种植环境中对融资合作的支持。因此，数字平台的建设和运营需要更加注重开放性，与其他业务数字平台对接，增加平台数据来源的多样性。三是数字平台运行过程中也可能有一些风险。如产生更大的权力不平衡和单边控制，以至于采购商和农业合作社登记的数据信息可信度仍然不高。如果农户群体弱势，数字平台的使用可能带来进一步的权力不平衡。通过数字平台监测农户种植和收成情况可能会导致新的控制和依赖形式，导致监测、控制和信任之间存在微妙的平衡，有可能削弱合作者之间的信任关系。

因此，要持续关注和推进利用基于数字人民币的农业价值链融资数字平台建立信任机制解决农户融资问题。在农作物种植和交易过程中，农户、采购商、银行等之间互动的复杂配置已经演变为对制度差距和气候环境变化的反应，强化了农业价值链中融资难的循环。农产品种植挑战、市场不确定性、农户群体弱势在融资中增强了制度不信任。解决这些融资障碍需要在农产品种植和市场层面，以及银行、农业合作社及与其相关联的其他方面做出改变。尽管农产品种植环境面临重大挑战，但基于数字人民币的农业价值链融资数字平台展示出产生新的网络效应和合作形式的潜力，提供了解决传统农业价值链融资中的问题的方案。

作为在农业价值链融资合作中的信任调节工具，基于数字人民币的农业价值链融资数字平台的使用可以提供一个重新校准信任认知的切入点。然而，这需要考虑一些重要因素，尤其是农户和农业合作社接入和使用数字平台、有效的中间经纪人制度和网络治理安排，以及对自然气候控制机制的数字化贡献。因此，基于数字人民币的农业价值链融资数字平台建立信任机制的方法不应被视为权宜之计，而应被视为一个试错和边做边学的过程。

参考文献

丁宁、牛俊英：《农业价值链融资模式：一个创新模型的建构》，《农村经济》2015年第4期。

董翀、钟真、孔祥智：《农户参与价值链融资的效果研究——来自三省千余农户的证据》，《经济问题》2015年第3期。

黄国平、李婉溶：《数字人民币促进数字财政建设和财政数字化转型》，《财政研究》2022年第2期。

姜松：《农业价值链金融创新的现实困境与化解之策——以重庆为例》，《农业经济问题》2018年第9期。

李建英、武亚楠：《"互联网+"农业价值链融资的融合模式、运行机制及效果》，《西南金融》2019年第10期。

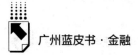

林平：《供应链金融发展的广东实践》，《中国金融》2021 年第 24 期。

刘洋、李敬：《农业价值链金融包容性发展：国际经验与中国路径》，《农村经济》2022 年第 7 期。

王刚贞、江光辉：《"农业价值链+互联网金融"的创新模式研究——以农富贷和京农贷为例》，《农村经济》2017 年第 4 期。

吴本健、罗兴、马九杰：《农业价值链融资的演进：贸易信贷与银行信贷的替代、互补与互动》，《农业经济问题》2018 年第 2 期。

杨兆廷、孟维福：《依托农业价值链破解农民专业合作社融资难：机制、问题及对策》，《南方金融》2017 年第 3 期。

张庆亮：《农业价值链融资：解决农业融资难的新探索》，《财贸研究》2014a 年第 5 期。

张庆亮：《农业价值链融资：解决小微农业企业融资难的有效途径——从交易成本的视角》，《云南社会科学》2014b 年第 5 期。

张永升、杨伟坤、马九杰等：《基于合作社的农业价值链融资研究——以重庆市北碚区金刀峡农业合作社为例》，《世界农业》2011 年第 10 期。

Biais Bruno，Christian Gollier，"Trade Credit and Credit Rationing," *Review of Financial Studies* (4) (1997).

Kaplinsky Raphael，"Globalization and Unequalisation：What Can Be Learned from Value Chain Analysis," *Journal of Development Studies* (9) (2000).

Klingenberg Cristina Orsolin，José Antnio Valle Antunes Júnior，Gordon Müller-Seitz，"Impacts of Digitalization on Value Creation and Capture：Evidence from the Agricultural Value Chain," *Agricultural Systems* (201) (2022).

Matthew Oluwatoyin A.，Romanus Osabohien，et al.，"Information and Communication Technology Deployment and Agricultural Value Chain Nexus in Nigeria," *Heliyon* 9 (9) (2023).

Porter Michael，*Competitive Advantage：Creating and Sustaining Superior Performance* (New York：The Free Press，1985)，pp. 32-37.

B.22

广州市金融监管体制改革：历史逻辑、经验总结与前景展望

摘　要： 新中国成立 75 年来，广州金融监管工作始终坚持党的领导，立足市情、敢闯敢试、锐意进取、砥砺前行，妥善处理创新和监管的关系，逐步完善监管体制。这不仅为广州金融工作的健康发展保驾护航，而且为广州积累了丰厚而宝贵的经验。但是，随着新时代金融市场的不断变化和发展，广州的金融监管工作还有一些亟待解决的问题。下一步，推动广州金融监管体制改革向纵深发展，要认真学习贯彻党的二十大精神和习近平总书记关于金融监管工作的重要思想，按照中共中央、国务院关于金融监管工作的重要决策部署，从更高起点上谋划和推动金融监管体制改革创新，着力建立与广州金融建设需求相适应的金融风险防控体系，下好风险前瞻防控"先手棋"，在全国金融监管体制改革的创新实践中争做示范、走在前列、勇当标杆，为全市走好高质量发展之路贡献金融力量。

关键词： 金融监管体制　改革　广州

一　新时代、新阶段：广州市金融监管体制改革的历程回顾、逻辑脉络与主要成就

中国金融监管的变化是与中央银行制度的产生和发展直接关联的，广州

---

* 陈贵明，历史学博士，广州市社会科学院历史研究所助理研究员，研究方向为广州城市史。

市金融监管体制变迁也不例外。中央银行制度的普遍确立是现代金融监管的起点。改革开放以前，中国处在高度集中统一的金融管理体制阶段，中国金融业务的经营与管理主要是由中国人民银行负责。改革开放以后，计划经济体制向市场经济体制转变，中国的金融业发展迅猛，金融机构和从业人员的数量不断增加，金融业务不断丰富和拓展。同时，随着商业银行业务的逐步分离，中国人民银行开始专门行使中央银行职能，监管机构不断增设，监管的法律法规相继制定，中国的金融监管一步步走向完善。从演变的阶段看，广州市金融监管体制的改革历程可划分为五个阶段，即1949~1978年，高度集中统一的金融管理体制时期；1979~1992年，集中监管时期；1993~2003年，分业监管的形成与确立时期；2004~2011年，分业监管的巩固与完善时期；2012年至今，适应新时代金融高质量发展的金融监管时期。

（一）高度集中统一的金融管理体制时期（1949~1978年）

新中国成立至改革开放前，中国实行高度集中统一的金融管理体制。中国人民银行成为全国唯一的金融机构，中国人民银行广州分行是其派出机构。1949年11月2日，中国人民银行广州分行设立，这是华南地区第一家人民银行。1954年，中国人民银行进行机构调整，建立起银行部门垂直管理体制，对全国金融活动进行统一管理。中国人民银行广州分行实行与当时计划经济体制相匹配的、高度集中统一的金融运作管理体制，既行使监管当局职能，又从事商业银行业务，几乎负责了计划经济体制背景下所有类型的金融业务。其监管的主要任务是整顿和改革私营金融业，打击投机活动，维护金融秩序。1966~1976年，金融法规被废除，监管当局同财政部门合并，稽核机构被撤销，专业干部被调走，稽核工作受到冲击。

（二）集中监管时期（1979~1992年）

改革开放以后，中国逐步推进金融机构的多元化。相应地，中国人民银行广州分行也经历了一系列重大的机构调整，开始行使中央银行职能，开启了金融监管的探索。原来计划经济体制下高度集中统一的金融运作模式被打破，中国人民银行广州分行逐步剥离外汇汇兑结算业务、工商信贷和储蓄业务等商业银行业务，独立出外汇管理业务，正式转型为专门行使货币发行与流通、宏观货币政策制定与执行、代理国家金库、商业银行机构监管等中央银行的职能。1984年，除了原有的中国农业银行广州市分行、中国银行珠江分行和中国人民建设银行广州市分行等几家专业银行外，中国工商银行广州市分行也正式从人民银行体系中分设出来，成为办理工商信贷和城镇储蓄业务的专业银行。中国人民银行广州分行则成为广州专门执行中央银行职能的国家银行。广州初步建立起以人民银行为中心、以专业银行为主体、多种金融组织并存的金融体系（广州年鉴编纂委员会，1985，1986）。

中国人民银行广州分行主要运用稽核监督和金融管理手段，发挥中央银行对地方金融工作的指导和监督职能。通过强化稽核监督，中国人民银行广州分行帮助专业银行提高经营管理水平，保障广州市金融业的稳定和健康发展；在金融管理上，中国人民银行广州分行注重运用法律手段，先后制定《关于专业银行试行人民币业务全面交叉经营的若干规定》《关于专业银行试行外汇业务交叉经营的若干规定》《广州市证券转让管理试行办法》等。同时，中国人民银行广州分行积极配合公安、工商行政管理部门，坚决打击金融诈骗活动和制止企业间的高利贷活动（广州年鉴编纂委员会，1987，1988）。

（三）分业监管的形成与确立时期（1993~2003年）

为了贯彻党的十四届三中全会的决定，适应建立社会主义市场经济的需要，国务院部署金融领域的体制改革。1993年12月25日，国务院公布《关于金融体制改革的决定》，提出要转换央行的职能，强化金融监管，根据业务不同对金融机构进行分类管理，即为分业监管（中国人民银行、中共中央文献研究室，2007）。该决定为分业监管体制的形成奠定了基础。

在分业监管体制框架下，中央政府进一步调整监管机构设置，推动金融监管协同机制的构建。1998年，根据中国人民银行的统一部署，人民银行各分支机构进行机构改革，撤销各省分行，成立跨省（区）分行，形成一个自上而下垂直领导的央行监管系统。1998 年 11 月 26 日，中国人民银行广州分行正式挂牌，监管广东、广西和海南三省区金融机构和金融业务的运行。原中国人民银行广州分行更名为中国人民银行广州分行营业管理部，成为中国人民银行广州分行的直属单位，继续负责广州地区的金融监管（广州年鉴编纂委员会，1999）。

2000 年 4 月，中国保险监督管理委员会广东监管局（简称"广东保监局"）成立。这是中国保险监督管理委员会在广东的派出机构，是广东省（不含深圳市）商业保险的主管部门。其主要职责是依法监督管理广东保险市场，维护保险市场秩序，防范市场风险，保护被保险人的合法权益，促进保险业健康发展。2001 年，为迎接加入 WTO 带来的机遇和挑战，广州金融机构积极建立健全各项规章制度，通过严格监管稳步推进地方中小金融机构风险处置工作，营造良好的金融环境，促进广州地区社会信用制度的完善，进一步加强金融监管，整顿金融秩序，化解金融风险，推进广州地区金融安全区的建设，从而逐渐构建以人民银行为中心，国有商业银行为主，国家政策性银行、股份制商业银行、地方性金融机构、非银行金融机构及农村合作金融机构共同发展的多层次金融体系（广州年鉴编纂委员会，2002）。

为健全金融监管体制，提高中央银行的独立性和银行监管的有效性，十届全国人大一次会议通过了《关于国务院机构改革方案的决定》，提出了分离中国人民银行对存款类金融机构监管职能的方案。2003 年 7 月初，中国银行业监督管理委员会广东监管局（简称"广东银监局"）开始筹建，其监管职能和工作人员从中国人民银行广州分行划转。2003 年 10 月 15 日，广东银监局正式挂牌。广东银监局作为中国银监会的省级派出机构，主要负责对广东省内（深圳除外）银行业金融机构、金融资产管理公司、信托投资公司、财务公司和经银监会批准设立的其他金融机构及其业务活动进行监督管理（广州年鉴编纂委员会，2004）。这标志着广州地区的金融监管格局由原有的"混业监管"开始走向"分业监管"。广东银监局以依法从严监管、坚守风险底线、稳步推进改革、服务地方经济社会发展为主线，不断提高银行业运行质量和服务实体经济能力，促进广州地区银行业的稳健运行。

（四）分业监管的巩固与完善时期（2004~2011年）

2004年以来，广州金融分业监管体系不断完善。通过提升各监管机构专业监管能力，不断健全金融监管法律体系，逐步加强国际监管合作机制，广州的分业监管协调机制得以巩固与完善。具体的措施包括：建立监管机构间的联席会议制度，加强金融监管机构之间的协调配合；修订相关法律，进一步完善金融监管的法律体系；规范现场检查、行政许可、行政处罚、行政复议等监管行为；加强对金融创新领域以及跨金融领域经营的监管。

随着全球经济一体化不断推进和金融业的创新发展，银行、保险、证券等各类金融机构之间的业务交叉日益增多，综合经营已逐渐成为全球金融业发展的趋势，广州的金融机构也出现了综合经营的态势。但是，分业监管对跨市场、跨行业的金融活动缺乏穿透性，容易导致金融风险流动传播。各监管部门之间相互分隔，缺乏有效沟通，容易出现监管真空与监管重叠并存的问题。功能监管不足导致同类金融产品在不同行业标准不一，提供了监管套利的机会。在这种情况下，金融监管体系开始尝试进行综合监管的改革。2004年6月，中国保监会、中国证监会、中国银监会三家监管机构签署了《三大金融监管机构金融监管分工合作备忘录》，在分业经营、分业监管的框架下，建立了定期信息交流制度、经常联系机制及联席会议制度，以期加强相互间的协调配合。2008年7月，国家发改委发布《关于2008年深化经济体制改革工作的意见》，提出要由中国人民银行、财政部、银监会、证监会、保监会共同负责建立健全金融监管协调机制，建立完善金融控股公司和交叉性金融业务的监管制度。广东银监局加强了与国际金融监管机构的合作，中外监管当局密切配合，强化监管，降低了系统性金融风险，改善了经济发展的质量和增强了宏观调控效果。

另外，在金融基础设施建设方面，广州也取得了不小的进展，金融服务水平进一步提高。2006年6月8日，中国人民银行广州分行清算中心在广州挂牌成立（广州年鉴编纂委员会，2007）。该清算中心切实履行了对广州支付体系的组织、管理和监督职责，逐步形成以现代化支付系统为主干、以商业银行行内系统为基础、支撑多种支付工具的应用、满足社会各种经济活动的支付清算网络，大大提高了支付清算体系的整体效率和安全程度。

（五）适应新时代金融高质量发展的金融监管时期（2012年至今）

随着金融业态不断创新，金融风险的隐蔽性增强、扩散速度加快，地方金融稳定工作面临巨大挑战，传统监管手段已无法有效应对金融风险防控的新形势。为提升广州金融监管的信息化和专业化水平，2017年广州市依托广州商品清算中心，设立全国首家地方金融风险监测防控机构——广州金融风险监测防控中心（广州年鉴编纂委员会，2018）。该中心创造了集信息监测、资金清算、防控措施于一体的地方金融风险防控"广州模式"，率先在广州市内建立常态化风险预警、信息报送和协同工作机制，具备主动发现、监测预警、分析研判、协同处置四大职能（广州市地方金融监督管理局，2019）。2019年，广州市构建全链条的金融监管工作制度体系，建设全国首个金融监管功能区——数字普惠金融监管试验区，与广州互联网法院合作设立"数字金融协同治理中心"，探索地方金融监管"制度+科技+协同治理"新模式（广州年鉴编纂委员会，2020）。

金融市场发展迅猛，新型金融组织、业态和产品不断涌现，给原有的分业监管模式带来了重大挑战，广州金融监管进入大变革时期。2018年12月17日，广东银监局与广东保监局合并，成立"中国银行保险监督管理委员会广东监管局"（简称"广东银保监局"）。这个变革有效解决了银行和保险的业务重叠带来的监管协调问题，有助于推动银行和保险业高质量发展（广州年鉴编纂委员会，2019）。2023年3月，十四届全国人大一次会议表决通过了关于国务院机构改革方案的决定。组建国家金融监督管理总局和深化地方金融监管体制改革是该方案的重中之重。2023年7月20日，国家金融监督管理总局广东监管局在中国银行保险监督管理委员会广东监管局的基础上组建，统一负责辖区内除证券业之外的金融业监管，全面强化机构监管、行为监管、功能监管、穿透式监管、持续监管，提升监管合力，切实提高金融监管的有效性。中国人民银行分支机构也推行改革，取消原来在全国9个中心城市设立的跨省分行，恢复各省（自治区、直辖市）分行的设立。2023年8月18日，中国人民银行广东省分行正式挂牌成立。人民银行的监管职能进一步分离，其中对金融控股集团的监管职能，以及保护消费者权益等职能分离出来，以便人民银行更好地发挥制定宏观货币政策、货币发行与流通、服务实体经济高质量发展等职能。

为全面贯彻党的二十大和中央金融工作会议精神，加强党对地方金融工作的全面领导，加强地方金融监管能力建设，广州市先后出台《关于推动地方金融组织高质量发展的实施意见》《关于加强地方金融监管能力建设的实施意见》等文件，推动地方金融组织发挥重要普惠金融力量，提升地方金融组织的监管水平，保障金融高质量发展，助力发展新质生产力。① 为进一步贯彻落实中央金融工作会议关于"加强和完善现代金融监管，强化金融稳定保障作用，依法将各类金融活动全部纳入监管"的重大决策部署，广州与中国人民银行征信中心充分沟通，积极争取，2023年6月获选成为全国首个地方金融组织批量接入人行征信系统的试点城市。至2023年底，广州29家地方金融组织接入人行征信系统，实现各业态代表企业全覆盖接入。为全面贯彻习近平总书记在省部级主要领导干部推动金融高质量发展专题研讨班开班式上的重要讲话精神，2024年4月，广州发布《广州市中级人民法院关于为金融高质量发展提供高质量司法服务和保障的意见》，提出要加大对破坏金融管理秩序犯罪和金融诈骗犯罪的惩治力度，通过强化金融审判服务实体经济，妥善审理各类涉担保纠纷，严厉打击金融犯罪行为，切实加强广州防范化解金融风险的能力。②

---

① 《广州市地方金融监督管理局关于印发推动广州地方金融组织高质量发展实施意见的通知》，广州市人民政府网站，https：//www.gz.gov.cn/gzzcwjk/m_detail.html？id=165513。

② 《广州市中级人民法院关于为金融高质量发展提供高质量司法服务和保障的意见》，广州市地方金融管理局网站，http：//jrjgj.gz.gov.cn/gzdt/content/post_9583272.html。

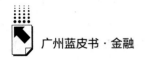

二 新历程、新经验：广州市金融监管体制改革的经验总结与启示借鉴

新中国成立后，广州金融监管的历史演进的经验表明，必须坚持党对金融监察工作的领导，妥善处理创新和监管关系；必须坚持立足市情，一切从实际出发，完善金融监管体制；必须坚持解放思想，不断推动金融监管体制创新；必须坚持循序渐进，逐步健全金融监管体制。从上述的历史回顾可以看出，广州金融监管体制建设75年，不仅为广州金融工作的健康发展保驾护航，而且为广州积累了丰厚而宝贵的经验。这些经验主要包括以下四个方面。

（一）坚持党的领导，妥善处理创新和监管关系

金融工作具有很强的政治性。金融监管体系建设关系到国家、企业、人民群众的切身利益，必须坚持党的领导，坚持社会主义方向。广州是改革开放"两个重要窗口"的最前沿，也是维护国家政治安全的最前线，必须始终保持清醒的政治认识，努力完善党领导金融工作的体制机制，切实加强金融系统中党的建设，强化党对金融工作的领导，从而在根子上加强金融监管，真正有效防范化解金融风险。回顾75年广州金融监管历程，广州监管体制逐步向规范化、专业化、信息化转型，逐步构建起现代金融体系，为金融的高质量发展提供有力的支撑。这些进步和跨越，都是在党中央的坚强领导下，突破体制机制的障碍、打破利益固化的藩篱、全面深化改革、推动创新发展所取得的伟大成就。

在推进中国式现代化新征程上，广州金融监管改革的任务依然艰巨。金融严格监管的目标就是要求金融回归服务实体经济的本源，提升国家的核心竞争力，这就必须坚持和加强党的全面领导。在当前经济金融体制改革进入攻坚克难的阶段，在人民群众对美好生活向往提出了更高要求的时期，加强党的统一领导，加强统筹协调尤为关键，地方金融委员会办公室、金融工作

委员会、金融管理局必须落实属地责任，确保工作部署落地落实。

实践证明，坚持党对金融工作的集中统一领导，是做好金融工作的最大政治优势。只有坚持和加强党的全面领导，才能把党的政治优势、思想优势、组织优势转化为消除监管空白和盲区的意识和行动，转化为防范化解金融风险的自觉和能力，坚定不移地维护国家金融安全。

（二）坚持立足市情，一切从实际出发

坚持从广州实际出发，主动适应市场变化，不断完善金融监管机制，是广州金融业健康发展的关键所在。广州始终注重发挥市场规律作用。广州75年金融监管体系建设历程表明，要始终坚持从我国社会主义初级阶段现实出发，立足于建立有中国特色的金融市场监管体系，充分借鉴成熟市场经济体的经验，不唯书、不崇外、只唯实。回顾历史，广州金融监管体制改革是伴随着深化经济金融体制改革而进行的。监管体制经历了集中、统一监管到逐步细分、剥离，再到综合的过程，这背后无不体现出广州金融监管体系建设基于实际变化做出主动适应和动态调整的科学方法论。2012年，广州立足市情，从实际出发，在长堤大马路创设全国首条民间金融街，建立全国金融科技先行试验区。为适应民间金融创新步伐，不断创新监管机制，广州起草制定了一系列风险管理制度，制定监管标准和操作规范，构建全国首个信息化风险监测平台，搭建民间金融征信体系，完善法律维权机制，建立起一套事前防范、事中监督、事后处理的风险管理机制。

实践证明，广州75年金融监管体制建设始终坚持从实际出发，主动适应市场的变化，动态调整监管机制。在激发市场开拓进取的同时，积极防范化解风险，维护金融秩序稳定，为广州金融业的创新发展保驾护航。

（三）坚持解放思想，不断推动体制创新

广州金融监管体系的建设历程，就是坚持不断解放思想、不断冲破传统观念束缚的过程。金融监管体系建设的每个阶段，都有理论和思想上的重要突破。每一次理论突破都深化了人们对金融监管体系建设的认识，带动金融

制度机制创新，进而推进金融监管体系的不断完善。广州 75 年的金融监管探索，监管机构不管是分还是合，都是基于金融市场的变化做出的与时俱进的监管调整。1986 年，广州被确定为全国金融体制改革的试点城市，先行先试，之后其经验在全省各地推广。2017 年，广州勇于创新，大力推进金融风险监测防控平台建设，8 月 25 日，广州金融风险监测防控中心设立，成为全国地方政府中第一家专业化的金融风险监测防控机构，全国首创集信息监测、资金清算、防控措施于一体的地方金融风险防控中心。

实践证明，金融监管体制的改革过程也是一个思想解放的过程，金融业态在不断创新，金融风险的特征与种类也相应变化，金融监管体制机制也应随之做出调整。只有坚持解放思想，才能防止监管体制僵化，进而推动机制创新，促进广州金融业高质量发展。

（四）坚持循序渐进，逐步健全体制

监管体制的改革需要坚持循序渐进原则，逐步解决监管体制运行中存在的问题。监管体制的改革牵一发而动全身，需要目标明确、通盘规划、稳步推进，在机构设置上需要充分考虑管理要素、行政任务和实际需要，破除部门利益、裁撤冗余，解决业务重叠等问题。广州 75 年金融监管体系建设实践表明，金融监管体系的变革应该采用积极稳妥的方式，渐进式、分阶段地推进。金融体制改革是一场深刻的制度变革，涉及重大利益关系调整，必须稳步推进。金融业态不断创新，金融科技日新月异，社会发展又进入关键转型期，这使得相关问题纷繁复杂，金融监管体系的改革必须循序渐进，逐步深入。广州 75 年金融监管体系建设的效果表明，这种循序渐进式改革是成功的。它能在健全完善金融监管体系的框架、方式、手段、工具等核心要素的同时，保障体制机制相对平稳地运作，及时有效地防范化解金融风险，特别是系统性金融风险。

实践表明，广州金融监管体制建设中坚持循序渐进的原则，体现了马克思主义唯物辩证法的内涵与智慧。广州金融监管体制改革千头万绪，只有正确把握金融发展的规律，客观分析问题和解决问题，并在实践中不断探索和

创新，统筹兼顾稳和进，逐步破除那些不适应、不协调的旧机制，确保所立的"新"和所破的"旧"都符合广州的实际和发展需要，精准发力，解决关键问题，才能推动广州金融监管体制建设高质量发展。

三 新格局、新趋向：广州市金融监管体制改革的前景展望与突破方向

防控风险是金融工作的永恒主题。全面加强金融监管既是过去多年广州金融管理部门的重点工作，也是当前工作的重中之重。展望未来，推动广州市金融监管体制改革向纵深发展，要认真学习贯彻党的二十大精神和习近平总书记关于金融监管工作的重要思想，按照中共中央、国务院关于金融监管工作的重要决策部署，对照国内外的一流标准，坚持从体制机制层面破局，从更高起点上谋划和推动金融监管体制的改革创新，弘扬"杀出一条血路"的开拓精神，拿出敢为人先的胆识气魄，坚决破除一切制约金融监管体制改革的思想障碍和制度藩篱，着力建立与广州金融强市建设需求相适应的金融风险防控体系，做到金融风险早识别、早预警、早暴露、早处置，在全国金融监管体制改革的创新实践中争做示范、走在前列、勇当标杆，为全市走好高质量发展之路贡献金融力量。

为提高防范化解系统性金融风险的能力，广州需要进一步健全现代金融监管体系，下一阶段应着重抓好以下五个方面的重点任务。

（一）优化地方金融监管体系

结合广州实际，把优化地方金融监管体系放在更加突出的位置。通过央地监管协同、跨区域监管协作、部门联合监管、市区联动监管，推动建立适应广州金融建设要求的金融风险防控体系。与中国人民银行广东省分行、国家金融监督管理总局广东监管局和中国证券监督管理委员会广东监管局等机构签订金融监管合作备忘录，对金融监管部门之间的监管协同事项、监管成果利用、监管协同方式以及工作对接流程进行约定，加强监管合作与协同，

厘清央地监管事权边界，避免监管重复交叉，消除监管空白和盲区，做实信息共享机制，齐抓共管，形成监管合力，有力推进金融监管效能的提升。推动落实金融机构主体责任、金融管理部门监管责任和地方政府属地责任，确保地区金融秩序稳定。全面强化机构监管、行为监管、功能监管、穿透式监管、持续监管等五大监管，切实提高金融监管的有效性，严厉打击非法金融活动，牢牢守住不发生系统性风险的底线。

（二）完善金融监管法治体系

加快出台地方金融监管领域的法规，规范与统一金融监管标准，推动金融立法与金融体制改革的有效衔接。听取金融机构、金融从业者和金融消费者的意见，依据变化修订相关条款，及时填补金融创新带来的监管空白。加大金融违法的惩罚力度，提高监管执法的震慑力。保障金融监管的独立性，在制定相关金融地方性法规时，应规避监管者与被监管者之间的利益关联，以免监管寻租和利益输送行为的发生。通过地方性法规保障金融消费者的权益，坚持对侵害消费者金融信息安全行为"零容忍"，依法严厉打击侵犯金融消费者合法权益的违法违规行为。加强金融领域执法体制机制建设，探索在市级层面对金融领域违法犯罪活动统一执法，加强金融管理部门与广州市公检法、国家金融管理部门派出机构之间的执法协作，推动公安部门加大对违法犯罪行为的打击力度，增强震慑力。

（三）加强风险监测预警机制

防控金融风险要提高前瞻性和主动性，持续强化风险提示和早期预警。优化金融风险监测评估框架，完善系统性金融风险认定机制，构建金融稳定保障体系。搭建市金融管理部门与市相关职能部门之间的定期沟通机制，加强信息共享，动态更新金融风险图谱，持续完善金融风险监测预警体系，推动预警信息的快速传递、核查和处置，及时有效清理整顿风险点。推动将疑似非法金融活动线索纳入城市网格化管理工作，充分依托基层群众自治组织，及时发现线索，尽早干预，有效纠正。充分发挥广州金融风险监测防控中心的作用，利用互联网、大数据等技术手段，加强监测预警。加强与专业机构的合作，及时把握行业前瞻性发展趋势及风险动向；通过购买社会服务等方式，借助第三方专业机构力量，加强对高危企业的动态监测，掌握最新动态。坚持底线思维、增强忧患意识，运用各种手段，洞明深察、见微知著，提高预见和预判各种金融风险挑战能力，牢牢守住不发生系统性风险的底线。

（四）加大金融科技监管力度

推动金融监管科技创新应用走在前列，持续提升数字化监管能力，强化金融科技创新监管，形成较为完善的金融科技治理体系，进一步健全与金融科技创新发展相匹配的风险防控体系。加大金融科技监管力度，完善金融监管基础设施是最基础的工作。采用人工智能大模型、区块链、云计算、机器学习、人工智能建模、知识图谱等前沿技术和手段装备金融监管机构，优化监管信息系统，探索金融科技监管模式创新，提升监管机构决策的有效性、专业性和科学性。支持金融监管机构运用科技手段创新监管模式，整合优化地方金融风险监管预警系统等平台功能，增强实时数据集成、关键信息披露、风险主动鉴别、预警核查处置等数字化监管功能，提高风险监测预警能力，切实提升监管科技应用水平。鼓励金融机构独立或与科技企业合作开发，从系统化、平台化、智能化和生态化入手，提高金融机构的科技化水平。及时研判新技术大规模应用带来的潜在风险，密切关注金融科技领域可能存在的治理问题，及时调整相关机制、标准、倡议、规则等，大力提升金融科技治理水平。鼓励金融机构完善金融科技安全管理机制，优化整合基础设施、运行系统、网络等一系列安全监控系统，推动安全技术体系标准化建设，建设适应时代发展的技术安全管理体系。加大科技型人才的培养和引进力度，提升金融监管人员的信息科技知识水平，积极打造金融监管专业科技团队。加强对金融最新发展数据的实时跟踪、系统汇集、精准分析、及时预警，有效缩短金融监管与金融创新之间的时滞，持续提升金融监管能力，妥善应对各类新的金融风险和挑战。

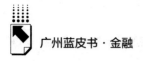

（五）加强宣传教育引导

持续加强对金融机构的宣传引导以及对投资者的宣传教育。各有关部门加强政策解读及舆论宣传，引导金融机构在依法合规的前提下创新发展。通过现场检查、行政处罚等手段督促辖区内各类金融机构，切实做好对投资者的适当性管理，向投资者销售与其风险识别能力和风险承受能力相匹配的产品。同时，充分利用抖音、快手、微信、小红书、Bilibili 等新媒体平台，开展投资者教育活动，尤其要加大对典型案例的宣传力度，以案说法，切实增强个人投资者的风险防范意识和风险自担意识。加强对金融领域的舆情管理，强化媒体责任，营造良好舆论环境。统一对外宣传口径，适时发声，充分而有针对性地回应投资人的关切和诉求，避免因信息不对称而引发负面影响，防止因市场误读或公众误解而引发逆向或过度反应。

参考文献

曹远征：《大国大金融：中国金融体制改革 40 年》，广东经济出版社，2018。

柴景辉：《中国金融监管体制变迁与政府行为研究（1978-2010）》，博士学位论文，辽宁大学，2011。

广东省地方史志编纂委员会编《广东省志·金融志》，广东人民出版社，1999。

广州年鉴编纂委员会编辑《广州年鉴 1985》，广州年鉴编纂委员会，1985。

广州年鉴编纂委员会编辑《广州年鉴 1986》，广州年鉴编纂委员会，1986。

广州年鉴编纂委员会编辑《广州年鉴 1987》，广州文化出版社，1987。

广州年鉴编纂委员会编《广州年鉴 1988》，广州文化出版社，1988。

广州年鉴编纂委员会编《广州年鉴 1994》，广州年鉴社，1994。

广州年鉴编纂委员会编《广州年鉴 1999》，广州年鉴社，1999。

广州年鉴编纂委员会编《广州年鉴 2002》，广州年鉴社，2002。

广州年鉴编纂委员会编《广州年鉴 2004》，广州年鉴社，2004。

广州年鉴编纂委员会编《广州年鉴 2007》，广州年鉴社，2007。

广州年鉴编纂委员会编《广州年鉴 2018》，广州年鉴社，2018。

广州年鉴编纂委员会编《广州年鉴 2019》，广州年鉴社，2019。

广州年鉴编纂委员会编《广州年鉴 2020》，广州年鉴社，2020。

广州市地方金融监督管理局编《广州金融十大创新》，中国金融出版社，2019。

广州市地方志编纂委员会：《广州市志》（卷十六），广州出版社，1999。

广州市金融体改办公室：《广州金融改革的回顾和展望》，《广东金融》1987 年第 1 期。

何文妍：《我国中小企业民间融资法律监管的路径选择思考——以广州市民间金融街为视角》，《湖北经济学院学报》（人文社会科学版）2015 年第 12 期。

纪琼骁：《中国金融监管制度的变迁》，博士学位论文，武汉大学，2005。

许树晖：《广州金融体制改革论析》，《探求》1988 年第 3 期。

尹振涛：《中国金融监管的新动向与重要意义》，《人民论坛》2023 年第 8 期。

中国人民银行、中共中央文献研究室编《金融工作文献选编（1978—2005）》，中国金融出版社，2007。

皮 书

智库成果出版与传播平台

✣ 皮书定义 ✣

皮书是对中国与世界发展状况和热点问题进行年度监测，以专业的角度、专家的视野和实证研究方法，针对某一领域或区域现状与发展态势展开分析和预测，具备前沿性、原创性、实证性、连续性、时效性等特点的公开出版物，由一系列权威研究报告组成。

✣ 皮书作者 ✣

皮书系列报告作者以国内外一流研究机构、知名高校等重点智库的研究人员为主，多为相关领域一流专家学者，他们的观点代表了当下学界对中国与世界的现实和未来最高水平的解读与分析。

✣ 皮书荣誉 ✣

皮书作为中国社会科学院基础理论研究与应用对策研究融合发展的代表性成果，不仅是哲学社会科学工作者服务中国特色社会主义现代化建设的重要成果，更是助力中国特色新型智库建设、构建中国特色哲学社会科学"三大体系"的重要平台。皮书系列先后被列入"十二五""十三五""十四五"时期国家重点出版物出版专项规划项目；自2013年起，重点皮书被列入中国社会科学院国家哲学社会科学创新工程项目。

权威报告·连续出版·独家资源

皮书数据库
ANNUAL REPORT(YEARBOOK)
DATABASE

分析解读当下中国发展变迁的高端智库平台

所获荣誉

- 2022年，入选技术赋能"新闻+"推荐案例
- 2020年，入选全国新闻出版深度融合发展创新案例
- 2019年，入选国家新闻出版署数字出版精品遴选推荐计划
- 2016年，入选"十三五"国家重点电子出版物出版规划骨干工程
- 2013年，荣获"中国出版政府奖·网络出版物奖"提名奖

皮书数据库

"社科数托邦"
微信公众号

成为用户

　　登录网址www.pishu.com.cn访问皮书数据库网站或下载皮书数据库APP，通过手机号码验证或邮箱验证即可成为皮书数据库用户。

用户福利

- 已注册用户购书后可免费获赠100元皮书数据库充值卡。刮开充值卡涂层获取充值密码，登录并进入"会员中心"—"在线充值"—"充值卡充值"，充值成功即可购买和查看数据库内容。
- 用户福利最终解释权归社会科学文献出版社所有。

数据库服务热线：010-59367265
数据库服务QQ：2475522410
数据库服务邮箱：database@ssap.cn
图书销售热线：010-59367070/7028
图书服务QQ：1265056568
图书服务邮箱：duzhe@ssap.cn

社会科学文献出版社　皮书系列
SOCIAL SCIENCES ACADEMIC PRESS (CHINA)
卡号：236532871192
密码：

基本子库
SUB DATABASE

中国社会发展数据库（下设 12 个专题子库）

紧扣人口、政治、外交、法律、教育、医疗卫生、资源环境等 12 个社会发展领域的前沿和热点，全面整合专业著作、智库报告、学术资讯、调研数据等类型资源，帮助用户追踪中国社会发展动态、研究社会发展战略与政策、了解社会热点问题、分析社会发展趋势。

中国经济发展数据库（下设 12 专题子库）

内容涵盖宏观经济、产业经济、工业经济、农业经济、财政金融、房地产经济、城市经济、商业贸易等 12 个重点经济领域，为把握经济运行态势、洞察经济发展规律、研判经济发展趋势、进行经济调控决策提供参考和依据。

中国行业发展数据库（下设 17 个专题子库）

以中国国民经济行业分类为依据，覆盖金融业、旅游业、交通运输业、能源矿产业、制造业等 100 多个行业，跟踪分析国民经济相关行业市场运行状况和政策导向，汇集行业发展前沿资讯，为投资、从业及各种经济决策提供理论支撑和实践指导。

中国区域发展数据库（下设 4 个专题子库）

对中国特定区域内的经济、社会、文化等领域现状与发展情况进行深度分析和预测，涉及省级行政区、城市群、城市、农村等不同维度，研究层级至县及县以下行政区，为学者研究地方经济社会宏观态势、经验模式、发展案例提供支撑，为地方政府决策提供参考。

中国文化传媒数据库（下设 18 个专题子库）

内容覆盖文化产业、新闻传播、电影娱乐、文学艺术、群众文化、图书情报等 18 个重点研究领域，聚焦文化传媒领域发展前沿、热点话题、行业实践，服务用户的教学科研、文化投资、企业规划等需要。

世界经济与国际关系数据库（下设 6 个专题子库）

整合世界经济、国际政治、世界文化与科技、全球性问题、国际组织与国际法、区域研究 6 大领域研究成果，对世界经济形势、国际形势进行连续性深度分析，对年度热点问题进行专题解读，为研判全球发展趋势提供事实和数据支持。

法律声明

"皮书系列"（含蓝皮书、绿皮书、黄皮书）之品牌由社会科学文献出版社最早使用并持续至今，现已被中国图书行业所熟知。"皮书系列"的相关商标已在国家商标管理部门商标局注册，包括但不限于 LOGO（ ），皮书、Pishu、经济蓝皮书、社会蓝皮书等。"皮书系列"图书的注册商标专用权及封面设计、版式设计的著作权均为社会科学文献出版社所有。未经社会科学文献出版社书面授权许可，任何使用与"皮书系列"图书注册商标、封面设计、版式设计相同或者近似的文字、图形或其组合的行为均系侵权行为。

经作者授权，本书的专有出版权及信息网络传播权等为社会科学文献出版社享有。未经社会科学文献出版社书面授权许可，任何就本书内容的复制、发行或以数字形式进行网络传播的行为均系侵权行为。

社会科学文献出版社将通过法律途径追究上述侵权行为的法律责任，维护自身合法权益。

欢迎社会各界人士对侵犯社会科学文献出版社上述权利的侵权行为进行举报。电话：010-59367121，电子邮箱：fawubu@ssap.cn。

社会科学文献出版社